重探抗戰史

（第二卷）

抗日戰爭與世界大戰合流

1938.11-1945.08

郭岱君主編

「重探抗戰史」研究計畫蒙史丹佛大學胡佛研究院（Hoover Institution, Stanford University）及中國與亞太研究學會（China and Asia Pacific Research Society）全力支持，特此致謝。

撰稿者

（按姓氏筆劃排序）

小谷賢（Ken Kotani）
日本大學危機管理學部教授

岩谷將（Nobu Iwatani）
日本北海道大學公共政策大學院副院長、公共政策學研究中心主任

洪小夏
上海師範大學哲學與法政學院教授

原　剛（Hara Takeshi）
日本防衛廳防衛研究所圖書館調查員

張世瑛
中華民國國史館纂修

郭岱君
史丹佛大學胡佛研究院研究員

傅應川
中華軍史學會副理事長、前中華民國國防部史政編譯局局長

黃勇
四川廣播電視（現開放大學）大學教師

蘇聖雄
中華民國中央研究院近代史研究所助研究員

Kanou Seikichi
中日文翻譯

前言

　　武漢會戰後，抗戰進入第二期，中日雙方戰略轉變，抗戰進入相持階段。日軍改變之前的軍事急進為戰略相持，戰略與政略並進，企圖以政治手段解決中國問題。

　　此時，國際情勢亦有巨大的變化。1939 年 9 月 1 日，德國入侵波蘭，法國、英國、及大英國協成員隨即向德國宣戰，歐戰爆發。9 月 17 日，蘇聯從東面侵入波蘭，德蘇瓜分波蘭。1940 年開始，德國迅速席捲西歐，先是占領丹麥、挪威，接著入侵荷蘭、比利時、法國。1940 年 6 月，法國向德國投降，英國岌岌可危。美國雖透過租借法案支援英國，但官方仍保持中立立場。

　　日本趁火打劫，想趁英、法、荷這些國家無暇東顧之時，占領他們位在亞洲的殖民地，企圖取得東南亞的天然資源，同時建立一個延伸至太平洋中線的大型防衛圈。日本這個大企圖，必須避開美國，以免美國參戰。然而，事與願違，二戰的轉捩點發生在 1941 年 12 月 7 日，日本突襲美國珍珠港海軍基地，美國對日宣戰，德國與義大利亦向美國宣戰，二戰進入同盟國陣營與軸心國陣營全面戰爭的時期。

　　太平洋戰爭爆發，中國成為同盟國一員，蔣介石期盼多年的「抗日戰爭與世界大戰相結合」的局面，終於出現了；抗戰也因此進入第三期，中國戰場成為太平洋戰區的一部分，中國的抗戰也受到歐亞戰局變化的影響，兩次滇緬戰就是最明顯的例子。

　　此外，抗戰後期，日軍在 1944 年傾舉國之力發動「一號作戰」（國軍稱為「豫湘桂戰役」），企圖打通中國大陸，直達南亞，國軍匆促應戰，節節敗退。此戰幅員廣大、死傷慘重，不僅關乎抗戰的成敗，也直接影響了戰後國共之命運。

　　還有幾個重要議題，但過去未深入探討，或眾說紛紜、撲朔迷離。例如，日本陷在中國戰場，已感吃力，為何還要冒天下大不韙發動太平洋戰爭，為自己敲響喪鐘？其決策過程究竟為何？又如，日軍要速戰速決，最好的辦法就是直接拿下四川，但日軍為何始終未能攻進重慶？本書第二卷將深入研究這些議題，希望能說清楚、講明白。

目次／

【第五編】

持久戰的實踐與頓挫

第一章

中日戰略調整及其實踐

岩谷將（北海道大學公共政策大學院副院長）

傅應川（前中華民國國防部史政編譯局局長）

洪小夏（上海師範大學哲學與法政學院教授）

1938 年 10 月 21 日，廣州陷落；4 天後（25 日）武漢失守，武漢會戰結束。中國半壁江山、也是最精華的地區，落入日軍囊中。然而，中國沒有屈服，蔣介石把國民政府遷至重慶，並發表宣言繼續抗戰。從此，日軍控制了中國主要的大都會與工業地帶，而且封鎖了中國的海岸線，截斷了國民政府直接對外交通。國民政府則退居西南，以重慶為陪都，進行長期抗戰。

抗戰進入第二階段，也就是武漢會戰之後、至珍珠港事變爆發之前（1938 年 10 月至 1941 年 12 月），亦稱為抗戰中期。在這之前是為抗戰初期（1937 年 7 月至 1938 年 10 月）；珍珠港事變爆發後，則稱為抗戰後期（1941 年 12 月至 1945 年 8 月）。

進入抗戰中期，中日雙方不僅在軍事上必須調整部署以因應後續戰爭；政略上，戰爭是否持續的和戰問題，也是一大考量。

一、日軍戰略調整：從軍事急進到政治謀略

　　對日軍而言，武漢會戰是其侵華戰爭的重大轉折；日軍本來希望速戰速決，盡快解決「中國事變」，但武漢會戰後徹底明白無法達到這個目標，不得已，只能從「速戰速決」轉向「長期方案」。面對著看不到盡頭的持久戰，如何兼顧占領區的穩定和前方大軍的作戰持續力，是個極為棘手的考驗；而處理占領區的政治、經濟及治安，亦成為侵華日軍的頭疼問題。

　　此時，日軍在華動員兵力近百萬，發動大規模戰役已十分困難。因此，一向堅持通過軍事行動結束侵華戰爭的陸軍，在武漢會戰之後也不得不以政治手段為中心，作戰略上的轉變。

政略與戰略並進

　　首先是軍事方面。1938 年 11 月，日本大本營對武漢戰後的情勢作出判斷：日軍取得武漢、廣州，但國軍仍不屈服，正退居西南，整訓部隊，並在法屬中南半島建設新補給線，準備進行堅強的持久抗戰。面對此情勢，「若以武力窮追不捨，不如保持戰力，從事『新中國』的建設。」[1] 因此，陸軍省在 1938 年 12 月初完成〈中國問題處理方針〉，作為今後對華政略與戰略方針。〈方針〉規定：「以攻陷漢口、廣州為行使武力之分界線，今後將自主地指導『新中國』的建設，……。當前以恢復治安為首要，其他各項措施均以此為依歸。」[2]

　　根據這個方針，日軍把在中國的占領區分為「治安地區」及「作戰地區」兩塊。治安地區指的是「華北重要地區及上海、南京等華中

1　日本防衛廳防衛研修所戰史室編撰，黃朝茂譯，《日軍對華作戰紀要（4）：香港長沙作戰》（台北：國防部史政編譯局，1987），頁 470。
2　同上，頁 470-471。

地區為治安地區，固定配置充分兵力，並永久駐留。」[3]「作戰地區」則為武漢及廣州周圍地區，任務是：「消滅抗日勢力」，但不隨便擴大戰爭。[4] 顯然，對華作戰在大方針上出現了重大調整，從最初的「作戰第一主義」調整為包括謀略在內的政治手段為主的策略。[5]

政治方面，早在南京大屠殺後，1937 年 12 月底閣議決定的《事變對處要綱（甲）》已提到，如和議不成，則應表明進行持久戰的決心。[6] 1938 年 1 月 11 日御前會議決定的《支那事變處理根本方針》即規定，如無法實現和平，則「應幫助成立新興支那政權，並與其商談建立外交關係，協助更生新支那建設。」[7] 根據這個決議，近衛內閣隨即在 1938 年 1 月 16 日發表「帝國政府今後不以國民政府為對手，而期望真能與帝國合作之中國新政權之建立與發展，並將與此新政權調整兩國邦交」的聲明，此為「第一次近衛聲明」。

這個聲明確立了在華作戰的新政略：扶植親日政權，並通過與其達成和談從而終結戰爭。東京也開始尋求與中國政軍領導合作，扶植親日的中華民國新政府。[8]

然而，東京內部對如何和平解決戰爭有不同意見，內閣以及部分軍方人士認為，解決中國問題不能繞過蔣介石，因為蔣有實力；陸軍則主張，蔣介石太難搞，不如另外扶植新政權與蔣介石對抗，逼蔣垮台。

....

3　《日軍對華作戰紀要（4）：香港長沙作戰》，頁471。

4　防衛庁防衛研修所戦史室，《支那事変陸軍作戦（2）昭和十四年九月まで》（東京：朝雲新聞社，1976），頁283-284、289。

5　堀場一雄，《支那事変戦争指導史》（東京：原書房，1981），頁190。「石井秋穂大佐回想録」，〈重要国策文書〉，《陸軍一般史料》，防衛省防衛研究所藏，典藏號：C12120093800。

6　「支那事変処理根本方針」，〈支那事変戦争指導関係綴（其の1）昭和12.7~13.11〉，《陸軍一般史料》，防衛省防衛研究所藏，典藏號：C12120056100。

7　「支那事変重要記録」，〈支那事変関係一件　第一巻〉，《戦前期外務省記録》，外務省外交史料館藏，典藏號：B02030509700。

8　關於抗戰時期各地偽政權，請見本書第三卷第三章。

　　1938 年 5 月，東京重新檢討對華政策，調整方針為：針對蔣政權積極作戰、並通過謀略誘使其投降，蔣政府投降後，則令其併入中國的新政府。[9] 另外還有兩項重大的決定：年內集中國力結束日中戰爭，同時接受第三國斡旋。[10]

　　日軍一方面準備扶植新的政權與重慶政府對抗，同時推動軍事作戰逼迫蔣介石投降或議和。為此，東京以武漢會戰作為節點，如果武漢會戰後蔣政權依舊拒絕投降或議和，那麼，日方將統合已有的親日政權成立一個新的政權。[11] 但是，東京一直缺乏這個新政權的適當人選，後來，陸軍推舉在國民黨內頗具地位的汪兆銘（精衛）作為新政權的「有力人選」，此事才積極提上議程。[12]

　　值得注意的是，1938 年底，日本對華策略在軍事、政治、扶植親日政權等方面，都不如預期，尤其是軍事上，在華用兵已達最大極限，導致武漢會戰後，政治謀略愈加受到重視，參謀本部的情報部權責愈來愈大，從作戰課中的戰爭指導班（在戰略面指導作戰的部門）獨立出來，直接由參謀次長督導。同樣的，陸軍省負責政務的軍務課的角色也愈來愈重要，以至於一直是作戰指導核心的參謀本部作戰部的領導地位多少受到削弱。武漢會戰後，情報系統及政務部門的地位突出，這個變化不但無益於統一作戰，反而加大了軍方的分歧與權力競爭。[13]

9　「支那事変ニ於ケル政策関係重要決定事項（其二）」，〈支那事変関係一件　第十巻〉，《戦前期外務省記録》，外務省外交史料館藏，典藏號：B02030533300。

10　「今後ノ支那事変指導方針」（1938 年 6 月 24 日），〈支那事変戦争指導関係綴（其の 2）〉，《陸軍一般史料》，防衛省防衛研究所藏，典藏號：C12120057900。

11　「支那事変処理ニ関スル重要決定」，〈支那事変関係一件　第三巻〉，《戦前期外務省記録》，外務省外交史料館藏，典藏號：B02030518700。

12　關於汪精衛及其政權，請見本書第 3 卷第 1 章。

13　波多野澄雄，〈日本陸軍における戦略決定、1937-1945〉，收入波多野澄雄、戶部良一，《日中戦争の軍事的展開》（東京：慶應義塾大学出版会，2006 年 4 月），頁 139。

日軍戰略部署

　　1938 年 12 月 2 日，大本營依據《陸軍作戰指導要綱》向各軍指派任務，重點是：華北地區維持現有占領區的穩定，華中地區維持盧州—蕪湖—杭州一線以東地區穩定，同時粉碎武漢和九江附近敵人的抗戰企圖。[14] 這個命令強調鞏固占領區、恢復治安；唯有以武漢為根據地的第 11 軍獲許進行一定規模的作戰，以防止受創的國軍主力恢復實力，但它的軍事行動範圍被限制在安慶—信陽—岳州—南昌一線以內，而且還需要分出精力去支援政治謀略。[15]

　　第 11 軍的主要任務是削弱國軍主力、消磨中國的抗戰意志，為達到這個目標，必須進行戰略性進攻，同時配合這些方策，建立並強化新的中央政權、實施宣傳和謀略、杜絕第三國對華援助。此外，在治安肅清作戰這方面，擾亂治安的游擊隊是在占領區外的中國正規軍支持下進行的，因此，必須殲滅支持游擊隊的國軍。第 11 軍認為，要達到上述目的，必須積極發動作戰，如有必要，甚至不惜發動和武漢會戰同等規模的作戰。11 軍因此向大本營提出作戰意見，並請求增加軍備。[16]

　　然而，大本營有不同的考量。大本營早就考慮到，若在中國陷入持久戰，就得在應付中國戰場的同時著手擴充軍備，以應對和蘇聯開戰的可能情況。但是，武漢會戰等大規模作戰已經消耗了巨額經費，陸軍若要擴充軍備，就得自行籌集經費。

14　「昭和13年以降対支処理方策」，〈支那事変戦争指導関係綴（其の 1）〉，《陸軍一般史料》，防衛省防衛研究所藏，典藏號：C12120057300。

15　「命・卷 4・3 部の内 3 号（1）」，〈大陸命・卷 04〉，《陸軍一般史料》，防衛省防衛研究所藏，典藏號：C14060918400。

16　「日支事変速決に関する作戦上の意見」〈呂集団（11A）諸計画協定並意見等綴　昭和 14 ～ 15 年〉，《陸軍一般史料》，防衛省防衛研究所藏，典藏號：C11112074900。

　　事實上，負責預算的陸軍省軍事課思考的不是增加在華兵力，而是削減在華兵力，要把節省下來的經費用於防蘇。[17] 軍事課規劃在 1939 年年底把在華兵力從當時的 85 萬人削減到 70 萬，1940 年底進一步削減到 50 萬人。[18] 特別是 1939 年 6 月諾門罕戰役後，日軍更關注防蘇的重要性，加緊削減在華兵力以擴充軍備。

　　因此，大本營沒有接受 11 軍的作戰意見，11 軍不得不在基本作戰範圍內防止國軍戰力恢復，並執行治安肅清任務。可以說，全面轉向守勢的日本陸軍在 1939 年這一年，幾乎無力發動任何具有戰略意義的大規模作戰，只能寄希望於通過謀略結束這場戰爭。

　　1939 年 9 月，第二次世界大戰在歐洲爆發，日本政府宣布不介入歐洲戰事，同時集中精力解決中日戰爭以確保行動自由。日本陸軍鑒於蘇德簽署互不侵犯條約，認為比起發動日蘇決戰，應該優先緩和日蘇關係，備戰持久化的日中戰爭。[19]

　　因此，為了早日結束在華戰事，陸軍更加著力於推動汪精衛政權建立計畫。同時，陸軍為有效統轄中國的政略及戰略工作，在 1939 年 9 月把原本各自為戰的華北方面軍（北支那方面軍）與華中派遣軍（中支那派遣軍）統合起來，在南京成立「中國派遣軍總司令部」（支那派遣軍），管轄中國境內所有的陸軍。西尾壽造大將出任總司令官，板垣征四郎中將擔任總參謀長。大本營並明定中國派遣軍的基本任務：「迅速處理中日戰爭，為此，應竭力摧毀敵之續戰企圖，並應強化對

17　軍事課，「關於為軍備充實國軍總兵力量對參謀本部（主務課「第二、第三課」）之回答」，井本熊男，《作戰日誌で綴る支那事變》（東京：芙蓉書房，1978），頁 357。

18　防衛庁防衛研修所戦史室，《大本営陸軍部（1）：昭和十五年五月まで》（東京：朝雲新聞社，1967），頁 627。伊藤隆、照沼康孝解說，《陸軍：畑俊六日誌》（東京：みすず書房，1983），昭和 15 年 4 月 19 日条目，頁 250。

19　波多野澄雄，〈朝『南進』旋回、1940 年─『時局處理要綱』與陸軍〉，《亞洲經濟》，第 26 卷第 5 號（1985），頁 27-29。

第三國之戰備，以能迅速因應情勢之變化。」[20]

　　參謀本部把在中國的兵力重新部署為 4 個軍，配置在兩個作戰區的是第 11 軍（司令官岡村寧次）駐在武漢及九江，任務是確保武漢附近的日軍陣地，消滅這個區域的國軍。第 21 軍（司令官安藤利吉）駐在廣州，主要任務是切斷國民政府在南方的外援。另外兩個軍則部署在治安區：第 13 軍（司令官藤田進）駐上海，負責長江下游地區的穩定；華北方面軍（司令官多田駿）駐北平，負責河北、山東、晉北、及蒙古的治安。[21]

　　雖然有兩個作戰區，但只有第 11 軍是真正擔任作戰任務的「純野戰部隊」（日文稱「作戰軍」）；[22] 廣州方面雖名為作戰區，其實是由守備部隊駐守。[23]

　　實力最強的第 11 軍，下轄 7 個師團（第 3、第 6、第 13、第 33、第 34、第 101、第 106 師團）、外加獨立第 14 混成旅團，總數超過 15 萬人，戰鬥力強，是日軍在華規模最大的作戰部隊。[24] 司令官岡村寧次中將可說是抗戰史上最著名的日籍將領之一，他在 1941 年晉升大將，先是出任華北方面軍司令官，後來出任中國派遣軍總司令官，統轄日軍在華百萬大軍。

20　「命・卷 5・3 部の内 3 号（4）」，〈大陸命・卷 05 （第 0301 ～ 0400 号） 昭和 14・05 ～ 12 月〉，《陸軍一般史料》，防衛省防衛研究所藏，典藏號：C14060919500。

21　日本防衛廳防衛研修所戰史室編撰，桂明譯，《日軍對華作戰紀要（2）：華中華南作戰及對華戰略之轉變——初期陸軍作戰（二）》（台北：國防部史政編譯局，1987 年 7 月），頁 464-465。

22　原文為「作戰軍」，是日軍專門的軍事用語，雖未見定義其他不同功能「軍」的存在。此處係刻意區分作戰軍及治安軍。日本防衛廳防衛研修所戰史室編撰，黃朝茂譯，《日軍對華作戰紀要（4）：香港長沙作戰》，頁 473。

23　日本防衛廳防衛研修所戰史室編撰，桂明譯，《日軍對華作戰紀要（2）：華中華南作戰及對華戰略之轉變——初期陸軍作戰（二）》，頁 464-465。

24　防衛庁防衛研修所戦史室，《支那事変陸軍作戦（2）昭和十四年九月まで》，頁 114-115、303。

此時岡村寧次的主要任務是與海軍協同作戰，對「蝟集之國軍適時加以打擊」，並牽制湖江地區（指長江、鄱陽湖、洞庭湖）的國軍。[25]

綜上所述，日軍的戰略部署表現出對華戰略明顯的變化：

(1) 日軍對華作戰已趨消極，轉攻為守，暫以統治占領地為滿足，將以政略、外交等和平攻勢來解決戰爭。

(2) 對華作戰的要旨在摧毀中國抗戰意志，但其目標並非泛指中國所有抗日部隊，而是「以蔣委員長為中心、黃埔軍校年輕軍官為主體之中央軍系」。[26]

(3) 第11軍作戰目的是「確保岳州至長江下游的交通，以武漢三鎮及九江為根據地，並以粉碎敵軍抗戰意圖」。作戰範圍，限於安慶、信陽、岳州、南昌之間。[27] 可見日軍從此軍事作戰將更趨保守。

二、國軍戰略調整：以戰為守

武漢、廣州失守後，蔣介石也召開數次軍事會議，檢討過去的戰績，全面調整戰略、戰術。

25　日本防衛廳防衛研修所戰史室編撰，桂明譯，《日軍對華作戰紀要（2）：華中華南作戰及對華戰略之轉變──初期陸軍作戰（二）》，頁464-465。

26　此乃當時日本第11軍司令官岡村寧次，向中國派遣軍總司令官提出之〈解決中日戰爭之作戰意見〉。日本防衛廳防衛研修所戰史室編撰，黃朝茂譯，《日軍對華作戰紀要（4）：香港長沙作戰》，頁476。

27　日本防衛廳防衛研修所戰史室編撰，黃朝茂譯，《日軍對華作戰紀要（4）：香港長沙作戰》，頁472。

南嶽軍事會議調整抗日戰略

軍事委員會先後召開過四次南嶽軍事會議。第一次在 1938 年 11 月底，第二次 1939 年 10 月底至 11 月初，第三次 1941 年 10 月，第四次 1944 年 2 月。每次會議各有不同的背景與目的，但以第一次南嶽會議最具戰略意義。這次會議為持久抗戰的實踐謀劃策略和執行方針，對抗戰最後勝利極具影響。[28]

1938 年 11 月 25 日，第一次南嶽會議在南嶽衡山正式召開。與會者為第三、第九戰區師長以上將領以及少數旅以上軍官 2 百餘人，中共代表周恩來、葉劍英等應邀列席。[29]

為什麼選擇南嶽？武漢失守後，黨政機關均遷往重慶，軍事上湖南成了最前線，因此，蔣介石把自己的指揮所放在湖南，便於指揮。武漢淪陷前一天，蔣介石和宋美齡就直接去了南嶽衡山。[30]

在南嶽召開軍事會議，蔣介石別有深意。他在開幕式上道出個中原委：「南嶽就是衡州所屬，衡州這個地方，就是七十年前曾文正公率領湘軍與太平軍戰爭，在湘陰附近第一次交戰大敗之後練兵的地方。我們回憶當年曾、胡中興的史蹟，觀察目前抗戰的形勢，確信歷史的教訓，足以證明我們現在已經到了轉敗為勝的時候了。」[31] 蔣介石實有

28　而其他三次南嶽會議的目的，則偏重在認識當時抗戰內外戰略形勢；為已經歷的重要會戰作總結；檢討敵我雙方在戰略、戰術上的得失；並將會議結論立項分辦，落實執行。〈南嶽會議案〉，《國軍檔案》，台北：國防部史政編譯局藏，檔號：30-/003.1/4022，頁11。

29　周恩來軍事活動紀事編寫組，《周恩來軍事活動紀事》，上卷（北京：中央文獻出版社，2000），頁461。

30　蔣介石11月30日離開南嶽，先到桂林；12月8日才由桂林飛抵重慶，跟早已遷都重慶的政府機關會合。蕭李居編，《蔣中正總統檔案：事略稿本》，第42冊，頁627、651。

31　蔣中正，〈第一次南嶽軍事會議開會訓詞〉（1938年11月25日），秦孝儀主編，《先總統蔣公思想言論總集》，卷15（台北：中國國民黨中央委員會黨史委員會，1984），頁490-491。

勖勉各級將領，認清時勢，效法曾、胡等先賢，建立信心，轉敗為勝，以達成抗日戰爭最後勝利的寓意。

蔣介石在開幕訓詞中說明會議的要點：

(1) 抗戰戰役期程的劃分；
(2) 第一期抗戰的戰略及各種勝利條件之準備及完成；
(3) 第二期抗戰的特質在轉守為攻，轉敗為勝；
(4) 敵我現勢的判斷及本次會議的任務；
(5) 效法曾、胡轉敗為勝之要道；
(6) 希望與會者貢獻各自的經驗教訓，研究精進以達成會議目的。[32]

蔣介石指出，從盧溝橋事變到武漢退軍岳陽為止，為時 16 個月，是抗戰第一期；而此後的戰爭，就是第二期。[33] 他特別強調，抗戰第一期是日軍進攻、中方防禦的階段，任務是完成持久戰的戰略布局；抗戰第二期是敵我戰略相持的階段，此時才要正式實施持久戰。

檢討第一期戰略得失

蔣介石檢討抗戰第一期的戰略得失。他指出，第一期作戰戰略就是「持久消耗」，國軍的武器裝備、幹部素質、指揮能力和作戰準備，都不如日軍，各方面條件皆不如敵人。但是，國軍以劣勢軍備去對抗優勢的日軍，以空間換時間、會戰而不決戰、不與日軍硬拚的指導原則，去挫敗日軍「速戰速決」的迷夢；「看起來我們喪師失地，似乎是打了敗仗，但實際上始終操持主動，使日軍處於被動，並逐步陷入我預設的持久戰泥淖之中」。[34]

32　蕭李居編，《蔣中正總統檔案：事略稿本》，第 42 冊，頁 606-607。

33　蔣中正，〈第一次南嶽軍事會議開會訓詞〉（1938 年 11 月 25 日），頁 484-485。

34　同上，頁 485。

　　蔣介石以實例說明這個戰略的意義。統帥部之所以決定不在華北決戰，而是在上海開闢第二戰場，「一定要引誘他到長江流域來」，然後節節抵抗，逐步消耗敵人，這個戰略發揮了作用。他說：「如果我們在去年盧溝橋事件發生，敵人侵占我們平津的時候，我們不依照這種一貫的戰略，運用妥善的方法，來打擊敵人，攻破他們的狡謀，消耗他們的力量，而拿我們全部軍隊使用在平津一帶，與敵人爭一日之短長，那我們的主力或許早就被敵人消滅，中華民國也許早就有滅亡的危險！」[35]

　　所以，在形勢上中國雖然屢吃敗仗，但就戰略的結果與目的而言，國軍是成功的。因為憑著這個戰略，國軍與日軍打了 16 個月多，仍能保有足夠的兵力繼續抵抗，並使日軍愈陷愈深、不能自拔，「第一期抗戰的戰略目標，我們做到了，獲得了抗戰最後勝利的穩固基礎。」[36]

　　但是，會議第二天，蔣介石變得嚴厲起來。他痛斥第三、第九戰區高級軍官還在使用過時的防禦戰術，「一線式陣地之不能改正，乃我們官長指揮能力缺乏，而為我軍自抗戰以來戰術上失敗最大的一個恥辱」！[37]

　　他對參謀作業特別不滿，指責他們沒有把戰鬥的報告、日誌、和師級的紀錄存檔，以致上級軍官不清楚設備和軍火的存量和配備，各部隊和上級指揮中心或鄰近部隊的通訊不良，以致命令常不能貫徹，指揮官不能迅速靈活的部署部隊。[38]

　　蔣介石歷數國軍的「十二恥辱」，例如：陣亡官兵多曝屍戰場、

35　蔣中正，〈第一次南嶽軍事會議開會訓詞〉（1938 年 11 月 25 日），頁 485-486。

36　同上，頁 486。

37　蔣中正，〈第一次南嶽軍事會議訓詞（一）〉（1938 年 11 月 26 日），秦孝儀主編，《先總統蔣公思想言論總集》，卷 15，頁 505-506。

38　蔣中正，〈第一次南嶽軍事會議訓詞（二）〉（1938 年 11 月 26 日），秦孝儀主編，《先總統蔣公思想言論總集》，卷 15，頁 514-519。

傷兵流徙途中甚至成為乞丐、士兵逃亡、謊報軍情等等。他特別批評一些指揮官思想老舊、指揮無能，敦促他們要認真研讀《戰鬥綱要》和《步兵操典》，並勉勵他們要徹底改掉這些缺失。[39]

　　南嶽會議不久，軍事委員會於 12 月 19 到 23 日在陝西西安附近武功縣召開軍事會議，稱為武功會議，或西安會議。這是因為南嶽會議的出席者是華中、華東地區的將領，因此軍委會決定再召開一個華北、西北地區師以上將領參加的軍事會議，討論南嶽會議的決議案，把南嶽會議的精神向全軍傳達。[40]

第二期戰略方針

　　蔣介石指出，第二期抗戰是「轉守為攻，轉敗為勝」時期，作戰指導方針是「因時制宜；敵如來攻，歡迎之不暇；即不來攻，我亦當製造一切有利機會，隨時隨地施行局部反攻，分散牽制敵兵力，而各別消耗之；決不使其喘息餘暇，以從事淪陷區之建設，而打破其『以華制華』，以戰養戰之毒計」[41]。簡言之，就是「以戰為守」，掌握主動。[42]

　　會議對抗戰形勢作出分析、判斷，並詳述「指導方針」的基礎條件及立案精神。日軍的強項是軍備優良，能迅速集中優勢戰力壓倒敵人；但缺點是「資源貧乏，兵員缺少」，其戰略方針必是「速戰速決」。[43]反之，國軍的軍備雖然落後，但地廣人眾，極富戰爭潛力。在戰略上，

39　蔣中正，〈第一次南嶽軍事會議訓詞（一）〉（1938 年 11 月 26 日），頁 498-511。

40　楊鵬，〈抗戰時期的武功軍事會議述評〉，《蘭台世界》，2016 年第 14 期，頁 110-112。

41　〈國軍抗日作戰最高指導方針〉，《國軍檔案》，國防部史政編譯局藏，檔號：28/542/6015，頁 8-9。

42　蔣中正，〈第一次南嶽軍事會議開會訓詞〉（1938 年 11 月 25 日），頁 487。

43　〈國軍抗日作戰最高指導方針〉，《國軍檔案》，國防部史政編譯局藏，檔號：28/542/6015，頁 1-2。

日軍的特點一經作戰立即顯現，而中國的優勢則需要較長時期的適應才能發揮。[44]

　　會議分析日軍侵華兵力，自淞滬會戰初期的 12 個師團，到武漢會戰時增加到 35 個師團，1938 年 11 月更高達 37 個師團，日軍投入的兵力已到極限，今後再不能有更多的兵力用到中國。另方面，隨著戰區擴大，日軍兵力分散，只能占領點和線，廣大的占領區內，治安問題嚴重，益使日軍左支右絀，疲敝不堪，這些事實無不削弱日軍的戰鬥力，使其陷入被動。[45]

　　會議訂出第二階段的戰略要旨，包括：政治重於軍事、游擊戰重於正規戰、變敵後方為前方、精神重於物質、宣傳重於作戰、訓練重於作戰、建設創造重於戰爭等 15 項要旨。[46] 其中最重要的是部隊訓練、作戰制度的建立，以及正規作戰與敵後作戰相互配合的戰略。

　　所謂部隊訓練、正規作戰與敵後作戰相結合的制度，是把全國部隊三分，「以三之一分配在游擊區域，擔任敵後游擊；以三之一布置在前方，對敵抗戰；而抽調三之一到後方整訓。如此輪流更替行之，以加強部隊之技能與戰力」。[47] 這是依照「訓練重於作戰」的要旨，也是國軍在戰爭中走向現代化的必要途徑。

　　蔣介石特別強調部隊訓練。他深知，國軍幹部素質不夠，指揮官能力不足，以致「一個兵不能發揮一個兵的作用，而一個連、一個營，甚至一師、一軍亦是」。他在抗戰之前即致力建設精銳的國防軍，計畫整編 60 個德械師，但未及完成就因抗戰開始而中斷。進入二期抗戰，國際情勢起伏，聯盟作戰的時代來臨，要求精粹國軍的呼聲也逐漸升

44　〈國軍抗日作戰最高指導方針〉，《國軍檔案》，頁 1-2

45　蔣中正，〈第一次南嶽軍事會議開會訓詞〉（1938 年 11 月 25 日），頁 487。

46　何智霖編，《陳誠先生回憶錄：抗日戰爭》，上冊（台北：國史館，2004），頁 106。

47　同上。

高，因此，蔣介石想效法德制的幹部教育與部隊訓練，訓練中國軍隊，達到「一個師要敵得過人家一個師，一個軍要敵得過人家一個軍」。[48]

至於軍隊三分法，這是依據「政治重於軍事，游擊戰重於正規戰，變敵後方為前方」的要旨施行，也是白崇禧所推崇的「正規作戰與敵後戰場配合之戰略」。[49]之前，國軍在晉綏作戰失利，第二戰區部隊原準備渡過黃河離開山西。第二期抗戰要旨確定後，軍事委員會即命令所有部隊留在戰區擔任游擊，任何部隊均不得退過黃河，否則以軍法論處，戰區長官部亦不例外。[50]軍事委員會同時頒布〈游擊部隊整頓綱要〉整理游擊部隊。從此，國軍抗日戰略從正規作戰轉變為正規作戰與敵後戰場配合，游擊戰成為對日作戰的重要手段。

綜上可見，第二期抗戰的特質雖然是「轉守為攻、轉敗為勝」，但其真意並不在發動全面總反攻的攻勢作戰，而是在「爭取主動」、「以戰為守」。[51]陳誠等國軍將領都明白，國軍以戰力劣勢對抗強勢的日軍，接下來的抗戰勢必比第一階段倍加艱苦。[52]

國軍軍事部署

根據南嶽會議的戰略方針，軍事委員會在 1938 年 12 月 14 日制定「軍事委員會修正作戰計畫草案」，修訂國軍的軍事部署。

蔣介石等軍事領導密切注意日軍的戰略調整，研判日軍今後主要

48　蔣中正，〈第四次南嶽軍事會議開會訓詞〉（1944年2月10日），《先總統蔣公思想言論總集》，卷20，頁326。

49　中央研究院近代史研究所編，《白崇禧先生訪問紀錄》，上冊（台北：中央研究院近代史研究所，1984），頁373。

50　中央研究院近代史研究所編，《白崇禧先生訪問紀錄》，上冊，頁353。

51　蔣中正，〈第一次南嶽軍事會議開會訓詞〉（民國27年11月25日講），摘自國防部史政編譯局，《抗戰勝利四十週年論文集》，下冊（台北：國防部史政編譯局，1990），頁33。

52　何智霖編，《陳誠先生回憶錄：抗日戰爭》，上冊，頁106。

動向如下：[53]

(1) 日軍「將主力轉運華北，不惟可以防俄，且必趁我西北兵力單薄之際，積極西侵」。因此判斷日軍將進攻山西，並沿平綏鐵路西進，入侵甘肅、寧夏。

(2) 在華中、華南，日軍會攻擊湖南糧倉，並控制武漢到廣州的粵漢鐵路。

(3) 日軍進攻華南的機會不大，因為沒有必要過早挑起與歐洲列強的利益衝突。

當然，最重要的是守住「三陽」（洛陽、襄陽、衡陽）這道防線，也就是中國地形從平原往丘陵山地的交界這一線，保衛四川。軍事委員會擔心日軍可能突破潼關，入侵西安，阻斷西北的對外交通線、並就近威脅四川。為此，軍事委員會在西北設立第八戰區，由朱紹良負責，司令部設在甘肅蘭州，下轄 10 個師，在黃河北岸也部署了部隊。此外，第十戰區（司令官蔣鼎文）還有 10 個師保衛潼關。閻錫山的第二戰區則防衛中條山，保衛黃河東岸。

對於武漢地區戰鬥力強大的日軍第 11 軍，軍事委員會以國軍第五、第九、第三戰區直接對峙，這三個戰區分別位在日軍第 11 軍的北、南、東南三面，圍住日軍。

第五戰區在武漢北邊，司令長官李宗仁，下轄 6 個集團軍、13 個軍、34 個步兵師、1 個騎兵師和 1 個騎兵旅，部署在安徽西部、河南南部及湖北西北部的廣大地域。武漢會戰後，李宗仁把司令部遷到樊城（今湖北省襄陽市），積極整訓部隊。他們的戰略是死守桐柏山、大洪山兩個據點，以便隨時向武漢周邊出擊，並同時與駐在平漢路東面大別

53　中國第二歷史檔案館編，《抗日戰爭正面戰場》，上冊（南京：鳳凰出版社，2005），頁 57-58。

山區內的第 21 集團軍（總司令廖磊）相呼應，以機動戰與游擊戰威脅日軍平漢路的交通。[54]

南邊是薛岳統率的第九戰區，在江西北部、湖北南部，以及湖南的重要地區部署了 6 個集團軍、47 個步兵師，總兵力約 30 萬人。[55] 薛岳是國軍名將，曾擔任孫中山隨扈，抗戰前率部追剿共軍，戰功頗著。抗戰爆發後，參與淞滬會戰、豫東會戰、武漢會戰等。第九戰區司令長官陳誠身兼中央與地方諸多職位，所以，實際負責人是副司令長官薛岳，不久真除。[56]

第九戰區再往東則是顧祝同負責的第三戰區，轄有 4 個集團軍 22 個步兵師和 2 個步兵旅，與第九戰區互為策應。此外，第五、第九戰區還有若干特種部隊和游擊部隊。

很明顯，國軍這些部隊對武漢形成合圍態勢，日軍第 11 軍實際上是處於國軍的包圍之中，只能靠長江水運與下游的南京、上海相連，對日軍作戰空間上的限制及壓迫極大，日軍勢必想盡辦法打破這個包圍。[57]

54　李宗仁口述，唐德剛撰寫，《李宗仁回憶錄》，下冊（台北：李敖出版社，1988），頁 746。

55　國防部史政編譯局編，《抗日戰史：南昌會戰（一）》（台北：國防部史政編譯局，1981），頁 4。

56　陳壽恆、蔣榮森等編著，《薛岳將軍與國民革命》（台北：中央研究院近代史研究所，1988），頁 28、333。

57　參看〈第一次長沙會戰前中日兩軍態勢要圖〉。國防部史政編譯局，《國民革命軍戰役史第四部——抗日（第三冊中期戰役）》（台北：國防部史政編譯局，1995 年 1 月），頁 58 後之附表六。

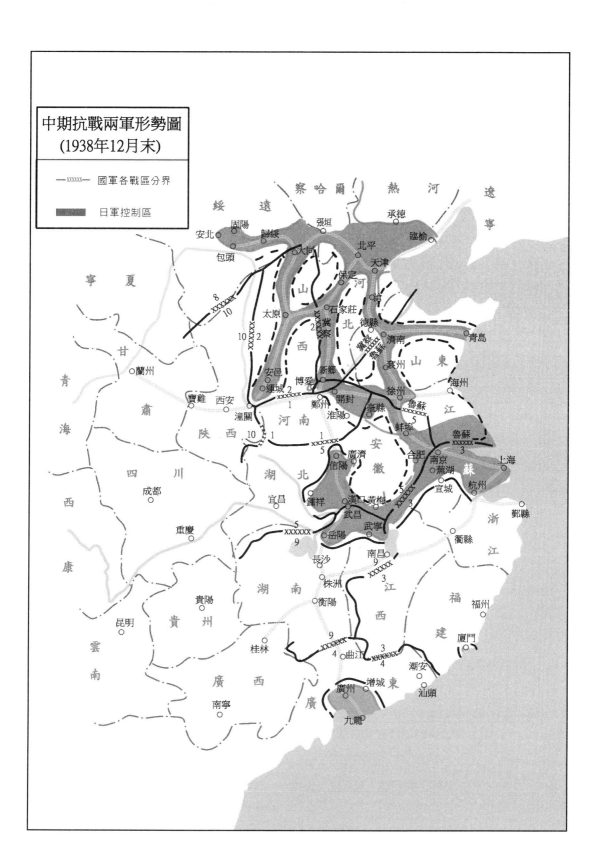

中期抗戰兩軍形勢圖
(1938年12月末)

—xxxxxx— 國軍各戰區分界
日軍控制區

　　但是，國軍的戰鬥力遠不如日軍，內部派系複雜，軍隊的裝備、素質、及作戰能力參差不齊，而且大部分部隊在參加武漢會戰時大受損傷，減員嚴重，又缺乏重武器，砲兵部隊幾乎損失殆盡。

　　為維持占領地區的穩定、交通流暢，日軍首先要突破國軍對武漢周邊的防衛。於是，第 11 軍從 1939 年初春開始到 1941 年初（相當於抗戰中期），依序發動了南昌會戰、隨棗會戰、第一次長沙會戰、棗宜會戰、豫南會戰和上高會戰。國軍這邊，依據「南嶽會議」的戰略規劃，轉守為攻，在 1939 年到 1940 年 3 月間，發動三次反攻及冬季攻勢。[58]

　　本卷第二、三章將依序探討上述在長江流域爆發的幾次會戰。另外，抗戰中期日軍在廣西南部發動桂南會戰，國軍精銳的裝甲部隊投入抗敵，有其特殊意義，亦將在本卷第三章述及。[59]

58　國防部史政編譯局，《抗日戰史》，第 2 冊，《全面抗戰經過》（台北：國防部史政編譯局，1980），頁 4。

59　有關戰役、會戰詞彙定義，《中華民國國軍軍語辭典》（2004 年版）解釋：「戰役」指連續幾個會戰或作戰，屬於大規模的作戰。例如，蔣介石在第一次南嶽會議時重新調整抗戰期程，認為：「從盧溝橋事變到武漢退軍、岳州淪陷為第一期。最重要的是，我們始終站在主動地位，是最後勝利的基礎。」所指抗日戰爭的第一期，就是《軍語辭典》的第一期「戰役」，包括淞滬、太原、徐州、武漢共 4 次大規模「會戰」。後來爆發的兩次滇緬戰，主要目的在打通國際通道，確保補給線及協同盟軍作戰，是一次戰役的兩次作戰，而這兩次作戰都沒有會戰規模的決戰，而是由連續幾次軍、師級的作戰構成。《國軍軍語辭典》定義自成體系，係軍學長期發展而形成，與戰時史料或一般用法不盡相同，故本書未完全參用。

第二章

三陽一線之戰：以戰為守的消耗戰

傅應川（前中華民國國防部史政編譯局局長）
蘇聖雄（中央研究院近代史研究所助研究員）
洪小夏（上海師範大學哲學與法政學院教授）
黃　勇（四川廣播電視大學教師）

早在 1923 年，軍事家蔣百里將軍就曾與其弟子龔浩說，將來有這麼一天，我們中國如對日作戰，沿海地區很快就會淪陷，津浦、平漢兩路必被日軍占領，中國國防應以「三陽」（即洛陽、襄陽、衡陽）為據點，然後在平漢線以西決戰。[1]

事實證明，在抗戰的第二階段，亦即「相持階段」，「三陽」這條線上的河南（豫）、湖北（鄂）、湖南（湘）三省，加上江西（贛）共四個省，正是抗戰中會戰最密集的地區，而且是中日鏖戰最久、最慘烈的區域主戰場。從 1938 年底武漢淪陷（1938 年 11 月）到 1945 年 8 月抗戰勝利為止，這 6 年 9 個月中，中日進行了 18 次較大規模的會戰，以及無數次中小型的戰鬥。[2] 在這些會戰及戰鬥中，除了南昌、上高桂南、晉南、浙贛桂柳 4 次會戰外，其餘都發生在三陽一線及其延伸的地區，這裡確實是抗戰的主戰場。

1　陶菊隱，《蔣百里先生傳》（北京：中華書局，1985），頁 55、163。

2　6 年 9 個月中進行了南昌、隨棗、第一次長沙、桂南、棗宜、豫南、上高、晉南、第二次長沙、第三次長沙、浙贛、鄂西、常德、晉南、豫中、鄂西、第三次長沙、常德、長衡、桂柳、豫西鄂北、湘西等 18 次會戰。

　　由於日本位在中國東側，抗戰初期的主戰場，即在華北、華東地區，北方戰地主要在平津、河北，延伸至察哈爾、山西；南方以上海、南京為主。上海、南京失守之後，隨著國軍西撤，戰爭沿著長江南北兩岸推進；徐州、台兒莊、蘭封失守之後，國軍在長江中游以武漢為據點，與日軍展開長達 5 個月的武漢會戰。1938 年底，武漢會戰之後，國軍雖失守武漢、廣州要地，表面看起來，日本占領了中國半壁江山，其實日軍僅占領了重要城市與鐵路沿線，並未能將控制力深入至周邊城市和農村。中日兩軍遂於「三陽」連成的一線上反覆拉鋸，相持不下。

　　日軍為何無法延續占領武漢的餘威，一鼓作氣消滅國軍其他主力？除了日軍兵力已達當時動員的極限以外，地形亦是個中關鍵。三陽一線位於中國地理的第一階梯和第二階梯之間，由北至南的地貌分別為華北平原、長江中下游平原，以及東南丘陵，北有以黃河為邊界，中有長江貫穿，整個區域地域廣大，丘陵、湖泊、河川遍布，對日軍作戰造成很大的困難。因此，日軍光是在三陽一線應付國軍層出不窮的騷擾，已是焦頭爛額，更遑論大舉西進四川，進攻國府陪都重慶！是以，自武漢會戰之後，中日兩軍始終在三陽一線拉鋸，直到戰爭結束，日軍都未能踏入四川。[3]

　　前一章已說明，日軍在武漢會戰後，軍力已用到極致，不得不緩下來，1938 年 12 月初，日本陸軍省完成《中國問題處理方案》，把在中國的占領區分為「治安地區」及「作戰地區」。治安地區指的是「華北重要地區及上海、南京等華中地區為治安地區，固定配置充分兵力，並永久駐留」。[4] 作戰地區則為武漢及廣州周圍地區，任務是：「消滅抗日勢力」，但不隨便擴大戰爭。[5]

3　日軍為何不進攻四川？請看本書第 7 章〈日軍為何始終未攻進重慶？〉。
4　國防部史政編譯局譯，《日軍對華作戰紀要（4）香港長沙作戰》（台北：國防部史政編譯局，1987 年 6 月），頁 470。
5　防衛庁防衛研修所戰史室，《支那事変陸軍作戦（2）昭和十四年九月まで》（東

日本大本營重新部署日軍在中國的兵力，1939 年 9 月 23 日，設立中國派遣軍總司令部，司令官西尾壽造大將，下轄 4 個軍，包括第 11 軍、華北方面軍、第 13 軍（華中新設）、第 21 軍（華南）。[6] 值得注意的是第 11 軍。它下轄 7 個師團（第 3、第 6、第 13、第 33、第 34、第 101、第 106 師團）、外加獨立第 14 混成旅團，總數逾 15 萬人，戰鬥力強，是日軍在華規模最大的作戰部隊。[7] 司令官岡村寧次中將可說是抗戰史上最著名的日籍將領之一，他在 1941 年晉升大將，先是出任華北方面軍司令官，後來出任中國派遣軍總司令官，指揮日軍在華百萬大軍。岡村寧次率領的第 11 軍派駐武漢，主要任務是與海軍協同作戰，隨時打擊周圍的「蝟集之國軍」，並牽制長江、鄱陽湖、洞庭湖等地的國軍。[8]

　　與日軍第 11 軍直接對峙的是國軍第五、第九、第三戰區，分別從武漢的北、南、東南面包圍日軍第 11 軍。

　　第五戰區在武漢北邊，司令長官李宗仁是國軍桂系領袖，他在武漢會戰後，把司令部遷到樊城（湖北省襄陽市），積極整訓部隊，等待迎接下一場惡戰。該戰區下轄 6 個集團軍、13 個軍、34 個步兵師、1 個騎兵師和 1 個騎旅，總兵力逾 30 萬人，部署在安徽西部、河南南部及湖北西北部的廣大地域。他們的戰略是死守桐柏山、大洪山兩個據點，以便隨時向武漢周邊出擊，並同時與駐在長江北、平漢路東面大別山區內的第 21 集團軍（軍長廖磊）相呼應，以機動戰與游擊戰威

續 ……………………………………………………
　　京：朝雲新聞社，1976），頁 283-284、289。

6　日本防衛廳戰史室編，國防部史政編譯局譯，《日軍對華作戰紀要（二）華中華南作戰及對華戰略之轉變——初期陸軍作戰（二）》（台北：國防部史政編譯局，1987 年 7 月），頁 474-475。

7　防衛庁防衛研修所戰史室，《支那事変陸軍作戦（2）昭和十四年九月まで》，頁 114-115、303。

8　日本防衛廳戰史室編，國防部史政編譯局譯，《日軍對華作戰紀要（2）華中華南作戰及對華戰略之轉變——初期陸軍作戰（二）》，頁 464-465。

脅日軍平漢路交通。[9]

南邊是薛岳統率的第九戰區，在江西北部、湖北南部，以及湖南的重要地區部署了 6 個集團軍、47 個步兵師，總兵力 20 多萬人。[10] 薛岳是國軍名將，曾追隨孫中山任隨扈，抗戰前率部追剿共軍，戰功頗著。抗戰爆發後，參與淞滬會戰、豫東戰鬥、武漢會戰等戰事。此時第九戰區司令長官陳誠身兼中央、地方諸多職位，實際負責人是副司令長官薛岳，不久真除。[11]

第九戰區再往東則是顧祝同負責的第三戰區，轄有 4 個集團軍 22 個步兵師和 2 個步兵旅，與第九戰區互為策應。此外，第五、第九戰區還有若干特種部隊和游擊部隊。

後來，為防止日軍向湘西進攻，於 1939 年 10 月增設第六戰區，轄境就在第九戰區西側。該戰區一度於 1940 年 4 月撤銷，同年 6 月棗宜會戰，川東門戶宜昌失陷，於是在 7 月 1 日，重設第六戰區，以拱衛陪都重慶，轄境包括鄂西、鄂中、鄂南及湘西、川東、黔東等地，即第九戰區西北側。[12] 司令長官陳誠，手上掌握大批中央軍精銳部隊，總兵力逾 20 萬人。

至 1941 年 8 月下旬，國軍已設有第一、二、三、四、五、六、七、八、九、魯蘇、冀察等戰區，加上四川、雲貴的部隊，總兵力共有 198 萬人（參見表 1）。可以注意到，在三陽一線的第一、第五、第六、第九戰區 4 個戰區，計有中央軍 60 個師、地方軍 77 個師，總計 1 百萬人，

9   李宗仁口述，唐德剛撰寫，《李宗仁回憶錄》（台北：李敖出版社，1988），下冊，頁 746。

10 國防部史政編譯局編，《抗日戰史‧南昌會戰（一）》（台北：國防部史政編譯局，1981 再版），頁 4。兵力隨時間有所增減。

11 陳壽恆、蔣榮森等編著，《薛岳將軍與國民革命》（台北：中央研究院近代史研究所，1988），頁 28、333。

12 何智霖編，《陳誠先生回憶錄：抗日戰爭》，上冊（台北：國史館，2004 年 12 月初版），155-159。

已超過全軍的一半，其中第五戰區，更是全國兵力最雄厚的地區。

表 1　日軍調查之國軍兵力配置（1941 年 8 月下旬）

戰區	司令長官、軍系	師數	兵力（戰鬥人員）
第一	衛立煌，中央軍	中央軍 15 師 地方軍 20 師	約 18 萬
第二	閻錫山，晉綏軍	地方軍 24 師	約 6 萬
第三	顧祝同，中央軍	中央軍 16 師 地方軍 15 師	約 23 萬
第四	張發奎，粵　軍	地方軍 6 師	約 5 萬
第五	李宗仁，桂　軍	中央軍 11 師 地方軍 35 師	約 36 萬
第六	陳　誠，中央軍	中央軍 20 師 地方軍 7 師	約 23 萬
第七	余漢謀，粵　軍	地方軍 16 師	約 12 萬
第八	朱紹良，中央軍	中央軍 14 師 地方軍 36 師	約 25 萬
第九	薛　岳，中央軍	中央軍 14 師 地方軍 15 師	約 23 萬
魯蘇	于學忠，東北軍	中央軍 1 師 地方軍 8 師	約 5 萬
冀察	衛立煌（兼），中央軍	中央軍 1 師 地方軍 7 師	約 3 萬
四川		中央軍 4 師 地方軍 8 師	約 7 萬
貴州、雲南		中央軍 11 師 地方軍 3 師	約 12 萬
總兵力		中央軍 107 師 地方軍 200 師 總　計 307 師	約 198 萬

改繪自：防衛廳防衛研修所戰史室，《昭和十七、八年の支那派遣軍》（東京：朝雲新聞社，1972），附圖第二：中國軍全般圖（昭和 16 年 8 月下旬的狀況）。

　　很明顯，國軍這些部隊對武漢形成完整的合圍態勢，所以日軍第11軍實際上是處於國軍的包圍中。日軍僅賴長江水運與下游的南京、上海相連，所以對日軍作戰空間上的壓迫極大，日軍勢必想盡辦法打破這個包圍。[13] 但是，國軍的戰鬥力遠不如日軍，內部派系複雜，軍隊的裝備、素質、及作戰能力參差不齊，而且大部分部隊在參加武漢會戰時嚴重損傷，大幅減員嚴重，又缺乏重武器，砲兵部隊幾乎損失殆盡。

　　日軍在武漢會戰後作戰重點初期在江北及湘贛地區搖擺，1941年2月派遣軍推出〈對華長期作戰計畫〉後，才有了較具體、積極的方針。新方針作戰重點指向襄西（襄河以西）地區（亦即國軍第五戰區）；[14] 但仍強調以維持治安、占領地區的整飭為主，不實施大規模進攻作戰，「即使在必要時，實行短期有效的奇襲作戰，但亦不擴大占據地域」；「作戰終了後，以返回原駐地為原則」，[15] 而且，「不實施長沙方面之作戰」。[16] 這是派遣軍總司令官西尾壽造的「短暫截斷作戰」的構想，作戰主要目的是打擊國軍有生力量，無論勝負，見好就收。[17]

　　於是，從1939年春季開始到太平洋戰爭前的1941年初，第11軍在三陽一線依序發動了南昌會戰、隨棗會戰、第一次長沙會戰、棗宜會戰、豫南會戰、第二次長沙會戰，和上高會戰。若依長江為界，第一次長沙會戰、第二次長沙會戰在江南，隨棗會戰、棗宜會戰、豫南

13　參看〈第一次長沙會戰前中日兩軍態勢要圖〉。國防部史政編譯局，《國民革命軍戰役史第四部——抗日（第三冊中期戰役）》（台北：國防部史政編譯局，1995年1月），頁58後插表六。

14　國防部史政編譯局譯，《日軍對華作戰紀要（3）歐戰爆發前後之對華和戰》（台北：國防部史政編譯局，1987年7月），頁479。

15　同上，頁448。

16　同上，頁479-480。

17　同上，頁454。

會戰在江北；國軍這邊接戰的，江南主要是第九戰區，江北則是第五戰區。

這幾場會戰，在國軍的歷史敘述中多有著墨，當然是大書特書，尤其是所謂「長沙大捷」。但奇妙的是，在日文或英文的中日戰史書籍，對它們卻並未強調，不是不提，就是輕描淡寫或是一筆帶過，這究竟是甚麼原因？本章試著探討這幾場會戰，將揭開這個問題的答案。

一、第一次長沙會戰：「後退決戰」策略

1939年初南昌會戰之後（下一章將敘述），作為江西省會的南昌失陷，國軍在湘、贛兩省失去一個重要據點。不過，國軍仍能在此處與日軍僵持下去，地形是其中關鍵因素。（南昌會戰留待下一章討論。）

湘贛地區除了贛江沿岸、洞庭湖濱，以及湘江水域的地勢比較平坦外，其餘都是山岳丘陵地，幕阜山、九嶺山、武功山系綿亙於洞庭湖、鄱陽湖之間。這個地區的水陸交通極為方便，湘江、贛江及其支流水運暢通，還有粵漢鐵路縱貫南北，湘贛鐵路橫貫東西。湘江、贛江沿岸地勢平坦，有利於日軍南、北向機動運作；但是，對國軍而言，四面都是丘陵地，又有湘江及贛江屏障東、西兩翼，再加上湘江支流新墻河、汨羅江（汨水）、撈刀河、瀏陽河層層排列，形成一個層層阻截的防線，國軍布局其中，日軍很難迂迴包圍，反而有利於國軍實施持久及包圍殲滅戰。

於是，抗戰八年之間，就在湘贛地區，發生了四次抗戰史上赫赫有名的「長沙會戰」。除第一、二、三次長沙會戰外，還有1944年的「長衡（長沙、衡陽）會戰」。在這幾次會戰中，雖然每次的戰略目的及攻防手段不盡相同，但其作戰發展卻因為地形特性的原因，以致作戰

範圍都在長江、湘江兩側，以及洞庭湖與鄱陽湖之間的地區。第一次長沙會戰的區域較廣，包括江西西部，其他會戰都偏重在湘江流域，靠近洞庭湖濱。

　　在日軍偷襲珍珠港事變之前，中國戰場發生了第一、第二兩次長沙會戰，本章先敘述這兩次會戰，太平洋戰爭爆發後的第三、第四兩次，留待後面第六、第八章探討。

　　首先是第一次長沙會戰。這次會戰的作戰地區因為在江西、湖南境內，日軍稱為「贛湘會戰」。在會戰之前5個月，1939年4月，國軍已開始籌劃對贛湘地區的作戰方針。承擔防禦責任的是第九戰區，時任第九戰區司令長官是陳誠，但實際由副長官薛岳代理。[18]

　　蔣介石在4月即以數則電報指示薛岳作戰方略：日軍如果進攻長沙，我軍可以先放棄長沙，待敵初入長沙立足未定之時，即起而予以致命之打擊；[19] 湘北方面之作戰，應利用湘北有利地形，劃設數線陣地逐次消耗敵人，換取時間；敵如進入第二線陣地（平江、汨羅江線）時，我應以幕阜山為根據地，猛襲敵之側背；萬一敵進逼長沙，我應乘其消耗既大、立足未穩之際，以預伏置於長沙附近及其以東地區之部隊，內外夾擊，予敵以致命打擊。[20]

　　蔣介石並叮囑，反攻計畫必須在嶽麓山配置有力砲兵，構築堅強工事，完成射擊敵艦與長沙城之各項作業，及步砲協力等作戰準備；此外，還要做有計畫的道路破壞，阻擋日軍機動部隊的進行。[21]

18　何智霖編，《陳誠先生回憶錄：抗日戰爭》，上冊，頁121。
19　「蔣委員長致第九戰區代司令長官薛岳、第六戰區司令長官陳誠指示先放棄長沙再反攻擊敵手令」（1939年4月15日），《中華民國重要史料初編》，第2編，第2冊，頁433。
20　國防部史政編譯局，《抗日戰史·第一次長沙會戰》（台北：國防部史政編譯局，1981年6月），頁9。
21　同上。

　　蔣介石的指示很清楚，這是一個「後退決戰」的策略。關鍵是，盡量利用地形，分區牽制日軍，不讓江西及湖北的日軍會合，但又不急著與日軍硬拚，必要時可先放棄長沙，誘日軍深入，等日軍準備進入長沙時，再回過頭來決戰，把日軍擊滅於長沙附近地區。

　　薛岳依照指示，派部隊及湖南民眾把日軍必經之處的田間道路挖掉，或是挖成不規則的深溝，湖邊道路也被毀掉，沿線的山腹都挖成絕壁，還把一般路面挖成凹凸形狀，中間突出，兩邊低陷，讓中間無法行車，兩邊也走不得。這一切破壞就是要使日軍的汽車、馬車無法行動。[22]

　　中國軍隊武器裝備比不上日軍，不得已才實行這種土法煉鋼，自己破壞自己的馬路、山道、湖泊的做法。如此龐大的破壞工作相當艱鉅，投入了許多人力物力，但後來證明這一招確實有效。日軍機動部隊揚長而來，到了長沙外圍，道路不見了，滿目盡是一片水田、湖泊，或是又深又窄的溝渠，日軍氣急敗壞，無可奈何，只得一面派工兵緊急搶救，同時丟棄重裝備，背負輕裝備前進。

日軍發動攻勢

　　蔣介石對長沙作戰的指示對抗日軍的戰略十分恰當，但是，國軍對日軍向長沙發動攻擊的作戰目的，卻始終存在誤解。即便數十年後，陳誠在回憶錄中，仍以為日軍進攻目的在占領長沙後，打通粵漢鐵路，掌控中國南北之交通大動脈，以及奪占湖南這個中國稻米盛產之地，遂行其「以戰養戰」之狡計。[23]

　　現今日軍作戰的檔案皆已公開，已經可以很明顯清楚看到，這時日軍承襲武漢會戰後的戰略調整，並沒有要擴大占領區，攻占長沙這

22　何智霖編，《陳誠先生回憶錄：抗日戰爭》，上冊，頁121。
23　同上，頁119。

個重要城市，也沒有要打通大陸交通線的計畫；1939 年 9 月上旬日軍決定發動長沙攻勢的目的，是要擊滅中國第九戰區的中央軍部隊，打擊中國持久抗戰的企圖，同時藉此確保作戰地域內之安定。[24]

發動作戰的仍是第 11 軍司令官岡村寧次的第 11 軍。根據日軍檔案，岡村計畫向國軍發動奇襲，主力從湖南北部粵漢線開始，迅速向南機動擊滅國軍主力，同時以一部兵力，在江西高安、修水附近向西策應，吸引捕捉這個方面的國軍。作戰計畫根本沒有要攻占長沙，而是規劃在打擊國軍主力之後，短時間結束作戰，迅速回防，恢復原先態勢。[25]

國軍統帥部與第九戰區發生爭議

9 月 19 日，湘北日軍向新墻河南岸國軍陣地發動進攻，作戰發展似乎符合軍事委員會事先的預估，而薛岳的防禦工事也做好了。依照作戰計畫，薛岳應該命其部隊後撤，必要時可放棄長沙，然後等待機會反攻。薛岳依計畫撤退了部分防衛汨羅江的部隊，命他們逐步抵抗，相機轉進。日軍見國軍主動撤退，於是大膽繼續南下，很快進至長沙附近的永安（屬於瀏陽市）。

就在這個時候，薛岳和統帥部對作戰方針發生了爭議。事情是這樣的，9 月下旬，蔣介石侍從室主管軍事的第一處主任林蔚轉達副參謀總長白崇禧之意，命薛岳繼續後撤，但薛岳反對再撤，他認為不該輕易放棄陣地，而且態度堅決，「抗辯甚力」。[26]

戰區指揮官陣前反對統帥部的決定，非同小可。9 月 29 日，蔣介石命陳誠偕白崇禧到第九戰區處理此事。陳誠動身之前，曾請示蔣介

24　防衛庁防衛研修所戰史室，《支那事変陸軍作戰（2）昭和十四年九月まで》，頁374-382。

25　同上。

26　何智霖編，《陳誠先生回憶錄：抗日戰爭》，上冊，頁121。

石長沙究竟「守」還是「不守」，奉批「不守」。[27] 於是，陳誠、白崇禧見到薛岳時，當面傳達蔣介石的命令，但薛岳仍然不從，並憤然道：「如（放棄長沙），我上無以對中央，下無以對國人，從今不敢再穿軍服了！」[28]

此時，日軍已到達長沙外圍，情況急迫。陳誠一方面緊急上報蔣介石，同時准予第九戰區「因時因地制宜」，並下令反攻。[29] 反攻令下，國軍分別在幕阜山、新墻河、汨羅江，以及江西北部反攻日軍，東路日軍因為在江西受阻，未能和岳陽、武漢南下的部隊會合，以致兵力分散。

岡村寧次鑒於會師未成，在湖南的兵力薄弱，而且彈藥補給所剩無多，不足以前進長沙；而且，作戰目的已達，遂命令逐步撤退。到10月8日，日軍主動撤回新墻河北面，14日，日軍全線撤退，雙方又回復戰前的態勢。[30]

重新理解、評價第一次長沙會戰

基本上，軍事委員會研議的長沙會戰指導方針，符合南嶽會議的戰略規劃。在南嶽會議上，白崇禧鑒於抗戰初期各次會戰，國軍遭受重大傷亡，遂倡議「游擊戰配合正規戰」的作戰方針。[31] 不堅守長沙，就是這個思維的具體實踐，這是白崇禧及統帥部人員共同的主張，並奉蔣介石委員長認可。[32]

27　何智霖編，《陳誠先生回憶錄：抗日戰爭》，上冊，頁121。

28　同上。

29　「因時因地以制宜」，亦為抗戰最高作戰指導方針之重要意涵，引自〈國軍抗日作戰最高指導方針〉，國軍檔案，28/542/6015，頁8-9。

30　何智霖編，《陳誠先生回憶錄：抗日戰爭》，上冊，頁122。

31　中央研究院近代史研究所編，《白崇禧先生訪問紀錄》（台北：中央研究院近代史研究所，1984），上冊，頁373。

32　何智霖編，《陳誠先生回憶錄：抗日戰爭》，上冊，頁122。

這個戰法薛岳稱其為「天爐戰法」，[33] 也就是「後退決戰」。薛岳說：「天爐戰者，在預定之作戰地，構成縱深據點，盡其諸般手段，逐次消耗敵人，挫其銳氣；然後於決戰地使用優越之兵力，反擊、反包圍而予敵以殲滅打擊。」[34] 薛岳的認知與軍事委員會的指導方針並無不合，但問題不在「後退決戰」，而是在於長沙究竟守還是不守。薛岳認為，必須守住長沙，因為長沙是天爐的底，底漏了就全盤泡湯了。[35] 會戰結果證明薛岳的主張有道理，好在有陳誠一句「因時因地制宜」，才使這個爭議圓滿解決。

整體來看，這次會戰顯示出，無論中日雙方在戰略、戰術上，都處在新舊交替的適應中。就日軍而言，此次會戰並無攻占長沙的企圖，而是要打擊國軍戰區的中央軍，以維持日軍占領區的穩定。戰術方面，日軍雖然在數量上不及國軍，但長於機動作戰，在砲兵、空軍火力的支援下，仍擁有相對的優勢。

然而，日軍的戰略轉變，已嚴重削弱其野戰軍的實力。投入作戰師團的番號雖多，但以支隊的型態出現（上村支隊屬第 3 師團；奈良支隊屬第 13 師團；佐枝支隊屬第 101 師團），影響其作戰指揮及積極的作戰企圖。這種「打散建制」的做法，其實是反映了日軍的困境。武漢會戰後日軍作戰地區遼闊，任務複雜，兵力不敷分配，只能打有限戰爭，而且作戰失敗的風險增加。

是故，在野戰用兵上，日軍由於兵力限制，被迫採取有限度的攻勢行動，以致在會戰中，無法捕殲到國軍的有生力量，反遭國軍阻擊。例如，在高安地區，國軍反擊成功；在鄂南合圍國軍第 79 軍，卻遭到反噬；在湘北意圖於新市附近圍殲國軍第 52 軍，也因兵力不足，包圍圈過小，而功敗垂成。

33　王樹增，《抗日戰爭》，第二卷（人民文學出版社，2015年7月），頁459-460。
34　同上，頁460。
35　同上，頁471。

　　反觀國軍這邊，軍隊的數量雖多，但戰力不足，只能節節抵抗，逐步後撤，等待「後退決戰」的機會。就國軍的作戰條件而言，當是正確的戰略選擇；但是，即便如此，國軍也僅僅是和日軍拉鋸，並不能達到殲敵的戰果。究其原因，主要是國軍對於「後退決戰」戰法尚未運用自如所致。例如，兵力分散，指揮協調不夠靈敏。例如，第九戰區可用兵力有 46 個師，而戰區在湘北關鍵的決戰時，只使用了 11 個師；而當時在洞庭湖西側有 8 個師，長沙以南有 4 個師，這 12 個師都閒置未用。[36] 還有，10 月 1 日，日軍開始全面撤退，國軍應把握良機，逕行超越追擊，但各級指揮官過於謹慎，不敢發起迅猛的追擊，結果讓日軍從容退回原防。

　　國軍把這次會戰稱為「長沙大捷」，說是「日軍攻擊長沙無法得逞」。但日軍則堅持認為中國誇大戰果，是他們自己「主動向北撤退」，而且，他們的作戰計畫本來就沒有要包括進攻長沙，所以，不承認作戰失敗，反而給予數量較多的國軍大量殺傷，戰果豐碩。[37]

　　平情而論，日軍確實沒有把長沙作為作戰目標，他們是想「擊破國軍主力」，「確保作戰地域內安定」。但就這兩點而言，日軍並沒有達到作戰的目的。何況就當時狀況而言，國軍已準備在長沙附近決戰，而且已在易家灣、㴩口、醴陵一帶完成二線陣地，嚴陣以待，薛岳並且親自率領 6 個師，準備反擊。日軍如果沒有適時撤回，很可能會遭受嚴重的打擊。

36　國防部史政編譯局，《抗日戰史（7）‧湘贛地區作戰（上）》（台北：國防部史政編譯局，1989 年 5 月），頁 167。

37　防衛庁防衛研修所戦史室，《支那事変陸軍作戦（2）昭和十四年九月まで》，頁 387。

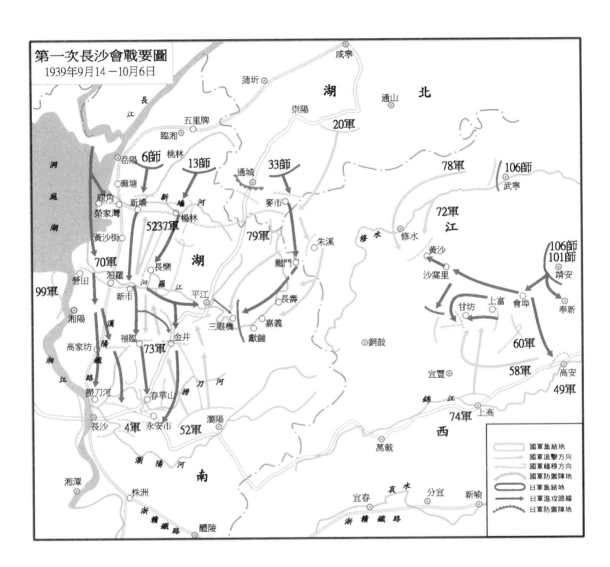

第一次長沙會戰要圖
1939年9月14－10月6日

湖　北

湖　南

江　西

洞庭湖

咸寧
蒲圻
通山
崇陽
通城
20軍
78軍
106師
武寧
72軍
五里牌
臨湘
桃林
6師
13師
33師
岳陽
麻塘
新橋
楊林
新墙河
通城
麥市
朱溪
修水
修水
黃沙
沙窗里
106師
101師
靖安
奉新
鹿角
榮家灣
黃沙街
5237軍
79軍
龍門
上富
甘坊
會埠
70軍
汨羅
長樂
汨羅江
長壽
60軍
99軍
營田
湘陽
新市
平江
三眼橋
嘉義
銅鼓
宜豐
58軍
高安
49軍
漢陽
福臨
金井
73軍
獻鐘
高家坊
鐵路
撈刀河
春華山
撈刀河
錦江
74軍
上高
瀏陽
長沙
4軍
永安市
52軍
瀏陽河
萬載
湘潭
株洲
浙贛鐵路
醴陵
宜春
袁水
分宜
新喻
浙贛鐵路

國軍集結地
國軍追擊方向
國軍轉移方向
國軍防禦陣地
日軍集結地
日軍進攻路線
日軍防禦陣地

二、第二次長沙會戰：日軍無意占領長沙

第二次長沙會戰和第一次相隔兩年。岡村寧次在1940年2月調回東京參謀本部任軍事參議官，園部和一郎中將赴武漢接任第11軍司令官。[38]

突破國軍包圍、削弱國軍主力（中央軍）戰力，日軍志在必行。因此，園部接任後，積極發動幾次作戰。他首先在1940年5月初發動對第五戰區的攻擊，是為「棗宜會戰」。然後，1941年1月，園部又命第11軍對國軍第五戰區河南南部發動攻擊，是為「豫南會戰」（詳下節）。園部未曾稍停，3月4日繼續在江西發動「上高會戰」（日軍稱為「錦江作戰」）。日軍在棗宜、豫南會戰，雖有所得（這些作戰，後面將會提到），但上高會戰這一仗，日軍徒勞無功，傷亡重大，最後撤回原駐地。（這幾個作戰的研究，將在本章第3、4、5節討論。）

東京參謀本部檢討上高會戰失利的原因，認為園部和一郎指揮不當，應負最大責任，遂迅即撤換園部，改派阿南惟幾中將接任第11軍司令官。阿南野心勃勃，迫不及待要發動攻勢。

阿南惟幾率領大軍南下長沙

第一次長沙會戰兩年之後，日軍未再對湘北地區（國軍第九戰區）實施攻擊，反而頻頻遭到這個地區國軍一線部隊及游擊隊的襲擾，後方聯絡線也常被破壞。新上任的第11軍司令官阿南惟幾早就決心解決第九戰區的威脅，但因為歐戰以及德蘇情勢發展，大本營對在華作戰搖擺不定，使得11軍南下作戰一再延宕。[39]

38　岡村寧次在1941年4月晉升大將，3個月後被派回中國，出任華北方面軍司令官。

39　國防部史政編譯局譯，《日軍對華作戰紀要（4）香港長沙作戰》（台北：國防部史政編譯局，1987年6月），頁520-521。

　　1941 年 6 月，德國進攻蘇聯，日軍在北方的壓力突然減緩了，南下已是必然之勢。因此，阿南惟幾積極準備發動第二次長沙會戰，決心「瓦解敵（國）軍抗戰企圖，對西部的第九戰區軍加以痛擊」。[40]

　　阿南惟幾擬訂的作戰目標與第一次長沙會戰類似，目的是打擊第九戰區國軍主力，並不以「占領地點」、「獲得物資」為目的。[41] 日軍這次動員的兵力相當強大，包括 4 個師團（第 3、4、6、40 師團）、4 個支隊、還有 1 個戰車聯隊、1 個山砲中隊，連同海空軍，總共約 15 萬人，兵力之強大，為武漢會戰以來所僅見。[42] 為防止國軍再破壞道路，阿南還特別徵調了偽軍與民工修路，以維持補給線暢通。

　　阿南的戰術與第一次長沙會戰大不相同。他認為，上次岡村寧次兵力分散，而且彼此間隔相當的距離，以致後來合圍不成。這次，除了一個大隊負責側翼牽制外，阿南把所有兵力集中，採取中央突破的強攻戰術，從湘北一路南下，打擊國軍主力。阿南事先把部隊祕密集結在湖南北部臨湘、岳陽地區，並把司令部移到岳陽，就近指揮作戰。[43]

　　國軍這邊密切注意日軍動向，第九戰區擬定了「反擊作戰計畫」，從這個名稱就可理解，國軍採取的是守勢作戰。國軍以第一次長沙會戰的經驗為基礎，軍事委員會判斷日軍可能從六個方面入侵。除了主力部隊放在粵漢鐵路、湘江兩岸外，其餘五路則位於湖北南部及江西北部地區，分別沿著贛江、錦江、潦河、修水等河谷及桃樹港、龍門廠、獻鐘間地區鋪開。[44]

　　薛岳的作戰方針是「誘敵於汨羅江以南，在金井、福臨鋪、三姐

40　國防部史政編譯局譯，《日軍對華作戰紀要（4）香港長沙作戰》，頁 531。

41　同上，頁 522。

42　國防部史政編譯局，《抗日戰史（2）‧全面抗戰經過總論》（台北：國防部史政編譯局，1991 年 12 月），頁 302。

43　國防部史政編譯局譯，《日軍對華作戰紀要（4）香港長沙作戰》，頁 531-532。

44　國防部史政編譯局，《抗日戰史‧第二次長沙會戰（一）》（台北：國防部史政編譯局，1980 年 9 月），頁 7。

橋以北地區，反擊而殲滅之」。[45] 這個方式不出「天爐戰法」的基本思維，仍是以「誘敵殲滅戰法」為主。[46] 但軍事委員會及第九戰區司令部沒有料到的是，日軍竟然出動如此龐大的部隊，而且主力集中在湘北，從岳陽直取長沙。

會戰爆發

1941 年 9 月 7 日清晨，日軍第 11 軍第 6 師團在空軍的支援下，對大雲山一帶的國軍陣地實施掃蕩，揭開會戰序幕。

大雲山位於湖南北部新墻河北岸，地勢險峻，國軍藉由茂密的森林，層層阻擊，日軍進展遲滯，雙方在深山中激戰長達 8 天。[47]

然而，日軍第 6 師團在大雲山與國軍激戰，真正的目的是掩護其主力部隊的進攻。第 3、第 4、第 40 師團已祕密推進到新牆河北岸，完成攻擊準備；[48] 而在大雲山與國軍激戰的第 6 師團則悄悄把它的主力部隊移到草鞋嶺附近，參與日軍的主力攻勢。另外還有平野支隊在日艦的掩護下，穿越洞庭湖，準備加入戰鬥。[49]

9 月 18 日拂曉，龐大的日軍在優勢的陸空砲火掩護下，渡過新牆河，發動正面攻擊。國軍遭到日機猛轟，陣地全毀。日軍在戰車及騎兵前導下，一路南下，由於雙方戰力相差懸殊，國軍陣地終被突破。[50]

新墻河南岸情勢告急，戰區司令長官薛岳緊急調整部署，一面把部隊往長沙外圍湖南北部集中，同時下令部隊發動側擊，以損耗、牽制日軍。薛岳同時命令部隊減少與日軍正面衝突，盡量把日軍誘向湖

45　國防部史政編譯局，《抗日戰史・第二次長沙會戰（一）》，頁 7。

46　同上，頁 8。

47　同上，頁 9。

48　國防部史政編譯局，《抗日戰史（7）・湘贛地區作戰（上）》，頁 251。

49　國防部史政編譯局，《抗日戰史（2）・全面抗戰經過總論》，頁 303。

50　國防部史政編譯局，《抗日戰史（7）・湘贛地區作戰（上）》，頁 253。

南東部的山地。[51]

　　得知國軍側擊日軍的第二天，阿南決定調整原作戰指導，他把日軍主力分成兩路，第40師團、第6師團從左邊迂迴包圍，進攻長沙外圍；第3、第4師團則採取正面攻勢，意圖把第九戰區主力逼到湘江以東地區加以擊滅。[52]

　　薛岳沒有料到日軍竟然把4個師團集中在一起進攻，沒有及時應對，加上日軍破譯了第九戰區的通訊，掌握了薛岳部署的計畫，日軍如排山倒海而來，第九戰區的幾個部隊軍雖然都浴血奮戰，但難抵日軍強大的砲火，逐漸被擊退，長沙危在旦夕。

　　為解長沙之危，9月20日，蔣介石判斷，日軍兵源有限，阿南這次動員這麼多部隊來攻長沙，第11軍其他防區肯定兵力不足，蔣介石決定擴大戰場，把作戰擴大到華中全域，在多個地區發動攻擊，以牽制第11軍的長沙攻勢。於是，蔣介石電令第三、第五、第六戰區配合長沙戰局發展，「乘虛向當面敵人攻襲，予敵嚴重打擊」，[53]他並命令第三戰區發動全面游擊戰、在長江布雷、並佯攻南昌；第六戰區積極進襲宜昌、荊門，相機收復宜昌；第五戰區則以全面游擊戰，截斷日軍，並威脅武漢。[54]

　　長沙方面，此時雙方在汨羅江南岸已擺出決戰的陣勢，會戰進入關鍵時刻。9月22日晚上11時，日軍發起全面攻擊，與國軍第26軍、第37軍正面發生激戰，第37軍陣地兩翼很快被日軍突入，陷入被包圍狀態。[55]薛岳緊急命第10軍（軍長李玉堂）在長沙外圍的福臨鋪、

51　國防部史政編譯局，《抗日戰史（2）·全面抗戰經過總論》，頁304。

52　國防部史政編譯局譯，《日軍對華作戰紀要（4）香港長沙作戰》，頁572-575。

53　國防部史政編譯局，《抗日戰史·第二次長沙會戰（一）》，頁12-13。

54　屬第5戰區因應作戰。9月26日夕刻奉軍事委員會電令「截斷平漢鐵路，威脅武漢」。蔣緯國，《國民革命戰史》第三部〈抗日禦侮〉，第七卷（台北：黎明文化公司，1978年10月），頁161。

55　國防部史政編譯局，《抗日戰史（7）·湘贛地區作戰（上）》，頁257。

栗橋部署，掩護第 37 軍撤退，並以第 79 軍（軍長夏楚中）防守長沙市。這樣的部署兵力不足，薛岳很可能要丟掉長沙。

日軍正面而來的第 3、第 4 師團，很快到達國軍主陣地（福臨鋪、栗橋、金井一線）。日軍攻勢凶猛，第 10 軍立即陷入苦戰。26 日，大部分陣地陷落，李玉堂率部逐步向撈刀河、瀏陽河轉進。[56]

眼看日軍逼近長沙，奉命增援保衛長沙的部隊，分由四路急奔而來。增援部隊其中包括駐紮在江西北部的第 74 軍，該軍軍長王耀武率領第 51 師（師長李天霞）、57 師（師長余程萬）、58 師（師長廖齡奇）從江西萬載縣出發，奔赴長沙。廖齡奇此時正好請假回老家結婚，副師長張靈甫緊急帶著部隊出發，廖齡奇隨後知道緊急召集令，丟下新娘子，一路追趕，直到湖南境內才追上他的部隊。

74 軍驍勇善戰，素有「鐵軍」之稱，為了趕時間，不得不白晝行軍，一路上遭到日軍夾攻，還有日本飛機輪番轟炸，且戰且走，在路上就死傷不少。[57]

日軍方面，阿南司令官對國軍第 74 軍西進長沙，特別關注。他的部隊不久前才在「上高會戰」與 74 軍血戰，兩軍先後 77 次白刃肉搏，日軍第 34 師團長岩永少將戰死。9 月 22 日，阿南得知 74 軍到了汨水南岸，他在日記寫道，74 軍是國軍最精銳的部隊，他們到達，「可能直接嚴重威脅軍之左側」。[58] 阿南決定調派第 6 師團「抑留」74 軍。[59]第 11 軍參謀長木下勇甚至把「擊潰國軍第 74 軍」作為作戰指導的重點之一。[60]

56　國防部史政編譯局，《抗日戰史（2）‧全面抗戰經過總論》，頁304。

57　國防部史政編譯局，《抗日戰史（7）‧湘贛地區作戰（上）》》，頁259。

58　國防部史政編譯局譯，《日軍對華作戰紀要（4）香港長沙作戰》，頁603。

59　「抑留」在軍事術語上是指消極的戰略戰術行為，旨在拒止或限制敵方的戰術動作，但無打擊殲滅的意圖。阿南惟幾命令第 6 師團「抑留」國軍第 74 軍，顯示他明白第 6 師團的戰力不足以殲滅第 74 軍，只能阻止其向西突進。

60　國防部史政編譯局譯，《日軍對華作戰紀要（4）香港長沙作戰》，頁601-604。

9月25日，74軍先頭部隊第57師最先趕到了長沙東面的瀏陽附近，其主力仍在行軍途中。日軍飛機立刻來襲，57師以及最後趕到的58師許多官兵被炸死。於此同時，正向南行進的日軍第3、第6師團，不待第74軍主力抵達，立即發動攻擊。由於日軍向南行軍，而國軍則往西趕路，形成雙方罕見的斜交式「遭遇戰」。[61] 情勢對第74軍極為不利，但74軍士氣旺盛、戰鬥力強，仍重創日軍，但他們自己也遭到重大折損。[62]

到27日下午，日軍在飛機大砲助陣之下，加強陸空聯合攻擊，早淵支隊突破長沙東北角，於下午6時25分侵入長沙城，與守軍激戰，雙方僵持。29日深夜，國軍增援部隊趕到，國軍轉守為攻，把日軍逼到城邊，長沙危局暫緩。[63]

日軍「轉進作戰」與國軍全面追擊

日軍作戰日誌顯示，阿南雖然指示早淵支隊以最有限兵力進入長沙城，但達到作戰目的即走，並不是要「占領」長沙城。[64] 也就是說，第二次長沙會戰日軍作戰的目的是在於「摧毀第九戰區之戰力」，「打開通往重慶之路」，而非占領長沙、掠奪糧食。[65] 正因為如此，第11軍司令部在28日早淵支隊完全占領長沙城時，認為「已完成作戰目的」，接下來的重點是「轉進」（也就是「撤退」）。所以早淵支隊最先進入長沙城，隨後第4師團、第3師團也到了，但是，既然不想

61 所謂「遭遇戰」是在雙方運動中產生之作戰方式。當時日軍向南，國軍向西運動，故成斜交。國防部史政編譯局譯，《日軍對華作戰紀要（4）香港長沙作戰》，頁620。
62 國防部史政編譯局，《抗日戰史・第二次長沙會戰（2）》（台北：國防部史政編譯局，1980年9月），頁109。
63 國防部史政編譯局，《抗日戰史（7）・湘贛地區作戰（上）》，頁264。
64 國防部史政編譯局譯，《日軍對華作戰紀要（4）香港長沙作戰》，頁631。
65 同上。

占領長沙城，部署這麼強大的兵力就沒有什麼實質意義。因此，第 3 師團先遣隊（花谷正旅團長）提出異議，要求盡快轉進，司令部同意這個要求。

薛岳抓住日軍轉進的機會，下令全面反攻。他在 29 日下達追擊命令，命令第 79 軍除以一部守長沙外，主力則向新市、長樂街（汨羅江兩岸）方向追擊；第 2 軍從株州向北，掃蕩潰向長沙之敵；第 74 軍掃蕩瀏陽河兩岸戰場；其餘部隊則向汨水、新墻河兩岸之長樂街、楊林街方向追擊。[66]

9 月 30 日，國軍展開全線猛攻，侵入長沙的日軍首先不支，於 10 月 1 日開始向北突圍撤退。撈刀河互瀏陽河一帶的日軍也在同一天黃昏開始，兵分三路全面向北撤退。[67]

日軍撤退，國軍展開全線追擊，日軍死傷不少。10 月 7 日，國軍已渡過汨羅江，8 日越新墻河，到 9 日，湘北的日軍已悉數撤返新墻河以北，而洞庭湖面的日艦也不見了，10 日，兩軍恢復會戰前態勢，結束了第二次長沙會戰。[68]

第二次長沙會戰的評價

從戰爭的大格局而言，日軍發動第二次長沙會戰政治目的大於軍事目的，因為，在其計畫與命令中，已明定「不以占領長沙為目的」。[69]正因如此，才會出現下面這個絕妙的情況：日軍與國軍在長沙相安無事的局面。

當時，國軍第九戰區司令部已撤出長沙，城內部隊極有限，長沙外緊內鬆。日軍早淵支隊在 9 月 27 日下午 6 時 25 分從長沙東北面突

66　國防部史政編譯局，《抗日戰史（7）‧湘贛地區作戰（上）》，頁268-269。

67　國防部史政編譯局，《抗日戰史（2）‧全面抗戰經過總論》，頁305。

68　同上。

69　國防部史政編譯局譯，《日軍對華作戰紀要（4）香港長沙作戰》，頁631。

入長沙城，人數不多，但日軍並未侵擾居民生活，亦未掠奪物品，長沙市內交通如常。有些居民眼見日軍入城，分辨不清，還以為是國軍部隊後退入城，不以為怪。日軍在長沙城內好整以暇，28 日上午，早淵支隊長入住湖南省政府舊址；29 日清晨，村井聯隊長在長沙舊體育場舉行升旗典禮；30 日，日軍邀請德國及美聯社等 5 位記者在長沙上空繞行觀察，然後飛到岳陽，訪問軍司令官阿南惟幾。[70]

這一切顯示，日軍是有計畫的在做對外宣傳。阿南在下達進攻長沙命令時，即要求早淵支隊「以最小限兵力入城」，並盡量做好「宣撫工作」。[71]當時，國軍第九戰區司令部，已撤出長沙，移往淥口市，長沙城內只有第 79 軍的第 98 師第 293 團防守，兵力單薄，形勢危急。但日軍攻城是 27 日下午才開始，雖一再突襲，但也僅僅突入東北角，以當時國軍守城兵力的薄弱，日軍若要一舉攻下長沙，不是不可能的。但整個過程，日軍就只到了長沙的東北角，堂而皇之「宣撫」了幾天，自動離去。因此，國軍自始至終不承認長沙已淪陷。

奇怪的是，日軍既不打算占領長沙，事實上也並未真正占領長沙，那麼，為何要製造占領長沙的假象？這可能和當時國際情勢有關。當時，德國已占領歐洲大部分地區，並在 6 月進攻蘇聯，看起來德國的勝利指日可待，而美國尚未參戰。日本因為深陷在中國戰場，各種資源已難以為繼，唯有開拓南洋戰場，才能解燃眉之急。為避免英美干涉日本在亞洲的軍事行動，東京一方面積極規劃南方作戰，同時和美國展開外交談判。此時正是日美交涉密切進行的當兒，東京認為，若能適時展現日軍在中國的實力，不但能獲得德國的青睞，也可給美英兩國一些壓力，改善日美關係，有助於日軍在南洋的軍事行動。

但是，大本營對「南進」作戰猶豫再三，遲遲未決。曾在 9 月 15

70　國防部史政編譯局譯，《日軍對華作戰紀要（4）香港長沙作戰》，頁 631-634。

71　同上，頁 631。

日召開了一次軍參謀長會議，向中國派遣軍總參謀長透露：「10月上旬決定和戰，10月底前完成作戰準備，11月實施南方作戰。」[72] 這個時程表，直接影響到第二次長沙會戰的作戰進程。在會戰的緊要關頭，中國派遣軍總參謀長後宮淳中將到達岳陽第 11 軍前進指揮所，要第 11 軍盡速結束作戰，並提示，中國派遣軍為因應發動南方作戰，擬議中的〈在華作戰計畫草案〉將包括：（1）在華日軍，轉移為「長期作戰態勢」；（2）持續以政略及戰略施壓，以期「中國政府」的屈服；（3）掃除英美在中國之勢力。[73]

由此可見，南進政策是當時大本營最重要的考量，在對美交涉尚未絕望之前，仍須向美表示誠意，所以故意表演了一手不進長沙的和平假象，並藉著美、德記者代為宣傳。

日軍的算盤，蔣介石是清楚的。他在會戰正激烈時曾指出：「此次湘北勝負，對外之影響，甚於實際之得失，而於敵則為生死關鍵。」[74] 蔣介石認為世局已進入關鍵時刻，美日「似有妥協在即之勢」，日軍意圖藉長沙會戰展示其實力，試探並影響美德的決策反應。[75] 因此，日軍在長沙作戰只是要給世人一個「進占長沙」的印象，至於以何種形式、占領與否，則不重要。

這也可以解釋為何日軍到了長沙東北角後就準備轉進作戰；而日軍自認已重創國軍第 74、37、26、10 軍的骨幹兵力，「已達成作戰目的」。[76]

第二次長沙會戰前後 33 天，日軍還攻進了長沙城，國軍的損傷也

72　國防部史政編譯局譯，《日軍對華作戰紀要（4）香港長沙作戰》，頁 723-725。

73　作者按：一般所謂的計畫，須有一假設條件為計畫之基礎。本案的條件在南進政策的決行。此時，按此計畫非定案。

74　蔣介石日記，1941 年 9 月 27 日。

75　蔣介石日記，1941 年 9 月 11、12 日。

76　國防部史政編譯局譯，《日軍對華作戰紀要（4）香港長沙作戰》，頁 642-643。

的確嚴重。根據國軍檔案，從 9 月 7 日日軍轟炸大雲山國軍駐地開始，到 29 日薛岳下令全面發動反擊時，兩軍已在長沙外圍及長沙城內東北角數度激戰，國軍浴血奮戰，但死傷頗重。除了剛到戰場的暫編第 7 師及第 82 師戰力仍完整外，其餘部隊都只剩原編戰力的六分之一到三分之二。反攻第二天，9 月 30 日，蔣介石十分擔心國軍戰力正在消退，他在日記中寫道：「此次會戰，中央軍精銳部隊竟損失三個軍，而長沙之敵尚未逐出。」[77]

但是，日軍的傷亡也不輕。根據薛岳的國軍統計，此役日軍傷亡 55,821 人，國軍傷亡 59,087 人，兩軍傷亡相伯仲。[78] 但日軍戰報卻提出不同的數字：「（中方）遺屍五萬四千具，被俘四千三百人。日方損失：戰死一千六百七十人（內將校一百二十二人）、負傷五千一百八十四人（內將校二百七十二人），去向不明者十四人，馬匹戰死一千一百六十八匹、負傷一千零九十二匹。」[79] 薛岳報的數字可能有誇大之嫌，但日軍戰報數字可能也有問題。因為，僅以宜昌反攻戰為例，當時駐防宜昌的第 13 師團約 1 萬 5 千人，經過 10 多日激戰，13 師團接近崩潰，連參謀、秘書人員都上場戰鬥，千鈞一髮之際，援軍及時到達才倖免覆滅。[80]

日軍遭到一定損失，除了戰場上國軍頑強抵抗之外，薛岳事前命國軍徹底破壞作戰地區的道路，也是主要因素之一。阿南雖然特別帶了工兵，但修復需要時間，以致日軍攻勢受阻。國軍把道路挖掉，只剩下 40 公分左右的石子路面，水田也淹滿水，日軍的重砲及戰車部隊

77　蔣介石日記，1941年9月30日。

78　國防部史政編譯局，《抗日戰史》，〈第二次長沙會戰（一）〉，第四篇第二十四章第一節插表第七。

79　日本防衛廳防衛研究所戰史室，《中國事變陸軍作戰史》，第三卷第二分冊（北京：中華書局，1979），頁 164-164。

80　防衛庁防衛研修所戦史室，《支那事変陸軍作戦（3）：昭和十六年十二月まで》（東京：朝雲新聞社，1975），頁 411-412。

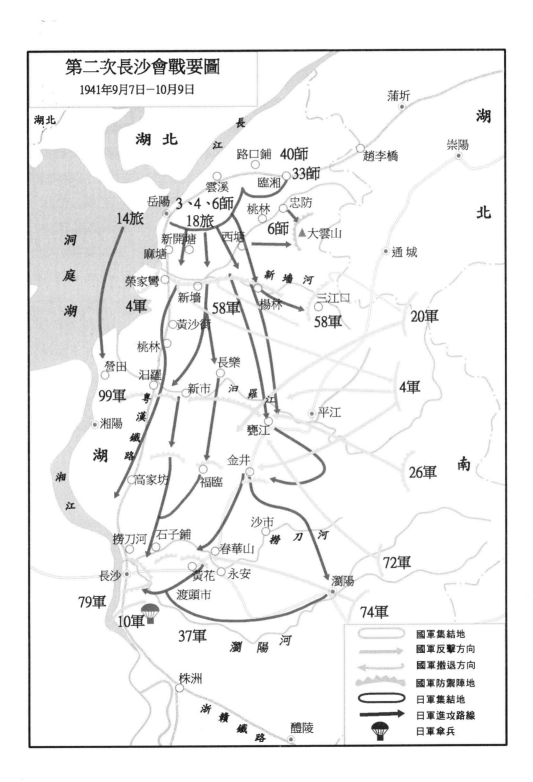

第二次長沙會戰要圖
1941年9月7日－10月9日

到了長沙外圍就走不動了，無法參加汨水以南的戰鬥。[81] 正因為這個微妙的原因，國軍的簡陋裝備與日軍精良裝備，反而取得了若干平衡，所以這次會戰雙方常以近身肉搏、手榴彈互擲的方式進行；若非日軍擁有絕對的空中優勢，日軍損傷肯定會更大。

　　總而言之，此次會戰，日軍確實嚴重打擊了國軍第九戰區的戰力，但自己在戰略上毫無斬獲，也付出相當代價。至於要「打開通往重慶之路」，則仍是遙不可及的目標。

三、隨棗會戰：日軍欲殲湯恩伯部隊

　　兩次長沙會戰是發生在長江以南（江南）、贛湘兩省；在江北豫鄂兩省，也有三場會戰爆發在三陽一線。這個區域屬於國軍第一戰區、第五戰區，而以第五戰區為主。

　　南昌會戰結束不久，首先是隨棗會戰接著爆發。這場會戰發生在1939 年 5 月，作戰區域在長江以北、襄陽漢水以東的湖北省隨縣、棗陽地區，屬於國軍的第五戰區。

　　隨棗會戰的爆發，與 1939 年國軍發動一連串反攻有關。國軍發動四月攻勢是在全國各戰區發動，南昌會戰中的反攻階段，就是其中的一部分，而第五戰區也依軍事委員會之令，發動了反攻。這場反攻引起了日軍的注意，決定發起攻勢，打擊國軍主力，斷絕中國延綿不斷的反擊。

　　此處的地形，有荊山、大洪、桐柏，東與大別山聯繫，雄峙鄂北，俯瞰日軍所據的武漢盆地，屏障國軍防衛的宜、沙、襄、樊等處。尤其，大洪山位於襄河、溳水兩河谷之中間，控制漢宜、京鍾、襄花諸公路，形成鄂西北戰場之樞軸。如此地形，有利於國軍防守或出擊，卻也因

81　國防部史政編譯局譯，《日軍對華作戰紀要（4）香港長沙作戰》，頁 648-649。

山地幅員較小，高度不高，沒有有力部隊，不能堅強據守、牽制敵人，發揮地理上的優勢。[82]

就在這裡，自 1939 年 5 月至 1941 年 3 月，接連發生了隨棗會戰、棗宜會戰、豫南會戰等三場大會戰。

日軍視湯恩伯部隊為眼中釘

就如同日軍發動長沙會戰的目標，是打擊國軍主力，日軍在江北豫鄂兩省發動攻擊，目的跟長沙會戰一樣，不在占領要地或城市，也不是要擴張占領區，而是要打擊國軍中央軍精銳部隊，藉以削弱國軍持久抗戰的能力。

這個區域的國軍精銳部隊，是湯恩伯部隊，他駐紮在湖北北部、河南南部。軍事委員會在發動四月攻勢時，就下令湯恩伯的第 31 集團軍，從湖北省北部轉移到棗陽方面，加強第五戰區的兵力。[83]

湯恩伯原名克勤，浙江金華人，早年獲得陳儀的資助赴日留學，畢業於日本陸軍士官學校第 18 期。返國後擔任中央陸軍軍官學校軍事教官。1930 年，湯恩伯擔任教導師少將旅長，開始帶兵，很快就顯露出他的指揮才華。他曾率領部隊參與中原大戰，之後又參與對共軍的圍剿，功績卓著，獲得不次拔擢。1935 年，他獲升中將，任第 13 軍軍長，所部調往西北，奉命去阻遏「長征」後到達陝西的共軍東進山西。[84]

1937 年七七抗戰爆發後，在華北的西北軍第 29 軍不敵，日軍占領北平、天津後，擴大侵略，兵分三路，分別沿著津浦路、平漢路、平

82　國防部史政編譯局，《抗日戰史・隨棗會戰》（台北：國防部史政編譯局，1981 再版），頁 4-5。

83　何應欽，《日軍侵華八年抗戰史》（台北：國防部史政編譯局，1985 第 3 版），頁 149。

84　呂芳上主編，《蔣中正先生年譜長編》，第 5 冊（台北：國史館，2014 年），頁 34-35、37。

綏路前進。日軍華北駐屯軍第 5 師團以及關東軍組編的察哈爾兵團沿平綏鐵路往西,攻取山西。由於湯恩伯的部隊就在綏遠,是少數駐紮在華北的中央軍,蔣介石命他就近投入戰場,要他「死守勿失」南口要地。[85]

湯恩伯率部在北平西北不遠的南口、懷來、居庸關一線與日軍血戰,他的表現可圈可點。南口保衛戰中,中日兵力、武器裝備極為懸殊,湯恩伯部隊和日軍傷亡慘重,但抵死不退,堅守了 20 餘天,湯恩伯因此名聲大震,蔣介石頗為激賞:「張家口雖失守,而居庸關湯軍仍固守未退,實為至難,湯誠罕世之名將也。」[86]「湯恩伯固守南口半月以上,雖告失敗,然足以寒敵膽而與懲創。」[87]

南口保衛戰後,湯恩伯率部轉戰河北、山東等地,對抗日軍,表現出堅強的戰力。1938 年 1 月,他的部隊擴編為第 20 軍團,湯任軍團長,下轄第 13、85 兩個軍(軍長分別為張軫、王仲廉)。在台兒莊戰役中,湯恩伯率部第 20 軍團切斷磯谷師團的後路,解了台兒莊之圍,為台兒莊大捷立下大功,日軍對這支勁旅自然頗為顧忌。

徐州戰後,1938 年 6 月,第 20 軍團擴編為第 31 集團軍,湯恩伯也升任集團軍總司令,率部投入武漢會戰。武漢會戰湯部在大別山組織防禦,戰果卓著,蔣介石評他「誠戰將,且智德勇兼備之長才也」。[88]

武漢會戰之後,湯恩伯部隊以河南為中心,整補訓練,與日軍進行游擊戰。湯恩伯的第 31 集團軍是當地唯一的中央軍主力,也是唯一一支比較完整的中央嫡系集團軍,人員編制較為完整,武器裝備比較優良,戰鬥力十分強大,再加上湯恩伯擅游擊戰,對日軍造成強大的威

85　「蔣中正致湯恩伯手令」(1937 年 8 月 8 日),〈革命文獻—華北戰役〉,《蔣中正總統文物》,典藏號:002-020300-00008-142。

86　蔣介石日記,1937 年 8 月 26 日。

87　蔣介石日記,1937 年 8 月 31 日,「本月反省錄」。

88　蔣介石日記,1938 年 9 月 25 日。

脅。日軍幾次想圍殲他們，但湯恩伯用兵靈活，善於利用地形地勢閃躲，日軍甚為苦惱。

因此，日軍早就視湯恩伯和他的部隊為眼中釘，現在移駐第五戰區，就在武漢的北邊，日軍更加不能容忍，必欲除之而後快。[89] 為確保武漢外圍的安全，1939 年 5 月，第 11 軍司令官岡村寧次決定派出重兵，要在長江以北、漢水以東攔擊進攻的國軍，而這次作戰的主要目標，就是殲滅湯恩伯的第 31 集團軍。

這場會戰就是「隨棗會戰」，因為戰場在隨縣、棗陽兩城市之間，國軍稱為「隨棗會戰」；日軍則把這次作戰稱作「襄東作戰」，因為作戰區域在襄陽附近的漢水以東（這一段漢水又叫襄河）。

1939 年 5 月，岡村寧次下令第 11 軍，務必殲滅「棗陽附近的國軍」，特別強調「不用顧念攻陷城鎮，應一意擊滅國軍主力」。岡村同時要求第 11 軍達成作戰目的之後，迅速回歸原來的態勢。[90] 很明顯，日軍打的是個有限戰爭，主要目的是殲滅國軍在第五戰區的主要戰力：湯恩伯部隊。而所謂「棗陽附近的國軍」，指的就是湯恩伯的部隊。

岡村寧次出動第 11 軍轄下的第 3、第 13、第 16 師團、騎兵旅團等部隊，約 10 萬人。[91] 國軍參戰的部隊有正規軍 42 個師及豫鄂皖邊區游擊部隊、保安團隊等，約 20 萬 5 千人。[92]

第五戰區司令長官是李宗仁，下轄參戰部隊有第 11 集團軍李品仙部、第 33 集團軍張自忠部、第 29 集團軍王纘緒部、第 22 集團軍孫震部，

89　湯恩伯的事蹟，請參閱：徐珌鴻，〈湯恩伯〉，收入王成斌等主編，《民國高級將領列傳》，第 3 集（北京：解放軍出版社，1999 第 2 版），頁 138-143。張明金、劉立勤主編，《國民黨歷史上的 158 個軍》（北京：解放軍出版社，2007），頁 95。呂芳上主編，《蔣中正先生年譜長編》，第 6 冊（台北：國史館，2014），頁 33。

90　防衛庁防衛研修所戰史室，《支那事変陸軍作戦（2）昭和十四年九月まで》，頁 362-370。

91　同上，頁 369-370。

92　國防部史政編譯局，《抗日戰史‧隨棗會戰》，頁 4。

以及第 31 集團軍湯恩伯部。其中，湯恩伯部隊第 31 集團軍，是國軍的主力，該集團軍下轄兩個軍——第 13 軍（第 89 師、110 師、193 師）及第 85 軍（第 4 師、23 師、91 師），多是能征善戰的強手。[93]

不過，國軍的整體戰力仍不如日軍，徐州會戰、武漢會戰中損傷的兵員尚未完成補充，缺額非常高，甚至有高達二分之一到四分之三的缺額，而且還來不及整訓，只有江防軍及湯恩伯的第 31 集團軍的人員比較充實。[94]

日軍進擊隨棗

日軍即將對第五戰區發動攻擊的消息，早已為國軍所掌握。蔣介石在 4 月底，通知前線的張自忠等將領，告知日軍對我第五戰區陸續增兵，必定另有企圖，希望嚴督慎防。[95] 不過，蔣對日軍的目的，還沒有百分之百的掌握，他以為日軍目標在攻占宜昌、進攻時間是 5 月中，他是以上述考慮作為前提，對前線指示部署。[96]

然而，日軍的攻勢比蔣介石預料的早了半個月。5 月 1 日，日軍第 3 師團發動攻擊，隨棗會戰爆發。第 3 師團沿著襄花公路（襄陽—花園）向隨縣、棗陽進擊，率先攻擊並牽制國軍左翼。接著，5 月 4 日，第 13、16 師團進攻國軍右翼，很快突破國軍陣地，沿著大洪山以西、漢水東岸向北突進，目的是切斷國軍向襄陽的退路。與此同時，駐在信陽一帶的日軍也向西進逼桐柏，以切斷國軍北方的退路。日軍從三

93　國防部史政編譯局，《抗日戰史・隨棗會戰》，第四篇第十六章第一節插表第三。

94　同上，頁 4。

95　「蔣中正致張自忠等電」（1939 年 4 月 28 日），〈革命文獻—第二期第一階段作戰經過〉，《蔣中正總統文物》，典藏號：002-020300-00012-041。

96　「蔣中正致李宗仁電」（1939 年 4 月 29 日），〈革命文獻—第二期第一階段作戰經過〉，《蔣中正總統文物》，典藏號：002-020300-00012-042。「蔣中正致李宗仁電」（1939 年 5 月 1 日），〈革命文獻—第二期第一階段作戰經過〉，《蔣中正總統文物》，典藏號：002-020300-00012-043。

面包抄的目的，是要把國軍圍殲在襄陽東北地區，而這裡正是湯恩伯的第31集團軍之所在。這次岡村寧次下了狠心要切斷湯恩伯部隊所有的退路，把他們圍在襄陽一帶殲滅掉。[97]

襄花公路沿線都是平原，日軍大隊人馬機械化部隊暢行無阻，火砲熾烈，彈如雨下。久經戰鬥的國軍則殘破不全，無法休養補充，又缺乏平射砲等武器，實難抵禦日軍滾滾而來的戰車。但國軍士氣旺盛，士兵據壕死守，以血肉之軀與日軍戰車搏鬥，死傷慘重。李宗仁記下當時戰場慘烈的狀況：「官兵之勇者，甚而攀登日軍戰車之上，以手榴彈向車內投擲。然血肉之軀終難抵抗戰車、大砲，日軍戰車所過之處，國軍戰壕每被輾平，守壕士兵非遭輾斃，即被活埋於壕內。」[98]

日軍進軍快速，國軍雖然拚死抵抗，仍一個據點一個據點的後撤。5月8日、10日，日軍先後攻陷棗陽、新野，繼續向唐河及襄陽東北方進攻。日軍見戰況順利，國軍兩翼據點即將崩潰，決定以兩翼包圍，實施既定計畫，將湯恩伯部捕捉殲滅於襄陽東北山地，並部署切斷國軍向北的退路。

蔣介石對湯恩伯寄予厚望，以為日軍會因為湯恩伯部隊進駐第五戰區，而有所忌憚：「鄂北戰爭，敵已知湯恩伯部加入與所在，敵或不敢輕進乎。」[99]然而殊不知，日軍這次鐵了心，就是要殲滅湯恩伯部隊。

前線戰況不如預期，壞消息不斷傳來，蔣介石遂於5月9日電告李宗仁討論戰情，他要李宗仁妥善籌劃對策，命令他給突進的日軍嚴

97　防衛庁防衛研修所戰史室，《支那事変陸軍作戰（2）昭和十四年九月まで》，頁363-370。國防部史政編譯局，《抗日戰史・隨棗會戰》，頁17-20。柯育芳、胡若晨，〈湯恩伯軍團與隨棗會戰〉，《湖北省社會主義學院學報》，2015年第3期，頁71-72。

98　李宗仁口述，唐德剛撰寫，《李宗仁回憶錄》，下冊，頁751-752。

99　蔣介石日記，1939年5月8日。

重打擊，若狀況至萬不得已的時候，才向後撤退或留部隊在桐柏、大洪山內游擊；湯恩伯的部隊，則可西撤至樊城至老河口地區。[100]

遺憾的是，第五戰區長官部自 9 日起至 12 日，與各集團軍的通訊完全斷絕，李宗仁無法確實指揮，他與蔣介石討論後的命令根本無法下達。[101]

此時，蔣介石判斷日軍將進攻襄樊，下一個目標就是西安，如果到了西安，四川就危險了。蔣於是電令天水行營主任程潛、第十戰區司令長官蔣鼎文、第一戰區司令長官衛立煌重新部署，要他們防止日軍攻占襄樊後，其黃河北岸、東岸部隊向我鄭州、洛陽發動攻勢，蔣並且提醒注重南陽、荊紫關方面的部署。[102]

然而，日軍並無向西安進攻的大規模作戰規劃，也無意攻占襄樊，他們目標就是集中戰力，擊潰湯恩伯的部隊。兩週後，直到 16 日，蔣介石才由截獲的日軍電報得知日軍真正的目的。蔣以最速電提醒湯恩伯注意，但已經來不及了。[103]

湯恩伯的第 31 集團軍，自日軍發動攻勢開始，便將主力第 13 軍王仲廉部、第 85 軍張軫部投入第一線，連日與日軍激戰，徹夜肉搏相拚。[104] 5 月 11 日，日軍第 3 師團與湯恩伯部隊的 3 個師（4、23、91 師）在合河遭遇，湯部雖頑強抵抗，仍遭到日軍強烈的打擊。[105] 湯恩伯不

100 國防部史政編譯局，《抗日戰史・隨棗會戰》，頁 20-21。

101 同上。

102 「蔣中正致程潛等電」（1939 年 5 月 12 日），〈革命文獻—第二期第一階段作戰經過〉，《蔣中正總統文物》，典藏號：002-020300-00012-044。

103 「蔣中正致湯恩伯電」（1939 年 5 月 16 日），〈革命文獻—第二期第一階段作戰經過〉，《蔣中正總統文物》，典藏號：002-020300-00012-048。

104 「軍令部關於第五戰區隨棗會戰經過的總結報告」（1939 年 5 月），收入中國第二歷史檔案館編，《抗日戰爭正面戰場》，中冊（南京：鳳凰出版社，2005），頁 906-909。

105 防衛廳防衛研修所戰史室，《支那事變陸軍作戰（2）昭和十四年九月まで》，頁 372。國防部史政編譯局，《抗日戰史・隨棗會戰》，頁 66-67。

得不留命張軫率 2 個師兵力於桐柏山內擔任游擊，並掩護主力撤退，自己則親率 4 個師向唐河撤退。撤退沿途，遭到日軍的襲擊圍殲，損失慘重，實力大受影響。[106]

日軍原本就是要打一場有限戰爭，因此，在達到打擊國軍中央軍主力的目的後，12 日，根據既定的作戰指導，開始掉轉方向，發動反轉作戰，一面掃除國軍被打散的各部，一面退回原駐地。[107] 由於日軍撤回原駐地，國軍反守為攻，緊跟著先後克復新野、南陽、唐河、棗陽、桐柏等地。20 日，兩軍恢復原態勢，會戰結束。[108]

根據國軍統計，湯恩伯的部隊損失相當嚴重，傷 1 萬 1 千餘，死 5 千餘，槍枝丟失 1 千 4 百餘枝；[109] 再加上其他部隊的傷亡，國軍總共傷亡超過 2 萬 8 千人。國軍估計日軍傷亡約 2 萬 1 千人，[110] 不過日軍發布的數字則少很多，戰死約 680 人，受傷約 1 千 8 百人。[111] 在歷次會戰，國軍往往高估日軍傷亡，日軍則傾向少報自身的損失，一來一往，因此差距很大。

不過，湯恩伯部隊受到嚴重損失是事實。蔣介石特別關心湯恩伯的安全，他得知湯部遭受重大損失，頗為焦急，頻頻安慰自己：「祇要其將領安全，則無（礙）抗戰全局也」，又以為「經此惡戰，敵包圍之計不售，則敵更窘矣」。[112] 蔣介石在 25 日致電湯恩伯，囑咐「只

106 「軍令部關於第五戰區隨棗會戰經過的總結報告」（1939 年 5 月），收入中國第二歷史檔案館編，《抗日戰爭正面戰場》，中冊，頁 909。

107 防衛庁防衛研修所戰史室，《支那事変陸軍作戦（2）昭和十四年九月まで》，頁 372-374。

108 何應欽，《日軍侵華八年抗戰史》，頁 150。

109 《徐永昌日記》，1939 年 5 月 29 日。

110 國防部史政編譯局，《抗日戰史‧隨棗會戰》，第四篇第十六章第三節插表五。

111 據日軍統計，自身戰死約 680 人，受傷約 1,800 人。防衛庁防衛研修所戰史室，《支那事変陸軍作戦（2）昭和十四年九月まで》，頁 374。

112 蔣介石日記，1939 年 5 月 15 日。

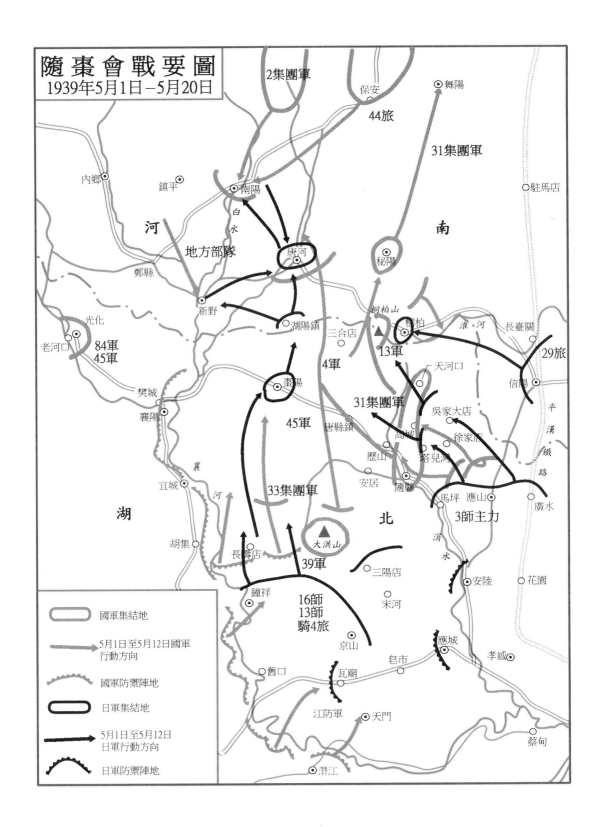

隨棗會戰要圖
1939年5月1日－5月20日

2集團軍

舞陽

保安

44旅

31集團軍

內鄉

鎮平

駐馬店

河

南陽

白水

南

地方部隊

唐河

秘陽

桐柏山

鄭縣

新野

湖陽鎮

三合店

桐柏

淮河

長臺關

13軍

29旅

光化

老河口

84軍
45軍

4軍

天河口

信陽

樊城

棗陽

31集團軍

吳家大店

平漢鐵路

襄陽

45軍

唐縣鎮

高城

徐家店

歷山

塔兒灣

宜城

襄河

安居

隨縣

馬坪

應山

廣水

湖

33集團軍

北

3師主力

胡集

大洪山

淯水

安陸

花園

長壽店

39軍

三陽店

鐘祥

16師
13師
騎4旅

宋河

應城

孝感

京山

皁市

瓦廟

舊口

江防軍

天門

潛江

蔡甸

國軍集結地

5月1日至5月12日國軍
行動方向

國軍防禦陣地

日軍集結地

5月1日至5月12日
日軍行動方向

日軍防禦陣地

要弟能安全，則部隊損失無礙也」。除了請湯速報部隊詳情外，蔣介石還特發臨時費 10 萬元，以撫慰各部、予以補充。[113]

就事論事，此役日軍作戰迅速有效，成功達到圍殲國軍主力湯恩伯部隊的目的，但戰略上而言，卻沒有多大意義。日軍雖然殺傷國軍甚多，但受限於資源有限，無法負擔過長的補給線，也無法派出更多兵源，繼續追擊，以至於打了勝仗，卻不得不退回原駐地。這種情形充分顯示日軍已陷於國軍持久戰之中，無力擴大戰場。蔣介石看得清楚：「敵軍進攻鄂北部隊，完全向平漢路沿線撤退，而且放棄隨棗，亦不敢守。此為敵軍無力前進，轉攻為守再顯明之弱點，吾計售矣，惟解決戰事尚非易事也。」[114]

四、棗宜會戰：錯估情勢，宜昌失陷

隨棗會戰結束一年後，1940 年 5 月，在類似的地點再度發生較大規模的會戰——棗宜會戰（日軍稱為「宜昌作戰」）。「棗」、「宜」是指棗陽、宜昌，之前的隨棗會戰，「隨」、「棗」是指隨縣、棗陽。也就是說，前後兩個會戰有部分作戰區域重疊，不過棗宜會戰區域更大，延伸到長江的門戶宜昌。

為什麼會有棗宜會戰？原因跟隨棗會戰很類似，這是因為 1939 年 5 月隨棗會戰結束後，國軍的抗日攻勢並未停止，蔣介石本著持久消耗戰略，仍積極部署一個又一個反攻。1939 年，國軍陸續發動「四月攻勢」、「夏季攻勢」、「九月攻勢」、「秋季攻勢」，年底更有大規模的「冬季攻勢」。這些攻勢，給日軍帶來層出不窮的壓力，日軍自

113 「蔣中正致湯恩伯電」（1939 年 5 月 25 日），〈革命文獻—第二期第一階段作戰經過〉，《蔣中正總統文物》，典藏號：002-020300-00012-046。

114 蔣介石日記，1939 年 5 月 27 日，「上星期反省錄」。

然不會坐視。[115]

日軍第 11 軍隱忍一整年，仔細籌謀，1940 年 5 月，開始準備反擊。日軍規劃分兩期作戰：首先是 1940 年 5 月上旬出擊，於漢水東岸、棗陽一帶，迅速機動包圍並重擊國軍第五戰區的主力部隊。然後，再從兩翼把國軍包圍壓迫到漢水西岸、宜昌附近，一舉殲滅。

此時岡村寧次已調回東京擔任軍事參議官，接任第 11 軍司令官的是園部和一郎中將，他將率領第 3、第 13、第 39、第 40 師團出擊。

國軍第五戰區司令長官還是李宗仁。李的部署是劃分左、中、右三個集團：左集團為第 2 集團軍孫連仲的部隊；中央集團為第 11 集團軍黃琪翔的部隊；右集團是第 33 集團軍張自忠的部隊。至於非常重要的中央軍精銳的湯恩伯第 31 集團軍，則作為機動兵團。總兵力 30 餘萬人。[116]

國軍對於日軍的動向，已有所掌握。1940 年 3 月 30 日，汪精衛在日本扶植下，在南京另立國民政府，汪精衛擔任代主席及行政院院長。蔣介石事先已判斷日軍會趁汪精衛政權成立之時，挑起軍事行動，在 4 月中旬進攻荊沙、宜昌。因此，早在 3 月 24 日，蔣電告李宗仁積極策劃、嚴密防範，[117] 他並且命令湯恩伯從湖北北部進軍漢宜公路，要給日軍殲滅性的打擊。[118]

兩週後，4 月 11 日，蔣介石得到新情報，說日軍的主力集中在應

115 何智霖、蘇聖雄，〈中期重要戰役〉，收入呂芳上主編，《中國抗日戰爭史新編》，第 2 冊，〈軍事作戰〉（台北：國史館，2015），頁 217-218、222-230。〈國軍夏季攻勢作戰計畫〉，《國防部史政局及戰史編纂委員會》，中國第二歷史檔案館藏，檔號：七八七-9077。

116 國防部史政編譯局編，《抗日戰史‧棗宜會戰》，頁 5-6、第四篇第二十章第一節插表第三。何應欽，《日軍侵華八年抗戰史》，頁 164-165。

117 「蔣中正致李宗仁電」（1940 年 3 月 24 日），〈革命文獻—第二期第二階段作戰經過〉，《蔣中正總統文物》，典藏號：002-020300-00013-001。

118 「蔣中正致湯恩伯電」（1940 年 3 月 24 日），〈革命文獻—第二期第二階段作戰經過〉，《蔣中正總統文物》，典藏號：002-020300-00013-002。

山附近，準備攻擊湯恩伯的部隊，蔣急著電告湯恩伯，囑咐湯部向大洪山移動，但要特別警戒，嚴防日軍出乎意外的側擊，並隨時在中途擇地決戰。湯恩伯馬上將部分部隊向大洪山移動，同時把主力控制在襄花路以北地區，若日軍沿襄花路西進，就給予致命的打擊。[119]

　　12日，蔣介石又長文手諭湯恩伯，指出日軍最近的戰法，是以「速進速退」為要旨，必定不會持久進攻，最多一個星期，必定向平漢路後退，所以國軍應該積極準備在日軍側面反擊，同時也要在日軍撤退的方向，預先設伏。[120] 17日，蔣再長文手諭湯恩伯，要他主動出擊，先發制敵，威脅日軍的後方。蔣此時認為日軍西犯，目的絕不在奪取宜昌與襄樊，而是要打擊國軍。[121]

　　顯然，蔣介石很關切這場作戰，時時掌握日軍動向，並親自指示前線指揮官。但是，他對日軍動態的判斷，有對也有錯。[122] 他掌握到日軍將發動攻擊，也正確判斷日軍無法長久進攻；可是，這次日軍除了打擊國軍外，還真的要拿下襄樊及宜昌重鎮，然後才會撤回，這是出乎蔣介石意料的。

棗宜會戰第一階段：漢水東岸的戰鬥

　　日軍就在縝密的規劃之下發動宜昌作戰（亦即棗宜會戰），準備

119 「蔣中正致湯恩伯電」（1940年4月12日），〈革命文獻—第二期第二階段作戰經過〉，《蔣中正總統文物》，典藏號：002-020300-00013-004。

120 「蔣中正致湯恩伯電」（1940年4月11日）、「湯恩伯復蔣中正電」（1940年4月13日），〈革命文獻—第二期第二階段作戰經過〉，《蔣中正總統文物》，典藏號：002-020300-00013-003。

121 「蔣中正致湯恩伯電」（1940年4月17日），〈革命文獻—第二期第二階段作戰經過〉，《蔣中正總統文物》，典藏號：002-020300-00013-008。

122 「蔣中正致徐永昌手令」（1940年4月13日）、「蔣中正致李仙洲電」（1940年4月13日）、「蔣中正致徐永昌手令」（1940年4月14日），〈革命文獻—第二期第二階段作戰經過〉，《蔣中正總統文物》，典藏號：002-020300-00013-005、002-020300-00013-006、00013-007。

兵分三路在豫南鄂北一帶對漢水（襄河）兩岸國軍展開攻擊。日軍按照規劃，先在豫南鄂北展開攻擊。1940 年 5 月 1 日，日軍右翼第 3 師團等部隊，從信陽北方開始西進；2 日，左翼第 13 師團自安陸北上，兩路部隊，疾速前進到白河河畔，對國軍造成包圍態勢。然後，中路的第 39 師團等部隊，自隨縣等地發起攻擊，突破國軍陣地，直指向棗陽。

日軍快速向西北側國軍第五戰區的棗陽、樊城推進，每天以 30、40 公里速度向前。4 日，日軍從情報得知，湯恩伯部隊準備南下攻擊第 3 師團側背，第 3 師團欲減速並調整路線向北，搶先自己決定轉以湯部為主要攻擊目標，但是他的上級第 11 軍軍部不允，命第 3 師團繼續向西前進。第 3 師團因此僅於 6 日與湯恩伯的先頭部隊略微交戰，並未與湯部主力接觸，而於 7 日清晨，繼續向西前進。[123]

日軍三路進攻順利，連下數城，於 10 日迫近襄東唐河、白河畔。不過，日軍雖然進攻迅速，但國軍已及時退避到日軍的側面，日軍因而未能捕捉殲滅國軍的主力，唯有第 84 軍第 173 師在棗陽附近，因掩護主力轉移，與日軍正面作戰，損失較大，師長鍾毅陣亡。[124]

此時，國軍軍事委員會已洞悉日軍「避免決戰、乘虛鑽隙」的行動特點，判定日軍即將向原陣地撤退，[125] 決定反包圍日軍，同時規劃發動第九戰區的部隊，向敵日軍的後方襲擊。[126]

10 日，蔣介石電告湯恩伯，說各路日軍以湖陽鎮為包圍中心，但我軍已成功轉移。日軍未達目的，但他們已進攻了十日，缺乏後方補

123 防衛庁防衛研修所戦史室，《支那事変陸軍作戦（3）昭和十六年十二月まで》，頁 194-195。

124 同上，頁 194-196。

125 「湯恩伯致蔣中正電」（1940 年 5 月 8 日），〈革命文獻—第二期第二階段作戰經過〉，《蔣中正總統文物》，典藏號：002-020300-00013-018。

126 國防部史政編譯局編，《抗日戰史・棗宜會戰》，頁 26-27。

給，很快會撤退，而且將沿襄花路退卻。這條路線也應以湖陽為目標，向敵做反包圍，況且最近一直在下雨，遍地泥濘，敵軍戰車等重武器都不能發揮效用，他們已進攻了十日，後方接濟已經斷掉了，此時正是我軍殲敵的良機。[127] 蔣介石命湯部迅速部署，以湖陽為目標，向敵做反包圍。[128]

第五戰區的部隊國軍遵從蔣介石的命令，發動了總反攻。湯恩伯的第 31 集團軍從南陽快速南下，張自忠的第 33 集團軍快速東渡漢水（漢水又名襄河），準備從南面對日軍展開夾擊。

日軍未料到國軍這麼快就反攻過來，不得不與國軍激戰。集結在湖陽、湖河一帶的日軍深受打擊，受創甚重，尤其是孤軍深入的第 3 師團，四周都是國軍的包圍，陷入苦戰，糧食補給跟不上，彈藥也幾乎告罄，官兵傷亡嚴重。其第 29 旅團向師團發出求救電報：「敵之戰鬥意志極其旺盛，按目前情況看，平安返回甚難，望祈增援一個大隊。」軍官傷亡眾多。[129]

國軍戰況進展順利，成功打擊了日軍，還繳獲日軍戰車 18 輛。[130] 湯恩伯的部隊半個月來不眠不休，與日軍苦戰，給予日軍很大的殺傷，他並且持續追擊、側擊日軍。[131]

對這次國軍獲得的勝利，蔣介石十分滿意，甚至有意邀請各國記

127 「蔣中正致湯恩伯電」（1940 年 5 月 10 日），〈革命文獻—第二期第二階段作戰經過〉，《蔣中正總統文物》，典藏號：002-020300-00013-019、002-020300-00013-020。

128 同上。

129 防衛庁防衛研修所戰史室，《支那事変陸軍作戰（3）昭和十六年十二月まで》，頁197-198。

130 蔣介石日記，1940 年 5 月 17 日；「湯恩伯致蔣中正電」（1940 年 5 月 8 日），〈革命文獻—第二期第二階段作戰經過〉，《蔣中正總統文物》，典藏號：002-020300-00013-021。

131 「湯恩伯致蔣中正電」（1940 年 5 月 17 日），〈革命文獻—第二期第二階段作戰經過〉，《蔣中正總統文物》，典藏號：002-020300-00013-023。

者與武官到第五戰區觀戰，以展示這次作戰的成績。[132]

但是，戰事還沒有結束，隨時可能發生意外。日軍第 11 軍司令部苦思如何解救被國軍困住的第 3 師團。園部和一郎決定冒險，他沒有要第 3 師團撤出，而是命令第 3 師團頂住繼續承受國軍的攻擊，並派出 100 多架飛機、200 輛戰車，掩護第 3 師團逐步向棗陽後撤轉進。他的目的是以第 3 師團作為誘餌，令他們逐步向棗陽轉進，把國軍誘到棗陽一帶。園部另外命令已經南下回撤的第 13、39 師團等部隊，迅速集中到棗陽外圍，等待國軍到來。[133]

15 日，第 3 師團從 5 月 12 日撐到 15 日，才在戰車團的火力下開始反轉東進，到 16 日晚上已全部集中撤退到棗陽附近。而一路追擊第 3 師團的湯恩伯等國軍將領指揮的國軍部隊不知有詐，仍然緊緊跟著追擊，結果反而陷入日軍陷阱。[134]

19 日拂曉，日軍三個師團及飛機、大砲、戰車一齊發起攻擊，國軍受到極大的震撼，第 75 軍、第 56 師、第 30 軍、第 89 師、第 85 軍、第 68 軍等部受到打擊而後撤，日軍發動追擊。至 21 日，日軍考慮到國軍已脫離包圍圈，而且補給有限，下令停止追擊，各部撤回，開始準備下一期的作戰。[135]

這一戰，國軍反勝為敗，蔣介石又對李宗仁的指揮感到不滿，認為：「第五戰區轉勝為敗，主將無膽無能，而我軍實力尚在，不足為慮也。」[136]

---

132 「蔣中正致徐永昌張治中手令」（1940 年 5 月 16 日），〈革命文獻—第二期第二階段作戰經過〉，《蔣中正總統文物》，典藏號：002-020300-00013-022。

133 防衛庁防衛研修所戰史室，《支那事變陸軍作戰（3）昭和十六年十二月まで》，頁 198-199。

134 國防部史政編譯局編，《抗日戰史・棗宜會戰》，頁 44-45。

135 防衛庁防衛研修所戰史室，《支那事變陸軍作戰（3）昭和十六年十二月まで》，頁 200。國防部史政編譯局編，《抗日戰史・棗宜會戰》，頁 44-45。

136 蔣介石日記，1940 年 5 月 25 日，「上星期反省錄」。

張自忠殉國

棗陽周邊的戰鬥正激烈進行的同時，負責右翼作戰的第 33 集團軍在豫南鄂北廣大區域的襄河東岸和日軍展開激烈的戰鬥，總司令張自忠中將竟在作戰中陣亡。

張自忠字藎忱，原為西北軍將領。七七事變發生的時候，他是第 29 軍第 38 師師長兼天津市長，主張與日軍妥協，希望透過折衝，維持華北的和平。後來戰爭爆發，29 軍抵不住日軍的攻擊，宋哲元匆匆率領部隊撤離北平，臨行匆忙手書三令，把冀察政務委員會委員長、北平綏靖公署主任、北平市市長三個職務，都委派張自忠代理。

宋哲元的想法是，張自忠留在北平，或許可以緩和日軍的攻勢；另方面，萬一中日達成和議，有張自忠在北平，第 29 軍或許還有重歸華北的機會。

當時中日已爆發大規模的衝突，全國抗日情緒激昂，張自忠奉命留在北京，其實是與日軍虛與委蛇，委曲求全。可是輿論多不諒解，不少國人把他視為漢奸，批評斥責，不一而足。張自忠滿腹委屈，卻不敢自辯，以免日方起疑。好在不久他喬裝離開北平，輾轉到了南京。

然而，南京滿街張貼辱罵張自忠的標語，還有主張要把他軍法審判的，氣氛極為難堪。蔣介石了解張自忠的為人，不但沒有責備，還召見他嘉勉慰問。張久被誤解，滿腹委屈，得到蔣介石的信任，潸然淚下，決心誓死報國。他後來率部參與台兒莊戰役、徐州會戰、武漢會戰，無不身先士卒，奮勇抗日捨生忘死，很快由第 59 軍軍長升任第 27 軍團長，統領第 59 軍、第 92 軍。1938 年 10 月，張自忠升任第 33 集團軍總司令，副總司令是他西北軍的老戰友馮治安。[137]

棗宜會戰的豫南鄂北戰鬥時，湯恩伯第 31 集團軍在日軍北面，張自忠率第 33 集團軍在日軍南邊為右翼軍，奉命橫渡襄河（漢水），截

137　國史館編，《國史擬傳》，第 1 輯（台北：國史館，1988），頁 156-165。

擊日軍。不知何故，身經百戰、曾歷九死一生的張自忠在出發前留下一信給馮治安：「現已決定於今晚往襄河東岸進發，……奔著我們最終之目標（死）往北邁進，無論作好作壞，一定求良心得到安慰。以後公私均得請我弟負責。由現在起，以後或暫別，或永離，不得而知。專此布達。」[138]

這封信似乎預示了此行的厄運。張自忠率部渡河後，他們的電訊通信立即被日軍掌握，一舉一動都暴露在日軍眼下。日軍第39師團長村上啟作中將決定把握這難得的機會，立刻派兵迎擊，決心殲滅張自忠部隊。[139]

日軍排山倒海而來，張自忠在方家集以南的罐子口、南瓜店一帶遭到日軍圍擊。日軍飛機大砲鋪天蓋地而來，張自忠親自登山督戰，他的部隊與日軍連續激戰。5月16日中午，張自忠左肩受傷，部屬勸他盡快回後方的總司令部治療，他拒絕了，堅持繼續帶兵向前衝殺。沒多久，胸部中彈，傷勢嚴重，已難行動。他知道撐不下去了，又不願耽誤部屬，拔槍欲自決，但被身邊的副官奪下手槍。此時張自忠已奄奄一息地倒在地上說：「你們快走，我自己有辦法。」「對國家、對民族、對長官良心很平安，大家要殺敵報仇。」隨即瞑目殉國，時年50歲。[140]

日軍對張自忠亦十分敬佩，他們找了棺木盛殮張自忠的遺體，並豎立一個木牌，上面寫著：「支那大將張自忠之墓」。當天深夜，日軍在漢口的廣播電台插播張自忠陣亡的消息。在重慶的蔣介石聞訊，極為悲慟，想到張自忠之前的受辱受謗，再想到他自己在戰前忍辱負

---

138 「張自忠遺稿」（1940年5月6日），〈革命文獻—第二期第二階段作戰經過〉，《蔣中正總統文物》，典藏號：002-020300-00013-027。

139 防衛庁防衛研修所戰史室，《支那事變陸軍作戰（3）昭和十六年十二月まで》，頁199。

140 「李宗仁致蔣中正電」（1940年5月19日）、「馮治安致蔣中正電」（1940年5月19日），〈革命文獻—第二期第二階段作戰經過〉，《蔣中正總統文物》，典藏號：002-020300-00013-026。

重，默默備戰，不但不為人知，反遭各方汙衊他不抗日，蔣介石感慨萬分，悲從中來，手拿著筆竟無法下筆。他在日記寫道：「哭張藎臣，文未能著筆。余更愛其戰前與倭寇周旋，忍辱不避諑謗，含羞納垢之功為尤大也。」[141]

蔣介石命令第33集團軍立即到前線尋找張的遺體。[142] 第38師師長黃維綱親自率領便衣隊到處搜尋，找到張的遺體，5月18日送回集團軍司令部重新裝殮，隨即經宜昌轉送重慶。[143]

5月28日，靈柩抵達重慶，蔣介石率軍事委員會高級將領與國民政府五院院長親臨致祭，蔣親自題碑「英烈千秋」，撫棺痛哭。[144] 國民政府明令褒揚張自忠，生平事蹟存備宣付國史館，追贈陸軍二級上將，並以國葬禮遇，葬於北碚梅花山麓。

棗宜會戰第二階段：襄西血戰

張自忠殉難，但戰事仍在進行中。按日軍的作戰計畫，把國軍殲滅於漢水東岸棗陽周邊襄東屬於第一期作戰，接著應西渡襄河（漢水），向宜昌推進，殲滅附近國軍，是為第二期作戰，也就是襄西戰鬥。

第一期作戰，日軍先敗後勝，國軍則先勝後敗，雙方都有重大傷亡。戰鬥結束後，日軍一度曾考慮是否放棄第二期作戰，因為國軍的抵抗激烈，而日軍業已馬病兵疲，恐難以為繼。但司令部顧及可能損害園部和一郎的威望，因此決定勉強貫徹既定的作戰計畫。[145] 1940年

141　蔣介石日記，1940年5月18、19日。

142　「李宗仁致蔣中正電」（1940年5月18日），〈革命文獻—第二期第二階段作戰經過〉，《蔣中正總統文物》，典藏號：002-020300-00013-025。

143　「馮治安致蔣中正電」（1940年5月19日），〈革命文獻—第二期第二階段作戰經過〉，《蔣中正總統文物》，典藏號：002-020300-00013-026。

144　國史館編，《國史擬傳》，第1輯，頁156-165。

145　防衛庁防衛研修所戦史室，《支那事変陸軍作戦（3）昭和十六年十二月まで》，頁201-202。

5月31日晚，日軍第3、第39師團渡過漢水（襄河），計畫先攻下襄陽，再向宜昌推進。[146]

襄陽和宜昌都是國民政府軍事部署的重地，襄陽在湖北省西北部，位於長江支流漢江的中游，東邊是桐柏山、大洪山，西邊是秦嶺、大巴山，襄陽夾在其間，正好是個缺口，地勢險要，自古以來就是兵家必爭之地。襄陽西南的宜昌，在湖北省的西部，是長江三峽的終點，長江中上游在此結合，再往西就是四川了，所以宜昌素來是入川的重要門戶。南京戰後，國民政府遷往重慶，宜昌更是拱衛陪都的重要戰略中心。

面對日軍來攻，國軍嚴陣以待。蔣介石迅急調整部署，將第五戰區分為左、右兩個兵團，集中戰區的所有部隊，嚴陣以待。不僅如此，蔣介石還把陳誠嫡系部隊、驍勇善戰的第18軍（軍長彭善），調到宜昌，戍守重慶門戶。國軍戰略是令漢水（襄河）兩岸部隊積極向南挺進，攻擊日軍側背，以確保襄樊、宜昌。[147]

6月1日，日軍第3師團攻入襄陽，因為本就沒有要久占此地，日軍決定放火燒了襄陽城，放棄剛到手的城市，第3、第39師團繼續向南挺進，奪取宜昌。[148] 可憐襄陽遭受嚴重火焚，無辜市民生命財產損失慘重。[149] 於此同時，日軍第13師團等部隊，從舊口鎮（現在的鍾祥市）南邊西渡漢水襄河，逼近宜昌。他們一路攻擊沙洋、荊門一帶的國軍，截斷國軍向南的退路。

國軍守在漢水（襄河）西岸的部隊有江防軍郭懺、第29集團軍王

---

146 防衛庁防衛研修所戦史室，《支那事變陸軍作戰（3）昭和十六年十二月まで》，頁202-203。

147 何智霖編，《陳誠先生回憶錄：抗日戰爭》，上冊，頁155。國防部史政編譯局編，《抗日戰史・棗宜會戰》，頁57-58。

148 防衛庁防衛研修所戦史室，《支那事變陸軍作戰（3）昭和十六年十二月まで》，頁203。

149 蔣介石日記，1940年6月2、3日。

纘緒、第 33 集團軍馮治安等部隊，受到日軍東、北兩面夾擊，陷入苦戰，邊打邊撤。湯恩伯的部隊急趕過來，希望側擊進攻宜昌之敵。[150]但日軍進攻實在快速，兵鋒直抵宜昌城外，並在 10 日下達攻擊宜昌的命令。

日本陸軍精銳部隊第 3、13、39 師團傾巢而出，加上飛機大砲密集轟炸。奉命死守宜昌的國軍第 18 軍兩天前才趕到宜昌，倉促不及部署防禦，與日軍激戰兩日，傷亡慘重。戰到 12 日下午，日軍攻陷宜昌，擄獲大量物資，國軍潰敗，撤往附近山區。[151]

宜昌失陷，重慶震動。蔣介石不容宜昌落入敵手，立即下令反攻宜昌，務必奪回宜昌。

另方面，日軍對於是否要占領宜昌反覆考慮。日軍因為兵源、後勤資源有限，按照武漢會戰後大本營的作戰方針，日軍在華作戰的目的是打擊國軍、摧毀中國抗日的意志，而不是要擴大占領區。所以，第 11 軍原定作戰方案是消滅武漢附近的國軍主力，攻下襄陽、宜昌等重鎮，打亂國軍的防衛線；達到目的後，立即撤回原駐地。

但日軍內部前線司令官及大本營內部對於是否占領宜昌，產生激烈的辯論。宜昌地處長江西陵峽口，是拱衛陪都重慶的重要關卡，因此，日軍有人想推翻之前的計畫，有久占宜昌的討論。不過最終考慮前線兵力不足、國軍積極準備反攻等因素，仍然決心撤回。16 日，日軍摧毀國軍構築的軍事設施後，離開宜昌。反攻的中國軍隊在 17 日輕而易舉地收復了宜昌。

就在此時，東京對是否久占宜昌，態度又有變化。受到希特勒在歐洲閃電戰勝利的鼓舞，大本營想把宜昌作為海軍航空隊轟炸重慶的

150 國防部史政編譯局編，《抗日戰史・棗宜會戰》，頁57-70。

151 防衛廳防衛研修所戰史室，《支那事變陸軍作戰（3）昭和十六年十二月為止》，頁203-206。蔣介石日記，1940年6月14日。

基地，早日進逼重慶的蔣介石政權。[152] 於是，日軍改變原計畫，決定占領宜昌。已離開宜昌的日軍不得不反轉，再度攻擊遭自己大肆破壞的宜昌城市。於是，17 日中午日軍以重兵再度反攻，國軍不敵，宜昌又重陷日軍之手。

此後，國軍曾多次對宜昌日軍及其後方聯絡線進行反擊，但國軍缺乏進攻戰所需要的重武器，久戰疲憊，攻擊力減弱，終難以收復宜昌。從此，中日軍隊在宜昌地對峙，日軍集結兵力於宜昌、江陵、隨縣等地據城防守；國軍則在宜昌以西設立第六戰區，憑藉三峽險要設防，力保四川安全，棗宜會戰到此結束。

棗宜會戰前後 48 天，作戰初期，國軍戰略恰當，趁著日軍急進，抓住日軍補給困難、「短暫截斷作戰」的弱點，一度予以捕捉打擊。但是，當日軍調整部署後，國軍就難再占上風。

從日軍發動第二階段攻勢後，國軍陷入混亂，襄陽、宜昌等重鎮失陷，國軍不但失掉重要的戰略據點，儲存在宜昌的大量軍事物資，也被日軍損毀。更糟的是，第五戰區通往重慶後方的水路從此被切斷，國民政府只得翻越崇山峻嶺，改走巴東一線。[153] 宜昌失陷對抗戰影響甚大，蔣介石不得不承認「自抗戰以來未有如此苦痛艱危之事也」。[154]

此役，國軍參戰 40 餘萬人，官兵陣亡 3 萬 6 千餘人、受傷約 5 萬人、生死不明者 2 萬 3 千 1 百餘人，損失步機槍 1 萬 7 千 9 百餘枝、重機槍 160 餘挺、迫擊砲 48 門，名將張自忠又於是役陣亡，可以說是傷亡慘重。[155]

152　防衛庁防衛研修所戰史室，《支那事變陸軍作戰（3）昭和十六年十二月まで》，頁 207-214。

153　李宗仁口述，唐德剛撰寫，《李宗仁回憶錄》，頁 771。

154　蔣介石日記，1940 年 6 月 21 日。

155　據國軍的數據，日軍總計傷亡 4 萬餘人；據日軍自己的數據，他們官兵陣亡 1,403 人，負傷 4,639 人。國防部史政編譯局編，《抗日戰史·棗宜會戰》，頁 85、第四篇第二十章第三節插表第七。防衛庁防衛研修所戰史室，《支那事變陸軍作戰（3）昭和十六年十二月まで》，頁 215。

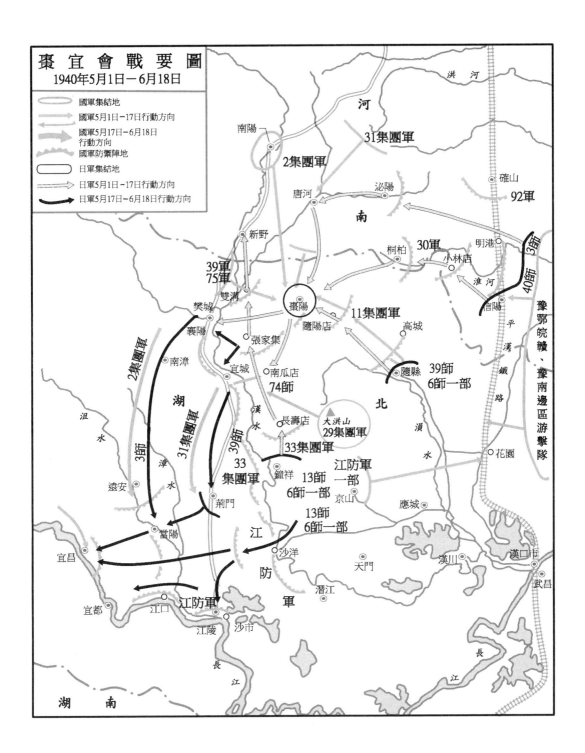

棗宜會戰要圖
1940年5月1日－6月18日

國軍集結地
國軍5月1日－17日行動方向
國軍5月17日－6月18日
行動方向
國軍防禦陣地
日軍集結地
日軍5月1日－17日行動方向
日軍5月17日－6月18日行動方向

河

洪河

南陽

31集團軍

2集團軍

泌陽

確山

92軍

唐河

南

新野

桐柏

30軍

明港

3師

39軍
75軍

小林店

40師

淮河

豫鄂皖贛、豫南邊區游擊隊

雙溝

樊城

襄陽

隨陽店

11集團軍

高城

襄陽

張家集

平漢鐵路

2集團軍

南漳

湖

宜城

南瓜店

74師

隨縣

39師
6師一部

漢水

長壽店

大洪山
29集團軍

北

溳水

31集團軍

3師

漳水

39師

33
集團軍

33集團軍

鐘祥

江防軍
一部

13師
6師一部

京山

花園

遠安

荊門

應城

江

13師
6師一部

沙洋

天門

漢川

漢口市

宜昌

防

潛江

武昌

宜都

江口

江防軍

軍

江陵

沙市

長

江

江

湖　南

五、豫南會戰：相互試探，且戰且走

　　占據宜昌的日軍，終日面臨國軍反攻的壓力，相當困擾。同時，幾次作戰都沒能殲滅國軍第五戰區主力部隊（也就是湯恩伯部隊），大本營及中國派遣軍總司令部都認為應該趁著襄西作戰勝利，日軍士氣高昂的時候，再次出擊，一舉消滅國軍第五戰區的主力部隊。因此，1940 年底，第 11 軍決定再次發動作戰，攻擊範圍在鄂中漢水一帶，企圖先發制人。

　　面對日軍的攻勢，國軍採退避戰法，與日軍捉迷藏，避不應戰。日軍無法捕捉國軍主力，又不能在一地停留太久，只得到達目標線便反轉撤回，敵來我往，最後還是回復原先的態勢，雙方打打停停，作戰規模都不大，傷亡也不嚴重，湯恩伯部隊仍活躍在第五戰區。[156]

　　上述作戰告一段落，1941 年 1 月 2 日，日軍偵查到湯恩伯的第 31 集團軍出現在信陽北方地區。湯恩伯部隊長久以來在長江以北第一線與日軍交戰，是日軍的宿敵，第 11 軍司令官園部和一郎認為這是個機會殲滅湯部，軍部因此立即擬定大規模的攻擊計畫，是為「豫南會戰」。[157]

　　園部和一郎指揮第 11 軍第 3、第 17、第 40 師團出擊；國軍接戰的是李宗仁所部統轄的第五戰區，包括湯恩伯的第 31 集團軍，總共 14 萬 4 千餘人。[158]

　　國軍這邊，自宜昌失陷後，一直積極在做整補與訓練，所以，對於日軍將於豫南發動攻勢，國軍已有準備，並且判斷日軍主要目標是

156 何應欽，《日軍侵華八年抗戰史》，頁 167；防衛庁防衛研修所戦史室，《支那事変陸軍作戦（3）昭和十六年十二月まで》，頁 352-353。

157 防衛庁防衛研修所戦史室，《支那事変陸軍作戦（3）昭和十六年十二月まで》，頁 353。

158 國防部史政編譯局編，《抗日戰史·豫南會戰（一）》（台北：國防部史政編譯局，1980 年再版），頁 4-8；防衛庁防衛研修所戦史室，《支那事変陸軍作戦（3）昭和十六年十二月まで》，頁 354。

要殲滅湯恩伯的部隊。軍事委員會指示：第五戰區應避免與敵正面決戰，依正面節節抵抗，以一部向敵後切斷交通，主力由兩翼側擊。[159]蔣介石還親自電告湯恩伯：敵軍必於下月初或本月底向湯部進攻，務希嚴令各部積極準備。[160]

湯恩伯受命之後，判斷日軍主力將由信陽分兩路，一路向西北由泌陽、方城、舞陽，一路沿平漢鐵路北進。因應這樣的情況，湯恩伯將第13軍部署在舞陽以南，也就是日軍進攻兩條路線的中間，形成對兩面東西敵人均可側擊的態勢。另外，他將第85軍主力控置於上蔡、汝南間，也就是在準備側擊平漢線北進的日軍的東側，形成另一個側擊的態勢。[161]

1月24日夜晚，日軍主力第3師團發動攻擊，他們計畫突破信陽北側的國軍左集團第68軍（軍長劉汝明）陣地，向泌陽北方前進，藉以吸住湯恩伯部的主力，並截斷湯部向西方的退路。

國軍第68軍軍長劉汝明率部在第一線陣地強烈抵抗，日軍第3師團攻堅不順。後來，劉汝明為避免與日軍決戰而遭到重大消耗，刻意縮短戰線，轉移陣地，第3師團才突破這個陣地。

第3師團攻堅的同時，另一路日軍（第17、40師團）也同時展開行動，他們沿著平漢鐵路東側北上，攻擊當地的國軍。[162]

兩路日軍急進深入，反而陷入國軍的包夾，第五戰區司令長官李宗仁採用「避實擊虛」的戰略，留少數兵力正面抗擊，主力轉向兩翼，待日軍進攻兵力分散之時，再從日軍兩側及背後圍殲他們。他抽調戰

159　國防部史政編譯局編，《抗日戰史・豫南會戰（一）》，頁13。

160　「蔣中正致湯恩伯電」（1941年1月25日），〈革命文獻—第二期第二階段作戰經過〉，《蔣中正總統文物》，典藏號：002-020300-00013-047。

161　「湯恩伯致蔣中正電」（1941年1月26日），〈革命文獻—第二期第二階段作戰經過〉，《蔣中正總統文物》，典藏號：002-020300-00013-049。

162　防衛庁防衛研修所戰史室，《支那事變陸軍作戰（3）昭和十六年十二月まで》，頁354；國防部史政編譯局編，《抗日戰史・豫南會戰（一）》，頁18。

區下轄的部隊，下令孫連仲部隊和湯恩伯部隊移到日軍側翼，並在 29
日拂曉發動圍擊；另外令孫震的部隊在中央全面發動攻勢，以資策應。

28 日，蔣介石耳提面命，電告李宗仁、孫連仲、湯恩伯，跟他們
說日軍北進，戰線拉長，後方補給困難，每人所攜行糧彈最多只剩不
過 3、5 日，希望孫連仲、湯恩伯督促下轄各部隊，切斷敵人後方，截
擊敵人輜重，斷絕敵軍退路，給予日軍殲滅性的打擊。

國軍隨著日軍動向，不斷嘗試側擊、截擊，中日兩軍且戰且走。
日軍第 3 師團到達舞陽以南之山區尚店一帶時，和湯恩伯所部張雪中
的第 13 軍交鋒，戰鬥激烈，雙方傷亡慘重。在鐵路以東的李楚瀛第 85
軍，則對另一股向上蔡進攻的日軍第 17 師團之右翼，發動強有力的攻
擊。大抵來說，沿著平漢鐵路前進的日軍任務是捕捉國軍主力湯恩伯
部隊，但湯部已移轉，日軍撲了個空。[163]

30 日下午，第 11 軍司令部令第 3 師團反轉至泌陽方面，準備對付
來援的孫連仲部。

31 日，日軍第 3 師團截獲國軍情報，得知南陽是國軍的通信中樞，
因此立刻向第 11 軍司令部建議攻擊南陽。軍司令部因此改變前令，批
准進攻南陽。第 3 師團隨即轉向南方，在 2 月 4 日晚間攻占南陽，破
壞國軍通訊設備。日軍認為已達到作戰目的，而反轉回撤，於 2 月 12
日結束作戰。[164]

這場會戰，由於國軍採取退避戰法，讓日軍誤以為成功擊破了國
軍中央軍主力，達成作戰目標。[165] 而從國軍這方面來看，因為日軍急

163　國防部史政編譯局編，《抗日戰史・豫南會戰（一）》，頁21-37。

164　防衛庁防衛研修所戦史室，《支那事変陸軍作戦（3）昭和十六年十二月まで》，頁
　　　354-355。

165　「予南作戦　自昭和16年1月23日至昭和16年2月20日」，〈支那事変に於ける主
　　　要作戦の梗概　昭和16年〉，《防衛省防衛研究所》，JACAR（アジア歴史資料セ
　　　ンター，Ref.C11110446300。

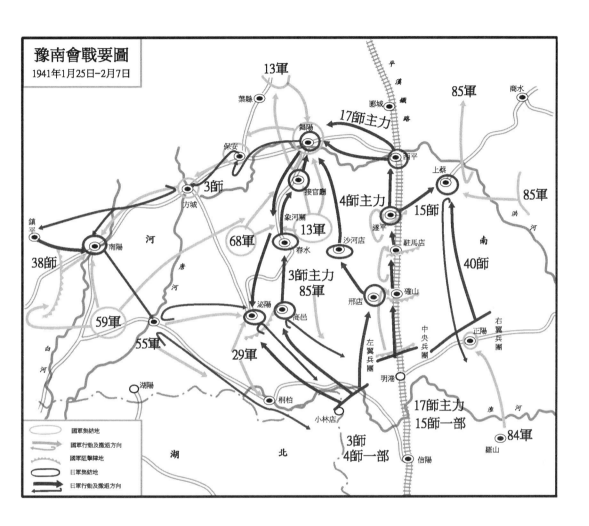

豫南會戰要圖
1941年1月25日-2月7日

進，又主動撤退，國軍也以為自身的側擊，達到壓迫打擊日軍的目的。其實，這場會戰有點像捉迷藏，除了張雪中的第 13 軍和李楚瀛的第 85 軍和日軍打了硬仗外，其餘都是短暫遭遇戰，而且規模不大，雙方損失都很小，可謂雷聲大雨點小。[166]

六、觀察與檢討

本章所述，即武漢會戰後，中日兩軍於三陽一線的拉鋸戰。很明顯，日軍作戰目標，大多是打擊國軍主力，以求殺傷國軍、減少國軍不斷襲擾的力量。這個目標就殺傷國軍而言，有其效果，但並無法逆轉戰爭持久化的態勢，也無法減少國軍的反擊、騷擾。其中，有幾件事值得討論。

天爐戰法的思想來源

首先可以討論在長沙會戰一舉成名的「天爐戰法」。過去討論這個戰法，常會以為是薛岳的重要發明，其實這個戰法是國軍經驗教訓的結晶，不是一個人所能想出來的。

武漢會戰之前，國軍守多於攻；會戰之後，持久戰的格局已成形，雖然失去大片國土，但國軍一改過去消極的防守，轉為積極進取，採取運動戰、攻勢防禦，或在敵軍的後方，採行游擊戰，打擊、消耗日軍實力。蔣介石在南嶽軍事會議，已經有深刻的闡述。

南昌會戰時，蔣介石就電令第九戰區代司令長官薛岳，以及第 19 集團軍總司令羅卓英，要他們於山地蹊徑向敵軍遠後方挺進，占領陣地並且截斷鐵公路交通線。蔣介石看清日軍資源有限，後繼乏力，國

---

166 國防部史政編譯局編，《抗日戰史・豫南會戰（二）》，第四篇第二十一章第五節插表第十八。

軍只要阻斷日軍交通線，就能給日軍帶來重大損失，所以，「必先節節截斷敵軍之交通為惟一要訣」。[167] 他又電告薛岳、羅卓英以及江西省政府主席熊式輝：此次戰事重點不在南昌之得失，而在予敵最大之打擊，即使南昌失守，我各軍亦應不顧一切向指定目標進擊。[168]

南昌失陷之後，國軍並未氣餒，1939 年 4 月 5 日，蔣介石發了一則相當長的電報指示薛岳作戰策略。蔣介石指出，國軍當先在正面節節抵抗日軍攻擊，然後視情況向兩側撤退，等到敵軍輕率前進、深入戰場的時候，兩側國軍再出來予以截擊。他詳細說明這個戰法：「敵軍如果由各該道路前進踰過我兩側部隊之過程以後，我各該部隊如何向其側背襲擊，使之節節截斷並如何掩護我兵力，使之不及防範，即往年剿匪時各種埋伏、突擊、夜襲與偽裝民眾挑伏等各種戰術，實為此次長沙前方地形最適宜之要旨。……如善用之，不惟可以保守長沙，而且必能轉敗為勝。」[169] 薛岳後來的天爐戰法，就是把這個思維與湖南的地形配合，充分發揮了這個戰術。

這樣的戰術，可以說是國軍抗戰以來總結經驗教訓的結果，一般或以為「天爐戰法」是薛岳獨創，其實蔣介石早在 1939 年初春，就對各戰區發出類似誘敵深入、側襲、節節截斷敵軍的指示。[170]

「長沙大捷」平議

抗戰自從進入相持階段後，三陽一線成為抗戰主要戰場之一。國

---

167 「蔣中正致薛岳羅卓英電」（1939 年 3 月 23 日），〈革命文獻—第二期第一階段作戰經過〉，《蔣中正總統文物》，典藏號：002-020300-00012-011。

168 「蔣中正致薛岳等電」（1939 年 3 月 23 日），〈革命文獻—第二期第一階段作戰經過〉，《蔣中正總統文物》，典藏號：002-020300-00012-012。

169 「蔣中正致薛岳電」（1939 年 4 月 5 日），〈革命文獻—第二期第一階段作戰經過〉，《蔣中正總統文物》，典藏號：002-020300-00012-023。

170 蔣介石日記，1939 年 4 月 3 日。

軍為了不讓日軍安穩地占領廣大領土，攫取戰爭資源，所以不斷發動反攻。這讓日軍非常困擾，怒不可遏，為了穩定占領區，決定發動有限度的戰爭「討伐」國軍，這是第一次長沙會戰發動的背景。

第九戰區司令官薛岳採用「後退決戰」的戰術，並利用湖南河川水渠遍布的特性布防。日軍兵分三路而來，初期頗為順利，第 11 軍司令官岡村寧次發現國軍嚴陣以待，判斷攻占長沙不易，及時下令撤退，使中國軍隊圍殲日軍的戰略目標未能達成。這是中國軍隊第一次成功地守住主要城市並擊退日軍。此役，中方宣傳是「湘北大捷」（第一次長沙大捷）；日軍司令官岡村寧次則解釋日軍是自動撤退，因為已達到消耗中方第九戰區有生力量的戰略目的。

此後兩年，中日在長沙及湖南北部基本上沒有重大的軍事衝突。到了 1941 年秋天，日軍南進政策箭在弦上，與英美關係頗為緊張。東京仍希望透過外交協商，取得美國的諒解，不干涉日軍在亞洲的行動。為了打擊國軍主力，並對美國及德國展示日軍實力，接任的第 11 軍軍長阿南惟幾在 1941 年 9 月發動第二次長沙會戰。此役日軍一度占領了長沙城東北角，並對國軍造成了相當大的損失。

這兩次長沙會戰，再加上本書第六章要探討的第三次長沙會戰，中方宣稱這三次會戰為「三次長沙大捷」，也是薛岳最得意的戰績。日方則不以為然，因為日軍本就沒有要占領長沙，在成功打擊了國軍第六、第九戰區的精銳部隊後，他們主動回撤。

平情而論，薛岳對三次會戰的結果確有誇大，尤其是第一、二次長沙會戰，國軍打得並不好，死傷頗重。在統帥部主管作戰的軍令部長徐永昌就對薛岳誇大戰果頗不認可，直言「戰區所報我軍如何轉出反包圍敵人等等，完全子虛」。[171] 他很清楚，第二次會戰，日軍過汨

171　徐永昌，《徐永昌日記》（台北：中央研究院近代史研究所，1991），1941 年 4 月 25 日，第 6 冊，頁 242。

羅江後，「我軍已無有戰鬥力之軍、師」。[172] 事實上，抗戰時國軍常有虛報、誇大戰績的情形，張發奎（時任第四戰區司令官）就曾指出：「為了宣傳目的，敵人每撤退一次，我們便上報一次勝仗。中央對此十分了解，這些都是虛假的勝利。」[173]

的確，平情而論，前兩次會戰實在稱不上「大捷」，但第三次確實打得不錯（詳後），雖然準備的時間不多，但有了前兩次經驗和教訓，薛岳的「天爐戰法」益趨成熟，無論是城內第 10 軍及高砲旅的布防，或是長沙到汨羅江一路兩條攻擊線的收放，薛岳的調度及決策，都把握得恰到好處，功不可沒。

李宗仁、湯恩伯孰是孰非

長沙會戰發生在三陽一線的江南戰場，至於江北戰場，國軍最後核心的將領無疑是中央軍湯恩伯；但是，他其實是有爭議的。

李宗仁日後在回憶錄指出，隨棗會戰前期不順，是因為湯恩伯保存實力，未遵照他的部署所致；而後來反敗為勝，是他嚴令湯恩伯會同孫連仲自豫西南下，向唐河一帶出擊，國軍才能收復新野、唐河，與包圍圈內的友軍相呼應，然後發起總反攻，與日軍激戰三日三夜，日軍才開始總退卻，國軍隨著克復棗陽。[174]

事實是否如此呢？從國軍檔案紀錄看來，會戰爆發前，第五戰區與軍令部的確就前線部署有所討論，但內容卻與李宗仁的記憶不一致。李宗仁希望調動湯恩伯的第 13 軍主動攻擊日軍側背，但軍令部堅持把湯恩伯的部隊配置在襄花路，作為戰區總預備隊，並指示湯部使用時機不可過早。也就是說，軍令部的部署，是要讓戰力堅強的湯恩伯部

172　徐永昌，《徐永昌日記》，第 6 冊，頁 242。

173　張發奎口述，夏蓮瑛訪談紀錄，鄭義翻譯校注，《蔣介石與我：張發奎上將回憶錄》（香港：香港文化藝術出版社，2008），頁 307。

174　李宗仁口述，唐德剛撰寫，《李宗仁回憶錄》，下冊，頁 752-753。

隊待機，而不是一開始就加入戰場，如此才能避免第一線危急時，沒有部隊可以應急。[175]

　　軍令部做出這樣的部署，是吸收與日軍作戰的經驗教訓。1937年淞滬會戰，國軍當時把主力全部集中上海第一線，沒有層層布防或留置預備部隊，以致日軍於杭州灣登陸，國軍竟抽不出兵力抵擋，日軍如入無人之境，長驅直入，切斷國軍退路，導致國軍全軍潰退。[176]

　　1938年的徐州會戰也發生類似情形。李宗仁沒有及早做撤退的部署，直到日軍即將攻陷徐州才匆忙下令撤退。命令下得太晚，以致國軍受到相當大的損失。國軍最後沒有遭到殲滅，是因為日軍兵力不足，無法形成堅固的包圍圈，國軍才得以鑽隙脫出。戰後軍令部檢討徐州會戰，認為戰略預備隊不足，導致日軍突襲時，沒有餘力調兵阻止。[177]

　　因此，蔣介石及軍令部都深深以此為鑒，之後在各會戰中都部署戰略預備隊，並要求這個預備隊不可過早投入戰場，以免在第一線消耗掉後，無法應急。所以，軍令部把湯恩伯的部隊作為預備隊，不過早投入第一線，是有道理的。

　　但事實是，隨棗會戰一開始，日軍衝著湯恩伯部隊而來，湯部不得不立即接戰，不但沒有發揮戰略預備隊的作用，反而與日軍激戰，損傷嚴重。李宗仁在其回憶錄指責湯恩伯避戰、保存實力等情形，其實根本沒有發生。

　　至於李宗仁說他後來指揮得當，打破日軍的包圍，奪回數個城市，也與事實不符。日軍原本目標就是要打擊湯恩伯部隊，他們重創湯部

175　「軍令部關於第五戰區隨棗會戰經過的總結報告」（1939年5月），收入中國第二歷史檔案館編，《抗日戰爭正面戰場》，中冊，頁903-905。

176　蘇聖雄，〈蔣中正對淞滬會戰之戰略再探〉，《國史館館刊》，第46期（2015年12月），頁92-93。

177　蘇聖雄，〈國軍於徐州會戰撤退過程再探〉，收入呂芳上主編，《戰爭的歷史與記憶（1）：和與戰》（台北：國史館，2015），頁299-319。

後，主動回撤，國軍才有機會收回新野、南陽等城市。不過，平情而論，當時國軍普遍有這個現象，日軍出擊後主動撤回，國軍跟在其後收復失地，卻說成是日軍敗退、國軍大勝，李宗仁並不是唯一往自己臉上貼金的人。[178]

已有不少學者指出，李宗仁回憶錄有許多與事實不符的地方。[179]遺憾的是，他是當時戰區指揮官，數十年來，他的言論被坊間廣泛引用，以致發生不少以訛傳訛、扭曲歷史的情形。

湯恩伯的作用

那麼，湯恩伯在抗戰中期這幾次會戰中的表現究竟如何呢？

這段時期軍事委員會給第五戰區的作戰任務是，運用當地地形，以運動戰側擊敵人，目的是打擊、消耗日軍力量，而不計較一城一地的得失。因此，湯恩伯的部隊多次被指派擔任機動部隊或戰略預備隊，不與日軍正面決戰，而是找尋適當機會，從側翼打擊日軍。相反地，日軍的目標很明確，就是要殲滅、至少要嚴重打擊湯恩伯的部隊，湯部想躲都很難躲。但從結果看來，除了隨棗會戰使湯恩伯部隊付出相當代價外，日軍在棗宜、豫南會戰中都未有所獲。湯恩伯部隊仍然在河南、湖北之間，扮演國軍中流砥柱的角色，持續威脅武漢周邊的日本占領區。

第五戰區司令長官李宗仁對湯恩伯評價很差。他認為湯恩伯被視為中央軍戰將，但其實並不善戰，在他眼中，湯恩伯喜歡打飄忽無常的運動戰，每次臨陣，湯的指揮所無固定地點，使所部不知總司令在

178　張發奎口述，夏蓮瑛訪談紀錄，鄭義翻譯校注，《蔣介石與我：張發奎上將回憶錄》，頁302。

179　陳存恭，〈評「李宗仁回憶錄」──兼論新桂系與中央的關係〉，《國史館館刊》，復刊第1期（1987年1月），頁173-218；陳進金，《機變巧詐：兩湖事變前後軍系互動的分析》（台北：輔仁大學出版社，2007），頁122-126。

何處。[180]

其實，湯恩伯擅打機動戰、運動戰，正是他過人之處。[181] 湯恩伯部隊英勇善戰，南口之役、台兒莊之役他們的表現就是明證。至於說他畏戰、保存實力、採取機動戰法，那是當時從軍事委員會到戰區司令長官部一致的決策，並非湯的避戰。[182]

隨棗、棗宜、豫南會戰，日軍都以湯恩伯部隊為首要目標，正是因為湯部強勁驍勇，多次重擊日軍，成為日軍畏懼的對象。否則，日軍也不至於發動幾次作戰，非要除掉湯部。與湯接戰的日軍司令官岡村寧次就給予湯相當高的評價，認為湯勇敢善戰。[183]

湯恩伯部隊在歷次會戰中，不斷擴充，從原來的第 13 軍，擴編為第 20 軍團，再擴大到第 31 集團軍，其後又增加第 19、28、45、15 等集團軍，並於 1942 年出任第一戰區副司令長官兼魯蘇皖豫邊區總司令，他的部隊長期駐在河南，與日軍相持、拉鋸，在中後期抗戰扮演了至關重要的角色。[184]

但是，到了戰爭末期，湯恩伯及他部隊的名聲卻不好，普遍出現走私、經商、吃空缺等現象，河南人民對湯部極為不滿。1944 年豫中會戰，湯部遭受日軍重大打擊而潰散，撤退過程甚至遭到當地民眾的攻擊，顯見湯部隊紀律問題的嚴重性。[185] 可能是因此之故，現今的抗

180　李宗仁口述，唐德剛撰寫，《李宗仁回憶錄》，下冊，頁753-754。

181　請見本書第一卷第十章第四節「孫連仲血戰台兒莊」。

182　「湯恩伯報告李宗仁關於湯部作戰部署密電」（1939年4月28日），收入中國第二歷史檔案館編，《中華民國史檔案資料匯編》，第5輯第2編：軍事（三），頁189。

183　稻葉正夫編，天津市政協編譯委員會譯，《岡村寧次回憶錄》（北京：中華書局，1981），頁391。

184　徐珌鴻，〈湯恩伯〉，收入王成斌等主編，《民國高級將領列傳》，第3集，頁143-147。

185　林秋敏、葉惠芬、蘇聖雄編輯校訂，《陳誠先生日記》，第1冊（台北：國史館，2015），頁538、544、548、561-562、567、572。何智霖編，《陳誠先生回憶錄：抗日戰爭》，上冊，頁147。

戰史對陳誠、白崇禧、薛岳、衛立煌等將領的功績多有著墨，而湯恩伯卓著的戰績，反而受到掩蓋。至於湯恩伯部隊的紀律問題，將在本書第八章豫湘桂大會戰中再深入行探討。

三陽一線之戰的意義與影響

武漢會戰之後到太平洋戰爭前，在三陽一線的幾場戰鬥，對於國軍和日軍來說，都有深重的意義及長遠的影響。

首先就國軍來說，最明顯的是軍系變動。在 1930 年代初期，蔣介石面對地方各軍事集團，真正能夠控制的省分僅在東南沿海一帶。經過幾年的努力，1934 年終於讓中央勢力進入西南，威懾四川各軍系；1936 年的兩廣事變，又大幅削弱廣東「南天王」陳濟棠，以及以廣西為基地的桂軍軍系的力量；西安事變結束後，張學良的東北軍分裂，西北軍楊虎城一系瓦解。是以，七七事變前夕，中央軍聲勢壯大，遙遙領先各地方軍系。

全面抗戰爆發後，蔣介石把大量中央軍投到淞滬戰場這個「血肉磨坊」，中央軍打得壯烈，但損失慘重。當時雖然地方軍系也響應蔣的號召，加入到淞滬戰場這個「血肉磨坊」，但他們千里迢迢到東南沿海支援，投入的力量總是無法與本來就在東南戍守的中央軍相比擬。於是，淞滬會戰結束後，戰前中央軍與地方軍力量的對比已經開始逆轉，而中央軍在南京保衛戰中再度折損，復經過徐州會戰、武漢會戰，戰力大幅減弱，這個趨勢更是明顯。

因此，到了抗戰中期，三陽一線的作戰，主要是第五戰區和第九戰區在打的。第五戰區司令長官是桂軍領袖李宗仁，第九戰區負責的是粵軍出身的代司令長官薛岳。面對大戰，許多資源源源不絕地送到這兩大戰區，李宗仁、薛岳的部隊雖然在每一場會戰中損失不少，但他們的聲望卻是愈打愈為增高。李宗仁在「台兒莊大捷」已經一戰成名，第五戰區又成為桂軍的一個重要基地，包括在東側安徽同為桂軍

的李品仙，連成一氣，成為中央不可輕忽的一大地方勢力。薛岳的「長沙大捷」在困苦的戰時生活中，非常振奮人心，他的地位也不斷上升，從代理司令長官實任，又兼湖南省政府主席，實際掌握湖南這個「魚米之鄉」的軍政大權。

李宗仁、薛岳的力量上升，蔣介石默默地看在眼裡，但是大敵當前，不得不倚賴這些能征慣戰的非嫡系將領。軍事力量上的變動，牽動著政治權力的變化。薛岳後來在豫湘桂大會戰時，敢於違抗蔣介石的命令，就是因為羽翼豐滿，不再畏懼蔣的中央力量。至於李宗仁，能夠在戰後與蔣介石爭奪總統大位，多少與他在抗戰時累積的權力與聲望有關。論者一般多強調中共在抗戰時期的坐大，其實戰後蔣介石面對的兩個地方最大的軍事力量，一個是中共，還有一個就是桂系。

當然，蔣介石也不是毫無防範的省油燈，他盡力地培養中央軍將領，婉轉地抵制李宗仁與薛岳的壯大。尤其是有深厚班底的李宗仁，蔣介石對他防範甚嚴。湯恩伯的部隊，就是安插在第五戰區北側的中央軍力量，成為一支中原機動兵團，隨時策應第一、第五兩戰區，一方面是為了作戰需要，實際上也是在有意無意之間，提醒李宗仁切勿造次。

蔣介石除了將湯恩伯部隊作為威嚇第五戰區的一步棋，更重要的是建立第六戰區，其位置就在第五戰區西南、第九戰區西北，控制長江三峽。司令長官由陳誠出任，他是蔣介石的嫡系將領，深得蔣介石信任。[186] 這個戰區建立的目的，固然是為了鞏固戰時首都重慶的安全，但從地理位置來看，似乎也可以說是在第五、第九兩大戰區之間，安插了龐大的中央軍，隱然有制衡李宗仁、薛岳坐大的作用。[187] 第六戰

---

186 防衛庁防衛研修所戦史室，《昭和十七、八年の支那派遣軍》（東京：朝雲新聞社，1972），附圖第二：中國軍全般圖（昭和十六年八月下旬的狀況）。

187 抗戰時期第六戰區建立過三次。第一次建立於 1937 年 9 月，以馮玉祥為司令長官，防衛津浦鐵路沿線、黃河以北地區，僅存在 1 個多月。第二次建立於 1939 年

區因此駐紮最多的中央軍，許多精銳部隊集中在這個區域。[188]

說到陳誠及湯恩伯部隊在抗戰中期迅速壯大，也就是三陽一線作戰的結果；陳、湯都是抗戰時崛起的中央軍三大軍系之一（另一個是胡宗南部隊）。

對日軍來說，三陽一線的戰爭讓前線的日軍軍隊深切認識到國軍無法輕易擊敗，造成必須駐紮不少兵力，消耗資源，但又不能徹底解決國軍襲擾的問題。

在軍事上，日本一直輕視中國的力量，他們真正的假想敵是北方的蘇聯，以及太平洋對岸的美國，所以在武漢會戰以後，沒有投入更多的戰力到中國戰線上去。武漢會戰後，大本營認為把一支日本在中國最大的野戰部隊（第11軍）放在武漢，就能支持長期的對峙。事實不然，第11軍面臨國軍的包圍，幾次想要殲滅或削弱國軍主力，都未如願，卻又不得不縮減兵力、被限制作戰區域、減少後勤能量，種種壓縮，反而不斷受到國軍騷擾，令他們備感困擾。

第11軍司令部的參謀島村矩康，曾到東京向大本營建議廢除作戰區域的限制，主張採用「柔軟的機動作戰」，也就是跟隨國軍的動向予以擊破，不受離開根據地太遠的限制。東京方面沒有同意，他們還是認為保衛武漢這個區域已經很有價值，現階段沒有必要、也無力擴大範圍去打擊國軍，沒有同意這個建議。[189]

續 ....

10月，是作為第一次長沙會戰戰事可能不利的預備，將湖南湘江以西劃為第六戰區，陳誠出任司令長官，後來由商震接任，1940年5月撤銷。第三次是棗宜會戰後，三峽門戶宜昌陷落，為因應如此變局，劃湖北省長江以南、湖南省西北側、黔東、川東地區為第六戰區，司令長官部駐恩施，陳誠任司令長官，後來由孫連仲接任。胡博、王戡編，《抗日戰爭時期國民黨陸軍通覽》（北京：中國文史出版社，2020），頁18-19。

188　防衛庁防衛研修所戰史室，《昭和十七、八年の支那派遣軍》，附圖第二：中國軍全般圖（昭和十六年八月下旬的狀況）。

189　同上，頁492。

於是，日本不得不維持大批部隊去穩定占領區的「維持治安」，這麼做，消耗掉很多資源，但這些部隊又無法徹底解決中日戰爭，只能與國軍在三陽一線反覆拉鋸，曠日持久，陷入無限的循環。

這些會戰對整體戰局並沒有關鍵性作用，所以過去日本對這段期間的戰史書寫，並未特別重視。其實作為整體抗戰的一環，這段歷史的重要性隨著時間發展，在之後才會逐漸浮現出來。

第 11 軍司令官岡村寧次親自與國軍交手，對戰局有深刻的觀察。他在 1939 年春天指出：以蔣介石為核心的黃埔系青年軍官層為主體的中央軍，是各個會戰的主要戰鬥原動力，他們監視著戰意漸漸喪失的地方雜軍，讓全軍步調一致。[190]

岡村有這種觀察，是他在三陽一線作戰過程的親身體驗，已經看到中央軍在中國軍隊中的分量及影響力；他也看到，國軍軍系權力的變化，也凸顯了國軍對日作戰的凝聚力和持久力。他知道拖下去不會有結果，而且拖得愈久對日軍愈不利，唯有不計代價，攻入四川，拿下重慶，才是釜底抽薪、解決中國戰事的有效辦法。

岡村寧次不久升任華北派遣軍司令官，他力主竭盡所有，背水一戰，從潼關攻入延安，然後南下奪取重慶。他後來升任中國派遣軍總司令官，也一再主張直接攻入陝西及四川。東京大本營也曾慎重考慮，並擬出「五號作戰」計畫，但因太平洋戰爭失利阻礙五號計畫的實行，以致岡村的呼喚，功虧一簣。

190　防衛庁防衛研修所戰史室，《支那事変陸軍作戰（2）昭和十四年九月まで》，頁444。

第三章

重探1939年冬季大攻勢與桂南會戰

蘇聖雄（中央研究院近代史研究所助研究員）

　　國軍自1938年11月南嶽軍事會議後，確立抗戰方略為「轉守為攻，轉敗為勝」。[1]其真意並不在發動全面總反攻的攻勢作戰，而是要「爭取主動」、「以戰為守」，消耗日軍戰力，使資源短缺的日本無法持續供應物資，甚至在本土發生內變，進而主動退出戰爭。[2]

　　也就是說，在珍珠港事變爆發之前，蔣介石雖不斷運作外交，希望獲得外國支援，並期望世界大戰爆發，但對於能否，或何時有列強參戰，並未能確定。因此，藉主動出擊大幅消耗日軍戰力，促成戰事盡早結束，是蔣介石運用的手段之一。[3]

　　1939年4月上旬，國軍第一期部隊整訓大致完成，蔣介石下令各戰區發動攻勢，主動襲擊日軍，這個範圍廣大的反攻行動，稱為「四月攻勢」。四月攻勢之後，國軍的抗日反攻並未停止，蔣介石本著持久消耗戰略，仍積極部署一個又一個反攻。1939年還有「夏季攻勢」、

1　〈第一次南嶽軍事會議開會訓詞（民國二十七年十一月二十五日講）〉，摘自《抗戰勝利四十週年論文集（下冊）》（台北：國防部史政編譯局編，民國79年5月），頁33。

2　「一年來之軍事」，收入軍事委員會編，《抗戰一年》（出版地不詳：軍事委員會，1938），頁29-48。

3　齊錫生，〈抗戰中的軍事〉，收入許倬雲、丘宏達主編，《抗戰勝利的代價：抗戰勝利四十週年學術論文集》（台北：聯經出版公司，1986），頁10。

「九月攻勢」、「秋季攻勢」；年底更有大規模的「冬季攻勢」。

西方普遍認為國軍對日抗戰，是保守防衛，坐等西方列強介入。其實，在珍珠港事變爆發前的 2~3 年，正是國軍獨立作戰最艱辛的一段時間，國軍並未消極應付，而是發動一波又一波的反攻。

本章將首先以南昌會戰為例，說明國軍在武漢會戰後的首次反攻，接著探討 1939 年底到 1940 年初，國軍發動的冬季大攻勢。在國軍籌劃冬季攻勢的同時，日軍恰巧向廣西南部發動進攻，於是兩軍在廣西南部展開激戰，桂南會戰爆發。此戰，國軍大規模投入新建立的裝甲部隊，獲得「崑崙關大捷」，在抗戰史上有重大意義。

一、南昌會戰：武漢會戰後的首次反攻

首先是南昌會戰。南昌是江西省省會，南潯鐵路和浙贛鐵路的交會點，對國軍來說，南昌是第九戰區和第三戰區後方聯絡線和補給線的樞紐，有重要的戰略地位。對日軍來說，南昌距日軍控制的九江基地，僅有 150 公里左右；國軍在南昌有大型機場，對日本控制的長江航運不利。此外，薛岳在贛北的第九戰區有 4 個集團軍，20 萬人左右，這對日軍來說猶如芒刺在背，必欲去之爾後快。

1939 年 2 月，為了切斷國軍浙贛鐵路的運輸，摧毀南昌機場，消除第九戰區對日軍的戰略壓迫，日軍決定發動南昌作戰。

執行這場作戰的是第 11 軍司令官岡村寧次。岡村採取速戰速決策略，集中兵力，計畫對國軍來個閃電攻擊。他以第 101、106 師團作為攻擊主力，這兩個師團是預備師團，戰力較常備師團弱，他們先前參加武漢會戰時，遭到國軍很大的打擊，岡村有意藉著這次作戰，提振這兩個師團的士氣。另外還有兩支部隊也參與作戰：第 16 師團在江北附近作戰，以策應南昌方面的主作戰；第 6 師團則在箬溪、武寧一帶

作戰。[4]

　　國軍這邊的應戰由第九戰區負責。第九戰區下轄部隊很多，在南昌附近主要是第 19 集團軍羅卓英的部隊，指揮第 32、第 49、第 70、第 78、第 79 軍及預備第 5 師，共 13 個師。國軍人數雖占優勢，但整補尚未完畢，指揮階層疊床架屋，通信聯絡又很慢。[5]

日軍輕取南昌

　　1939 年 2 月下旬，日軍第 16 師團故意在漢口以西向漢水（襄河）附近的國軍發起攻擊，其真正目的是策應南昌方面的主攻勢，吸引國軍北上救援，減少國軍增援南昌方面的數量。國軍不知是計，立刻發動部隊北上，造成部分部隊被日軍牽制住。

　　3 月 17 日，日軍主力在江西發起攻擊，第 101、106 師團自永修附近渡過修水進攻南岸國軍，攻擊重點指向安義及奉新方面，日軍打算進攻至奉新附近之後，再向東迂迴，渡過贛江，攻占南昌。也就是說，日軍主力並非沿南潯鐵路（南昌—九江）自永修由北向南直攻南昌，而是先往西南進攻再迂迴向東，避開南潯鐵路上國軍已部署的陣地。[6]

　　岡村寧次改變過去以步兵為主、把野戰重砲和戰車配屬各個師團的做法，這次他把戰車（裝甲車）和重砲集中起來，組成裝甲部隊，統一指揮，在航空兵支援下，向國軍發動快速重擊。

　　3 月 20 日，日軍配合海軍陸戰隊發動全線攻擊，很快占領修水南岸，立刻趁夜以裝甲部隊向南昌快速推進，並在第二天突破國軍的主

4　防衛庁防衛研修所戰史室，《支那事変陸軍作戦（2）昭和十四年九月まで》，頁 350-358。

5　國防部史政編譯局編，《抗日戰史・南昌會戰（一）》（台北：國防部史政編譯局，1981 再版），頁 1-4。

6　防衛庁防衛研修所戰史室，《支那事変陸軍作戦（2）昭和十四年九月まで》，頁 353-359。

陣地。國軍缺少反坦克砲，難以抵擋日軍猛烈的攻擊，修水一線的防禦工事被炸成一片廢墟，只得節節撤退。

日軍裝甲部隊一路往前衝，迅速占領安義、奉新，很快地在26日午後推進到贛江，與駐守南昌的國軍隔岸對峙。

26日傍晚，第101師團主力渡過贛江，向南昌發起猛烈攻擊。國軍雖然早就知道日軍將發動攻擊，但以為日軍會沿南潯鐵路而來，因此把防禦主力的三個軍部署在修水一線。沒想到日軍卻迂迴到南昌西南方，從奉新方面攻進南昌。國軍的部署長達15公里，缺乏縱深，機動不足，日軍突然從西南而來，國軍防線一點突破，全線陷入混亂，南昌於27日輕易地失陷了。[7]

南昌失陷，蔣介石對負責防禦的羅卓英非常不滿，認為「南昌失陷如此之速，完全是羅卓英指揮無方、處置失當之過也」。[8]要求軍令部部長徐永昌徹查責任。不過，中日軍事力量差距本就很大，很難把戰事失敗歸咎於羅卓英一人，查辦之事最後不了了之。[9]

國軍「四月攻勢」反攻南昌

南昌輕易失守，國軍沒有就此消沉，反而積極準備反攻。現今抗戰史諸多著作一再述及抗戰時國軍採取的「持久戰」；持久戰固然為國軍抗戰最根本的戰略，但當時國軍是把「持久」與「消耗」合併稱為「持久消耗戰」，不僅是被動的防守，有時還要主動出擊，「消耗」

7　防衛庁防衛研修所戦史室，《支那事変陸軍作戦（2）昭和十四年九月まで》，頁358-361。「軍委會桂林行營關於修水河防及南昌失守所得教訓的總結報告」（1939年），收入中國第二歷史檔案館編，《中華民國史檔案資料匯編》，第5輯第2編：軍事（三）（南京：鳳凰出版社，1998），頁182-184。

8　蔣介石日記，1939年4月1日「上星期反省錄」。

9　「蔣中正致徐永昌手令」（1939年4月12日），〈革命文獻—第二期第一階段作戰經過〉，《蔣中正總統文物》，典藏號：002-020300-00012-025。王曉華、戚厚杰主編，《抗日戰爭正面戰場檔案全紀錄》，中冊（北京：團結出版社，2011），頁26-29。

日軍戰力。

也就是說，在珍珠港事變爆發之前，蔣介石雖不斷運作外交，希望獲得外國支援，並期望世界大戰爆發，但對於能否，或何時會有列強參戰，並不能確定。但在敵情判斷中，國軍看準日軍資源有限，「敵兵力財力已超過准許對我使用之限度，故國防根本發生弱點」。[10] 因此，藉主動出擊大幅消耗日軍戰力，希望資源短缺的日本知難而退。

因此，南昌失守之後，國軍積極準備反攻。這次的反攻與全局一併思考。在南昌會戰之前，1939 年 2 月，軍事委員會就頒布《國軍攻勢轉移部署方案》，籌劃反攻，反攻的目的是為了牽制、消耗日軍，讓他們無法安然扼守據點，並且讓日軍無法抽調兵力到華北建立根據地。[11]

1939 年 4 月上旬，國軍第一期部隊整訓大致完成，蔣介石下令各戰區發動攻勢，襲擊日軍，這個範圍廣大的反攻行動，稱為「四月攻勢」。南昌的反攻，不僅單純針對南昌失守而發動，也是四月攻勢的一環，由第九戰區負責執行。在蔣介石的總體考慮之中，南昌反攻是希望藉此牽制日軍，以免日軍轉用兵力到其他國軍發動四月攻勢的區域。[12]

反攻南昌失利

4 月 21 日，國軍開始進攻南昌外圍，日軍極力抵抗，雙方激戰，國軍收復了好幾個據點，日軍退守地形易守難攻的虬嶺等地。國軍雖然奮力進攻，但因火力不足，對嚴守據點的日軍莫可奈何，雙方僵持

10　「軍令部狀況判斷」（1939 年 2 月 13 日），〈國軍四月攻勢轉移計畫〉，《國防部史政局及戰史編纂委員會》，中國第二歷史檔案館藏，檔號：七八七-9076。

11　「蔣介石令頒國軍攻勢轉移部署方案密電」，收入中國第二歷史檔案館編，《抗日戰爭正面戰場》，上冊（南京：鳳凰出版社，2005），頁68。

12　國防部史政編譯局編，《抗日戰史・南昌會戰（一）》，頁17。

到 27 日，日軍增援部隊到達，對國軍發動猛烈反擊，同時派飛機四處轟炸，國軍攻勢受挫。[13]

此時，日軍以砲筒或飛機投擲多種毒氣彈，這些毒氣彈有的使人打噴嚏、流淚，有的讓人窒息、昏倒、嘔吐、全身無力，還有的使人心痛、流鼻血。[14]而國軍缺乏防毒面具，在毒氣彈攻擊之下，只能用濕毛巾掩護口鼻，以土法應付，例如人工呼吸、喝濃茶、注射強心針、以蘇打水清洗五官等。[15]

雖然攻勢受挫，蔣介石為迅速實現攻略南昌的計畫，仍於 5 月 1 日下令前線，「限 5 日之前攻下南昌」，並且要求各總司令親赴前線督戰。[16]

前線各部陸續向前進攻，第 29 軍軍長陳安寶率第 26 師劉雨卿部克復飛機場、南昌車站，突擊南昌城防工事，與日軍激烈白刃格鬥。然而，日軍憑藉優勢砲火及飛機支援，並且以汽車輸送有力部隊反擊，國軍因此遭受重大傷亡；最後，陳安寶殉職，劉雨卿負傷，國軍全線攻勢頓挫。5 月 9 日，蔣介石不得不下令停止攻擊。到 12 日，戰事中止，國軍奪回的一些要地得而復失。[17]

南昌會戰從 3 月 17 日日軍發動攻勢、占領南昌，經過 4 月的國軍反攻，到 5 月 12 日結束，前後將近兩個月。據國軍數據，國軍動員參戰部隊近 26 萬人，傷亡失蹤 5 萬餘人，斃傷敵軍聯隊長以下官兵約 3

13　何應欽，《日軍侵華八年抗戰史》，頁 148。

14　「南昌會戰敵軍各次施放毒氣調查表」（1939 年 5 月），國防部史政編譯局，《抗日戰史‧南昌會戰（二）》（台北：國防部史政編譯局，1981 再版），第四篇第十五章第五節插表第二十二。

15　同上。

16　國防部史政編譯局，《抗日戰史‧南昌會戰（一）》，頁 19。

17　南昌會戰戰爭過程，參閱何應欽，《日軍侵華八年抗戰史》，頁 146-148。國防部史政編譯局，《抗日戰史‧南昌會戰（一）》，頁 17-19。

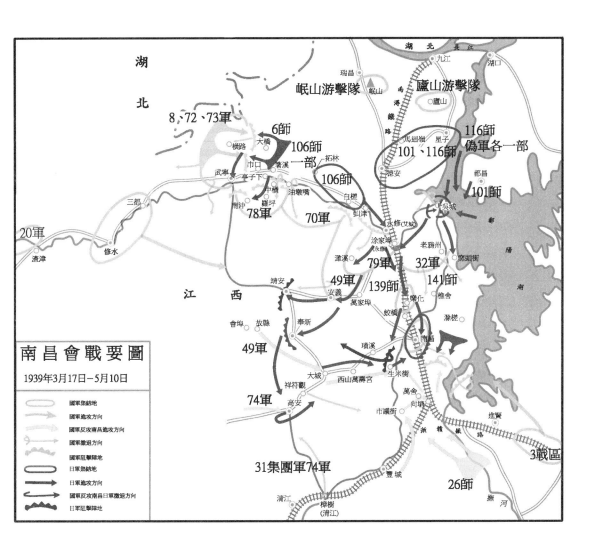

南昌會戰要圖

1939年3月17日－5月10日

國軍集結地
國軍進攻方向
國軍反攻南昌進攻方向
國軍撤退方向
國軍阻擊陣地
日軍集結地
日軍進攻方向
國軍反攻南昌日軍撤退方向
日軍阻擊陣地

湖北

湖北

長江

九江

湖口

岷山游擊隊

盧山游擊隊

瑞昌

盧山

廬山

8、72、73軍

6師

106師 一部

拓林

116師
偽軍各一部

馬廻嶺 星子

101、116師

横路

大橋

篁溪

德安

巾口

武寧

章子下

106師

白槎

水修(艾城)

吳城

都昌

101師

三都

中横

油墩嘴

虬津

涂家埠

永修

老鴉州

窰頭街

20軍

修水

渣津

南沖

羅坪

78軍

70軍

灘溪

79軍

32軍

141師

江 西

靖安

安義

49軍

139師

鄱

陽

湖

會埠

故縣

奉新

萬家埠

蛟橋

樂化

樵舍

滕橋

49軍

璜溪

南昌

生米街

大城

西山萬壽宮

萬舍

向塘

進賢

74軍

祥符觀

高安

市議街

浙贛鐵路

3戰區

31集團軍74軍

豐城

26師

清江

樟樹
(清江)

燕河

萬人。[18] 戰事以日軍奪得南昌、截斷國軍交通聯絡線告終。南昌失陷使得國軍第三戰區與大後方的聯絡陷於困境，軍事補給只能依賴浙贛兩省的公路線，東南各省未淪陷地區的處境更加困難了。

二、桂南會戰：重挫國軍供應鏈

蔣介石發動包括南昌會戰在內的「四月攻勢」反攻之後，日軍頗感困擾。此時，湯恩伯的第 31 集團軍由江南往江北移動加入第五戰區的部隊，給武漢周邊的日軍莫大的壓力。於是岡村寧次決定先發制人，主動發動攻擊，是為「隨棗會戰」（詳本書第二章）。[19]

隨棗會戰之後，雙方戰線沒有大的變動，仍在三陽一線相互對峙。蔣介石不讓日軍安穩占領中國領土，又發動了「夏季攻勢」、「九月攻勢」，日軍發動第一次長沙會戰予以反制。[20] 蔣介石不放棄，繼續發動「秋季攻勢」，年底更有大規模的「冬季攻勢」。

就在蔣介石籌劃冬季攻勢的時候，日軍又再度先發制人，發動了「南寧攻略作戰」，中方稱「桂南會戰」。

1939 年底的桂南會戰發生在華南的廣西，國軍還出動了裝甲部隊第 5 軍，戰況慘烈，國軍先敗後勝，但日軍增兵反攻後，局勢再度逆轉，國軍最後以失敗告終。

18　　國防部史政編譯局，《抗日戰史・南昌會戰（一）》，頁 2。國防部史政編譯局，《抗日戰史・南昌會戰（二）》，第四篇第十五章第五節插表第十六。據日軍數據，日軍傷亡逾 2 千 2 百人，死亡約 500 人，負傷約 1 千 7 百人。此數據僅為日軍攻占南昌前後的數據，未計入國軍反攻後的傷亡。防衛庁防衛研修所戰史室，《支那事変陸軍作戰（2）昭和十四年九月まで》，頁 362。

19　　防衛庁防衛研修所戰史室，《支那事変陸軍作戰（2）昭和十四年九月まで》，頁 362-363。

20　　同上，頁 379-380。

日軍欲徹底切斷中國對外運輸線

前一章提到，日軍與國軍在三陽一線的拉鋸，即便在戰場上打擊了國軍，但無助於解決中日戰爭。日本大本營不能讓這樣的對峙繼續下去，想出一計，那就是切斷中國對外運輸線，逼中國不得不屈服。

國民政府主要的經濟來源本來是富庶的長江下游，經過一年多的戰爭，撤退到了大後方，幸而四川也是富庶的地區，國府不致崩潰，但龐大的戰爭資源，仍然需要對外交通線的挹注。

日軍早在 1937 年就已占領了中國北方及華東的港口，1938 年 5 月攻陷廈門，武漢會戰末期又拿下廣州，中國沿海的港口幾乎全被日軍占領，廣西的南寧（又稱邕寧）是僅存幾個鄰近出海口的大城市。

而當時陸上交通線只剩三條，一是從蘇聯控制的阿拉木圖到新疆的運輸線；第二條是從雲南到越南的滇越鐵路、到緬甸的滇緬公路；第三條則是從越南到廣西的桂越公路。桂越公路從中越邊境的鎮南關（今稱友誼關）開始，經過邕龍公路（南寧到龍州的公路）或是左江水運到廣西交通樞紐南寧，從南寧可以經過邕柳公路到柳州，再從柳州經湘桂鐵路到湖南，進入中國內陸。

南寧（邕寧）無疑是個重要的交通樞紐，日本大本營認為，只要拿下南寧，就可以徹底封鎖南方的海上運輸，切斷到廣西的陸上運輸線，還可以從南寧轟炸滇越鐵路、滇緬公路，徹底截斷中國南方的對外運輸線。只要中國沒有外援，就不可能持久作戰下去，國民政府很快就會被逼得投降或議和。

日本海軍建議立即攻取南寧（邕寧），作為海軍對中國內陸攻擊的航空基地。不過，陸軍認為不妥，陸軍當時與蘇聯在諾門罕的作戰正如火如荼進行中，而且，越南、緬甸是英法殖民地，東京方面還不願公然與英法鬧翻。[21]

....

21　防衛庁防衛研修所戰史室，《支那事變陸軍作戰（3）昭和十六年十二月まで》，頁45-47。

3 個月後，1939 年 9 月，歐戰爆發了，英法無暇東顧，諾門罕戰役也結束了，歐亞局勢發生重大變化。於是，日本陸海軍都支持發動南寧作戰。日軍計畫先占領南寧，截斷南寧到龍州一帶國軍的補給線，加強海軍航空作戰，再截斷滇越鐵路及滇緬公路一帶國軍的補給線，作為將來入侵馬來半島的跳板。

桂南作戰第一階段：南寧、崑崙關失守

日軍南寧攻略由駐在廣州的第 21 軍司令官安藤利吉中將負責指揮。和武漢的第 11 軍相比，21 軍的編制較小，只有第 18、第 104 兩個師團及台灣混成旅團。它在一年前占領廣州後，大部分兵力用於固守廣州地區，已沒有足夠的兵力進攻廣西。中國派遣軍總司令官西尾壽造特地把著名的第 5 師團調到廣東，增加南寧作戰的兵力。

第 5 師團赫赫有名，它是日本戰前陸軍 17 個常備師團之一，屬甲種編制，是日軍最精銳的機械化部隊，戰力強大，自七七事變以來，中日歷次會戰，它幾乎無役不與，此時師團長是今村均中將。[22]

國軍方面，軍事委員會早就注意桂南防務，嚴防日軍進攻廣西，進一步攻入四川。蔣介石研判日軍很可能從欽州灣登陸，占領南寧，曾多次提醒桂林行營主任白崇禧，要特別注重欽州灣的防務。[23] 白崇禧隨即轉飭第 16 集團軍總司令夏威辦理。[24] 11 月，蔣又提醒白崇禧及第 4 戰區司令長官張發奎、福建省政府主席陳儀，要求他們特別注意日軍動靜，尤其要嚴防欽州灣的北海地區及福建沿岸。[25]

....

22　防衛庁防衛研修所戰史室，《支那事変陸軍作戦（3）昭和十六年十二月まで》，頁 44-47。

23　「蔣中正致白崇禧電」（1939 年 8 月 21 日），〈革命文獻—第二期第一階段作戰經過〉，《蔣中正總統文物》，典藏號：002-020300-00012-086。

24　「白崇禧致蔣中正電」（1939 年 8 月 22 日），〈革命文獻—第二期第一階段作戰經過〉，《蔣中正總統文物》，典藏號：002-020300-00012-087。

25　「蔣中正致白崇禧等電」（1939 年 11 月 9 日），〈革命文獻—第二期第一階段作戰經

但是，國軍這邊接戰的第 16 集團軍戰力與日軍相差太多。日軍單單第 5 師團的裝備和戰鬥力就比國軍一個集團軍還要強，而且第一次長沙會戰結束之後，國軍主力集中於湘北，準備對日軍發動冬季攻勢，因此桂南國軍守備相當薄弱，僅有第 46 軍的 3 個師、第 31 軍的 1 個師，以及 2 個獨立團及地方團隊。[26]

白崇禧對日軍動向的判斷與蔣介石不盡相同。他認為日軍最可能的攻擊目標是柳州，而不是南寧；而且最有可能是從東南的廣州灣登陸進攻柳州。柳州地理位置重要，如果日軍占領柳州，就能聯合在湖北的日軍南北夾擊湖南的國軍，而湖南是重慶大後方外圍最後的屏障，絕不能丟失。因此，白崇禧把部隊放在柳州南面的貴港、容縣一帶，以及桂粵邊界，防衛柳州。至於欽州灣的防禦，因為兵力不足，只能勉強做些準備。

結果事與願違。11 月上旬，日本第 5 師團及台灣混成旅團由海軍艦隊掩護，在欽州灣海口附近集中，準備登陸。11 月 15 日，日機狂炸廣西省各重要城市，同時登陸北海。日軍行動快速，而國軍欽州灣防衛不足，兵力又大多放到柳州南面，臨時根本來不及把部隊調回來，防線迅速崩潰，只得眼看著日軍在兩天之內，占領欽州、防城；緊接著，24 日，日軍拿下廣西南部最重要的城市南寧（邕寧）。

日軍馬不停蹄，繼續向南寧北方的要地進攻。高峰隘是邕武路（南寧至武鳴）的要衝，崑崙關是邕賓路（南寧至賓陽）的要衝，二者互為犄角，均為南寧外圍的屏蔽，形勢險要。日軍在 25 日快速進占高峰隘、崑崙關。之後，日軍西進奪占龍州、憑祥、鎮南關等處，這些城市都是中國與印度支那交界要地（「印度支那」是指當時的法屬殖民地，也就是現在的越南、柬埔寨、寮國），切斷了中國通往南亞的國

續 ⋯⋯⋯⋯⋯⋯⋯⋯⋯⋯⋯⋯⋯⋯⋯⋯⋯⋯⋯⋯⋯⋯⋯⋯

　　過〉，《蔣中正總統文物》，典藏號：002-020300-00012-088。

26　國防部史政編譯局編，《抗日戰史・桂南會戰（一）》（台北：國防部史政編譯局，1981 再版），頁 5。

際供應線。[27]

　　南寧及廣西南部各地相繼失陷，蔣介石頗為意外，認為主持防務的桂林行營主任白崇禧以及桂軍作戰不力，「南寧失陷之快，桂軍脆弱至此，令人心神與夢魂皆不能安。健生（白崇禧）取巧與宣傳騖外之病不改，終不能成事也，可憂之至」。[28] 26 日，蔣與白崇禧通電話，感到白「倉皇無主，可慮也」。[29]

　　蔣介石本來頗看重白崇禧，對於白在短短 10 天就丟掉了南寧和廣西南境，感到失望與無奈：「最近南寧失陷，人心又形動盪，畏難卸責，褊狹閉拒，皆才不稱事，而又不肯分工改革，寸心痛苦，甚於一切之艱險，如此幹部助手無人，何以成事？言念前途，不寒而慄。」[30]蔣親訪黨國大老吳稚暉，談到他內心的煩憂。吳稚暉分析德國的復興，除了有威廉一世的領導外，還有毛奇主持軍務，俾斯麥主持政治，另外還有小學教員擔任宣傳，又有老克羅伯負責兵工，所以能成其大。蔣聞之感嘆國家缺乏人才，「如今日吾有俾、毛、克等之半人，則已云大幸，然今不惟無此人，而且想學其人者亦無一人，同事中之卑陋自安，更為可慮耳」。[31]

　　對於領導乏才，蔣左思右想，想要派陳誠到廣西協助指揮。陳誠當時擔任政治部部長、三民主義青年團書記長等，已身兼數個要職，陳誠以能力有限，又分身乏術，深恐誤事而婉謝。但是蔣介石要陳誠勉力為之，囑咐他不必有所顧慮，仍令陳誠到廣西指揮。[32]

27　張發奎口述、夏蓮瑛訪談紀錄、鄭義翻譯校注，《蔣介石與我：張發奎上將回憶錄》，頁 301；何智霖編，《陳誠先生回憶錄：抗日戰爭》，上冊（台北：國史館，2004），頁 129-131；何應欽，《日軍侵華八年抗戰史》，頁 157。

28　蔣介石日記，1939 年 11 月 25 日「上星期反省錄」。

29　蔣介石日記，1939 年 11 月 26 日。

30　蔣介石日記，1939 年 11 月 28 日。

31　同上。

32　林秋敏、葉惠芬、蘇聖雄編輯校訂，《陳誠先生日記》，第 1 冊（台北：國史館，

　　蔣介石為什麼一定要陳誠出馬呢？當時國軍正準備發動冬季攻勢，這是抗戰爆發以來，國軍最大規模的反攻行動。[33] 南寧的反攻關係著中國南方的國際交通線，至為重要，陳誠的能力及忠誠頗得蔣的信任，蔣希望在陳誠的領導下，國軍仍有機會奪回向印度支那的國際物資供應線。[34]

　　蔣介石還有另一個打算。為扭轉敗局，他打算派中央軍精銳去廣西，如此，桂軍和中央軍協同作戰，有中央軍重要將領陳誠在，指揮更為有力。

中國裝甲部隊投入抗戰

　　蔣介石殫盡心力籌謀的冬季攻勢箭在弦上，反攻南寧亦是頭等大事，兩者發動先後順序如何，蔣反覆斟酌：「長江與南寧二方之開始日期，應以長江在先；如先攻南寧，則敵知我長江部隊移調桂中已畢，則必在贛、湘、鄂區先我進攻。故我須先攻長江爾後攻南寧。乃決於十二日開始，二方同時進攻，惟攻邕寧遲可也。」[35]

　　就這樣，1939 年 11 月 20 日，蔣介石緊急命令素有「國民革命軍機械化之父」之稱的徐庭瑤組建的第 38 集團軍，下轄第 5 軍（軍長杜聿明）、第 99 軍（軍長傅仲芳）調往廣西；另外再命粵軍將領葉肇組建的第 37 集團軍（下轄第 66 軍，軍長陳驥），加入廣西的反攻作戰，總共近 10 萬兵力。

　　第 5 軍是國軍精銳部隊，也是少數配有戰車的機動部隊。與先前

續 ⋯⋯⋯⋯⋯⋯⋯⋯⋯⋯⋯⋯⋯⋯⋯⋯⋯⋯⋯⋯⋯⋯⋯⋯⋯⋯⋯⋯⋯⋯⋯⋯⋯⋯
　　2015），頁 318、321。

33　「蔣介石下達冬季攻勢命令」（1939 年 11 月 19 日），收入中國第二歷史檔案館編，《中華民國史檔案資料匯編》，第 5 輯第 2 編：軍事（一）（南京：鳳凰出版社，1998），頁 667-669。

34　何智霖編，《陳誠先生回憶錄：抗日戰爭》，上冊，頁 134。

35　蔣介石日記，1939 年 12 月 5 日。

的零星出擊不同，這是國軍裝甲部隊第一次大規模出動，在國軍軍事史上，有特殊意義。

戰車被稱為「陸戰之王」，它是德軍發動閃擊戰的憑藉，左右著第二次世界大戰大多數陸地戰役的成敗。然而，戰車的歷史很短，它最早出現於 1914 年的歐洲，到抗戰爆發時，僅有 20 多年歷史，所以對西方、日本，乃至中國而言，戰車或是裝甲車輛都是新鮮事物。

戰車最早出現在中國，是在 1922 年直奉戰爭的時候。不過，1929年國民政府自英國購入 18 部克勞爾特戰車，才開始有建立戰車隊的陸軍建制。由於建立戰車部隊需要技術、經費，中國工業落後，只能倚賴對外軍購，因此，國軍裝甲部隊發展非常緩慢。[36]

徐庭瑤是建立國軍裝甲部隊的重要人物。他是保定軍校第三期畢業，曾參加東征、北伐。1933 年長城戰役時，已是第 17 軍中將軍長。徐庭瑤深刻體認中日軍備的差距，中國應積極建立機械化部隊，才能抵禦外侮，於是上書蔣介石提出裝甲建軍計畫。蔣介石嘉許徐的遠見，派他赴歐美考察軍事及機械化裝備。

徐庭瑤回國後，送呈 60 餘萬字的考察報告書。蔣介石派他擔任交通兵、輜重兵、通信兵三學校的教育長，負責建立陸軍機械化部隊。徐庭瑤花了很多時間編寫國軍機械化各種典範令、手冊等著作，嘗試結合理論與實際。[37]

七七抗戰前的 1937 年 5 月，國軍戰車營擴編成 1 個裝甲兵團，首任團長為前陸軍第 25 師副師長杜聿明少將。抗戰爆發後，裝甲兵團被拆分使用，投入淞滬會戰，配屬各主要步兵師。然而作用不明顯，還遭到嚴重的人員傷亡與裝備損失。[38]

....

36　孫建中，《國軍裝甲兵發展史》（台北：國防部史政編譯室，2005），頁3-4。

37　國史館編，〈徐庭瑤先生事略〉，《國史館現藏民國人物傳記史料彙編》，第2輯（台北：國史館，1989），頁273-275。

38　孫建中，《國軍裝甲兵發展史》，頁23-27、341-345。

淞滬會戰以後，隨即爆發南京保衛戰。蔣介石下令將裝甲兵團往湖南湘潭撤退，然後留下德國戰車保衛南京，在南京保衛戰中這些戰車遭到不小的損失。

1938 年初，蔣介石的中央軍接收大量購買自蘇俄和歐洲的裝備後，裝甲兵團擴編為陸軍機械化第 200 師，師長為杜聿明，副師長邱清泉，參謀長廖耀湘；下轄 2 個戰車團、2 個機械化步兵團和 1 個汽車團，這是中國有史以來第一個裝甲師。[39] 第 200 師曾參與台兒莊之役及蘭封之役、黃河河防。

1938 年武漢會戰結束前後，第 200 師再度擴編，組成新 11 軍，軍長徐庭瑤，杜聿明任副軍長，代行軍長職務。1939 年改稱第 5 軍，隸屬第 38 集團軍。杜聿明軍長，下轄 3 個師：榮譽第 1 師（師長鄭洞國）、第 200 師（師長戴安瀾）、新編第 22 師（師長邱清泉）。這 3 個師都是步兵師，也就是說，第 5 軍並非一個純機械化部隊，裝甲兵團直屬軍司令部，而不屬於 3 個步兵師。

這樣的編制看起來似乎是裝甲部隊的「倒退」，其實不然。中國工業基礎薄弱、財政困難，實在難以支持一支大規模的裝甲師級單位，僅僅湊集這樣一個裝甲師所需的龐大裝備車輛資材，就已經耗費了當時國家有限的資源，更不要說支持作戰的各種後勤機制與物資。所以，把裝甲師直屬於軍部，而非步兵師，較能適應當時國情及國軍以步兵為主的軍事思想體系。[40]

第 5 軍雖非純機械化部隊，但它是國軍極少數配屬裝甲兵團的軍事單位，戰力無疑在全國名列前茅。

39 馮少雲、陳啟鑾，〈國民黨機械化部隊簡介〉，《文史資料選輯》，第 138 輯（2000 年 1 月），頁 109-110。

40 滕昕雲編著，《抗戰時期國軍機械化／裝甲部隊畫史，1929-1945》（台北：老戰友工作室，2003），頁 84-85。

桂南作戰第二階段：國軍反攻獲崑崙關大捷

新組建的國軍精銳部隊第 38 集團軍千里奔赴廣西，粵軍就近援助，再加上原有的桂軍，國軍部隊超過 10 萬人。而之前一路順利進軍的日軍在占領了欽州灣、南寧、崑崙關後，一路分出兵力固守各個占領地，最後在崑崙關及其周邊只剩下一個步兵大隊多一點的兵力，約 2 千人。[41] 雙方情勢立即逆轉。

1939 年 12 月 18 日，桂南國軍發動大規模反攻，空軍也配合參與戰鬥。國軍採取三方包圍策略，第 5 軍負責主攻；桂軍、粵軍助攻。兵力分散的日軍人數原本有限，通訊及補給又被國軍阻斷，無法掌握國軍動靜。國軍從三方而來，還配有戰車及重砲，大出日軍預料，日軍抵擋不住，一路潰敗，國軍順利收復崑崙關及九塘。19 日，攻克大高峰坳，續克五塘、六塘、七塘。

日軍第 5 師團長今村均命第 21 旅團旅團長中村正雄帶領 42 聯隊兩個大隊緊急救援崑崙關，由於交通路線被國軍控制，中村正雄的部隊不得不放棄全部輜重和重武器，繞過國軍部隊，走山中小路，在 20 日抵達崑崙關附近，展開反攻。

中村正雄和他的部隊不愧第 5 師團盛名，人數雖少，卻戰力驚人。在崑崙關一帶和國軍對戰，極為強悍，日軍重新拿下大高峰坳、崑崙關、九塘等地。國軍並不退縮，與日軍激戰，甚至肉搏。日軍死守，幾乎戰到最後一人；國軍死攻，整個排、整個連戰死，崑崙關附近幾個高地，屍橫遍地，慘不忍睹。

兩軍在崑崙關附近連續幾天血戰，彼此砲火都很猛烈，雙方傷亡都極慘重。中村正雄中彈，於 25 日死亡；日軍糧食彈藥都告罄，僅能依賴空投，但日軍仍頑強堅持，直到 1939 年的最後一天，12 月 31 日，

41　防衛廳防衛研修所戰史室，《支那事変陸軍作戦（3）昭和十六年十二月まで》，頁 59-80。

日軍終於守不住了，國軍再度奪回崑崙關，稱為「崑崙關大捷」。幾天後，1940 年 1 月 4 日，國軍又進占九塘。[42]

國軍這次主攻崑崙關的有個特別部隊：國民革命軍榮譽第 1 師。這個特別師是 1938 年 2 月在湖南組建，隸屬第 5 軍，成員多是久經戰場、傷癒歸隊的老兵，他們戰鬥經驗豐富，戰鬥意志堅強，是國軍中央軍的一流部隊。師長鄭洞國是抗日名將，黃埔一期，從 1933 年長城抗戰開始就一直在第一線作戰，戰功卓著。

桂南作戰第三階段：國軍反勝為敗

國軍奪回崑崙關及南寧北部幾個要地後，進一步要反攻南寧。蔣介石關心廣西戰況，1940 年 1 月 10 日飛到桂林行營指揮所，親自督戰。蔣提醒白崇禧不可躁急求速，更不可畏難圖易，此次南寧之戰為全局勝敗之總樞紐，不可稍有取巧與僥倖之心，必須穩紮穩打，全力以赴。[43] 12 日，蔣返回重慶後，又長電白崇禧，提醒軍事必先求穩再求變化。[44]

此時，陳誠因身兼軍事委員會政治部部長，趕回重慶處理政務，廣西軍務由白崇禧一人主導。白崇禧對於日軍動向的判斷有了偏誤，也可能是求急功，希望盡快收復失地，尤其是南寧。[45] 白崇禧認為，日軍占領區已有兵力空虛的問題，眼前不太可能從其他地區調動主力部隊前來增援，所以他判斷崑崙關被國軍奪回後，日軍當無力再行反攻，而會集中兵力固守南寧。因此，白崇禧的部署是把主力部隊沿著

42　國防部史政編譯局編，《抗日戰史・桂南會戰（二）》（台北：國防部史政編譯局，1981 再版），頁 127-161；何應欽，《日軍侵華八年抗戰史》，頁 158。

43　蔣介石日記，1940 年 1 月 3、7、10 日。

44　「蔣中正致白崇禧電」（1940 年 1 月 12 日），〈革命文獻—第二期第一階段作戰經過〉，《蔣中正總統文物》，典藏號：002-020300-00012-109。

45　林秋敏、葉惠芬、蘇聖雄編輯校訂，《陳誠先生日記》，第 1 冊，頁 326。

崑崙關到南寧一路進攻，希望盡早拿回南寧。他把戰鬥力強的第 5 軍主力部隊放在邕江北岸、南寧東面，側翼則是由戰鬥力較弱的葉肇第 66 軍約 2 萬人防守，唯獨沒有針對日軍可能的反攻做部署，也沒有布置戰略預備隊可供機動使用。[46]

熟料，日軍不肯吞下崑崙關的敗績，決心增兵反攻。日軍的確無可抽調之兵，第 21 軍司令官安藤利吉寧願冒著廣東防務空虛的危險，硬是把正在廣州北部和國軍第 12 集團軍（總司令余漢謀）對峙的部隊抽調出來增援。被抽調出來的是第 18 師團和近衛旅團，這兩支部隊都是日軍精銳，戰鬥力強大。近衛旅團屬於負責拱衛帝都的近衛師團，猶如天皇的御林軍，連他們都被派到中國參戰，可見日軍兵力確實已用到極限。

第 18 師團和近衛旅團共約 5 萬人，在 1940 年 1 月初在欽州灣登陸。第 5 師團長今村均大膽主張，與其把這 5 萬人放到南寧到崑崙關一線，人力分散，還不如採取迂迴戰術，繞過國軍防線，包抄國軍防務較差的側翼。於是，這 5 萬大軍，從欽州灣登陸後，避開南寧正北方的國軍主力，繞了個大圈子，沿邕江南岸大迂迴先向東再向北進攻，直取國軍後方重地賓陽。[47]

白崇禧低估了日軍的能力，他以為這一帶都是山地，地形複雜，日軍很難急行軍。不過，他還是緊急命令葉肇第 66 軍約 2 萬人防守賓陽。遺憾的是，葉肇沒有立即前往布防，他也認為這一帶都是山地，日軍不可能在這種地形迂迴作戰。

沒想到，5 萬日軍全部輕裝，高速迂迴，突然殺向賓陽。1 月 31 日，日軍出動多架飛機，猛烈轟炸國軍指揮部、通訊中心、部隊集結處，打亂了國軍的通訊聯繫，然後，18 師團和近衛旅團 5 萬大軍突然攻擊

46　何智霖編，《陳誠先生回憶錄：抗日戰爭》，上冊，頁138。

47　防衛庁防衛研修所戰史室，《支那事変陸軍作戦（3）昭和十六年十二月まで》，頁83-87。

國軍側翼，日軍迅速移動，很快經過甘棠，直奔賓陽。

此時陳誠正好從重慶趕回廣西前線，立刻發現白崇禧對敵情判斷有差，部署更無章法，國軍有全盤潰敗的可能。他當即做了若干調整，但部隊移動需要時間，臨時根本來不及做大幅度調動。眼看著局勢失控，陳誠極度焦急，眼球突出，神色忧然，當時他身邊的人都覺得陳誠的樣子「奇瘦駭人」。[48]

白崇禧要葉肇攻擊途經甘棠的大迂迴日軍，葉肇竟然不從命，白沒有辦法，只能請和葉肇有淵源的第四戰區司令長官張發奎去電催促，但也叫不動。2月2日，日軍輕易攻陷賓陽。賓陽既失，國軍前後方聯絡中斷，戰力最強的第5軍因為之前崑崙關之戰傷亡極重（傷亡1萬6千7百人，失蹤8百餘人），[49] 全軍退到後方整補，無力再戰，國軍只得全線倉促撤退。崑崙關及武鳴因此相繼不守，第9師師長鄭作民陣亡，國軍遭受重大挫敗。[50]

日軍兵力有限，又恐國軍捲土重來，因此，占領崑崙關、賓陽後，並沒有繼續北進，反而主動放棄崑崙關、賓陽，全部向南退到南寧，

48　何智霖編，《陳誠先生回憶錄：抗日戰爭》，上冊，頁138。林秋敏、葉惠芬、蘇聖雄編輯校訂，《陳誠先生日記》，第1冊，頁331-332。

49　另外參戰的第66軍及第99軍參戰官兵3萬2千4百餘人，負傷6千2百餘人，陣亡5,079人，生死未明560餘人。國防部史政編譯局編，《抗日戰史·桂南會戰（二）》，頁161。「福爾根函蔣中正」（1940年3月8日），〈革命文獻—第二期第一階段作戰經過〉，《蔣中正總統文物》，典藏號：002-020300-00012-120。正文數據參戰官兵5萬4千餘人，由於第5軍官兵編制即為5萬4千餘人，故此參戰數據應非實際參戰官兵。當時國軍各部普遍不足額，第5軍在1939年2月，缺額高達15,327人。若考慮第5軍投入桂南會戰時的不足額，則該軍於是役之傷亡比率更高。孫建中，《國軍裝甲兵發展史》，頁57-58。

50　「張發奎致蔣中正電」（1940年2月12日），〈革命文獻—第二期第一階段作戰經過〉，《蔣中正總統文物》，典藏號：002-020300-00012-114。「蔣委員長訓示各高級幹部」（1940年2月22日），〈革命文獻—第二期第一階段作戰經過〉，《蔣中正總統文物》，典藏號：002-020300-00012-116。何智霖編，《陳誠先生回憶錄：抗日戰爭》，上冊，頁131、138。《徐永昌日記》，1940年2月2-5日。

縮短戰線，固守南寧及其附近地區。第 18 師團更是火速趕回廣州，繼續與余漢謀第 12 集團軍的作戰。桂南會戰打了將近三個月，國軍損失嚴重，無力再做反攻，南寧一帶陷入日軍之手。

蔣介石對此十分痛心，認為這次該勝而未勝，「此為抗戰以來最無意義之失敗」！他在日記中寫道：「本週桂南失敗，以主將疏忽大意，處置不當，乃致被圍隔絕，紛亂無緒，此為自開戰以來最可恥之醜事。辭修（陳誠）驕傲、健生（白崇禧）虛浮，致此大敗，是必然之道，未知其本人能否自知羞恥耳？可痛！」[51] 他責備陳誠、白崇禧：「形同兒戲之部署，虛偽驕慢之將領。」[52]

1940 年 2 月底，蔣介石在廣西召開柳州軍事會議，檢討桂南會戰，嚴厲處分失職的將領：桂林行營主任白崇禧督責不力，降級；政治部長陳誠指導無方，降級；第四戰區司令長官張發奎督責不力，惟接事不久，情有可原，記過處分；第 37 集團軍總司令葉肇違令避戰，貽誤全局，集團軍番號撤銷，總司令撤職交軍法審判；第 38 集團軍徐庭瑤處置無方，優柔寡斷，集團軍番號撤銷，總司令撤職查辦。[53]

桂南會戰告一段落。國軍雖一度獲得崑崙關大捷，但之後的部署失誤，以致未能保全戰果，先勝後敗，而中國通向南亞的對外交通線被切斷，抗戰資源的獲取更形困難。不過，桂南會戰其實是整個冬季攻勢的一環，這個冬季大攻勢，帶給日軍巨大的震撼。

51　蔣介石日記，1940 年 2 月 3 日「上星期反省錄」。

52　蔣介石日記，1940 年 2 月 10 日「上星期反省錄」。

53　「蔣委員長電各戰區長官」（民國 29 年 2 月 27 日），〈革命文獻—第二期第一階段作戰經過〉，典藏號：002-020300-00012-117。

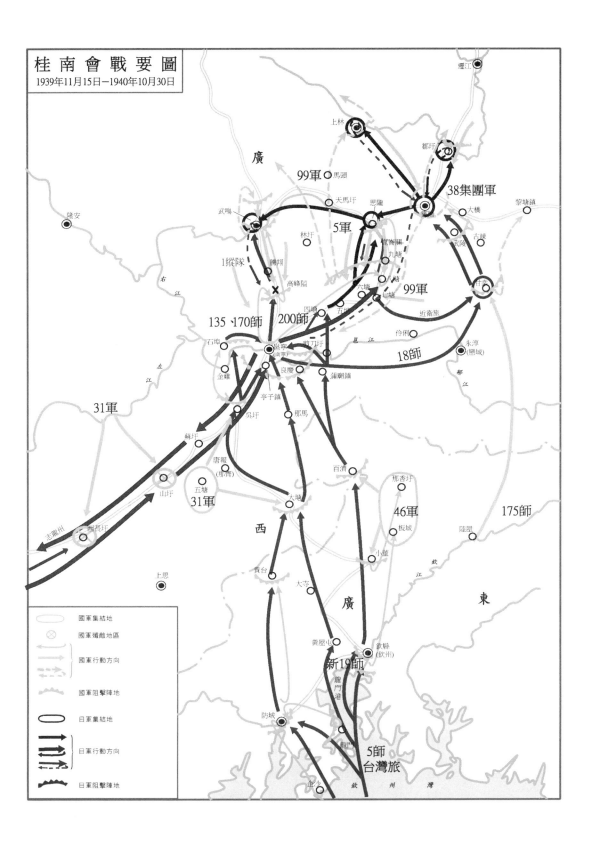

桂南會戰要圖
1939年11月15日－1940年10月30日

三、震撼日軍的冬季大攻勢

蔣介石對冬季大攻勢籌謀良久，他觀察 1939 年日軍挑起的幾場會戰（南昌、隨棗及第一次長沙會戰等），確定日軍資源匱乏，力不從心的困局。日軍既須確保戰略要點，又要維護漫長的水陸交通線，備多力分，疲於奔命。因此，日軍雖然用了不少兵力一再出擊，但沒有後續補給，更沒有戰略預備隊可供調遣，緊急時刻，只能從第一線部隊抽出轉用，實施局部作戰。

蔣介石因此判斷，此時日本財政瀕臨絕境，在中國戰場兵員傷亡嚴重，但已無力再行增補。而且，日軍會把重點放在華北，並將掃蕩國軍在華北的游擊隊。

另方面，國軍自第二期抗戰以來，除了正面迎戰日軍之外，還堅持敵後游擊，並積極抽調第一線部隊實行整補。1939 年 4 月到 1939 年 10 月，整訓工作大致完成，國軍戰力應有提升，正需要一次實地的考驗。

於是，蔣介石與國軍高層策定一個大規模冬季攻勢作戰計畫，對日軍發動全線進攻，要給在華日軍重大的打擊，消耗日軍戰力，讓他們無法安穩占領中國領土，亦無餘力去打擊國軍游擊隊。[54]

在此之前，蔣介石曾在 4 月、夏季及秋季發動類似的攻勢，但規模較小，投入的兵力和資源也較有限。

1939 年底的冬季攻勢等於是前幾次攻勢的總結。聲勢浩大，幾乎囊括了國軍大多數戰區，華北、華中、華南都包括在內，投入兵力高

54　國防部史政編譯局，《抗日戰史・全戰爭經過概要（四）》（台北：國防部史政編譯局，1982 再版），頁 377。

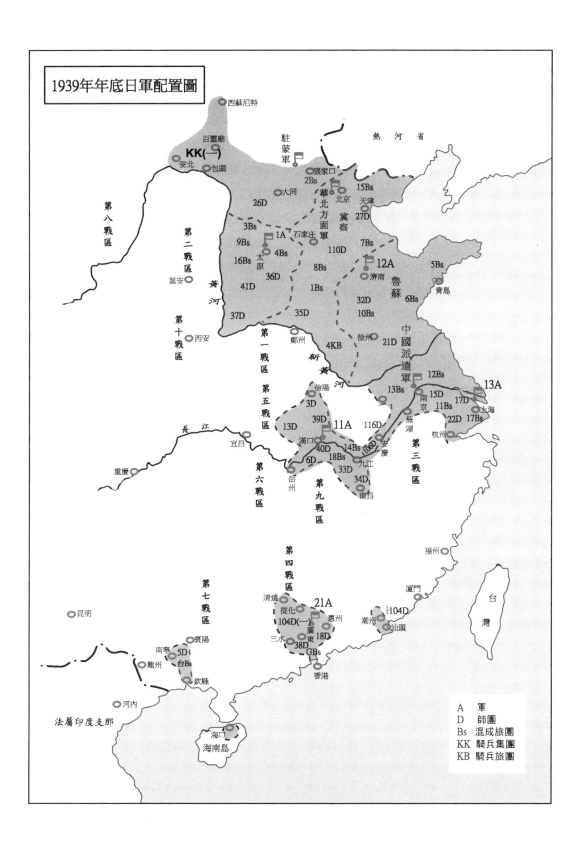

1939年年底日軍配置圖

達 148 萬。[55] 分為主攻及助攻兩類：主攻以整訓部隊主力加上第二、第三、第五、第九各戰區的部隊；助攻則是第一、第四、第八、第十及魯蘇、冀察等戰區部隊，目的是牽制當面之敵，阻斷日軍的後援。

1939 年 11 月 19 日，蔣介石對各戰區下達攻擊命令，指示各戰區作戰機宜。

主攻發動的戰區，均在三陽一線及其周邊地域，國軍向這片廣大區域的鐵路、水運交通線進擊，詳細規劃如下：

第二戰區，切實截斷正太、同蒲兩鐵路之交通，肅清晉南三角地帶之敵。

第三戰區，以主力約 11 個師，截斷長江交通，分由湖口、馬當、東流、貴池、大通、銅陵、荻港間，伺隙進攻，一舉突進江岸，占領堅固陣地，並以輕重砲兵火力及敷設水雷，封鎖長江。

第五戰區，掃蕩平漢線南段信陽、武漢間之敵，進取漢口，並向漢宜公路之敵攻擊，截斷襄花、漢宜兩公路之交通。

第九戰區，向粵漢北段正面之敵攻擊，重點指向蒲圻、咸寧一帶，並向武昌挺進，同時攻擊南昌及南潯鐵路，進襲瑞昌、九江之敵。

助攻的目的在牽制敵軍，協助主攻的作戰。任務規劃如下：

第一戰區，攻擊開封、博愛，牽制敵人。

第四戰區，以一部相機攻略潮、汕，主力掃蕩廣九路及南寧之敵。

第八戰區，以一部協同第二戰區作戰，主力攻擊歸綏附近之敵。

第十戰區，仍任黃河河防，並依晉南三角地帶攻擊之進展，準備以一部渡河擴張戰果。

魯蘇戰區，以廣正面由東西兩面向泰安、臨城間及銅山、滕縣間攻擊，策應沿江方面之作戰。

---

55 國防部史政編譯局，《抗日戰史・廿八年冬季攻勢（一）》（台北：國防部史政編譯局，1980 再版），插表第 17「二十八年冬季攻勢使用兵力統計表」（1939 年 11 月中旬）。

　　冀察戰區，以主力切斷保定、邢台間及石家莊附近日軍交通，一部切斷滄縣、德縣附近日軍交通，以策應山西方面之作戰。

　　此外，蔣介石規定各戰區攻勢開始日期，主攻的第五、第九兩戰區於11月26日以前發動攻勢，同為主攻的第二、第三戰區則於12月上旬發動。其餘的助攻戰區，限於11月底以前展開行動。[56]

　　各戰區奉令後，即開始攻擊部署。為了讓主攻的第五、第九戰區有更多時間互相策應，發動的時間延後了。於是助攻的第一戰區於12月1日首先發動攻勢，開始時進展頗為順利，豫東方面，一度攻占羅王車站，突入開封城內，焚毀日軍司令部及汽油倉庫，又曾一度攻占商邱東關，燒毀日軍汽油5百餘桶。他們還切斷了開封至蘭封的鐵公路交通。豫北方面，國軍破壞了平漢路及道清路的交通設施；成功達到助攻的作用。[57]

　　接著是主攻的第二戰區上陣，結果卻不理想。第二戰區司令長官閻錫山把部隊編成東、南、西、北四路軍，分別負責截斷鐵路、交通線或肅清晉南三角地帶的日軍。四路軍原定12月10日同一時間開始攻擊，沒想到，閻錫山轄下的犧牲救國同盟會（犧盟會）新軍受中共鼓動，正好在這一天叛變，[58]閻錫山不得不將西路軍轉向去進剿，北路軍也不得不暫停攻擊日軍停下來布防。於是，原定向日軍發動的四支軍隊，僅有東、南兩路軍按照規劃在12月10日實施攻擊，戰力因此大為減弱。[59]

56　國防部史政編譯局，《抗日戰史·全戰爭經過概要（四）》，頁377-378；中國第二歷史檔案館編，《中華民國史檔案資料匯編》，第5輯第2編：軍事（一），頁667-669。

57　國防部史政編譯局，《抗日戰史·全戰爭經過概要（四）》，頁379。國防部史政編譯局，《抗日戰史·廿八年冬季攻勢（八）》，頁582。

58　犧牲救國同盟會（犧盟會）是閻錫山與中共合作組成的抗日救亡組織，抗戰爆發後組建山西新軍，冬季攻勢時1939年12月，犧盟會新軍叛變，是為晉西事變。

59　國防部史政編譯局，《抗日戰史·全戰爭經過概要（四）》，頁379-380。

　　不幸的是，除了新軍叛變，閻錫山部在攻擊中遭到日軍強力反撲，使得原先在冬季攻勢中扮演重要角色的第二戰區攻勢因此瓦解，同時影響了周圍戰區的戰局。蔣介石震怒，將第二戰區的表現視為「抗戰以來，國民革命軍最大的汙點，亦為民族莫大之羞恥」。[60]

　　接續發動主攻的是第五、第九戰區。原先擬發動時間為 11 月底，經過與軍事委員會討論，改為 12 月初開始實施。第五戰區司令長官李宗仁將所轄部隊編組為江北兵團、右翼集團、左翼集團、豫南兵團、鄂東游擊軍，11 月 30 日完成攻擊準備，12 月 12 日展開攻勢。各集團陸續占領預定據點，日軍隨即增援反攻，雙方反覆拉鋸。整體來說，達到消耗日軍的效果，可惜的是戰區內戰力最強的湯恩伯部的第 31 集團軍被分割使用，沒有集中全力進攻，因此沒能打下城市，目標未能達成。[61]

　　與第五戰區同時發動攻擊的是第九戰區，目標是破壞南潯鐵路及武昌、咸寧間的日軍交通，並且截斷日軍在長江的水上交通。12 月 12 日，司令長官薛岳下令攻擊，一度截斷南潯鐵路永修、德安等交通線。日軍很快增援反撲，並以機砲轟炸，企圖解圍，國軍一面打擊日本援軍，一面加緊圍攻，最終兩軍成膠著狀態。[62]

　　最後發動主攻的是第三戰區。司令長官顧祝同拿到的作戰命令是擾亂日軍在長江的交通。日軍侵略中國，從沿海到武漢的補給，最仰賴的就是長江水運，而日軍只有第 116 師團分駐各要點，兵力分散，守備力量不足。顧祝同深知這一點，先前已經不斷嘗試向長江的日軍船艦攻擊。理論上國軍應該可以很容易鑽隙挺進到江岸，砲擊日軍船艦或施放水雷；實際上卻很不容易，因為日軍機動性強，很快就能趕赴江岸馳援，再加上江岸又有不少日軍的碉堡，防衛力相當強。

60　國防部史政編譯局，《抗日戰史·廿八年冬季攻勢（八）》，頁 582。

61　國防部史政編譯局，《抗日戰史·全戰爭經過概要（四）》，頁 382-383。

62　同上，頁 384-385。

　　為圓滿完成任務，顧祝同在這次冬季攻勢編組了相當大的兵團，企圖先擊破日軍的守備要點，然後再封鎖江面。他以 14 個師的兵力編成長江方面軍，再劃分為右翼、中央、左翼三個兵團，以中央兵團為主攻，其他作為掩護。

　　12 月 16 日，第三戰區發動攻擊，初期斬獲很大，三個兵團克復了大量據點，一路推進到江岸。然而，日軍在江岸的碉堡工事堅強，火力又占絕對優勢，國軍想截斷日軍長江交通，必須將重砲推進到江邊。問題是，沿江地帶水路縱橫，行動本已不便，前進時又須隱密，避免日軍偵知，後退時更須迅速脫離戰場，結果國軍始終難以掌握戰機，最後還是沒能截斷日軍長江交通運輸。日軍隨即大舉增援，在飛機、高砲協助下，向國軍反攻，於是第三戰區僅與日軍交戰三晝夜，攻勢即告停止。[63]

　　以上是冬季攻勢的主攻，助攻是第一戰區、第四戰區、第八戰區、第十戰區、魯蘇戰區、冀察戰區。其中值得注意的是第四戰區（廣東、廣西）及第八戰區（西北甘肅、青海、寧夏）。

　　第四戰區的冬季攻勢主要是前面提到的桂南會戰，也就是著名的崑崙關大捷。這是整個冬季攻勢中戰況最激烈、戰果最明顯的行動。國軍雖然死傷慘重，但牽制了不少日軍。日軍第 21 軍第 104、第 18 師團正向第四戰區司令部所在地韶關挺進，而國軍在當地防衛力較弱，正是危急時刻，因為國軍在崑崙關的反攻作戰打得猛烈，日軍不得不停止向前，把這兩個師團派到崑崙關救援，廣東這邊的壓力才得以解除。也由於向廣東北方進攻的日軍主動撤走，負責當地防務的第四戰區副司令長官兼第 12 集團軍總司令的余漢謀，得以大肆宣傳他獲得「粵北大捷」。

63　顧祝同，《墨三九十自述》（台北：國防部史政編譯局，1981），頁 186-188；國防部史政編譯局，《抗日戰史・全戰爭經過概要（四）》，頁 380-381。國防部史政編譯局，《抗日戰史・廿八年冬季攻勢（八）》，頁 581。

傅作義奇計致勝

　　第八戰區在冬季攻勢中，原是助攻的角色，沒想到傅作義屢出奇計，竟然反客為主，獲得了非常漂亮的戰果。

　　第八戰區掌管廣大西北地區，司令長官朱紹良，副司令長官傅作義、馬鴻逵。其中傅作義在冬季攻勢的表現特別亮眼。傅作義是晉綏軍將領，在 1927 年的涿州之役，7 次擊退奉軍張作霖的大軍，堅守 3 個月，一戰成名。1933 年、1936 年在長城戰役、百靈廟大捷中，力挫日軍，再次展現指揮作戰的才能。[64]

　　第八戰區在冬季攻勢中劃分 4 路向日軍攻擊襲擾、破壞鐵道。傅作義指揮他嫡系的第 35 軍為第 3 路軍，負責攻襲包頭。傅作義深知日軍戰力強大，不能硬攻，決定採取聲東擊西之計，先在 1939 年 12 月中旬散播假情報，說第 35 軍將自包頭的西方進攻。日軍不疑有他，立即編組主力前往包頭西門迎擊。殊不知，傅作義早已派遣便衣隊潛伏包頭城中，在 20 日拂曉日軍掃蕩隊自西門出發後，包頭城內的國軍潛伏人員隨即發動巷戰，並打開北門。第 35 軍早已扮成平民群眾等在北門城外，城門一開，蜂擁入城，襲擊衛兵，進攻日軍司令部及主要倉庫。[65]

　　日軍大為驚恐，立即向附近華北方面軍所屬的駐蒙軍告急。日本駐蒙軍騎兵第 13 聯隊（隊長小原一明大佐）和第 14 聯隊（隊長小林一男大佐）聞知緊訊，不假思索就率主力趕赴包頭支援。哪知這一切都在傅作義的算計之中，在日軍馳援路線設伏，以優勢兵力團團包圍日軍，小原的部隊損失過半，小林一男聯隊長戰死。[66]

　　傅作義見日軍持續來援，判斷已經達到牽制敵人的目的，決定見

64　胡平生，〈晉奉涿州之戰（一九二七～一九二八）及其影響〉，《台大歷史學報》，第 21 期（1997 年 12 月），頁 195-259。

65　防衛庁防衛研修所戰史室，《支那事變陸軍作戰（3）昭和十六年十二月まで》，頁 94。

66　同上。

好就收，主動撤離包頭到後套整補。

日軍吃了大虧，堅決要在最短時間內解除傅作義這個心頭大患。1940 年 1 月底，日軍發動後套進攻作戰。傅作義部隊與日軍消耗戰，抵擋了 5 天，傅作義撤出後套，五原陷於日軍。

過了 1 個多月，傅作義再出奇計，反攻五原。他先把與日軍對峙的部隊後撤，佯示兵力薄弱，同時祕密轉用軍隊準備決戰。3 月 16 日，第 35 軍主力悄悄向五原突進，20 日晚，出其不意，攻入城內，發動巷戰，日本特務機關全員陣亡，日軍沿城北潰退，國軍收復五原。

日軍兩次被傅作義玩弄，視為奇恥大辱，大舉增援反攻。傅作義沒有硬碰，主動撤出五原，同時祕密將五加河堤防破壞，水淹日軍，日軍不得已，只能以飛機導引，退回原駐地。日軍一退，傅作義在 4 月 1 日再度克復五原，恢復冬季攻勢前的態勢。[67]

第八戰區本是助攻，但傅作義率部消耗不少日軍兵力，蔣介石讚賞傅作義的表現，特別予以嘉許。[68]

國軍自 1939 年 11 月下旬發動攻勢，至 1940 年 3 月底止，為期 4 個月的冬季攻勢告一段落。國軍展現的戰鬥規模與戰鬥意志，遠超出日軍所料，尤其第三、第五、第九戰區的攻勢，讓日軍感受到很大的壓力。

這場大攻勢，也展現出蔣介石對全國各軍的統帥權，並未因淞滬、武漢等大會戰的受挫而稍減。日軍重新估計國軍的作戰能力，對於蔣介石能夠同時發動這麼多軍隊展開反擊，並且能夠將統治力從統帥部貫徹到正規軍與游擊隊，印象非常深刻。日軍承認，在國軍這場大攻勢下，死傷合計約 8 千人，是中日戰爭幾場作戰下來少見的犧牲數目。[69]

67　防衛庁防衛研修所戰史室，《支那事変陸軍作戰（3）昭和十六年十二月まで》，頁 93-100；國防部史政編譯局，《抗日戰史・全戰爭經過概要（四）》，頁 383-384。

68　國防部史政編譯局，《抗日戰史・廿八年冬季攻勢（八）》，頁 582。

69　防衛庁防衛研修所戰史室，《支那事変陸軍作戰（3）昭和十六年十二月まで》，頁 109-111。

　　雖然日軍對於國軍這場大反攻的評價相當高，蔣介石卻不是很滿意。他在柳州軍事會議上，不僅檢討桂南會戰的成敗，也總評這次冬季攻勢。對於主攻的第三、第九、第五戰區，認為發動兵力數量很多，卻沒有攻下據點，要求切實檢討，以定賞罰。另一主攻的第二戰區，因為犧盟會新軍叛變，影響黃河以北與第八戰區的戰局，蔣介石認為是國民革命軍最大的汙點與民族羞恥，要求另案處置，以申紀律。相對來說，蔣介石對於助攻的幾個戰區比較滿意，尤其是第一戰區能夠攻入開封省城，焚毀敵軍物資，以及傅作義所在的第八戰區，一度攻克包頭重鎮，蔣指示對有功之官兵從優獎升。[70]

　　冬季攻勢也帶給國軍相當大的傷亡，日軍方面統計國軍遺棄屍體高達 5 萬。[71]事實上，這場冬季大攻勢之後，直到抗戰結束，蔣介石都沒有再發動如此大規模的全局攻勢。綜觀整個抗戰 8 年，1939 年一整年直到 1940 年初，可以說是國軍反攻的高峰，此後受限於國力，也是因為幾場反攻下來得失參半，蔣介石對於大規模反攻的態度漸趨保守。

四、上高會戰：短攻取勝的典型

　　冬季攻勢後，國軍沒有再發動如此大規模的反攻作戰，但是小規模的反攻還是繼續著。1941 年 3 月開始，中日兩軍維持對峙，小型戰鬥不斷，大多是日軍短暫進攻，國軍隨即發動反攻。3 月的上高會戰，就是國軍反攻勝利的一個典型。

70　蔣中正，〈柳州軍事會議閉幕訓詞〉，收入秦孝儀主編，《先總統蔣公思想言論總集》，卷 17，頁 85-86。

71　防衛庁防衛研修所戰史室，《支那事变陸軍作戰（3）昭和十六年十二月まで》，頁 93-100；國防部史政編譯局，《抗日戰史·全戰爭經過概要（四）》，頁 111。

　　當時，日軍戰略開始調整，1941 年 2 月 14 日，為節省兵力、減少消耗，中國派遣軍總司令部確定了「靈活、短距離的截斷作戰」的方針，不再對中國軍隊做大縱深、遠距的作戰。

　　上高位於江西省西北部贛江支流的錦江上，南昌西南方，正好是南昌進入湖南的交通要道，上高南側就是浙贛鐵路，西通長沙，戰略地位重要。

　　這場會戰發生在 1941 年 3 月，緊接著豫南會戰之後。日軍第 11 軍在 1939 年攻占南昌後，以第 33、第 34 師團守備南昌及南潯鐵路，正好與國軍第九戰區的第 19 集團軍形成對峙，兩年來，國軍發動了幾次小小的襲擊，雖無大動靜，但日軍仍感到威脅。

　　1941 年初，日軍考慮到他們在華北方面的兵力不足，為改善華北治安，決定抽調在華中第 11 軍的第 33 師團及第 13 軍的第 17 師團轉用於華北。第 33 師團將在 4 月離開南昌，想在移駐華北之前，配合第 34 師團、獨立混成第 20 旅團，對南昌周圍的國軍做一次「短切作戰」，藉以消耗國軍戰力。這場會戰，日軍稱作「錦江作戰」或「鄱陽作戰」，國軍則稱為「上高會戰」。

　　日軍這個決定相當倉促，過於自信，認為國軍不堪一擊，因此第 11 軍司令部並未就這次作戰做積極統合及規劃，而是由第 33 師團長櫻井省三、第 34 師團長大賀茂任全權決定。

　　日軍把部隊分為三路，北路部署櫻井省三第 33 師團的一部，集結於安義附近；中路為大賀茂第 34 師團全部，集結於西山萬壽宮附近；南路為池田直三第 20 混成旅團全部，先在錦江北岸，繼移於南岸。[72]

　　國軍方面負責防守的是第九戰區第 19 集團軍總司令羅卓英，他指揮 3 個軍計 9 個半師，加上開戰後其他增援部隊，全會戰時期，動員

72　防衛庁防衛研修所戦史室，《支那事變陸軍作戰（3）昭和十六年十二月まで》，頁 356-357。

兵力約 9 萬 5 千人，除守備陣地及後勤人員外，實際參戰兵力約 7 萬人。主力部隊為李覺的第 70 軍及王耀武的第 74 軍。[73]

國軍會戰指導要領為「誘敵殲滅」，打算在前線節節消耗日軍，然後在事先布置好的地域與日軍決戰，殲滅日軍。[74] 羅卓英以上高為中心，在外圍第一、二線配置第 70 軍李覺部，北路 2 個師，中南路 1 個師；內側第三線主陣地帶配置第 74 軍王耀武部 3 個師，計畫待日軍深入，與之決戰。

1941 年 3 月 15 日拂曉，在安義的日軍北路櫻井省三第 33 師團，向奉新進攻。李覺的 2 個師憑藉潦河兩側高地，節節防阻，傷亡頗重。櫻井省三攻抵上富鎮，認為已達成作戰目的，反轉回撤。

同時，日軍中路大賀茂第 34 師團沿湘贛路西進，向王耀武部陣地攻擊；其南路池田直三第 20 混成旅團則沿錦江南岸西進，由灰埠、石頭街附近渡過錦江北岸，與大賀茂會合，向國軍陣地猛攻。

池田直三混成旅團留置錦江南岸的小部隊，先後在新市街、盧家墟附近，被國軍自第三戰區轉用來的第 49 軍劉多荃部之第 105 師王鐵漢部殲滅，而此時櫻井省三北路已退，於是大賀茂、池田直三頓成孤立。李覺帶領第 70 軍很快回兵南下，第 72 軍韓全樸部亦奉令南下，對日軍構成反包圍態勢。

池田混成旅團沿錦江北岸向王耀武部右翼發動攻擊，大賀師團則由正面向上高攻擊。此時這兩股日軍已在上高東北地區被國軍逐漸包圍，自 3 月 22 日起至 25 日，陷入南北 5 公里、東西 15 公里之橢圓形包圍圈內，受國軍圍擊。兩軍終日搏鬥，各處高地屢失屢得，日機數十架終日助戰，戰況異常激烈。王耀武率 74 軍強韌抵抗，其他部隊得

73　國防部史政編譯局編，《抗日戰史・上高會戰》（台北：國防部史政編譯局，1980 再版），頁 2-3。

74　〈長沙抗日會戰案〉（1939 年 5 月至 1942 年 1 月），《國防部史政編譯局》，檔案管理局藏，檔號：B5018230601/0028/543.6/7173A/2。

以逐漸縮小包圍圈，使日軍大部兵力陷於國軍嚴密包圍之中。

日軍死傷枕藉，全線不支，開始突圍，後方原已撤回的北路櫻井第 33 師團即刻出發增援。經國軍猛烈堵擊，日軍向西北突圍失敗，向東突圍的數百名日軍到了灰埠附近，仍被國軍堵擊，大半遭到殲滅。

經過不斷努力，大賀師團、池田混成旅團一度突破包圍圈。然而國軍不會坐視日敵逃走，復將突圍與增援之日軍完成第二次包圍，不斷猛攻。日軍持續撤退，至 4 月 2 日返還原來的駐地。[75]

此次會戰，日軍出動兵力超過 2 個師團，自 3 月 15 日攻擊發起，迄 28 日國軍開始追擊，戰鬥時間 14 日。日軍師團幹部過於自信，而軍級參謀未能及早介入指導，以致師團各自為戰，協同不良，輕率前進，遭到國軍大部包圍，受到重大損失，第 34 師團參謀長櫻井德太郎大佐曾有切腹謝罪的打算。[76]

國軍實際參加決戰之兵力不過 7 個師，依過去作戰中日軍隊數量之比例，國軍此次戰果相當豐碩，[77] 蔣介石因此說：「贛北上高附近之捷報，為一年來之最大者，敵軍或將更不敢深入矣。」[78] 不過，國軍傷亡並不輕，羅卓英部傷亡失蹤 2 萬餘，[79] 是不小的損失。

75　上高會戰過程，參閱「賀耀組呈蔣中正綜合戰報」（1941 年 4 月 4 日），〈革命文獻—第二期第二階段作戰經過〉，《蔣中正總統文物》，典藏號：002-020300-00013-061。防衛庁防衛研修所戰史室，《支那事変陸軍作戰（3）昭和十六年十二月まで》，頁 357-362。何應欽，《日軍侵華八年抗戰史》，頁 172-174。

76　防衛庁防衛研修所戰史室，《支那事変陸軍作戰（3）昭和十六年十二月まで》，頁 361-362。

77　何應欽，《日軍侵華八年抗戰史》，頁 175。

78　蔣介石日記，1941 年 3 月 29 日。

79　「羅卓英致蔣中正電」（1941 年 4 月 2 日），〈革命文獻—第二期第二階段作戰經過〉，《蔣中正總統文物》，典藏號：002-020300-00013-059。

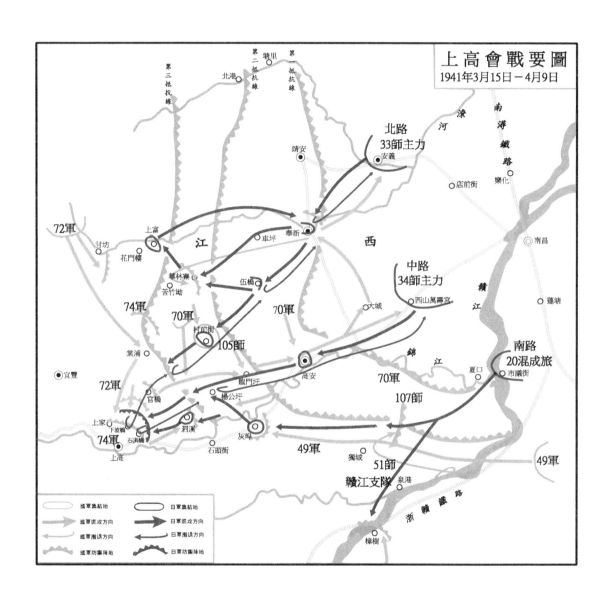

上 高 會 戰 要 圖
1941年3月15日－4月9日

北路
33師主力

中路
34師主力

南路
20混成旅

南昌

第三抵抗線
第二抵抗線
第一抵抗線

72軍

江　　　　西

74軍

70軍

70軍

105師

72軍

74軍

49軍

70軍

107師

51師

贛江支隊

49軍

國軍集結地　　　日軍集結地
國軍進攻方向　　日軍進攻方向
國軍撤退方向　　日軍撤退方向
國軍防棄陣地　　日軍防棄陣地

靖安　奉新　安義　店前街　樂化　塘里　北港　甘坊　花門樓　上富　車坪　華林寨　苦竹坳　伍橋　大城　西山萬壽宮　蓬塘　錦　江　夏口　村前街　棠浦　宜豐　龍門圩　高安　楊公圩　官橋　上家　下坡橋　石洪橋　泗溪　灰埠　上高　石頭街　獨城　市贛街　泉港　樟樹　南潯鐵路　浙贛鐵路　涼　河　贛　江

五、觀察與檢討

武漢會戰以後，國軍對戰事並未消極，發動了好幾次反攻，1939年底的冬季攻勢，規模之大，更是抗戰 8 年少見的。這幾場反攻作戰之中，桂南會戰時國軍第 5 軍的表現，特別值得探討。

國軍第 5 軍與崑崙關之役的功過

國軍第 5 軍是配備機械化裝備的精銳部隊，在國軍建軍史上扮演重要角色。1939 年第 5 軍軍長杜聿明，副軍長鄭洞國，下轄第 200 師（師長戴安瀾）、新編第 22 師（師長邱清泉）、榮譽第 1 師（鄭洞國兼）；這幾位將領都是抗戰的名將。[80]

第 5 軍在崑崙關的作戰，無疑是場「大捷」，極為難得，因為他們對戰的是日軍最精銳的第 5 師團。這次作戰顯示，即使面對日軍精銳部隊，國軍在足夠的裝備之下，仍能戰勝他們。尤其此役日軍進占堅固據點，搭配縝密火網，處於易守難攻的位置，國軍強硬攻堅，打得日軍最終潰退，繳獲不少日軍槍砲。[81] 日軍傷亡慘重，傷亡官兵 4千餘人，第 21 旅團長中村正雄少將遭國軍狙擊身亡。[82]

然而，此役也顯示出國軍作戰的缺點。首先，將第 5 軍這種配有戰車的機動部隊投入桂南這個山地戰場，並不能充分發揮裝甲軍的機動戰力。戰車的特點是火力、防禦力、機動力三點集於一身，德國的

80　孫建中，《國軍裝甲兵發展史》（台北：國防部史政編譯室，2005），頁 28、33-36。

81　「蘇聯軍事顧問加略諾夫關於崑崙關賓陽等役戰鬥經過及經驗教訓的報告」，收入中國第二歷史檔案館編，《中華民國史檔案資料匯編》，第 5 輯第 2 編：軍事（三），頁 266。

82　防衛廳防衛研修所戰史室，《支那事變陸軍作戰（3）昭和十六年十二月まで》，頁67-68。又，戰後日本出版的官方戰史統計數字遠低於此，但日軍數據並不完整，而且一向有低報的習慣，實際傷亡應該與國軍的數據較為相近。

閃擊戰就是充分發揮三者的力量，突破盟軍的防線，向遠方大縱深的前進到敵軍後方，再予以包圍殲滅。後來蘇聯、美國都學到這個特點反擊德軍，撕毀德國防線。

軍事委員會把第 5 軍投入桂南戰場，足見對這場會戰的重視，但最後在進攻山頭關卡的攻堅戰中，國軍裝甲軍大規模出動，機動力卻完全無法發揮。雖然，當時國軍的砲比較少，戰車可作為移動砲台，支援攻堅的國軍步兵，這是崑崙關勝利的基礎。

蘇聯軍事顧問團總顧問福爾根（俄名卡恰諾夫）在崑崙關戰後不久，呈送蔣介石〈第五軍在崑崙關作戰經過檢討報告〉，檢討第 5 軍的優缺點。福爾根肯定第 5 軍的作戰優點，例如：行軍力強、員兵耐勞、士氣旺盛、射擊良好、白刃戰得力，並且讚揚該部給予日軍兵員、物質上莫大損失，全殲其第 21 旅團。

不過，報告也指出第 5 軍的缺點，例如：步兵戰車協同不良、各部間有時缺乏互助精神、進攻時過分謹慎、未充分注意搜索警戒、通信器材缺乏妨害軍隊指揮、司令部業務亟須健全。報告還指出，第 5 軍高級指揮官對敵戰力估計過高，因此過於謹慎，以致出現若干缺點：

(1) 預備隊控制過多，兵力逐漸使用。
(2) 砲兵陣地距離所支援部隊過遠，未充分使用戰車防禦砲之威力。
(3) 攻擊戰中常想鞏固所獲得的戰果，致使時間上略有耗費。
(4) 追擊實施未能迅速。
(5) 部隊間缺乏協助動作。[83]

的確，第 5 軍攻擊計畫的最後目標是桂南重鎮南寧，但卻在崑崙關

83　「福爾根函蔣中正」（1940 年 3 月 8 日），〈革命文獻—第二期第一階段作戰經過〉，《蔣中正總統文物》，典藏號：002-020300-00012-120。

消耗掉大量戰力，之後不得不撤下整補，無力參與反攻南寧的戰事。[84]
國軍裝甲部隊首度大舉出動，聲勢浩大，卻未能充分發揮既有戰力，
這樣的結果實為憾事。

西方對國軍抗戰態度的誤解

第 5 軍裝甲部隊在崑崙關，或抗戰初期國民政府在淞滬、南京、徐
州、武漢等役，無不竭盡全力投入戰鬥，無論是中央軍或地方軍，都
奮勇作戰，視死如歸。特別是中央軍，幾次重大戰役都以他們為主力，
展現了堅強的戰力，赴湯蹈火，至死不屈。而運動戰、游擊戰、主動
攻擊等，在武漢會戰後也積極實施。1939 年的幾場反攻，尤其是年底
的冬季攻勢，更是呈現國軍主動出擊的決心，令日軍大出所料。

這樣的主動出擊，消耗了日軍不少的戰力，但國軍自己也傷亡慘
重。冬季大攻勢中，國軍傷亡高達 40 餘萬人，不少於抗戰期間的幾次
大會戰。[85] 桂南會戰之後，軍事委員會深感第 5 軍嚴重的傷亡，得不
償失，日後不再將戰略預備隊輕率投入主動攻勢，以免好不容易培養
出來的精銳部隊在攻堅過程任意消耗。於是，冬季攻勢之後，國軍的
反攻規模變小了，常以游擊戰的方式襲擾日軍，或是日軍發動短暫攻
擊之際，國軍趁勢反攻，整體看來比 1939 年的歷次反攻要消極保守。

國軍反攻力度的轉弱，影響了日後美軍對國軍的軍事部署看法。
以史迪威（Joseph W. Stilwell）為首的美軍將領，在抗戰末期與國軍並
肩作戰，批評國軍戰志低落，不願發動主動攻擊。[86] 他們的批評不但
影響了華盛頓對國軍的印象，更造成西方學界對國軍的誤解，甚至還

84　鄭建邦、胡耀平整理，《我的戎馬生涯：鄭洞國回憶錄》（北京：團結出版社，
　　2008），頁 153。

85　國防部史政編譯局，《抗日戰史・全戰爭經過概要（四）》，頁 385-386。

86　Barbara Tuckman, *Stilwell and the American Experience in China, 1911-45* (New York:
　　Macmillan, 1971), pp. 222, 252, 278.

有若干學者批評國軍一味迴避抗日、只想打內戰。也有軍事史學者誤認為抗戰初期國軍只會呆板地死守陣地，後來在中國共產黨領導人的協助下，國軍才主動出擊或開始採用運動戰、游擊戰。[87]

其實，國軍不是避戰或消極等待，而是在對日作戰的經驗中，汲取教訓，知道與日軍正面相抗，往往得不償失。齊錫生指出，國軍對日戰法，有一個檢討、演變的過程。蔣介石及軍事委員會高層原先認為，日本資源有限，終無法應付長期作戰的兵源與財源，只要中國積極消耗、打擊日軍，必可使日本放棄侵華野心。但是，經過桂南作戰及冬季攻勢，蔣介石不得不重新審視日軍的實力，以及國軍自身軍事上的弱點。[88]

綜合觀之，武漢會戰後第二期抗戰展開，國軍和日軍在三陽一線及桂南等地，打了幾場大戰。日軍為保武漢及其周邊地區的安穩，必須除掉國軍在這一帶的主力部隊；而國軍數度發動反攻，企圖消耗日軍，造成有利的態勢。迄今，對抗戰的研究大多強調蔣介石的「持久戰」而忽略「消耗戰」。本章提到的 1939 年幾次反攻作戰，尤其是冬季攻勢，作戰目的就是要消耗日軍，希望逼迫日本早日退出戰爭。[89]

國軍藉消耗日軍使戰爭早日結束的目的沒有達到，但也在無意中促使過度消耗的日軍鋌而走險，走向與美國開戰的道路。日軍持續深陷中國戰場，1940 年時，日軍全國 49 個陸軍師團，有 27 個部署在中國，占 55.1%，遠高於在本土及朝鮮的 11 個師團（22.4%），以及在滿洲的

87 這些研究的回顧與檢討，可參見方德萬著，胡允桓譯，《中國的民族主義和戰爭（1925-1945）》（北京：生活・讀書・新知三聯書店，2007），頁 4-5；曾景忠，〈抗日戰爭正面戰場研究述評〉，收入楊青、王曉編，《近十年來抗日戰爭史研究述評選編（1995-2004）》，頁 257。

88 齊錫生，〈抗戰中的軍事〉，收入許倬雲、丘宏達主編，《抗戰勝利的代價：抗戰勝利四十週年學術論文集》，頁 10。

89 蔣介石日記，1940 年 1 月 1 日，「上星期反省錄」。

11 個師團（22.4%）。[90] 這間接影響國際局勢的發展；因為日軍苦思要打倒蔣介石政權，便想到切斷蔣政權對外聯絡線，因此進駐法國殖民地北印度支那（越南北部），由此來斷絕國軍外援。日本後來雖然達到目的，成為南進的第一步，但也造成一連串外交事件，引起英美的不信任，可說是後來對日禁運的先聲，也成為日本不得不向美國開戰的重要背景因素。[91]

90　何智霖、蘇聖雄，〈後期重要戰役〉，收入呂芳上主編，《中國抗日戰爭史新編》，第 2 冊，〈軍事作戰〉（台北：國史館，2015），頁 295。

91　服部卓四郎，《大東亜戦争全史》（東京：原書房，1996），頁 34-35。

【第 六 編】

太平洋戰爭的爆發
及中國戰場

第四章

太平洋戰爭：日本死中求存的絕境策略

小谷賢（日本大學危機管理學部教授）
郭岱君（史丹佛大學胡佛研究院研究員）

　　很多人不解，1941 年，日軍深陷中國戰場超過 4 年，已感後繼無力，為何還冒天下之大不韙去偷襲珍珠港、菲律賓，掀起太平洋戰爭？向東南亞進軍，與英美為敵，雖然旗開得勝，卻為自己開啟一場毀滅性的戰爭，其決策過程與內中情由複雜且微妙，值得探索。

一、南進與北進

　　這要從日本特殊的政軍制度說起。在對外擴張政策上，日本自明治時代起，就有北進（向朝鮮半島及滿洲擴張以防禦沙俄）與南進（向東南亞擴張）兩種戰略方針。日俄戰爭後，大抵形成以陸軍為中心的「北進論」和以海軍為中心的「南進論」。

　　根據戰前日本憲法，陸、海軍地位對等，都直接對天皇帷幄上奏，與首相平行；首相管不了軍部，若有爭端，亦無權幹旋。因此，南進與北進不僅是戰略之爭，也是權力及經費之爭。陸、海軍都需要一個大戰略來鞏固它們的重要性及預算，經常各自為政，甚至對立。

　　1931 年九一八事變，關東軍順利占領東北，建立滿洲國，以陸軍為中心的北進勢力愈發強大。不過，在陸軍心中，滿洲只是對蘇戰略的防洪壩或橋頭堡，北進的真正目的是要確立防禦蘇聯的國防體系。

　　滿洲國與蘇聯控制的蒙古國為鄰，分別駐有日本及蘇聯的軍隊。1937 年侵華戰爭爆發後，駐在滿洲的關東軍不斷地在滿蒙邊境挑釁蘇軍，試探蘇聯和蒙古的軍事實力。雙方衝突不斷，其中以 1938 年的「張鼓峰事件」及 1939 年的「諾門罕戰役」較嚴重，而這兩次邊境衝突，日軍都鎩羽而歸，使得關東軍向蒙古、蘇聯侵略的企圖受挫。

　　「諾門罕戰役」的規模比「張鼓峰事件」大得多，影響也大得多。1939 年底，德國橫掃歐洲，震驚全世界，而史達林的大整肅使得蘇聯紅軍元氣大傷，關東軍想趁這個機會威脅蘇聯，占領些土地，尋釁在滿洲和蒙古邊界的諾門罕與蘇蒙聯軍發生衝突。雙方迅速增兵，關東軍約 4 萬名，蘇聯動員將近 6 萬名蘇蒙軍，雙方還出動飛機、坦克、重砲部隊，在諾門罕地區鏖戰長達 4 個月，發生兩次大規模戰鬥，結果日軍慘敗，傷亡 1 萬 8 千餘人，蘇聯也付出慘重代價。由於絕大部分陸軍陷在中國戰場，參謀本部無力在北邊增兵，只得退回滿洲。

　　關東軍向蘇蒙侵略的企圖受挫，陸軍不得不承認，在考慮對蘇作戰之前，必須早日結束侵華戰爭，因此不得已暫時放下北進政策，轉為加強對付中國戰場，同時思考南進的可能性。[1]

　　然而，中國戰場是大黑洞，數十萬日軍深陷、進退兩難。日軍自 1938 年底占領武漢、廣州，陷入戰線過長、兵力不足、補給困難的困境，當初意氣風發、速戰速決、以武力屈服中國的願景業已破滅。陸軍參謀本部轉而採「戰略持久」方策，同時積極展開「政略」行動，意即外交連橫及政治誘降，希望迫使蔣介石妥協，盡早結束侵華作戰。

　　因此，陸軍開始積極推動與重慶政府和談的工作（代號「桐工作」）

1　花田智之，〈諾門罕事件：沒有宣戰的國境衝突〉（未刊稿）。

並同時展開宜昌作戰、並聯手海軍進行密集的重慶轟炸（日本稱為「101號作戰」），想要把蔣介石逼向絕境，早日結束侵華作戰。（關於戰時中日雙方和議，本書另有專章研究，請見本書第三卷第四章。）

就在這個時候，德國發動閃電攻勢，迅速攻占丹麥、挪威、荷蘭、比利時、盧森堡，並在 1940 年 6 月迫使法國投降，英國危在旦夕，正在為存亡而戰。歐戰情勢驟變，日軍認為機會來了，把注意力從中國大陸轉移到了南方的東南亞。

東南亞有豐富的石油、橡膠、天然氣、錫等天然資源，日本覬覦已久。但是，南進勢必引爆和英國、法國、荷蘭的戰爭，因為英國、荷蘭、法國在這個地區都有殖民地，若再考慮美國參戰的可能性，南進將是一個鋌而走險的選擇。[2]

海軍關注南進已久，對南進的風險十分清楚，因此提出了「英美不可分論」，認為英美具有不可分的關係，一旦向英國開戰，美國勢必參戰，因此「應避免實質上在南方點燃戰火」，戰爭對象應僅限於荷蘭，也就是可以執行荷屬印度尼西亞（印尼）的攻略，但不要碰英國的新加坡。[3]

既要南進又要避免實質上點燃戰火，豈不矛盾？其實海軍的南進戰略除了尋求戰略物資外，也是要與陸軍爭權奪勢；因此，海軍的主要目標是荷屬印尼的石油、天然氣、及錫礦。他們認為，去掠奪已對德投降的法國及荷蘭在東南亞的殖民地，尚屬可行，但最好不要碰英美屬地，避免和英美開戰。也就是說，盡量迴避菲律賓、新加坡、馬來半島、印度、緬甸。

2　戰前英國在東南亞殖民地（英屬印支）包括印度、緬甸、馬來亞、孟加拉、巴基斯坦等地；荷蘭殖民地（荷屬印支）則是現在的印度尼西亞；法國控制的殖民地（法印）是現在的越南、寮國、柬埔寨。

3　日本防衛廳防衛研修所戰史室編纂，曾清貴譯，《日軍對華作戰紀要（20）大本營陸軍部（二）南進或北進之抉擇》（台北：國防部史政編譯局，1989），頁 110。

　　但陸軍對南進也蠢蠢欲動。歐洲形勢的變化，使得陸軍大多相信德國最終會獲勝，他們認為，一旦英美勢力退出東南亞，日本必須趁機填補勢力真空。因此，如何迅速結束侵華戰爭以便在東南亞占得先機，就更加迫切了。欲盡快結束侵華戰爭，則必須切斷中國對外聯絡的管道，如此，與中國交界的越南、緬甸、印度成為陸軍的首要目標。

　　陸軍和海軍都有資源短缺的問題。日本經濟一向對英美依賴極深，特別是戰略需要的石油、鋼鐵等。日本在中國戰場三年多，耗費了大量資源，但仍僵在那裡，無法突破，必須尋求其他資源，以維持長期戰爭。陸、海軍內部都認為，若不盡快解決資源問題，確保經濟獨立，否則連國防自衛都談不上了。因此，陸軍省軍事課在 1940 年制定了「物道計畫」，強烈主張通過南進來擺脫對英美的經濟依賴。[4]

　　出於上述想法，日本陸、海軍不約而同地開始研判南進戰略的可行性。

進駐法屬印支北部激化日美矛盾

　　1940 年 6 月 22 日，法國對德投降，希特勒隨即發動對英國猛烈的空襲和潛艇戰，德軍迅速席捲北歐、西歐，掠得巨大的財富，英、法、荷等國均無暇東顧。正陷入中國戰略泥沼的日本陸軍認為這是個南進的絕佳機會，「生怕誤了這班車」。[5]

　　7 月 27 日，大本營和內閣的聯絡會議[6]通過《世界形勢變化下處理時局要綱》，確定了「北守南進」的方針，一方面加強外交、軍事手段，盡快解決侵華戰爭，同時準備對英法荷開戰，進軍南方。[7]

4　「開戰前的物的国力と対米英戰争決意」，〈軍需動員〉，《陸軍一般史料》，防衛省防衛研究所藏，典藏號：C12121678500。

5　種村佐孝，《大本營機密日誌》（東京：鑽石社，1952），頁 14。

6　這是當時日本政府最高層級的決策會議，但內閣僅列席備詢，無決策發言權。

7　「世界情勢の推移に伴う時局処理要綱」，〈重要国策文書〉，《陸軍一般史料》，防

　　《要綱》規定：「盡量迅速解決中國事變，同時抓住機會解決南方問題」、「徹底斷絕法屬印度支那的援蔣行為，並迅速使之擔負我之補給、允許軍隊通過、使用飛機場等。」《要綱》還規定分別對待英美兩國，「對美國保持公正主張及嚴肅態度」，「行使武力時，盡量只限以英國為戰爭對手」，並將這個方針定為國策。[8]

　　這是個「英美可分」的策略。為什麼把英美分別對待？因為（1）日本的能源物資依賴美國進口，不希望得罪美國，影響石油、廢鐵等戰略物資的進口。（2）消滅中國對美援的「幻想」。陸軍認為，只挑戰英國，不碰美國屬地，美國當不會介入。他們相信，英國正苦於對付德國的轟炸與進攻，無暇顧及東南亞的領地，而美國孤立主義當道，當不會干預亞洲的事務。

　　事實上，日本早已破譯英美法外交通訊的密碼，從來往通訊中判斷，一旦日軍向南行動，美英當不會幹旋。[9]陸軍參謀本部歐美課提出對局勢的判斷，「（美國）兩三年內應不會（對日）發展至斷交或戰爭」。[10]因此，陸軍著手規劃進軍南方時，把對英荷作戰視為當然，先占領法屬印度支那（越南），直下英屬馬來亞、新加坡，再攻下荷屬印度尼西亞（印尼）。但海軍則認為「英美不可分」，為避免對美開戰，就應迴避英國殖民地，而僅攻占荷屬印度尼西亞。即便如此，海軍對於進攻荷屬印度尼西亞也持謹慎態度，認為唯有在德軍登陸英國本土、英軍大敗的情況下才能進行。[11]

續……………………………………………………………………
　　衛省防衛研究所藏，典藏號：C12120200500。

8　　同上。

9　　Ken Kotani, "Could Japan read the Allied Signal Traffic?: Japanese Codebreaking and the Advance into French Indo-China, September 1940", *Intelligence and National Security*, vol. 20/2 (June 2005).

10　「中村雅郎少佐業務日誌（1）」，防衛省防衛研究所史料室藏，登錄號：中央-戰爭指導重要国策文書-754。

11　防衛庁防衛研修所戰史室編，《大本營陸軍部（2）》（東京：朝雲新聞社，1970），頁67-70。

　　雖然對南進的策略不盡相同，但陸、海軍一致認為，首先應進駐北法印（法屬印度支那，也就是越南），因為此舉不至於激怒英美，不但能切斷國民政府的外援路線，同時還能鞏固南方陣地。[12]

　　7 月 22 日，第二次近衛文麿內閣成立，曾任日本國聯代表團首席代表的松岡洋右出任外相。1933 年國聯通過決議，譴責日本占領東北不當，松岡發表聲明退出國聯。8 月 1 日，外相松岡約見法國駐日大使亨利（Charles Arsène-Henry），要求法國允許日軍借道北法印、使用當地的機場和地面警備兵力，同時要求法軍對日軍運輸武器彈藥等物資路徑提供便利。

　　日本堂而皇之提出「借道」越南的要求，法國十分不安。之前在 6 月下旬，法國對德投降後，法屬印支當局已自動封鎖了與中國的邊境，斷了通往中國的路；但日軍得寸進尺，擺明了要染指北法印，而法國無力對抗，只得向英美求援。然而，英美自顧不暇，無力干預，法國不得不妥協，與日本簽訂《松岡—亨利協定》，接受日方要求。

　　9 月 5 日，大本營直屬部隊第 5 師團堂而皇之地進駐北法印（越南）。日軍飛機大砲橫闖直入，法屬印支當局提出抗議，日軍置之不理，同時實施大規模武裝攻擊，23 日，日軍攻進諒山與同登地區，法軍投降。26 日，西村琢磨少將所率印支派遣軍在海防港強行登陸。日軍占領越南重鎮河內與海防，占領了整個法屬印支，也徹底切斷中國經滇越鐵路的對外交通。

　　日本對法屬印支施壓的同時，也強迫英國切斷一切援華的路線，包括封鎖與中國的交通路線、封鎖香港與廣東邊界。英國屈服於日本的壓力，7 月 8 日，同意關閉滇緬路 3 個月，同時在香港地區禁止對中國的軍械和汽油等物資運輸。

12　「昭和15年春季の海軍の動勢に関する中澤中将手記」，防衛省防衛研究所史料室藏，登錄號：中央-日誌回想-414。

　　美國不滿日本強行進駐法屬印支以及英國封鎖滇緬路的行為，國務卿赫爾（Cordell Hull）在 7 月 18 日舉行記者會，公開反對封鎖滇緬路；幾天後，7 月 25 日，華盛頓向國民政府提供 2 千 5 百萬美元的貸款，並在次日宣布對日本實施廢鋼鐵的禁運。美國先前已數次口頭呼籲日本尊重他國主權完整，要日本退出中國，東京大多不予理會，但廢鋼鐵禁運對戰略資源缺乏的島國日本影響頗重，日美矛盾開始激化。

日、德、義三國同盟

　　近衛文麿內閣新上任的外相松岡洋右主張與德、義親善，他上任不久即高調宣布，今後外交政策的核心是「日德義三國軸心的強化」。對日本來說，三國同盟的首要目的是防止南進時英美可能的干預。

　　然而，海相吉田善吾反對三國同盟。他認為，和德國結盟會有誘發日美戰爭的危險，日本若捲入對美作戰，海軍是難以承受的。還有，日德義三國同盟本來是政治性高於軍事性，但陸、海軍以及外務省內部對同盟方案的討論過程中，軍事色彩愈來愈重，特別是「對英美動武」這樣的思維，使海軍為難。海軍認為英美不可分，對英動武很可能會招致美國參戰。

　　8 月 2 日，海軍省及軍令部在吉田善吾官邸召集會議，就戰備問題交換意見。海軍的顧慮仍是美國。吉田在結論時指出：日本如與英國交戰，美國可能會採取封鎖手段；日本海軍對美作戰僅能持續一年，而美國可能會進行持久戰。他表示，海軍必須堅定意志，不能有所推託。他甚至說出重話：「僅僅擁有持續一年的戰力就要發動戰爭，顯乃無謀之舉。」[13]

　　但是，吉田善吾不久因為健康問題辭職，接任海相的及川古志郎

13　日本防衛廳防衛研修所戰史室編纂，曾清貴譯，《日軍對華作戰紀要（20）大本營陸軍部（二）南進或北進之抉擇》，頁 112-113。

在 9 月 6 日的四相會議上卻不置可否，未提出反對意見。[14]

　　海軍主流意見是避免與美國開戰，海相及川在四相會議上為何沒拿出明確的意見？研究者指出，這三個考慮讓及川束手：第一，海軍軍令部情報部預測，一旦英國從東南亞撤退，美國將會進入這個區域，海軍確實需要三國同盟對美國的牽制。[15] 其次，首相、外相、陸相都贊成三國聯盟，海相很難單獨反對。還有一個原因，當時日本的軍令、軍政兩個系統互不隸屬、互不干涉，因此可以說，海軍內部也沒有統一意見，反對同盟的是海軍中擔任作戰指揮的軍令部，而負責行政管理的海軍省則出於政治考慮贊成三國同盟。[16] 最終，海軍方面除了反對「自動參戰條款」（一旦美德開戰，日本就自動參戰）外，也對三國同盟投了贊成票。[17]

　　1940 年 9 月 27 日，日本駐德大使來栖三郎、德國外長里賓特洛甫（Ulrich Friedrich Wilhelm Joachim von Ribbentrop）、義大利外長齊亞諾（Gian Galeazzo Ciano）在柏林簽署了三國同盟條約（The Tripartite Pact）。同盟的條件是，德國對英作戰時，日本用一切辦法牽制美國，阻止美國參戰；而德國則承認日本是東亞的政治領導者。[18]

　　根據外相松岡洋右的構想，為了保證日本的安全，下一步要運作蘇聯也加入軸心，形成一個日德義蘇的「四國同盟」，以平衡以英美

14　防衛庁防衛研修所戦史室編，《大本営海軍部・大東亜戦争開戦経緯（2）》（東京：朝雲新聞社，1979），頁97。

15　「基本国策関係文書綴　其の一」，防衛省防衛研究所史料室藏，登錄號：①中央-全般-54。

16　David Evans & Mark R. Peattie, *Kaigun: Strategy, Tactics and Technology in the Imperial Japanese Navy, 1887-1941* (Annapolis: Naval Institute Press, 1992), p. 27.

17　防衛庁防衛研修所戦史室編，《大本営海軍部・大東亜戦争開戦経緯（2）》，頁104-108。

18　信夫清三郎著，天津社會科學院日本問題研究所譯，《日本外交史》下（北京：商務印書館，1980），頁651。

為中心的國際勢力。[19]

　　此時正是美國總統大選最激烈的時候，美國政府對三國同盟沒有立即採取明顯的行動。

對華政略失敗，轉入長期持久戰

　　在中國戰場方面，因為要南進，日軍急於和重慶國民政府談和，以便拔出深陷於中國戰場的泥足，用兵南亞。因此，陸軍自 1939 年 10 月開始積極進行對重慶和談的「桐工作」，但陷入困境，和談無果。近衛內閣對此不滿，松岡洋右決定把對中國和談的工作收歸外務省掌握，陸軍省不得不在 1940 年 10 月 8 日通過《大陸指第 758 號》，宣布結束陸軍主導的和談；與此同時，松岡把和談的工作交給他自己的門生西義顯和松本重治等人去執行。

　　事實上，抗戰期間日本對國民政府的誘降與和談未曾停止過，特別是占領武漢後，國民政府堅不投降，退到四川，繼續持久戰。日軍深入中國內部，補給線拉長，而日本資源有限，難以為繼，不得不把戰略由「速戰」調整為「相持」，同時積極推動議和，希望盡早結束對華戰爭。

　　當時日本內閣、軍部、情報部門、還有中國派遣軍總司令部都試圖推動和議，「桐工作」就是陸軍推動與重慶議和的舉措。但是，「桐工作」不但沒結果，反而看起來更像是重慶方面的情報策略工作；日方後來發現和他們交涉的「宋子良」亦非本人，重慶方面其實是藉此探測陸軍情報，並阻擋汪精衛政權的成立。[20]（編者按：關於抗戰時期中日之間的和談，本書另有專章探討，請見第三卷第五章。）

19　三宅正樹，〈日独伊三国同盟とユーラシア大陸ブロック構想〉，《平成 22 年度戰史研究フォーラム報告書》，網址：http://www.nids.go.jp/event/forum/j2010.html。

20　馬振犢主編，《抗戰中的蔣介石》（北京：九州出版社，2013），頁 254-265。

　　日本陸軍在這次和談中被重慶方面擺了一道，失望氣憤之餘，對藉由和談盡早結束侵華戰爭的可能性也陷於絕望，不得不把對華方針從「盡早結束戰爭」轉為「長期持久戰」。因此，陸軍對南進更為急切，因為南進不僅能切斷蔣介石外援的路線，而且，為應付長期持久戰，也亟需南亞的資源。[21]

　　此時，陸軍部軍務課的石井秋穗起草了《支那事變處理要綱陸軍案》，強調「堅決將（對華）方略轉向長期戰」。要綱經過陸海軍間的談判，11 月 13 日的御前會議上，經天皇裁定成為國策。[22] 御前會議還通過了承認汪精衛政府的《日華基本條約案》。

　　相對於中央在政治層面上解決侵華戰爭的做法，中國派遣軍總司令官西尾壽造、總參謀長後宮淳主張，南進應以切斷援蔣通道為主要任務，陸軍首先應傾全力打倒蔣介石。中國派遣軍司令部還自行擬定《對支那持久戰一般方略》，欲在 4 年內結束戰爭，以 7 年時間穩定治安，在 10 年內建設一個新的中國。[23] 但陸軍中央對這個方略卻反應冷淡。[24] 參謀本部作戰課長土居明夫大佐指出：「中央考慮到世界形勢的巨變，要同時照顧到南面和北面，無法專心應付對中十年戰爭。」歐洲戰場形勢巨變之後，陸軍必須開始準備進行南進。[25]

21　今井武夫，《支那事変の回想》（東京：みすず書房，1964），頁 149。

22　「石井秋穗大佐回想録」，〈重要国策文書〉，《陸軍一般史料》，防衛省防衛研究所藏，典藏號：C12120093800。

23　防衛庁防衛研修所戦史室編，《支那事変陸軍作戦（3）》（東京：朝雲新聞社，1973），頁 311。

24　〈支那事変戦争指導関係綴「其の三」，《陸軍一般史料》，防衛省防衛研究所藏，典藏號：C12120061800。

25　防衛庁防衛研修所戦史室編，《大本営海軍部・大東亜戦争開戦経緯（3）》（東京：朝雲新聞社，1973），頁 129。

二、進軍南方

1940年尾，陸海軍依舊按照歷年慣例制定昭和16年度的作戰計畫。

陸軍除了持續侵華戰爭外，還慎重研判對俄國防、對美開戰、對英荷開戰，以及同時對兩國到四國開戰的可能性。

按照這份計畫，陸軍當時總兵力為53個師團，其中26個師團已投入中國、14個師團駐在滿洲和朝鮮，若對蘇開戰，將投入34個師團（關東軍的14個師團以及從日本本土和中國徵調20個師團）。如果進軍南方，則將投入11個師團。[26]

海軍則在1940年底展開南進的準備，11月15日發動了第一次「出師」（動員）準備。海軍計畫把服役的艦艇從109艘大幅增加至168艘。[27]軍令部第一部神重德中佐向參謀本部誇下海口說，對美作戰的準備已完成七成以上，昭和16年（1941年）4月中旬後，就可以向英美荷開戰了。[28]事實上，海軍的作戰計畫雖然考慮了對美作戰，但實際上計畫只做到在菲律賓擊潰美國艦隊、占領關島、威克島為止，所謂的出師準備其實是言過於實。

陸軍參謀本部，又在1941年年初擬定《對支長期作戰指導要綱》，以1941年秋季為目標，將積極解決侵華戰爭，擇機南進，而北方（對蘇聯防衛）則維持現狀。[29]

26　防衛庁防衛研修所戦史室編，《大本営海軍部・大東亜戦争開戦経緯（3）》，頁287。

27　防衛庁防衛研修所戦史室編，《大本営海軍部・連合艦隊（1）》（東京：朝雲新聞社，1975），頁138。

28　同上。

29　木戸日記研究会校訂，《木戸幸一日記（下）》，（東京：東京大学出版会，1966）頁849。

加強對華封鎖作戰

　　根據這個指導要綱，在中國的派遣軍司令部把作戰的重點放在封鎖、治安戰、空戰，以及積極進行各方面作戰，其中最重要的是封鎖海岸和切斷一切援蔣路徑，以逼迫蔣介石盡快投降。[30]

　　1941 年 2 月 26 日，大本營陸軍部下達「大陸命第 488 號」，命令中國派遣軍在浙江省以北、南中國方面軍在福建省以南沿岸進行封鎖作戰。

　　與此同時，海軍軍令部也下令中國方面艦隊司令和第二派遣支艦隊司令在廣東省西南部進行封鎖作戰（代號「C 作戰」），分為五個部分：香港方面、海南島至雷州一線、廣東省汕尾方面、福州方面，以及廣東甲子附近。

　　為實施這次封鎖作戰，陸軍投入 7 個師團封鎖中國沿岸各地的補給通道。在海軍作戰時，中國派遣軍第 13 軍第 22 師團及第 15 師團也在杭州支援海軍作戰，而大本營直轄的第 5 師團和海軍上海方面的部隊也同時實施浙江省登陸作戰。[31]

　　這段期間，陸軍在中國積極發動攻擊，1 月的濟南作戰、3 月的錦江作戰、5 月的江北作戰陸續展開，其中規模最大的是 5 月 16 日至 6 月 15 日的晉南會戰（中原會戰）。（編者按：1939 年後日軍在中國的作戰，請見本書第二、三章。）

　　為配合對中國的攻擊與封鎖，海軍航空隊同時展開對重慶大規模轟炸。日軍從 1938 年 10 月底就開始轟炸重慶，1940 年 5 月，大本營變本加厲，指示陸、海軍聯合發動「101 號作戰」，擴大對重慶及中國後方轟炸，目的是透過大量平民殺傷，瓦解中國軍民抗日士氣。（編者按：關於重慶大轟炸，請見本書第三卷第一章。）

　　　　　　　　　　　　　　　　　　　　　　　　　　　　

30　防衛庁防衛研修所戰史室編，《支那事変陸軍作戰（3）》，頁338。

31　同上，頁345。

　　但是，無論是攻擊、封鎖，或轟炸，國民政府都不屈服。侵華戰爭看不到解決的希望，日本陸海軍更堅決相信，唯有通過南進才能謀求新出路。

《對南方施策要綱》與《蘇日互不侵犯條約》

　　1941 年 4 月 5 日，陸軍參謀本部針對南進研擬《對南方施策要綱》，主要內容如下：

(1) 對南方施策的目的為建立日本自給自足的經濟體制、力爭削弱英國勢力。

(2) 當英國本土或大英帝國崩潰，或日本受到英美的全面禁運時，將動用武力以達到上述目的。

(3) 盡量實現「英美分離」，力爭將敵國限定為英荷兩國。[32]

　　海軍對這份要綱有異議，海軍始終主張「英美不可分」，若不能做好對美備戰，海軍很難同意對英荷開戰。[33] 海軍內部對於南進的考慮十分複雜，一方面，南進一向是海軍倡導的，不能被陸軍搶走主導權；另方面，南進需要陸軍的配合，因此也不能不顧陸軍的立場。幾經討論，海軍最後有條件接受這份文件，條件是：盡量使用外交手段，避免與英國兵戎相見，唯有在日本的生存和自衛受到威脅的情況下，才能對英動武。[34]

　　不過，這份要綱一直停留在草案階段，並沒有立刻執行，這是因為外交方面有了重大的突破。1941 年 4 月 13 日，外相松岡洋右和蘇聯

32　防衛庁防衛研修所戦史室編，《大本営海軍部・大東亜戦争開戦経緯（3）》，頁 327。

33　軍事史学会編，《機密戦争日誌（上）》（東京：錦正社，1998），頁 75。

34　「大本営政府連絡会議議事録　其 1」，〈重要国策文書〉，《陸軍一般史料》，防衛省防衛研究所藏，登錄號：C12120245200。

人民委員會主席莫洛托夫簽訂《蘇日互不侵犯條約》，又稱《蘇日中立條約》，蘇日保持和平友好關係，相互尊重對方領土完整，不予侵犯；如果締約一方成為第三者的戰爭對象，另一方應在整個衝突過程中保持中立。

這個條約對國民政府是個重大打擊，蘇聯終止了對中國的援助，中國陷入開戰以來最孤立無援的狀態。但對日本來說，來自北方的壓力頓時舒緩，現在可以專心與美國交涉並準備揮軍東南亞了。

日美外交談判

日本很清楚，無論是解決中國問題，或是推行南向政策，都必須處理好對美關係。日美當時經貿來往密切，日本資源極度匱乏，主要的能源及戰略物資靠進口，美國是最大的原油及廢鋼鐵來源，[35] 東京最關心的是確保美國進口物資的順暢。

日本政學界曾研析美國對日禁運的可能性，結論多持樂觀。因為，美國原油輸日是加州原油企業最重要的收入之一，而美國西太平洋沿岸的廢鐵銷售企業幾乎全賴日本訂單維持，美國不可能不顧及這些工商業界的利益以及他們的選票。所以，日軍南下時，只要不侵犯美國利益，美國當不至於對日本實行大規模禁運。何況，萬一美國對日禁運，日本還可以找到第三國轉運。[36]

事實上，1937年中日大戰爆發，華盛頓的反應頗為冷淡。1938年日本占領武漢後，近衛內閣宣布建立「大東亞新秩序」的政策，美國開始感到不安。真正讓華盛頓感到威脅的是日軍在1939年2月占領海南島及南沙群島，並聲明擁有主權；此舉顯示日本準備在西南太平洋

35　1937年時，日本進口的廢鋼鐵90%來自美國，65%的石油與石油產品、90%的銅和45%的鉛，以及軍事工業所需70%的工具機都是從美國進口。

36　東洋經濟新報社編，《日本經濟年報》，第38輯（1939第3輯），頁162-165。

挑釁。

7月26日，美國突然宣布將廢除1911年簽訂的「日美通商條約」，6個月後自動生效。日本相當驚詫，希望與美國重新商定通商條約。

不過，東京對修護日美關係仍心存僥倖，以為美國不會真的與日本為敵。孰料日美交涉不順，續約未成，1940年1月26日「日美通商條約」到期，自動終止。

1940年6月，德國在歐戰節節勝利，法國投降，英國告急，英法荷無力保護在南洋的殖民地。日本急了，6月29日，外相有田八郎發表了著名的《有田聲明》，宣稱日本與南洋地區有著密切關係，「因此相互之間應該互通有無，共存共榮，共同增進和平與繁榮，這是自然的命運。……日本政府對此地區的任何變化不能置之不理」。[37] 東京赤裸裸地露出其對南洋的野心，公然挑戰英法荷美在亞洲的利益。

於此同時，日本逼迫法國維琪政府關閉滇越鐵路，又要求英國關閉滇緬公路。7月，親英美的首相米內光政倒台，換上對美強硬的近衛文麿組閣。近衛隨即在7月27日頒布《適應世界形勢演變的時局處理綱要》，南進成為日本國策，日美矛盾更加激化。

9月22日，日軍強行進駐法屬印度支那北部（越南北部）。27日，德國、日本、義大利在柏林正式簽署《三國同盟條約》。同一天，美國宣布對日本實行廢鐵禁運，12月擴大禁運範圍，包括鐵礦石、鋼、生鐵和鋼製品等。

這些禁運對日本軍工業影響重大，東京不能坐視日美關係繼續惡化，但又不能放緩南進的腳步，於是採取兩手策略，一面籌謀南進，一面和美國交涉，希望緩解日美間的緊張。

1941年3月，近衛內閣派曾任外相的海軍大將野村吉三郎為駐美

37　〈蘭印の現狀變更を來す事態發生には深甚の關心を有するとの有田外相談話〉，外務省編纂，《日本外交文書》第二次歐州大戰と日本—（第二冊上）大戰の諸相と對南方施策（東京：六一書房，2013），頁524。

大使，野村早年曾是日本駐華盛頓海軍武官，和當時任美國海軍次長的羅斯福總統結下深厚的友誼。東京選派野村，穩住華盛頓的用心明顯。

野村一到華盛頓立即和美國國務卿赫爾（Cordell Hull）展開非正式會談，並在 4 月 8 日提出「日美諒解方案」，這個方案以日軍逐漸撤離中國、放棄「日德義聯盟」為條件，換取美國承認滿洲國、提供戰略物資、經濟合作等等。美方認為這個方案有些空洞，但赫爾還是針對這個方案提出美方的四項基本原則：

(1) 尊重每個國家領土完整和主權；
(2) 不干涉其他國家內部事務；
(3) 機會均等，包括商業機會均等原則；
(4) 維持太平洋地區現狀。[38]

野村在 4 月 17 日把包括赫爾四原則的「日美諒解方案」報回東京，近衛內閣支持這個方案，但外相松岡洋右強烈反對，認為日本應堅守三國聯盟的承諾。松岡另外提出三點原則，並堅持以這三點作為談判的基礎：

(1) 美國不干涉中日戰爭；
(2) 不違反日德義三國同盟條約；
(3) 不破壞國際信義。[39]

松岡洋右既要美國承認滿洲國，又不願從中國撤退，對赫爾的四原則亦無任何妥協。華盛頓對此十分失望，但不願把事情弄僵，因為

38　野村吉三郎，《米國に使して──日米交渉の回顧》（東京：岩波書店，1946），頁14-15。
39　同上。

美國的戰略重點是歐洲，在亞洲還需穩住日本，因此，勉強繼續和日本談判。

如此幾回合交涉，雙方立場相差太遠，日美關係不見緩和，反而氣氛更糟。其間還發生赫爾國務卿口頭要求松岡外長辭職的事，更激怒了松岡。[40]

對美交涉沒有進展，與荷蘭談判購買其荷屬印度尼西亞的石油、橡膠和金屬鎳等資源也陷入僵局。荷印當局不願把戰略資源賣給有南下野心的日本，無心與日周旋。[41]

1941 年 6 月 22 日，德軍入侵蘇聯，松岡「四國同盟」的構想已不可能，但他堅持以三國同盟為重，對美態度強硬，甚至不惜終止日美談判。近衛文麿不願與華盛頓鬧翻，認為松岡已成為日美談判的障礙，希望松岡自動辭職，但松岡拒絕。近衛無奈，只得在 7 月 16 日提出總辭，然後立刻重組新內閣，是為近衛文麿第 3 次組閣。近衛以預備役海軍大將豐田貞次郎出任外相，取代松岡洋右，其他閣員完全照舊，日美開始又一輪的談判。

德蘇開戰，「南進」成為國策

東京這邊，外交路徑不順，但戰略資源的需求迫在眉睫，於是，以軍事手段為主的《對南方施策要綱》再度被提到議程上。

不過，海軍對於對美開戰這一條，仍持謹慎態度。海軍對東南亞的基本方針是進軍南法印（越南）、荷屬印支（印尼），但盡量不碰英屬地區（新加坡、馬來亞、印度、緬甸），避免激怒美國及英國。

陸軍的考量則不一樣。陸軍入侵東南亞的目的是要斷絕國民政府

....

40　日本防衛廳防衛研修所戰史室編纂，曾清貴譯，《日軍對華作戰紀要（20）大本營陸軍部（二）南進或北進之抉擇》，頁440。

41　防衛庁防衛研修所編，《大東亜戦争開戦経緯（4）》（東京：朝雲新聞社，1974），頁38。

外援的通路，並獲取戰略資源。陸軍半年前已進駐越南北部，英美控制的緬甸、印度、越南、馬來亞是他們的主要目標，為此甚至不惜與美開戰。

海軍認為陸軍的戰略太冒險，不願被陸軍拖進對美作戰的泥潭，但為了獲得南進的預算，卻又不得不在某種程度上容忍陸軍的南進路線。可以說，海軍立場矛盾，自始至終沒能拿出一個明確的態度。

雖然如此，海軍內部還是有些對美強硬的「鷹派」，他們不滿海軍高層這種謹慎消極的態度。以海軍省軍務局第二課課長石川信吾大佐和軍令部作戰部第一課長富岡定俊大佐為中心的海軍國防政策委員會第一委員會，就是此中代表。

1941 年 6 月 5 日，第一委員會這些對美強硬派成員自行擬定了《當前形勢下帝國海軍應有的態度》文件，他們計算了物資、石油的儲備情況和消費速度，主張向暹羅（泰國）和南法印（越南）進軍，還指明在下列情勢出現時，就應果決地動武：

(1) 英、美、荷對日實施石油禁運；
(2) 荷、泰、法印對日實施戰略物資禁運；
(3) 泰、法印拒絕向日本提供軍事協助；
(4) 美、英、荷位於遠東的兵力超過日本的允許範圍；
(5) 英、美在中國妨礙日本的軍事行動；
(6) 英、美進駐泰國。[42]

這份文件比陸軍草擬的《對南方施策要綱》更為激進，劍指戰爭的態勢甚為明確。[43]

42　參謀本部編，《杉山メモ（上）》（東京：原書房，1989），頁 260。

43　「島田史料（101），大本営政府連絡会議綴，昭和 16 年」，防衛省防衛研究所史料室藏，登錄號：中央-戦争指導重要国策文書-521。

　　無巧不巧，就在同一天，6月5日，日本駐德大使大島浩電報東京，謂德國外交部長里賓特洛甫（Joachim von Ribbentrop）和總理希特勒都向其表示：蘇德開戰已無法避免。海、陸軍得知這個情報，「歡呼雀躍」，紛紛表示「應強調武力向南方進軍。」[44]

　　果然，德軍在6月22日撕毀「蘇德互不侵犯」條約，大舉入侵蘇聯。蘇聯全力抵抗德軍，無暇東顧，日本在北方的壓力突然減輕，這對「南進」無疑是劑強心針，但也讓東京面臨新的戰略抉擇。

　　德蘇開戰固然給了日本南進的推動力，但也使得暫時沉寂的「北進論」找到捲土重來的機會。他們認為，德軍勝利指日可期，德國勢必把西伯利亞的蘇軍吸引到歐洲戰場去，蘇聯遠東防衛必將減弱，日本應趁此機會先打蘇聯，等蘇聯失敗後再南進不遲。外相松岡洋右和參謀本部作戰部長田中新一少將都支持先打蘇聯，他們指出：「德蘇戰爭短期內就會結束，可能就是幾個月的時間，或許是秋天，或許是年底，不應對形勢持過分觀望態度。」[45]

　　不過，陸軍部內部反而大多數主張先南下，等德國獲勝後再掉頭北進。就連部署在蘇聯邊界最前線的關東軍也持這個態度，因為「對蘇聯行使武力需要相應的準備時間，不能倉促實施」。[46]

　　北進論再起，對海軍造成壓力，海軍必須迅速擬定對策，以免好不容易站穩的戰略方向與經費被陸軍扭轉了。因此，對於先北後南的策略，海軍表示：不急，「待柿子熟再摘」。[47]

　　6月23日，在陸、海軍兩省的局長會議上，海軍一改過去不願刺

....

44　防衛庁防衛研修所戰史室編，《大東亜戰争開戰経緯（4）》，頁143。

45　防衛庁防衛研修所戰史室編，《大本営陸軍部（2）》（東京：朝雲新聞社，1968），頁311。

46　同上，頁318-319。

47　南開大學日本研究中心編，《日本研究論集2》（天津：南開大學出版社，1998），頁305。

激英美的原則，直言「不惜與英美開戰」。[48]第二天，會議通過《形勢變化下的帝國國策要綱》，強調南進，甚至把「不惜與英美開戰」這句話原封不動地寫進文件中。[49]

這份文件的內容十分積極、具體，陸軍省軍務局的石井秋穗大佐對其中的文字頗為訝異，表示「這份文件實在太過分了，真虧了他們（海軍）能通過如此氣勢凌人的文件」！[50]

陸海軍對南進的意見漸趨一致，7月2日，御前會議通過《形勢變化下的帝國國策要綱》，把「南進」正式定為國策。

三、對美、英、荷開戰之路

陸軍和海軍都認為，南進第一站是進駐軍力最弱的法屬印支（現在的越南），只要和平進駐南法印，暫不觸動英屬馬來亞、新加坡、汶萊，就不會和英美產生尖銳的對立。

進駐南法印惹惱美國

因此，陸海軍於7月5日簽訂《關於和平進駐法印的陸海軍中央協定》，決定了進駐南法印的各項細節。

日軍的機謀很快被英國探知。英國在7月初破譯了日本外務省密電，獲知日本即將進駐南法印。7月5日，英國駐日大使克雷吉（Robert Leslie Craigie）會見了外務次官大橋忠一，表達對日本南進意圖的憂

48　「田中新一中將業務日誌」，防衛省防衛研究所史料室，登錄號：中央-作戰指導日記-1。

49　參謀本部編，《杉山メモ（上）》，頁260。

50　「石井史料（2）石井秋穗大佐日記・其2」，防衛省防衛研究所史料室藏，登錄號：中央-戦争指導重要国策文書-789。

慮。[51] 東京對英國事先掌握了這個情報大為驚訝，考慮到情報洩漏所造成的影響，日本推遲了進駐南法印的時間；英國也不願和日本發生正面摩擦，因此未採取進一步動作。

相較於英國消極的態度，美國態度逐漸明朗。羅斯福政府一方面對日協談，希望說服日本不要進軍東南亞，同時給予中國政府數筆財政貸款及軍事器材設備。1941 年 3 月，美國通過「租借法案」，把中國列入租借法案的受援國；一個月後，羅斯福祕密批准美國預備役軍官和陸海軍航空部隊退役人員參加美國志願大隊（American Volunteer Group，通稱「飛虎航空隊」），到中國參戰。

東京急著要穩住日美關係，希望美國不干涉日軍南下，也期盼美國出面調停，以減少在中國戰場的壓力。然而，日本一面表示重視對美外交，一面在國內積極準備南下，這種兩手策略惹惱了華盛頓。羅斯福在 6 月 17 日接見日本駐美大使野村吉三郎，提出警告：日本如使用武力進一步擴張，美國將不得不立即採取它認為必須的一切手段。羅斯福還表示，如果日本願意並立刻停止擴張行為，美國準備考慮恢復在華盛頓幾近停擺的美日非正式會談。

可能是因為美國態度不明確，導致東京做出樂觀的判斷；也可能正值近衛內閣重組，東京忙著安排人事，總之，無論是日本內閣或是陸海軍，都沒認真對待羅斯福的警告，仍一味朝著南進之路推進。

1941 年 7 月 23 日，海軍軍令部向中國方面艦隊司令部和第二派遣支艦隊司令部下達「大海令 288 號」，發動進駐南法印（越南南部）的作戰。流亡在外的法國維琪政府無力抗爭，法印當局幾乎沒有任何抵抗，日軍輕易得手，第 25 軍的近衛師團 4 萬人順利進駐南法印。

此前，日軍在 1940 年 9 月強行進入越南北部，美國及英法荷雖不

51　軍事史学会編，《機密戦争日誌（上）》，頁127。木戸日記研究会校訂，《木戸幸一日記（下）》（東京：東京大学出版会，1996），頁888。

同意，但尚可容忍；現在又以武力入侵南法印，其戰略目的就不同了。在北部駐軍，為的是截斷援華路線；而進占南方，明顯是針對英美法殖民地的擴張企圖。美國及英荷決定不再坐視日軍行為，立刻聯合起來防衛東南亞。

日軍進占南法印的第二天，7月24日，羅斯福總統要求日本撤出中南半島及中國的軍隊，東京不予理會。於是，7月26日，美國宣布對日本經濟制裁，禁止對日本輸出多項戰略物資（最重要的是石油及鋼），同時凍結日本在美國的資產。英國及荷蘭政府立即跟進，英國切斷了婆羅洲對日本的石油供應，荷蘭流亡政府也中止與日本的貿易協定，停止荷屬印度尼西亞對日本的石油出口。8月1日，美國宣布對日全面禁運石油，日美矛盾立刻變得尖銳，會談亦告停頓。

石油禁運，日本決心南進

經濟制裁，尤其是石油禁運及資產凍結，日本經濟勢必受到重大打擊。原本以為進軍南法印不會造成英美強烈反應的陸海軍非常懊惱。海軍軍令部總長永野修身估計：「石油來源斷絕，這樣下去，眼前僅有兩年的貯藏量，倘若打起仗來，一年半就消費罄盡。」[52]

依據《對南方施策要綱》，若英美發動對日經濟制裁，就應毫不猶豫地對英美動武；但海軍卻遲遲下不了決心，海軍的猶豫是因為實在看不到對美國開戰的勝機。

問題是，美國全面禁運石油對海軍來說是致命的打擊。海軍高層最擔心的是，如果美國等日本的石油耗盡後再對日開戰，日本將無力招架。根據海軍的推算，若其軍力達到美軍的七成，就有把握取勝。但是，軍令部在1941年6月至8月持續研究對美作戰各種情況，顯示日本海軍與美國海軍的比例有逐年下降的趨勢。研究指出，1941年尚

52　信夫清三郎著，天津社會科學院日本問題研究所譯，《日本外交史》下，頁670。

能維持七成，但 1942 年將降為六成半，1943 年則為五成。[53] 因此，海軍得出一個結論：若要對美開戰，就要盡快，愈遲愈不利。但是，海軍高層的本意是避免對美開戰，但又怕石油耗盡，到時候連自衛的能力都沒有；因此，究竟是避戰還是開戰，海軍陷入兩難。

海軍高層態度不定，海軍內的強硬派趁勢抬頭。很快地，軍令部內中壯勢力普遍認為，既然美國斷絕了日本獲取石油的路子，不如盡快對美開戰。[54]

陸軍方面，參謀本部作戰部裡的「北進論」依舊根深柢固。縱使 7 月 2 日的御前會議已決定了「南主北從」的方針，但參謀本部策劃防蘇的動作並未停止。在陸軍看來，南進不過是與歐美殖民地軍隊進行的局部戰鬥，蘇滿邊界這廣大的地域才是皇軍的主戰場。參謀本部作戰部樂觀地預測德國很快會取得勝利，「9 月後，蘇聯將會爆發內亂，史達林政權將崩潰」。[55]

參謀本部當時是以蘇聯遠東軍 30 個師兵力的 80% 為警戒兵力，常駐滿洲。[56] 蘇德開戰後，部分蘇軍被調往歐洲，參謀本部認為，蘇聯遠東軍兵力若跌破 15 個師，[57] 就是北進的絕佳機會，屆時，將調動 20 個師團進攻蘇滿邊界地區。因此，參謀本部計畫把關東軍的兵力從 16 個師團增加 40 個師團，伺機對蘇開戰。[58]

然而，陸軍省大多數沉浸在南進的興奮中，軍事課課長真田穰一

53　日本国際政治学会編，《太平洋戦争への道（7）》（東京：朝日新聞社，1987），頁323。

54　軍事史学会編，《機密戦争日誌（上）》，頁139。

55　浅井勇，「ソ連の対日作戦」，防衛省防衛研究所史料室藏，登錄號：文庫 - 依託 -27。

56　防衛庁防衛研修所戦史室編，《関東軍（2）》（東京：朝雲新聞社，1977），頁39。

57　蘇軍「師」的編制因翻譯的問題而名詞有所不同，日軍稱「師團」，但中文著作都稱蘇軍為「師」。美軍戰史教材則以 "divs"(division) 代字稱之。蘇軍遠東軍一個師約在 11,000-13,000 人之間。

58　防衛庁防衛研修所戦史室編，《関東軍（2）》，頁20。

郎拒絕了參謀本部對關東軍增兵的要求。參謀本部作戰部最後說服了
陸相東條英機，同意向滿洲增派 25 個師團和 15 萬匹馬。於是，陸軍
在 7 月分兩次動員增兵關東軍，但參謀本部預期的蘇聯遠東軍隊大規
模西調的現象卻始終沒有發生。

　　相對於參謀本部作戰部對北進的樂觀預測，參謀本部情報部俄羅
斯課卻持保守態度，認為若對蘇開戰，五年內無法決定勝負。[59]

　　由於蘇聯並未大量減少遠東駐軍，再加上俄羅斯課對形勢判斷的
慎重，北進派的田中新一少將也開始改變態度，他承認：「據情報分析，
從蘇德戰場的形勢來看，今年內無法期待對蘇宣戰的良機。」參謀本
部因此放棄在一年內實施北進的想法。[60] 形勢如此，陸、海軍對於「南
主北從」的趨勢似已再無辯論的空間。

　　8 月 14 日，陸、海軍在陸軍參謀本部進行聯合兵棋推演時，海軍
軍令部傳來命令：「8 月、9 月每月將徵用 30 萬噸船舶，9 月 20 日實
施陸海軍作戰協定，10 月 15 日完成對英美開戰準備。」[61] 與會人員大
為震驚，海軍省尚未決定是否對美開戰，軍令部竟然就先下達對美開
戰的準備了。陸軍參謀本部也懷疑海軍軍令部「究竟是依據何種決策」
發出這個命令。[62]

　　另一方面，「總力戰研究所」一群研究員根據日美各項數據、並
模擬各種外交和戰略形勢，得出結論：如果日本與美國開戰，日本必
輸無疑。研究指出，日本或可在戰爭初期贏得幾場勝仗，但很快會陷

59　金原節三編，《大東亜戦争陸軍衛生史》（東京：陸上自衛隊衛生学校，1971），頁
　　331；「石井史料（2）石井秋穗大佐日記　其 2」，防衛省防衛研究所史料室藏，登
　　錄號：中央 - 戦争指導重要国策文書 -789。

60　「田中新一中將業務日誌」，防衛省防衛研究所史料室，登錄號：中央 - 作戰指導日
　　記 -1。

61　防衛庁防衛研修所戦史室編，《大本営陸軍部（2）》，頁 393-394。

62　軍事史学会編，《機密戦争日誌（上）》頁 147。

入持久戰，日本將耗盡資源，終嘗敗局。[63]

　　這個報告給南向的軍事行動澆了一盆冷水，但東條英機尷尬地表示：「這畢竟是紙上談兵，」真正的戰爭不見得如此。他堅持這個報告不得外傳。[64]

　　作戰的準備緊鑼密鼓進行中。為了進一步協調開戰事宜，陸、海軍兩省在 8 月 27 日召開局長會議。陸軍出席的代表是參謀本部作戰部長田中新一和陸軍省軍務局長武藤章，海軍派出的是軍令部作戰部長福留繁和海軍省軍務局長岡敬純。他們是陸、海軍最具影響力的幕僚，武藤章傾向保守，但田中態度強硬，主張「立即下決心開戰」。[65]

　　海軍態度較為慎重，海軍省軍務局長岡敬純堅決反對田中的意見，認為應該外交對話及備戰雙管齊下。但是田中新一批評，海軍多次同意開戰然後又出爾反爾，毫無信用可言。同時，一直以來開戰決策的似乎也是海軍，因此他認為現在必須由陸軍來主導，才能下決心開戰，貫徹到底。結果會議一直拖到 9 月 3 日才通過《帝國國策遂行要領》，訂出一個時限，陸海軍勉強達到共識：「如外交交涉在 10 月上旬仍未達成我方要求，則立即與美（英荷）開戰。」[66]

　　海軍之所以接受這個妥協案，可能是因為日本駐美大使野村吉三郎傳回情報，羅斯福總統有意與近衛首相舉行高峰會談。如果會談成功，日美間很可能達成某種外交妥協。而從海軍的觀點來看，當務之急是避免立即開戰，何況即將展開的高峰會談或許還有轉機。

　　9 月 5 日，近衛覲見天皇，說明《帝國國策遂行要領》，提到了外

63　猪瀬直樹，《昭和16年夏の敗戦：総力戦研究所「模擬内閣」の日米戦必敗の予測》（東京：世界文化社，1983），頁45。摘引自 Eri Hotta, *Japan 1941: Countdown to Infamy* (N.Y.: Vintage Books, 2013), p. 164.

64　Eri Hotta, *Japan 1941: Countdown to Infamy*, p. 167.

65　防衛庁防衛研修所戦史室編，《大東亜戦争開戦経緯（4）》，頁503。

66　同上。

交努力將至 10 月上旬為止。裕仁天皇對此大為驚訝，當即召見參謀總長杉山元及海軍軍令部總長永野修身。裕仁表示，外交必須優先於軍事；他並詢問杉山元南向作戰的把握。裕仁和杉山的對話發人深省：

> 裕仁：「南向的戰爭多久能完成？」
> 杉山：「陛下，我們準備在 3 個月內完成東南亞的任務。」
> 裕仁：「中國事變發生時，你是陸軍大臣。我記得當時你跟我說
>   戰爭大約 1 個月內結束。但 4 年過去了，戰爭還沒有結束！」
> 杉山：「中國幅員廣闊，因此我們無法按照最初設想完成計畫。」
> 裕仁：「如果你說中國幅員廣闊，太平洋豈不更廣闊。你根據什
>   麼來告訴我 3 個月的結論？」[67]

9 月 6 日，天皇召開御前會議討論《帝國國策遂行要領》。通常不參與討論的天皇極其罕見地開口：「看過這份文件，感覺重點不在外交，而是在戰爭上。」天皇表示不悅，敦促應優先進行外交交涉。[68]

海軍軍令部總長永野修身說明當前狀況：日本石油及其他重要物資正不斷走向枯竭，如果持續下去，國家終究擺脫不了動彈不得的窘境。與此同時，英美正快速增強他們在遠東地區的軍事設施，日本很快會難以對抗。「既然外交交涉中無法接受對方危及帝國自存自衛的要求，難免出現無法避免戰爭的情況，帝國就應搶先進行最全面的準備，以毅然決然的決意積極作戰，施以死中求存之策。」[69]

永野修身進一步就「無法避免戰爭的情況」，分析開戰後可能的狀況：如果美國企圖速戰速決，傾盡海軍主力前來，則日本勝算很大。

67　近衛文麿，《平和への努力：近衛文麿手記》（日本電報通信社，1946），頁 86-87。摘引自 Eri Hotta, *Japan 1941: Countdown to Infamy*, p. 174.

68　防衛庁防衛研修所戦史室編，《大東亜戦争開戦経緯（4）》，頁 555-556。

69　「帝国国策遂行要領　御前会議議事録」，〈重要国策文書〉，防衛省防衛研究所藏，典藏號：C12120184600。参謀本部編，《杉山メモ（上）》，頁 312。

但是，「就算帝國在本次決戰中獲得勝利，恐怕也無法就此結束戰爭」。因為美國會憑藉強勢的地位、工業能力和物資儲備，將戰爭引向持久戰的方向。日本資源匱乏，最不願戰事發展為持久戰，因為「帝國沒有屈敵致勝、使敵喪失戰意之手段」。因此，必須盡速決定開戰，占領軍事要衝及資源產地；而且「要由我方先發制人，決不允許對方占得先機」。[70]

永野的意思很明顯，不戰，日本必敗；戰，或許還有一線生機。既然要戰，就要先發制人，占得先機。

戰與不戰，難以取決。天皇拿出一張字條，當眾朗誦了一首詩：

> 四海之內皆兄弟，緣何風雨亂人間。[71]

最終，御前會議通過了《帝國國策遂行要領》，並將此定為國策。

高調宣揚開戰的《要領》成為國策後，陸海軍開始積極備戰。軍令部、參謀本部都下令所屬各單位隨時待命。參謀本部並命令日本本土、華南派遣軍、滿洲，以及朝鮮的部隊準備調往南方作戰。陸軍於 10 月 1 日至 5 日進行兵棋推演，確認了南方作戰的實施要領和指揮系統。[72]

另方面，各方期待的高峰會談毫無進展，羅斯福無意和近衛會晤，日美外交交涉陷入僵局。10 月 3 日，美國政府通過野村大使向日本政府提出了普通照會（note verbale），明確要求日本遵守「赫爾四原則」（保持領土完整、不干涉原則、機會均等、維持現狀）。也就是說，美國仍堅持日本自中國及中南（印支）半島撤兵、放棄三國同盟；對

70　「帝国国策遂行要領　御前会議議事録」，〈重要国策文書〉，防衛省防衛研究所藏，典藏號：C12120184600。參謀本部編，《杉山メモ（上）》，頁 312。

71　此詩句出自裕仁的祖父、明治天皇。近衛文麿，《平和への努力：近衛文麿手記》，頁 87。摘引自 Eri Hotta, *Japan 1941: Countdown to Infamy*, p. 176.

72　防衛庁防衛研修所戦史室編，《大本営陸軍部（2）》，頁 483。

於東京期待的高峰會談則隻字未提。[73] 美國強硬的態度使東京非常失望，內閣、陸海軍都不願接受美國的條件。[74] 看起來開戰是唯一的選項了。

陸海軍都不願負開戰之責

10 月 5 日，陸軍召開各部局長、各課課長、第二十班（戰爭指導部門）會議，會議長達 8 小時，最終得出結論：「外交已然無望，應迅速將決心開戰一事奏請御前會議。」[75]

同一天，海軍也召開了高層會議，討論甚久，但始終無法統一意見，最後決定全權委託首相作最後決定。

7 日，陸相東條英機和海相及川古志郎面談，東條詢問海軍對戰爭有多少把握，及川言辭閃爍，沒有明確的答案，僅含糊地答覆：「兩三年內形勢如何發展尚在研究之中，戰爭的責任在政府。」[76]

及川的言語說明了海軍的窘態，東條英機當即表示：「如果海軍沒有把握，那就重新考慮吧！」東條的意思是，如果要避免對美開戰，海軍就得正式承認其對美作戰沒有勝機，東條是想把開戰的責任推給海軍。對陸軍來說，對美作戰應屬海軍管轄；陸軍的主戰場在中國，南方戰不過是場局部戰爭。

海相及川不肯說實話，有其不得已的苦衷。此時海軍如果直言「南方戰沒有把握」，將國策推倒重來，無疑會讓海軍的存在與尊嚴大受

73　「日、米外交関係雑纂／太平洋ノ平和並東亜問題ニ関スル日米交渉関係（近衛首相「メッセージ」ヲ含ム）第十二巻」，〈1類　帝国外交〉《戦前期外務省記録》，外務省外交史料館藏，典藏號：B02030737600。

74　Waldo Heinrichs, *Threshold of War* (Oxford University Press, 1988), p. 188.

75　軍事史学会編，《機密戦争日誌（上）》，頁 162。

76　防衛庁防衛研修所戦史室編，《大東亜戦争開戦経緯（5）》（東京：朝雲新聞社，1974），頁 104。

質疑；因此，無論如何都不能這麼做。面對陸相東條的壓力，及川只得避重就輕道：「初戰沒有問題，但戰爭一旦長期化將無法預測。」[77]最後，海軍為了避免責任，還是堅持把開戰的決定權推給首相近衛文麿。

近衛文麿的處境也很微妙。被賦予決定權表示責任重大；但另方面也意味著在若干程度上可實現政治主導。迄今為止，日本國策均由陸海軍統帥部起草，政府（內閣）只能在大本營及政府的聯絡會或御前會議上加以承認。既然海軍主動讓出決定權，近衛決定一試，看是否能協調陸、海軍，找出可行的方案。

近衛很清楚，要想緩和美國的壓力，陸軍必須作出讓步；如果能說服東條英機，近衛就有可能實現由內閣來掌控情勢了。

10月12日夜，近衛召集外相、海相、陸相、財相，在他的別邸荻外莊舉行五相會議。近衛希望能撤銷9月6日御前會議的決定，並要求陸軍在日美交涉中作出讓步，他甚至建議陸軍考慮從中國撤兵。可是，陸軍是絕對不肯從中國撤兵的，撤兵就等於承認失敗，這不僅是面子問題，更關係到陸軍的生死存亡，因此，陸相東條英機回應：「陸軍寸步不讓。」[78]

但是，要打開僵局，只有兩條路：陸軍讓步，同意自中國撤兵；或者是海軍提出沒有勝利的把握，撤銷御前會議對美英開戰的決定。然而，兩條路均關係著陸、海軍這兩個龐大組織的尊嚴與存亡問題，哪一邊都不肯讓步。

近衛不斷地勸說東條妥協，但東條絲毫不讓。不僅如此，東條還拿出之前御前會議通過以10月上旬為對美交涉最後期限的決定，強迫其他閣員表態贊成開戰。[79]東條的做法雖然有所根據，但陸相在內閣

....

77　防衛庁防衛研修所戦史室編，《大東亜戦争開戦経緯（5）》，頁127。

78　参謀本部編，《杉山メモ（上）》，頁347。

79　同上，頁347-350。

會議上強迫閣僚同意其主張，這種情形在戰前日本的政策決策中，是極為罕見的。

找不到出路，又難擋各方壓力，近衛焦頭爛額，不得不在 10 月 18 日提出內閣總辭，把難題拋給下任內閣。

東條內閣重新審視當前國策

近衛內閣垮台說明了要想順利組閣就得先管得住陸軍，因此，首相的接替人選必須符合這個先決條件。符合這個條件的人不多，內大臣木戶幸一推薦東條英機，由於無人反對，因此，組閣的大命就落到了東條肩上。11 月 17 日，天皇召見東條，晉升其為大將，命他擔任首相並兼陸相。次日，東條內閣正式成立，天皇下令東條重新審視當前的國策。[80]

東條繼任首相並不是因為他德孚重望，而是他能壓得住陸軍；但是，美國對東條組閣卻有不同的解讀。美國認為陸相東條出任首相，意味著開戰可能性大增。事實不然，仔細分析東條內閣成員，東條自兼陸相，新任海相嶋田繁太郎被視為避戰派，東條選擇的外相東鄉茂德、財相賀屋興宣都屬於避戰派。由此可見，東條十分清楚，自己的任務是盡快撤銷與美英開戰的決策。

東條之前把御前會議的決定奉為圭臬，一心要盡快開戰；就任首相後，卻立即指示重新檢討御前會議的國策。東條的轉變並不意外，對他來說，陸相代表陸軍，而首相則代表整個政府，兩者角色不同、職分不同。

10 月 18 日，東條列出重新考慮的各個項目，分發至陸海軍各廳局重新評估：

80 防衛庁防衛研修所戦史室編，《大東亜戦争開戦経緯（5）》，頁162。

(1) 歐洲戰局的預測；

(2) 英美荷開戰後作戰的預測；

(3) 北方情況的預測；

(4) 開戰三年後的船舶徵用量和損耗量；

(5) 第（4）條情況下，民間船舶運輸能力和主要物資需要情況的預測；

(6) 對英美荷開戰後所需預算的規模；

(7) 德國和義大利的協助；

(8) 英美不可分論；

(9) 若 1942 年 3 月開戰，對外關係和物資的預測；

(10) 若堅持同美國進行交涉，外交上如何預測；

(11) 英美荷開戰對中國造成的影響。[81]

　　接下來一週，各方評估報告密集進來，主要內容如下：德國在歐洲戰場將處於不敗之地（各方均認識到日本無法單獨戰勝美國，所以，德軍獲勝這個前提不可或缺）；對英美荷的戰爭，短期內可持樂觀態度，但長期來看，則需考慮世界形勢的變化（即德國獲勝）。至於北方戰場，報告則一廂情願地預測蘇聯短期不會對日發動戰爭。[82]

　　概觀這次重新評估的過程，陸軍完全是站在開戰這個前提來作評估，海軍的評估也不盡充分。但更深層的問題是，如果維持現狀、避免開戰，形勢將會如何發展？ 10 月 30 日，東條列出日本可以選擇的三條路，交給各大臣考慮：

(1) 避免開戰，維持現狀；

81　「島田史料（101），大本営政府連絡会議綴，昭和16年」，防衛省防衛研究所史料室藏，登錄號：中央-戦争指導重要国策文書-521。

82　同上。

(2) 立即開戰；

(3) 決定開戰但進行外交交涉。[83]

　　問題是，就算成功避免對美國開戰，在石油禁運得不到緩解的情況下，日本也很難擺脫陷入困境的命運。根據海軍評估，航空汽油能夠維持 34 個月，而汽車用汽油在 26 個月後就將見底。因此，如果美國等石油儲備耗盡之後再對日開戰，陸軍會陷入毫無還手之力的窘境。還有，就算避免開戰，如果不屈從美國的條件（從中國、印支撤軍），美國會罷休嗎？萬一美國開出比目前更嚴苛的條件，日本能接受嗎？現在美國提出的要求，除了外相東鄉，政府各部門都不願接受，遑論其他？所以，除非美國讓步，否則哪怕是僅僅一線希望的戰爭，也成了最現實的選擇。[84]

　　也就是說，若選擇不接受美國的條件，維持現狀，避免對美開戰，則兩、三年後的形勢反而是最大的問題。那時，日本儲備的石油和物資將已耗盡，日本必將陷於敗亡的厄運，這是陸海軍無論如何都不允許的。反觀開戰這個選擇，儘管沒有戰勝的把握，數年後的形勢更無法預測，但「無法預測」這個曖昧的選項反而是陸海軍都能勉強接受的。不戰，日本必亡；戰，也許還有一線生機。[85] 就這樣，本是為避戰而作的重新評估，反而得出了開戰才有出路的荒謬結論。

四、組建南方軍，開戰箭在弦上

　　為了確定政府最終方針，11 月 1 日召開內閣與軍方的聯絡會議。

83　參謀本部編，《杉山メモ（上）》，頁 370-372。

84　同上，頁 386。

85　森山優，《日本はなぜ開戰に踏み切ったか》（東京：新潮社，2012），頁 106-120。

首相兼陸相東條、海軍大臣嶋田、海軍軍令部總長永野、企劃院總裁鈴木贊成開戰，但仍應繼續進行外交交涉；陸軍參謀總長杉山元主張立即開戰；而外相東鄉和財相賀屋則反對開戰，堅決主張無限期延長外交交涉的時限。意見不一，會議從早上9點一直開到深夜凌晨1點，長達16小時。最後，外相東鄉提出妥協方案，才通過《帝國國策要綱》，規定對美交涉和備戰同時進行，並把對美交涉的期限延長一個月，到12月1日零時。到時候，如對美交涉成功，則停止動武；不成功，則決心開戰。[86]

接下來，11月5日的御前會議確認了《帝國國策要綱》，決定「帝國為打開目前危局，完成自存自衛態勢以建設大東亞新秩序，決心對美、英、荷開戰」。[87]海軍軍令部總長永野修身隨即向聯合艦隊司令長官山本五十六發出「大海令第一號」，令其立即準備對英、美、荷開戰。

第二天，11月6日，陸軍正式組建南方軍，寺內壽一大將被任命為南方軍總司令官，統轄11個師團，25萬人。寺內的主要任務是「與海軍共同協力，以主力集中於印度支那、華南、台灣、西南諸島及南洋群島方面，準備攻占南方要域」。[88]同日，陸軍參謀總長杉山元發布「大陸命第556號」，命令南方軍及中國派遣軍盡速完成作戰準備。

陸海軍作戰計畫分歧

從英、美、荷對日本實施禁運開始，陸海軍統帥部就一直積極進行作戰準備，各自擬定了南方作戰的計畫。現在眼看要開戰了，才發現南方戰必須是陸海軍聯合作戰，而陸海軍的作戰策略卻有分歧。

陸軍南下主要是為了切斷東南亞援助蔣介石的路線，並取得戰略

86　「帝国国策遂行要領・其の1・御前会議議事録」，防衛省防衛研究所史料室，典藏號：中央-戦争指導重要国策文書-1070。

87　防衛庁防衛研修所戦史室編，《大本營陸軍部（2）》，頁570。

88　防衛庁防衛研修所戦史室編，《大東亜戦争開戦経緯（5）》，頁402。

資源。根據參謀總長杉山元在 10 月底批准的「對英美荷戰爭陸軍作戰計畫」，陸軍南方作戰的目標是「殲滅東亞範圍內美國、英國、荷蘭的根據地，占領南方要地」。[89] 所以陸軍提出「左旋作戰」：從法屬印度支那（越南）南下馬來半島、拿下新加坡、最終到爪哇島，一舉打掉大英帝國在東南亞的基地。

而海軍則把美國控制的菲律賓和夏威夷珍珠港視為南下太平洋的最大威脅，因此提出「右旋作戰」：首先打下珍珠港及菲律賓，保證南下海道暢通無阻，然後南下到爪哇島。至於對美作戰的中長期做法，海軍幾乎沒有研究。[90]

陸海軍就兩種作戰策略進行協商，最後決定兩案並行。11 月 10 日，陸海軍聯合擬定《南方作戰陸海軍中央協定》，確定南方作戰的目的是：

(1) 殲滅東亞範圍內美國、英國、荷蘭的根據地，占領南方要地。
(2) 占領的範圍包括菲律賓、關島、香港、英屬馬來亞、緬甸、俾斯麥群島、爪哇、蘇門答臘、婆羅洲、西里伯斯、帝汶島。[91]

根據這個協定，南方軍總司令官寺內壽一和聯合艦隊司令長官山本五十六簽訂「總協第一號」，確認陸海軍將同時發動太平洋及東南亞的戰爭。[92]

其實，開戰一年前，1940 年 11 月 26 日，海軍相關人員在海軍大學進行南方作戰的圖上演習，擔任總裁官的是聯合艦隊司令長官山本五十六。海軍這個演習是基於「英美不可分」的判斷而以美國為主的作戰計畫，至此，太平洋作戰的戰略成為海軍最重要的考量。

89　參謀本部編，《杉山メモ（上）》，頁417-431。

90　防衛庁防衛研修所戰史室編，《大東亜戰爭開戰経緯（5）》，頁308-309。

91　「陸海軍中央協定（大海指）」，防衛庁防衛研究所史料室，登錄號：中央-作戰指導大陸指-64。

92　防衛庁防衛研修所戰史室編，《大東亜戰爭開戰経緯（5）》，頁400。

演習結束後，山本五十六向軍令部總長伏見宮博恭王（永野修身前任）提出建言，其中幾點頗值玩味：

(1) 除非美國戰備相當落後，或是英國對德作戰已陷於極端不利，否則，發動對荷屬印尼作戰後，必將導致對美作戰，英國也會隨之加入。因此，攻略荷屬印尼，勢必發展為對荷、美、英等國的作戰。為此，帝國除非有此決心，並有充分準備，否則不應著手南方作戰。

(2) 若對上述情況有所覺悟而仍不得不開戰時，則寧願一開始即決心對美作戰，先攻略菲律賓以縮短戰線，並藉以實施確實之作戰。

(3) 荷、英作戰應採疾風迅雷之法，故而應有壓倒性的兵力可供一時使用。[93]

山本坦言，此次演習雖動員了百分之百的兵力，但仍感吃力；「實戰之際，兵力勢必更加不足」。最後，山本提出警告：「南方作戰與對華作戰不同，真可謂我皇國興亡之所在，亦可說是一賭國運之戰爭，且戰爭將拖延甚久。」[94]

山本五十六為何用「一賭國運」這麼重的文字來描述即將展開的戰爭？山本曾在哈佛大學研習，又曾擔任日本駐美武官，深知美國國力強大，後續資源雄厚，島國的日本實難望其項背，因此，他非常反對與英美決裂。無奈當時日本軍方高層多認為此戰不可免，而日本國民亦都對開戰抱著樂觀的期待，山本和少數反對開戰的聲音被壓制下去。

93　日本防衛廳防衛研修所戰史室編纂，曾清貴譯，《日軍對華作戰紀要（20）大本營陸軍部（二）南進或北進之抉擇》，頁217-219。

94　同上，頁219。

日美外交談判觸礁

　　此時，從 3 月開始的日美外交談判已近尾聲，但雙方無法達成共識。11 月 20 日，日本駐美大使野村及特使來栖向美國提出最後一個修正方案：（1）日本保證，除已占領的法屬印支外，不向東南亞或南太平洋其他地區進軍。（2）中日戰恢復和平，或在太平洋地區建立公正的和平後，日軍將從法屬印支南部移往北部。（3）日美兩國合作，保證兩國在荷屬東印度群島取得資源。（4）日美恢復通商，美國依日本所需提供石油。（5）美國保證，不採取任何不利於日本為謀求大東亞地區全面和平的措施或行動。[95] 很明顯，日本還是不願放棄在中國及法屬印支的占領地，以及建立「大東亞新秩序」的目標。

　　6 天後，11 月 26 日，美國國務卿赫爾向野村遞交回應的備忘錄，主要內容包括：（1）在太平洋地區維持機會均等的商業原則。（2）由美日發起，所有與遠東有關的國家簽訂互不侵犯條約。（3）日本從中國及印度支那撤出全部陸、海、空軍及警察部隊。[96] 美國立場不變，仍堅持日本從中國撤兵、不進犯東南亞、放棄三國同盟。這些都與日本期望相悖，東京視此為侮辱性的最後通牒。[97]

　　外交交涉已到盡頭，主張避戰的外相東鄉茂德極為失望與悲觀。[98] 11 月 29 日，東京召開歷任首相參加的重臣會議，與會重臣多主張慎重；首相東條英機始終保持傾聽立場，未明確表示意見。然而，緊接著召開軍方與內閣的聯絡會議，事態急轉而下，全體與會者都無條件贊成開戰。於是，12 月 1 日御前會議通過開戰的決定，陸海軍的參謀總長把決定開戰的作戰方略上奏天皇。[99]

95　東鄉茂德，《時代の一面》（東京：原書房，1989），頁 242-243。

96　同上，頁 339-340。

97　同上，頁 247-249。

98　同上，頁 262。

99　金原節三編，《大東亜戦争陸軍衛生史》（東京：陸上自衛隊衛生学校，1971），頁 369。

　　12 月 2 日下午 2 點，陸軍參謀總長杉山元電令南方軍總司令寺內壽一：「『日出』在『山形』」（「ヒノデハヤマガタトス」，意思是「作戰發動於 12 月 8 日」）。同日下午 5 點半，海軍軍令部總長永野修身電令聯合艦隊司令長官山本五十六「登上新高山一二零八」（「ニイタカヤマノボレ一二〇八」，意思是「發動攻擊於 12 月 8 日」）。[100] 日本陸海軍做好作戰準備，命令已下達，刀出鞘、箭在弦，太平洋戰爭不可能回頭了。

　　1941 年 12 月 7 日（亞洲是 8 日），聯合艦隊司令山本五十六指揮 6 艘航空母艦組成的空中部隊對夏威夷珍珠港內的美國太平洋艦隊以及歐胡島上的飛機場發動奇襲。轟炸珍珠港的同時，日軍兵分數路，同步發動進攻菲律賓、馬來亞、泰國、香港和關島，轟轟烈烈展開東南亞攻略，震驚世界的太平洋戰爭從此展開。

五、觀察與檢討

　　綜上所述，1938 年底到 1941 年 11 月之間，幾個因素互相激盪，使日本認為其安全面臨生死存亡的威脅，不得不南進：

(1) 武漢會戰後日軍深陷中國戰場泥沼，進退維谷，亟須改弦更張，尋找出路。
(2) 日本能源幾乎全靠進口，侵華戰爭已耗掉大部分資源，再加上美國對日石油禁運，日本面臨生死存亡的威脅。日軍不願從中國及法屬印支（越南）撤兵，唯一的希望就是向南洋獲取能源。
(3) 日美談判觸礁，東京評估美國終將加入反法西斯戰爭與日本為敵；與其坐以待斃，不如先發制人。

100　防衛庁防衛研修所戦史室編，《大東亜戦争開戦経緯（5）》，頁 520-523。

(4) 德軍在歐洲所向披靡，日本認為蘇聯勢必減少派駐遠東的軍隊，北方的壓力減緩，正是南進的好機會。

陸、海軍都想南進，南進勢必牽扯到美國，而他們最不願得罪的就是美國。美國掌控日本大部分石油及鋼鐵進口，而美國軍工企業及海軍的實力都是日本所顧忌的。是以內閣及陸海軍歷次關於南進的討論都離不開「如何避免美國參戰」這個議題。

既然美國是決策考量的關鍵因素，就應嚴肅對待日美關係。可是，東京對美國可能的反應卻有誤判和輕忽。日美關係發生變化是在 1939年底美國廢除日美通商條約時，但日本軍政高層卻未嚴肅對待美國的反應，以為美國不會真的對日本禁運，更不會開戰。

1941 年春，近衛首相派出親美、知美的野村吉三郎到華盛頓坐鎮對美談判，但長達 8 個月的談判卻沒談出任何結果。美國強調日本應尊重他國領土主權完整（自中國退兵、不侵犯東南亞），日軍卻不願放棄已占領的地區，也不願承諾不干涉第三國內部事務。對美的誤判和輕忽，以致美國多次警告與喊話，東京都未作出認真的回應，最後即使是最親日的美國人也對日本失望，談判不成，唯有走向戰爭。

然而，本研究顯示，日本陸海軍對南方作戰的決策考量及其過程都出現不少問題。首先，陸海軍南進的目標和策略大不相同。對陸軍而言，南方戰是為了切斷東南亞對蔣介石政府援助的通路，同時獲取當地石油等戰略資源。所以，南方戰是局部戰爭，陸軍的方案是進軍緬甸、印度，作戰到爪哇為止，最後在中東和德軍匯合。陸軍還準備一旦南方得手，就掉轉馬頭進擊蘇蒙，並解決侵華戰爭。

但是，海軍南方戰為的是攻占南方的資源地帶、保證日本的生存與自衛。因此，太平洋是海軍的主戰場，而南下勢必碰到美國控制的菲律賓、夏威夷，然後攻占新加坡、澳大利亞、印度，掌控印尼、馬來西亞。如此一定觸怒美國，而海軍並無把握戰勝美國（若干高層甚

至認為，與英美聯盟對戰，海軍沒有任何取勝的可能），這是海軍高層在開戰之前躊躇不決的原因。

海軍最後決定開戰是抱著一點僥倖，他們的策略是：短期決戰，伺機議和，利用美國當時民間厭戰、軍事尚未動員的機會，先打美國個措手不及，然後等待時機，一旦德國迫使蘇聯投降，就有機會和美國坐下來議和。

但是，海軍這個戰略有個必要的前提：時間。海軍必須在開戰後持續兩年掌握西太平洋的制海權，才有實力保住在東南亞掠奪的成果，迫使美國坐上談判桌。陸軍也是以海軍能撐住兩年時間為前提，以為南方作戰只要 11 個師團的兵力就夠了。

令人訝異的是，海軍對於占領東南亞後的行動竟無實質規劃，而是寄希望於德國在歐洲戰場的勝利和美國反戰的氣氛。這個想法脫離現實，不但極其危險，而且樂觀得離譜。

果不其然，1942 年春天，日軍順利攻陷新加坡、馬來半島、爪哇（印尼），作戰的第一階段結束後，海軍就陷入進退的困境，陸海軍的分歧也在此時凸顯出來。海軍希望把太平洋作為主戰場，主張進攻夏威夷和澳大利亞；陸軍反對，認為結束侵華戰爭才是要務，堅持要進攻緬甸和印度，斷絕中國外援。[101] 雙方爭論不已，陸軍參謀本部抨擊海軍的計畫不切實際，即使拿下夏威夷，美國也不會投降，而攻打澳大利亞至少需要 10 個師團兵力，還需要 200 萬噸船舶運輸士兵和物資，參謀本部斷定，海軍根本沒有能力實現這個戰略目標。[102]

1942 年 3 月 7 日，內閣和陸海軍的聯絡會議採納陸軍的意見，通過《今後應採取的戰爭指導大綱》，決定進攻緬甸、印度，作戰目的

---

101 「田中新一中將業務日誌」，防衛庁防衛研究所史料室，登錄號：中央-作戰指導日記-1。

102 「甲谷悅雄大佐回想錄」，防衛庁防衛研究所史料室，登錄號：中央-軍事行政回想手記-66。

是「迫使英國投降、美國喪失戰意」。[103] 然而，這個決策亦不現實。英國不可能因為東南亞的挫敗而投降，美國也不會因為太平洋的失利而怯戰。開戰才三個月，日軍的作戰目的就變得如此空泛、不切實際，如何撐得下去？

事實上，海軍和陸軍各自在制定南進政策時，一再陷入被動，而且彼此意見不合，看不到首尾一貫的大戰略。最奇怪的是，不是因為有勝算才發動南進，而是因為「不得不戰」而行險僥倖。

這種奇怪的思維著實不可思議。「南進」本是海軍主張的戰略，但陸軍反而特別積極，大無畏的急著對美開戰。戰後，日本大本營曾檢討對美作戰的決策，認為陸軍雖進行了對美作戰的計畫，但這是出於「預備性的構想」，而不是一開始就有對美作戰的決心；因此，此一作戰準備可說是「在未有戰爭計畫為基礎的情況下進行，……禍根乃從此孕成」。[104]

海軍對於日美雙方實力的估計也不切實際。海軍認為當時（1941年）的兵力接近美國海軍的七成，可以一搏。軍令部領導和參謀天真的以為，如能搶占先機，奪得能源，使美國懼戰，然後再想辦法安撫美國，使美國同意談判。懷著這種僥倖的心態作戰，太過冒險。更何況，他們完全低估美國的國力，一旦美國開始擴充海軍，雙方兵力比立刻拉大，完全不是海軍想像的那麼回事了。

相較之下，海軍省比軍令部要冷靜些。海軍省在 1941 年開戰前夕就已經無奈地發現，隨著美國海軍迅速擴張，所謂七成這個比例到 1945 年就會大跌到僅剩四成。但是，他們卻被內外情勢牽著鼻子走，

---

103 「今後採ルベキ戦争指導ノ大綱（昭和一七、三、七連絡会議決定）」，〈大東亜戦争関係一件／戦時中ノ重要国策決定文書集〉，《戦前期外務省記録》，外務省外交史料館藏，典藏號：B02032972000。

104 日本防衛廳防衛研修所戰史室編纂，曾清貴譯，《日軍對華作戰紀要（20）大本營陸軍部（二）南進或北進之抉擇》，頁221。

明知不可，卻仍下場豪賭。

　　事實上，美國在 1938 年 5 月為因應中日開戰及德國兼併奧地利，通過海軍法案（Naval Act of 1938），增強 20% 海軍力量；1940 年 7 月，因德國征服法國，又通過法案擴大海軍 70% 軍力。這些擴軍的舉動海軍肯定清楚，否則不會對開戰的決策欲言又止。

　　那麼，日本為何最後還是走向開戰？東京方面歸咎於美國態度強硬、拒不妥協，逼得日本不得不鋌而走險。[105] 但是，日本又何嘗作出妥協？不但對美談判不肯妥協，對其內部的各種警告規勸也置若罔聞。

　　當時，日本瀰漫著南進的興奮，但不同的聲音還是所在多有。例如，海軍省高層對開戰力主謹慎，外相及財相堅決反對與美國攤牌，重臣會議中大多數重臣都警告不可輕率啟戰等等。此外，當時海軍三位重要領導米內光政（曾任海相，1940 年時為首相）、山本五十六（曾為海軍次長、時任聯合艦隊司令長官）及井上成美（時任海軍航空部長）都不贊成對美作戰，但他們的意見被忽視、甚至打壓。

　　不僅如此，天皇的態度顯示對開戰是有疑慮的；即使是主戰的東條英機，到最後也開始躊躇。既然大家都心知肚明，日本為什麼還是要去打一場沒有勝算的戰爭？其決策過程究竟有什麼問題？

　　歸根究柢，日本特殊的政軍官僚體制和組織文化，使得決策過程一開始就有偏差。本來作戰要先考慮敵國實力與國際形勢，日本陸、海軍卻先把自己軍種的權益放在國家整體利益之前。當時陸海軍幾次面臨進退的抉擇，明知對美作戰將陷日本於災難，但最後都因為自己軍種的顏面和利益而拒絕讓步，寧願選擇一個看不見未來的戰爭。

　　這種奇怪的制度下，軍方強勢，政府（內閣）力量微弱，在南進的決策過程中，數次遇到陸海軍立場不一，也曾提到與內閣協調的聯

105　Keiichiro Komatsu, *Origins of the Pacific War and the Importance of 'MAGIC'* (Japan Library, 1999).

絡會議上，如果首相能權衡輕重、調節各方，必要時，能壓制陸海軍
不成熟的計畫，或許日軍不會如此輕率地衝入太平洋戰場。但是，在
明治憲法的框架內，無論是首相、內閣閣員、陸海軍軍令統帥（總長）
或軍部（陸軍省、海軍省）首長，在軍事上都是天皇的輔佐，並無主
從上下之分；不僅如此，掌軍令的陸海軍的總長有帷幄上奏權，有時
他們的氣勢反而比內閣更高些。[106]

　　必須指出，制度的因素固然重要，但制度之下，還有深深埋藏在
日本軍方的軍國主義思想，打著「大東亞共榮」的旗號，堂而皇之地
踐踏他國主權，侵略中國及東南亞。日軍縱使短期得逞，但因資源短
缺、人口有限，根本無力維持戰果，不論在中國戰場、東南亞戰場，
或是太平洋戰場，都很快陷入左支右絀的困境。

　　日軍的軍國主義思想、奇怪的政軍制度、輕率的南進評估，明知對
美開戰沒有勝算，仍心存僥倖，妄想短期決戰，然後逼美國議和。當
時不少人心中明白，對美英聯軍作戰無異於自殺，但天皇不明確表態，
首相沒有最終決定權，近衛文麿想止戰，卻拿不出勇氣和辦法；一個
個重臣明哲保身，不肯據理力爭，只有眼睜睜地看著軍方主戰派叫戰，
一步步走向戰爭。

　　太平洋戰爭前期，皇軍勢如破竹，一路得勝。但是，情勢很快開
始逆轉，1942 年 6 月，海軍在中途島戰役中慘敗，失去了 8 艘航母中
的 4 艘，以及 3 百多名優秀的飛行員。海軍曾預估能支撐兩年，事實是，
它從輝煌的頂峰跌下來只用了 6 個月，此後再無回天之力。

　　無論如何，日本以國運為賭注，發起太平洋戰爭，改變了日本的
命運，翻轉了太平洋戰場，也為中國煎熬了 5 年半的抗日戰帶來新的
契機。

106　北岡伸一，《官僚制としての日本陸軍》（東京：筑摩書房，2012），頁 92。

第五章

重探中國遠征軍及兩次滇緬作戰

張世瑛（中華民國國史館纂修）
蘇聖雄（中央研究院近代史研究所助研究員）

1941 年 12 月 7 日（亞洲時間 12 月 8 日），太平洋戰爭爆發。1942 年 1 月 1 日，中、美、英、蘇四國及另外 22 個國家共同簽署「聯合國家宣言」（Declaration by United Nations），中國自盧溝橋事變後孤軍艱苦作戰終於告一段落，歐亞戰場合為一體，中國也一躍成為同盟國重要成員。

然而，中國朝野因為美國參戰所帶來的喜悅與期盼，很快就消減了。他們發現，遠水不但救不了近火，反而被扯去打了兩次滇緬作戰，付出極大的代價。

沒人料到，日本南方軍的閃擊戰如此快速，不到三個月，迅速拿下英、美、荷在亞洲的重要基地，席捲東南亞各地之後，英國屬地緬甸立即成為日軍下一個進攻的目標。

緬甸位於中南半島西端，北與中國雲南接壤，南瀕印度洋孟加拉灣，戰略地位重要，它不但是英國防衛印度的屏障，更扼守著此時中國唯一的對外通道——滇緬公路。自從 1940 年 9 月日軍出兵法屬越南，切斷滇越鐵路的交通後，滇緬公路就是中國對外的唯一孔道，仰光更儲存了中國自海外進口的大量軍需物資。日軍的目的是切斷滇緬公路，斷絕美英對華援助的通路，並準備進一步西進印度。

　　1942 年 1 月 22 日，日軍第 15 軍（司令官飯田祥二郎）轄下 33、55 師團越過泰緬邊界，入侵緬甸，英屬緬甸岌岌可危。英國駐緬部隊只有兩個師，無力抵擋日軍凌厲的攻勢，於是請求中國援助，羅斯福也希望中國派兵入緬，參加對日作戰。中國為了確保滇緬公路這條中國最後的生命線，積極派遣遠征軍入緬作戰，正式揭開「滇緬作戰」的序幕。

　　坊間過去對 1942 年之後抗戰的認識，基本上只注意東線（三陽一線及其以東的戰場），對西線（滇緬戰）的了解卻相對貧乏。其實西線戰場至關重要，蔣介石把國軍最精銳的部隊投入滇緬戰場，獲得勝利，證明了國軍在同盟國作戰的貢獻，但付出極大代價，國軍傷亡極重，國軍在東線的作戰也因而受挫，還導致國共形勢逆轉，對戰後中國政局勢響甚大。不僅如此，因為滇緬戰，中美兩國軍政領袖產生齟齬，對戰時及戰後中美關係影響至巨。

　　數十年來，學術界對滇緬戰有不同觀點，中美英三國也各有各的觀點。第一次滇緬戰，英軍指責國軍救援遲緩；美國史迪威批判國軍沒有戰鬥意志；國軍則指責英軍起初是阻止國軍入緬，戰事緊急才要求國軍速援，作戰過程又丟下國軍而棄緬逃走。第二次滇緬戰，美國持續批判國軍沒有反攻意圖，只會向美國要錢要資源，自己卻不付出；蔣介石則深感受美英帝國主義壓迫欺凌。

　　中美英三國各自的觀點為何如此相異？誰是真正盟軍主力？真相撲朔迷離，事實究竟為何？本章將重探兩次滇緬戰，試圖找出當年的是非及緣由。

一、組建中國遠征軍

　　談滇緬戰必先談滇緬公路。早在 1930 年代初，國民政府就預估中

日大戰一旦展開，日本必先占領中國東南沿海的港口，阻斷中國對外的交通線。一旦沿海港口失陷，唯有從西南打開出路，因此，蔣介石在 1934 年就規劃「國防戰備公路」，指示國軍獨立工兵團團長傅克軍協助緬甸政府修建一條從昆明經下關、保山、龍陵、畹町，直達緬甸臘戌的公路，在臘戌連接緬甸的中央鐵路，到南邊的仰光（Yangon）出海。[1]

滇緬公路與中英共同防衛緬甸

　　1937 年七七事變前，滇緬公路已修築到雲南的下關，七七事變後中日大規模開戰，沿海港口迅速淪陷，對外通道更加急迫。國民政府命雲南省主席龍雲加緊修建滇緬公路，龍雲緊急動員 20 萬民工、華僑，加速修築，於 1938 年 8 月底完成。不久，1938 年 10 月，日軍攻陷廣州，中國東南沿海的港口全部陷落，海岸線悉遭日軍封鎖，對外交通只剩下西南的滇越鐵路和滇緬公路。兩年後，1940 年 9 月，日本侵入越南，滇越鐵路全面中斷，中國唯一的對外運輸線就只有滇緬公路了。

　　對國民政府來說，維護滇緬公路的暢通至為重要，軍事委員會從1940 年就開始強化滇緬邊界的防衛。蔣介石把滇軍第 60 軍從江西前線調回雲南，並多次指示駐英大使郭泰祺，積極爭取與英國簽訂協議以共同防衛緬甸。[2]

　　1940 年 12 月 9 日，蔣介石在重慶會見英國駐華大使卡爾（Archibald Clark Kerr），主動表示，只要英方同意，中國願意派遣 10 個師約 16 萬兵力入緬，協助英軍防衛緬甸。不過，英國當時對蔣介石的提議冷淡以對，還提出一些不盡合理的條件，例如：唯有日英兩國開戰後才會

1　蔣介石手諭，傅克軍長子傅中先生提供。
2　蔡盛琦編，《蔣中正總統檔案：事略稿本》，第45冊（台北：國史館，2010），頁485-498。葉惠芬編，《蔣中正總統檔案：事略稿本》，第46冊（台北：國史館，2010），頁64-65。

考慮合作，而且日軍如果攻擊緬甸，中方有義務協助防衛緬甸，但如日軍只攻擊雲南而不攻擊英國的東南亞殖民地，則英國將維持中立。[3]

　　南亞風雲日緊，1941 年 2 月，英國邀請「中國緬印馬軍事考察團」到緬甸、印度及馬來亞考察軍事形勢。考察團返國後，國民政府再度向英國表示，願意派出 16 萬名中國軍隊及早入緬協助英軍布防，仍遭英國婉拒。[4]英方當時判斷，日軍不會從緬北這個崇山峻嶺、困難重重的路線來進攻緬甸，他們也不希望中國軍隊過早進入緬甸，以免激怒日本而造成反效果。[5]

　　面對英國的冷漠，蔣介石部署滇越、滇緬邊境的防衛並未稍緩。1941 年春，滇越、滇緬邊境的中國軍隊全部進入指定防區，以滇軍前線部隊編為第 1、第 2 路軍。第 1 路軍指揮官安恩溥，下轄 182、184 師及兩個獨立旅；第 2 路軍指揮官張沖，轄兩個獨立旅；所有滇軍前線部隊統一歸於第 1 集團軍總司令盧漢指揮。

　　1941 年 12 月 23 日，中美英三國在重慶舉行聯合軍事會議，達成下列協議：[6]

(1) 組織中、美、英、荷聯合參謀會議，定期開會；
(2) 建立中英聯合軍統帥部；

3　〈蔣委員長在重慶接見英國駐華大使卡爾商討借款額等問題談話紀錄〉（1940 年 12 月 9 日），收於秦孝儀主編，《中華民國重要史料初編：對日抗戰時期》（台北：中國國民黨黨史委員會，1981），第三編「戰時外交」第 2 冊，頁 229-230。

4　〈蔣介石與英國大使卡爾、英國使館陸軍參贊戴尼斯討論中英軍事合作辦法之實施〉（1941 年 1 月 2 日），收於秦孝儀主編，《中華民國重要史料初編——對日抗戰時期》，第三編「戰時外交」第 2 冊，頁 137-144。

5　〈蔣介石與英國大使卡爾會談紀錄〉（1940 年 12 月 9 日），收於秦孝儀主編，《中華民國重要史料初編：對日抗戰時期》，第三編「戰時外交」第 2 冊，頁 229-230。

6　〈蔣介石於中英美三國軍事代表團首次會議時之談話摘錄〉（1941 年 12 月 23 日），收於秦孝儀主編，《中華民國重要史料初編：對日抗戰時期》，第三編「戰時外交」第 2 冊，頁 209-210。

(3) 組建中國遠征軍 3 個軍入緬布防；

(4) 由美國向國軍和在華美國空軍志願隊（即陳納德的飛虎隊）提供急需的武器、彈藥、燃料和配件，並著手用美式武器裝備國軍在雲南的部隊；

(5) 美國空軍協防緬甸和雲南。

26 日，中英簽訂「中英共同防禦滇緬路協定」，成立軍事同盟，國民政府軍事委員會據此成立中國遠征軍（Chinese Expeditionary Force），準備派軍入緬作戰。[7]

中國遠征軍

1942 年 2 月，軍事委員會下令組建中國遠征軍，但因為英國態度游移不定，中國遠征軍司令部直到 3 月 12 日才正式在昆明成立。

中國遠征軍司令長官為衛立煌（因故未到任，杜聿明暫代，後由羅卓英繼任），副司令長官杜聿明，下轄 3 個軍：

第 5 軍（軍長杜聿明兼任）
　第 200 師（師長戴安瀾）
　新編第 22 師（師長廖耀湘）
　第 96 師（師長余韶）
第 6 軍（軍長甘麗初）
　第 49 師（師長彭璧生）
　第 93 師（師長呂國銓）
　暫編第 55 師（師長陳勉吾）

---

7 「蔣中正電林蔚等中英簽訂共同防禦滇緬路協定請求協防決派駐滇志願隊駐仰光助戰」（1941 年 12 月 27 日），〈革命文獻—同盟國聯合作戰：遠征軍入緬（一）〉，《蔣中正總統文物》，國史館藏，典藏號：002-020300-00019-003。

第 66 軍（軍長張軫）

新編第 38 師（師長孫立人）

新編第 28 師（師長劉伯龍）

新編第 29 師（師長馬維驥）

為籌組及統轄中國遠征軍的派出機構及各項後勤支援事務，軍事委員會同時在軍令部、軍政部、軍訓部中抽調一批軍事專家，組成參謀團進駐昆明。參謀團團長林蔚（原任軍令部第一次長），副團長阮肇昌（原任軍訓部第一次長），並有 5 位中將擔任高級參謀，分別是：邵百昌（原任要塞砲兵司令）、華振麟（原通信兵指揮官）、林湘（原工兵學校教育長）、馬崇六（原國防工程處處長）以及蕭毅肅（原總長辦公室高參）。

這個陣營說明了參謀團組織雖小，但層級頗高，且有相當大的權責。蔣介石及軍令部發給遠征軍的電報，必須先發到參謀團後才能轉發；遠征軍長官部的戰報及情報也須先送參謀團，再由參謀團轉報重慶軍事委員會。抗戰時期國民政府只有軍令部及委員長侍從室可以用蔣介石名義發布命令，而參謀團卻具有與軍令部同等的權力，必要時，參謀團團長甚至能在其所在地區代行蔣介石的委員長職權。[8]

兩次滇緬戰分三階段

整體而論，「滇緬作戰」可分為兩次作戰、三個階段：

(1) 1942 年 3 月到 7 月，10 萬中國遠征軍入緬，這是第一次滇緬作戰，以失敗告終，遠征軍損失慘重。

8　田玄，《鐵血遠征：中國遠征軍印緬抗戰》（桂林：廣西師範大學出版社，1994），頁 65-66。

(2) 1942 年底到 1944 年春，5 萬多名中國遠征軍陸續進入印度藍姆伽（Ramgarh）受訓，再加上修建中印公路的 1 萬 6 千名工兵部隊，總共近 7 萬人；這支在印度的中國軍隊，被稱為「中國駐印軍」，代號「X 部隊」。另外約有 1 萬 4 千名遠征軍留在怒江東岸，軍事委員會在雲南楚雄重新成立「中國遠征軍司令長官司令部」，代號「Y 部隊」。

(3) 1944 年 5 月到 1945 年 1 月，中國駐印軍及駐滇遠征軍分別從印度和雲南反攻，這是第二次滇緬作戰，完成戰略反攻的全面勝利。

二、第一次滇緬作戰：數萬國軍精英魂斷異鄉

中英兩國對如何防衛緬甸，看法不同。中國判斷，日軍很有可能越過緬甸東南的泰國邊境從陸路進攻緬甸。英國卻認為，東南方泰緬邊境有茂密原始叢林，是阻擋日軍進攻的天然屏障，日軍根本無法動用大量地面部隊從這裡入侵緬甸；日軍攻緬，應當會從泰國北部進來。

不過，中國援助英軍的行動並不順利。英國駐印軍司令官魏維爾 (Archibald P. Wavell)[9] 對於中國遠征軍入緬另有考量，一再婉拒，以致第 5 軍、第 6 軍並未立刻進入緬甸，只能在中緬邊境就地待命。隨日軍進逼，英國驚覺戰局不可挽回之際，才逐步、有限度地同意中國軍隊進入緬甸境內。英國需要中國軍隊協防緬甸，又對中國軍隊入緬猶豫再三，使得中國遠征軍入緬一波三折，一開始就喪失了戰機。[10]

9　1942 年 1 月後，「英國駐印軍」擴大編制，稱為「美英荷澳聯軍」（American-British-Dutch-Australian Force），俗稱 ABDA 聯軍，司令官不變，仍是魏維爾。

10　袁梅芳、呂牧昀編，《中國遠征軍：滇緬戰爭拼圖與老戰士口述歷史》（香港：青森文化，2015），頁 54。

日軍發起對緬甸的攻勢

1942 年 1 月，就在英軍司令官對中國遠征軍欲迎還拒、猶豫不決之際，日軍已下達以第 15 軍（司令官飯田祥二郎）為入緬作戰的核心，下轄第 33 及 55 兩個師團，這兩個師團是日軍在東南亞作戰中最精銳的部隊。

很不幸，日軍沒有從英國預期的泰國北部入侵，而是從英國最不願見到的緬甸東南方泰緬邊境的近海岸線處攻入緬境。[11] 1 月 4 日，日軍第 15 軍第 33、第 55 師團約 6 萬人，從東南泰緬邊界向緬甸進攻。此時，10 萬中國遠征軍已集結在中緬邊境待命。

日軍從緬甸東南方泰緬邊界攻入緬甸，這是中緬兩國都不願見到的。對中國來說，仰光不可失，因為大量美國援助中國的軍需物資囤積在仰光；對英國而言，仰光是緬甸最重要的港口及集散地。日軍攻下仰光後進行整備，以仰光為作戰基地，繼續其後對緬甸中北部的作戰，這是日軍在入緬前的最初作戰指導方略。[12]

日軍兵鋒直逼緬甸邊防，魏維爾這時才有限度地同意遠征軍第 6 軍的一個師（第 49 師）進入緬甸，這是首批入緬甸的中國軍隊。2 月 1 日，英方允許第二批中國遠征軍入緬。自 2 月起，日軍即以迅雷不及掩耳的速度，沿海岸線進軍直逼仰光。英國當局驚覺局勢嚴重惡化，無法獨立防衛緬甸，要求更多的中國遠征軍火速入緬。

日軍分批在 2 月 8 日及 10 日深夜渡過薩爾溫江，並迅速向錫唐河畔發動對英軍的追擊，在 2 月 23 日深夜殲滅了錫唐河東側的英軍約 3 千人。

---

11 齊錫生，《劍拔弩張的盟友：太平洋戰爭期間的中美軍事合作關係（1941-1945）》（台北：聯經出版公司，2011），頁96。

12 日本防衛廳防衛研修所戰史室編，曾清貴譯，《日軍對華作戰紀要（44）緬甸攻略作戰》（台北：國防部史政編譯局，1997），頁196。

　　2 月 15 日，這天正是中國農曆新年，另一支日軍（第 56、第 18 師團）長驅直入馬來半島，攻下英國在遠東最大的基地新加坡，9 萬名英軍向日軍投降，這是英軍史上最難堪的一役。

　　英軍未料到新加坡這麼快就淪陷，攻打馬來半島和新加坡的日軍第 18、第 56 師團掉轉馬頭攻緬。緬甸岌岌可危，英軍立即向中國遠征軍求援。第二天，2 月 16 日，等在中緬邊境的中國遠征軍展開第三次動員，以第 5 軍為主力，並配屬野砲、戰防砲及裝甲兵團等部隊入緬作戰。

　　2 月 24 日，根據中國駐英軍代表侯騰向參謀團報告，英軍對中國遠征軍入緬後的布防作如下部署：

(1) 第 6 軍暫編第 55 師駐守壘固（羅衣考，Loikaw）地區，第 49 師前進孟畔地區，第 93 師位置於景東地區，擔任泰緬國境之守備，軍部則位置於東枝。

(2) 第 5 軍以一個師守衛於東枝，為第 6 軍預備隊，以一個師防衛東吁（同古），一個師防衛於良禮彬，擔任英緬第 1 師和英印第 17 師撤退時之掩護。中國遠征軍軍部與直屬部隊則駐於東吁以北地區。

　　此時仰光尚未失守，英方做出這樣的部署，中方認為這顯示英軍並無在緬長期作戰的決心。[13] 英方賦予第 6 軍的任務是掩護其長距離撤退路線側背的安排；而第 5 軍的一個師配置於這個側背的交通要點——東枝，似乎是作為第 6 軍的預備隊。至於正面掩護的任務，則以第 5 軍的一個師駐於良禮彬，構成第一掩護陣地，再以第 5 軍的另一個師置於東吁，構成第二掩護陣地，最後以英緬軍防守正、側面兩個主要

13　軍事科學院軍事歷史研究部，《中國抗日戰爭史》（北京：解放軍出版社，1994），下卷，頁 228-229。

交通交匯點密鐵拉和瓢背，以構成最後掩護基地。

根據日方對緬戰所擬定的作戰計畫，第 33 及第 55 兩個師團同時並進，強渡薩爾溫江（Salween River），殲滅薩爾溫江西岸的英印軍，迅速渡過錫唐河，然後兵分兩路，一部向同古（Toungoo，今稱東吁）方面的國軍展開攻勢，另一部以主力向仰光方面突進。

英軍畏戰，可能和英緬軍力量薄弱有關。在日軍攻緬前夕，英國在緬甸僅有英緬軍第 1 師，1942 年底增加了裝備及戰鬥力較佳的英印軍第 17 師，下轄 3 個步兵旅、3 個砲兵營、1 個裝甲車營，計 1 萬 8 千人，飛機只有 39 架，另外還從澳洲抽調了英澳軍第 63 旅及英國裝甲第 7 旅約 7 千人。防衛本已不足，卻一再拖延中國遠征軍入緬部署，以致處處被動，英軍防線一擊即潰。

2 月中旬，日軍第 55 師團及第 33 師團向緬甸最大城、也是重要出海港仰光（Yangon）前進。不久前才組建成的英印軍第 17 師在這條路線沿途設防，阻擋日軍進攻仰光。第 17 師師長史密斯爵士（John Smith）認為防線過長，不利防守，他建議退到錫唐河西面，也就是仰光以東 55 英里處設防。

英印軍在西撤過程中和日軍發生戰鬥，被日軍第 33 師團及 55 師團合擊包圍，史密斯爵士計畫於 22 日深夜突圍，向錫唐河轉進。

不料，第 17 師前頭部隊到達錫唐河東面時，日軍第 33 師團 215 聯隊已經搶先迂迴到錫唐河橋邊，並猛攻東面的橋頭堡，切斷了第 17 師過橋西撤的唯一道路，並調集坦克及重砲，以猛烈的砲火完全封鎖英軍上橋的機會。英軍無法過橋，只得退到河邊與日軍苦戰，唯有第 17 師下轄的第 48 旅利用裝甲車掩護，拚命衝上大橋，到達錫唐河西岸。

英軍苦戰無功，第 17 師主力很快地被日軍第 33、55 師團分割包圍，無法突圍。雪上加霜的是，守在錫唐河大橋西邊的英軍護橋部隊看到只有第 48 旅過橋，誤以為第 17 師已遭殲滅，更擔心日軍將順勢攻占錫唐河大橋，遂於 23 日炸毀錫唐河大橋。結果第 17 師的英印軍在前

無退路、後有追兵的情形下，1 千多名英軍繳械投降，該師第 51 旅則拋下重武器及裝備，利用夜色昏暗尋求日軍包圍空隙，衝入河中游向對岸。[14]

最後，第 17 師大半被殲滅，5 千名士兵死亡或被俘，只剩下 80 名英國軍官、69 名印度軍官，以及冒死渡河獲救的 3,389 名士兵。他們的武器大多丟棄了，只剩下 1,420 枝步槍。此役，英軍傷亡慘重，對英國在緬甸的防禦，可說是一大重挫。[15]

日軍訓練有素的叢林作戰部隊在絕對優勢的航空兵掩護下，使英國的防禦作戰落於處處挨打的狀態。日本南方軍第 15 軍繼續前進仰光，並準備向北攻擊緬甸第二大城曼德勒（Mandalay）及西部重鎮仁安羌（Yenangyaung）。[16] 同盟國在南亞最重要的海上補給地仰光，籠罩在日軍的威脅中。

3 月 4 日，日軍第 55 師團擊敗英國第 7 裝甲旅，占領仰光東北的要地勃固（Bago）。勃固離仰光僅 50 英里（約 80 公里）。5 日，英緬軍總司令換人，亞歷山大（Harold Alexander）取代胡敦，接任英緬軍總司令。亞歷山大迅即飛到仰光組織防禦堅守，他發現日軍在猛攻勃固的同時，已向仰光北翼包圍，企圖切斷仰光至卑謬的公路，戰況迅速惡化，仰光的陷落已不可避免。亞歷山大下令炸毀仰光大煉油廠，並迅速由仰光向卑謬公路向北後撤。奇怪的是，英軍撤退的決定竟然瞞著蔣介石，未予告知。[17]

3 月 9 日，日軍幾乎兵不血刃地占領仰光，從同盟國手中獲得了一處重要天然良港及新的航空基地，打通了通往緬甸全境的門戶，同時

14　田玄，《鐵血遠征：中國遠征軍印緬抗戰》，頁 73-75。

15　徐康明，《中國遠征軍戰史》（北京：軍事科學出版社，1995），頁 72-74。

16　關於日本南方方面軍對於緬甸的作戰方略，參見日本防衛廳防衛研修所戰史室編，曾清貴譯，《日軍對華作戰紀要（44）緬甸攻略作戰》，頁 195-201。

17　蔣介石日記，1942 年 3 月 8 日。

封閉了外國援華軍事物資的唯一入口。[18]

同古浴血戰

　　仰光失陷後，對於中國來說是一個無比巨大的衝擊，自抗戰以來中國存放在仰光數以萬計的大批軍用及醫藥後勤物資，近 90% 以上都囤積在仰光的港口倉庫，一夕之間全落於敵手。英國人輕易棄戰，讓中國人覺得他們遭到西方盟友的背叛。國軍高層直到仰光失陷的那一刻，都還誤以為英國人的作戰計畫，是以英印軍來防守仰光及緬南海岸線，而中國軍隊則防衛緬北。[19]

　　日軍拿下仰光，必然北上進攻緬甸中部大城曼德勒，因此，位於仰光至曼德勒鐵路線上的第一大城同古（東吁），是防衛曼德勒的第一道屏障，更是阻止日軍北侵的戰略要地，英緬軍及中國遠征軍積極部署同古之戰。

　　英方在同古布防的是從仰光撤退來的英緬軍第 1 師，但士氣頗為低落。英軍緊急要求中國遠征軍增援同古。對於這個要求，蔣介石有些躊躇。

　　其實，為了緬戰，蔣介石早在 2 月 25 日從重慶飛至昆明，親自督導遠征軍全軍入緬前的最後部署。[20] 3 月 1 日，蔣介石從昆明飛抵臘戍，會見遠征軍將領杜聿明、戴安瀾等人，並下令遠征軍參謀團從雲南昆明前進至緬甸臘戍，以就近指揮、掌握軍情。[21] 第二天，原先一再拖

18　日本防衛廳防衛研修所戰史室編，曾清貴譯，《日軍對華作戰紀要（44）緬甸攻略作戰》，頁 252。

19　齊錫生，《劍拔弩張的盟友：太平洋戰爭期間的中美軍事合作關係（1941-1945）》，頁 100-102。

20　周美華編，《蔣中正總統檔案：事略稿本》，第 48 冊（台北：國史館，2011），頁 383。

21　同上，頁 416-419。

延遠征軍入緬的英國駐印軍司令官魏維爾飛到臘戍，與蔣介石會晤，催促中國盡速派遣第 5 軍進入同古，接替疲憊不堪的英緬軍防務。[22]

3 月 4 日，蔣介石三次召見遠征軍第 5 軍第 200 師師長戴安瀾，命令其火速將部隊開拔至同古，並不惜代價死守同古，爭取時間，掩護遠征軍主力向同古集結。[23]

同一天（3 月 4 日），美軍將領史迪威（Joseph Stilwell）抵達重慶，就任中國戰區美軍司令兼中國戰區參謀長。3 月 11 日，史迪威獲得蔣介石授權，指揮入緬的中國遠征軍。

史迪威在緬甸中部的梅苗設立指揮部，與杜聿明會面，商議同古會戰方針，決定趁日軍後續部隊尚未登陸緬甸之前，先集中遠征軍主力擊破當面的日軍第 55 師團，然後向西會同英軍夾擊日軍第 33 師團，最後一舉收復仰光。

沒想到的是，3 月 8 日，英軍竟然瞞著蔣介石，從仰光悄悄撤退。蔣很氣憤，更加失望。他明白，仰光既失，遠征軍在緬作戰已無意義，何況，遠征軍分批入緬部隊分散，是兵家大忌。此時，上策是趕緊把部隊撤回中緬邊界，防衛臘戍。[24]

然而，當英方不斷要求遠征軍增援時，蔣介石猶豫了。「入緬部隊不宜分散，但普羅美方面英軍無力，不能不增援」，他擔心將引起英美誤會，「引起惡感」。[25] 考慮的結果，他還是把他最精銳的第 200 師全速送往同古增援英軍，因為要盡一份盟友的協防義務。

同古作戰計畫的重中之重，就落在固守同古的遠征軍第 200 師身上。戴安瀾率領 200 師急行軍，於 3 月 10 日抵達同古。此時，英印軍約 1 萬人部署在同古的右翼，遠征軍第 5 軍第 200 師已抵同古的是

22　蔣介石日記，1942 年 3 月 2 日。

23　周美華編，《蔣中正總統檔案：事略稿本》，第 48 冊，頁 453-472。

24　蔣介石日記，1942 年 3 月 14 日，「上星期反省錄」。

25　蔣介石日記，1942 年 3 月 18 日。

598、600 團和工兵連，約 7 千人，部署在英印軍隊左翼。

3 月 15 日，戴安瀾部隊接替英軍防務，在戴的部隊進駐同古後，原先部署在同古右翼普羅美一帶的英印軍決定單獨脫離戰場，從而讓駐防在同古的戴部立即暴露在日軍的威脅之下。16 日，戴安瀾派出前哨部隊到同古以南 30 多公里的皮龍河一帶警戒。19 日清晨，日軍第 55 師團搜索部隊約 5 百人開至皮龍河大橋上時，200 師官兵隨即引爆大橋，日軍突遭襲擊，進退失據，紛紛向公路兩側森林逃竄，卻遇上等在這裡的中國軍隊，雙方發生激戰。經過一小時激戰，日軍傷亡約 2 百人，喪失了一些日軍地圖、作戰日記、文件及武器車輛等。

皮龍河前哨戰揭開了同古作戰的序幕，也是日軍發動緬甸作戰以來的第一場敗仗，戰鬥規模雖然不大，卻足以一挫日軍前此橫掃東南亞的銳氣，中國遠征軍展示了頑強的戰力。

3 月 20 日，第一次緬甸作戰中規模最大的一次陣地戰——同古保衛戰——就此展開。為攻占同古，日軍第 15 軍司令官飯田祥二郎調集第 55 師團，配備大量重砲及坦克展開攻擊，先由日軍航空兵輪番轟炸同古，然後第 55 師團以兩個聯隊的兵力，在砲兵、飛機及坦克的掩護下，向第 200 師各陣地進攻。

遠征軍雖然是中國當時最精銳的部隊，士氣高昂，但其武器裝備還是遠遜於日軍，兵士穿著草鞋或布鞋，絕大多數營養不良，而英印軍又怯戰，再加上敵眾我寡，戴安瀾心裡明白，這將是一場苦戰，戰況難以樂觀。他在 21 日晚召集全師營級以上軍官，帶頭立下「誓與同古共存亡」的遺囑，並宣布：「如本師長戰死，以副師長代之；副師長戰死，以參謀長代之；參謀長戰死，由步兵指揮官替代，各級照此辦理。」並給妻子王荷馨寫下了遺書：「余此次奉命固守同古，因上面大計未定，與後方聯絡過遠，敵人行動又快，現在孤軍奮鬥，決心

全部犧牲以報國家養育，為國家戰死，事極光榮。」[26]

從 3 月 20 至 24 日，200 師在鄂克春前哨陣地頑強抗擊日軍。

日軍想趁中國軍隊尚未到齊前，盡快取勝。22 日拂曉，日軍以一部由同古以西向城北飛機場迂迴，企圖切斷第 200 師與第 5 軍軍部的聯繫；主力則以重砲、飛機同時向 200 師及英印軍陣地猛攻。200 師在戴安瀾率領下，堅守陣地，毫不動搖。

3 月 24 日，日軍從清晨起，就以砲空聯合向鄂克春陣地猛攻，又以第 143 聯隊加上騎兵一部迂迴到同古以北 8 公里的克永岡機場，準備兩面夾擊。機場北邊第 200 師的一個工兵團正在執行破壞鐵路的任務，日軍突然來襲，只有第 598 團的一個營與日軍激戰。下午 5 時後，日軍大量增援，守軍兵力單薄，又無工事可以依託，傷亡慘重，機場於當晚 8 時失守。

第 5 軍軍長杜聿明下令駐平滿納的第 5 軍第 1 團火速前往增援，但由於緬甸交通不便，援軍抵達時，克永岡機場已被日軍攻占。當晚，鄂克春也失陷。

日軍迅速兵臨同古城下。戴安瀾立即調整部署，放棄坦塔賓等前沿陣地，收縮兵力全力保衛同古。但是，整個作戰態勢對中國遠征軍愈趨不利。戴安瀾在 5 天前（19 日）就急電臘戌參謀團，要求空軍助戰；但由於此時在臘戌的中美空軍僅有 8 架戰機，根本無法支援同古作戰。

25 日，日軍第 55 師團全軍出擊，從南、西、北三面合圍，猛烈攻擊同古，企圖把第 200 師驅趕至錫唐河予以殲滅。第 200 師全力死守，並火燒森林阻擋日軍前進，在日軍強大的砲火襲擊下，同古城內幾乎變成一片廢墟，200 師官兵死守不退，和日軍進行激烈的街頭巷裡的肉搏戰。

26　戴安瀾致家人遺書原信最早收錄於曹聚仁、舒宗僑編，《中國抗戰畫史》（上海：聯合畫報社，1947），頁 339。

此時，200 師已經堅守同古陣地一週之久，依據原本的作戰計畫，另一支遠征軍新 22 師應該已集結在平滿納至同古一線，伺機反攻日軍。但緬甸鐵公路交通本就落後，日軍入侵後更是一團混亂，英軍本就沒有堅守緬甸的打算，一路且戰且退。到了這個時候，英軍仍堅持其最高指揮權，結果是自顧不暇，未盡力協調交通，新 22 師根本無法及時抵達陣地。除了先頭團和軍部一個補充團抵達同古以北的葉達西外，新 22 師的另外兩個團還遠在 375 公里的曼德勒外等待車輛輸送。

同古情勢危殆，史迪威緊急把作為總預備隊的第 96 師全部調赴平滿納，可是 96 師還遠在 6 百多公里之外的臘戌，車輛交通也是一團亂，根本來不及趕過來救援。更嚴重的是，原訂參加同古作戰的第 6 軍暫 55 師，竟然還沒開始輸送，絕大多數重武器亦仍囤放在臘戌。

26 日，日軍集中主力突擊同古城西北角，炸毀城牆後，使用糜爛性毒氣，守衛該地的 200 師第 600 團傷亡過大，陣地被突破，進入短兵相接階段，雙方展開肉搏巷戰。當時戰況之慘烈，據親歷的隨軍記者樂恕人所述：「雙方的部隊僅隔一條鐵路對峙，相距不到一百米，由於犬牙交錯，敵人的飛機大砲均沒有派上用場，於是日軍將前沿部隊後撤二百米，才派飛機來轟炸，隨後又用大砲轟擊，中國軍隊躲在掩蔽壕裡不動，等到敵人衝鋒到只有四十至五十米的時候，所有的機槍、手榴彈，便像狂風暴雨似的，向著敵人發射了去，敵人死傷過重，又退了回去。像這樣的戰鬥，一日之內要往返多次。」[27]

28 日，日軍第 56 師團亦投入同古戰場，第 200 師不足 7 千人，如何同時面對日軍兩個師團的合圍壓力？日軍 55 師團在同古北方要點構築陣地，阻擊葉達西方面的新 22 師援軍，日軍在飛機及重砲掩護下，逐次攻破 200 師陣地，並一再施放糜爛性毒氣，雖有部分官兵中毒，但仍憑藉陣地頑強抵抗，並擊退了襲擊第 200 師指揮部的日軍。29 日，

27　樂恕人，《緬甸隨軍紀實》（重慶：勝利出版社，1942），頁 95。

日軍第 55 師團再次發起猛攻，第 56 師團搜索聯隊亦猛攻錫唐河大橋，企圖切斷同古後路，藉此圍殲 200 師。

就在遠征軍與日軍兩個師團鏖戰於同古之時，守衛在同古以西卑謬地區的英緬軍第一軍團，在日軍第 33 師團的進逼下一觸即潰，於 3 月 27 日丟掉納塔林，29 日放棄德貢，以致英國負責防禦的卑謬地區，不僅沒有形成對抗日軍的犄角之勢，反而因為英軍防線的崩潰，讓中國遠征軍陷入側防洞開的被動危機之中。

情勢愈加惡化，援軍卻遲遲未到。3 月 29 日，第 5 軍新 22 師仍被日軍阻滯在南陽車站，第 96 師先頭部隊才到達葉達西以北的沙瓦特，第 6 軍暫編第 55 師因火車出軌，仍在東枝附近的黑河待車。

史迪威與杜聿明為同古撤離爭執

遠征軍各部因為種種困難，都無法趕到同古接應 200 師，反擊日軍。此時，200 師已經苦戰 12 天，傷亡逾 2 千餘人，若再膠著下去，仰光方面日軍必然大舉增援，第 200 師勢必面臨全軍覆沒的下場。杜聿明要立刻把 200 師撤離同古。

沒想到，為了同古撤守的問題，杜聿明與史迪威爆發尖銳的衝突。史迪威強烈反對撤離，杜聿明不願 200 師做無謂的犧牲，他不顧史迪威的反對，命令第 200 師迅速放棄同古。杜聿明的理由是，國軍既不能集中主力與日軍決戰以解同古之圍，再拖下去，日軍源源而來，只有坐看 200 師被殲滅。如此，遠征軍將有被日軍各個擊破，全軍覆沒之虞。因此，寧保戰力，準備在另一時間、另一地點與日軍決戰。[28]

史迪威在同古保衛戰後氣得飛到重慶要辭職，蔣介石不得不婉言相慰，更換遠征軍司令官，換上羅卓英，取消杜聿明的代理，並親自

28　杜聿明，〈中國遠征軍入緬對日作戰述略〉，《遠征印緬抗戰：原國民黨將領抗日戰爭親歷記》（北京：中國文史出版社，1990），頁 20-21。

陪同史迪威到緬甸調解。[29]

　　戴安瀾在接到突圍命令後，迅即進行周密的部署，當時師部與城內的通訊已被切斷，戴派出兩個通訊員化裝為緬人，於 29 日黃昏入城，將他的親筆命令交給鄭庭笈（第 200 師步兵指揮官兼第 598 團團長），命全師向錫唐河東岸撤退，再轉移到葉達西集中待命。當日（29 日）深夜，第 200 師根據戴安瀾的指示，先對日軍實施佯攻後，然後在深夜渡河。

　　30 日拂曉，全師主力安全渡過錫唐河，並破壞了錫唐河大橋。是日，日軍全力進攻同古，負責斷後掩護的 200 師少數部隊趁日軍實施砲火襲擊時，安全退出同古。30 日，日軍進入同古時，發現是座空城。

　　同古保衛戰是第一次緬甸作戰中作戰規模最大、堅守時間最長、造成日軍傷亡最大的一次戰鬥，第 200 師作為中國遠征軍的先頭部隊，千里跋涉，深入南緬，在仰光已失的不利情勢下堅守同古，與兵力及裝備都占絕對優勢、且擁有制空權的日軍苦戰 12 天，殲敵 5 千餘人，不但掩護了英軍的撤退，也為中國遠征軍後續部隊的開進部署贏得了寶貴時間，最後全師秩序井然地安全轉移。

　　日軍第 15 軍司令官飯田祥二郎在同古之戰結束後曾言道：「當面之敵為中國軍第 200 師，其戰志始終十分高昂，尤其其退卻收容部隊固守陣地拒抗到最後一刻，堪稱值得敬佩之敵人。」對其勇氣讚佩不已。[30]

　　然而，戴安瀾第 200 師雖使日軍在同古受創甚重。客觀評價此役，同古的撤守為後續的緬甸作戰帶來極為不利的影響。同古是阻止日軍北上的戰略要地，但原先規劃的同古之戰，因緬甸交通困難，英方又未能積極配合，以致遠征軍主力無法及時趕赴同古前線作戰。戴安瀾

29　蔣介石日記，1942 年 4 月 1 日。

30　日本防衛廳防衛研修所戰史室編，曾清貴譯，《日軍對華作戰紀要（44）緬甸攻略作戰》，頁 440。

的 200 師在同古幾乎是獨立對抗日軍，雙方激戰 12 天，敵眾我寡，難以為繼，最後只得放棄同古。失掉同古，導致同古以東至毛奇的公路門戶洞開，日軍得以分兵大舉進攻遠征軍的後方基地臘戍，同時也為隨之而來的平滿納會戰埋下失利的因子。

平滿納會戰的破滅

同古會戰進入最後階段時，蔣介石就急電遠征軍各部，指示 200 師自同古撤出後，遠征軍應準備在中部大城內比都（Naypyidaw）東側的平滿納（Pyinmana）至曼德勒一線相機與日軍決戰。[31] 4 月 5 日，蔣介石偕宋美齡以及新任遠征軍第一路司令長官的羅卓英飛到昆明，為遠征軍加油，傍晚再飛臘戍，第二天轉赴梅苗，親自部署指揮，並與史迪威決定在平滿納與日軍決戰。[32]

平滿納位於同古以北，曼德勒以南，中央鐵路穿城而過，是緬甸內陸的核心城市，也是進入緬甸北部的門戶。蔣介石的作戰構想是：「平滿納會戰十分重要，必須鼓勵將士一舉擊破日寇，進而收復仰光。萬一日寇後續部隊增加，我軍也不要勉強決戰，退一步準備曼德勒會戰，或把住這個山口（指梅苗、曼德勒間）與敵作持久戰。」[33]

平滿納會戰的戰術構想，是以遠征軍第 5 軍 96 師、新 22 師為主力，左翼（西路）由英軍負責，右翼（東路）則是第 6 軍暫 55 師、第 200 師裝甲兵團守在外圍。[34] 新 22 師先在平滿納以南層層設防，利用斯瓦河沿岸狹長地帶，阻擊沿中央鐵路北犯的日軍，為第 5 軍主力爭取時間集結，待日軍疲憊後，200 師和新 22 師就和 96 師實行內外夾攻。

31　周美華編，《蔣中正總統檔案：事略稿本》，第 48 冊，頁 694。

32　蔣介石日記，1942 年 4 月 5、6 日。

33　周美華編，《蔣中正總統檔案：事略稿本》，第 49 冊，頁 18。

34　國防部史政編譯局編，《抗日戰史（9）·西南及滇緬作戰》（台北：國防部史政編譯局，1990），頁 269-271。

平滿納會戰是否成功，取決於兩個前提：（1）第 6 軍暫 55 師必須及時集結於黑河（東枝西部）附近，防止日軍沿毛奇公路前往東枝（又名棠吉），威脅平滿納防線的東側翼；（2）英軍必須固守阿藍廟，掩護中國遠征軍的西側翼。

擔任阻擊任務的新 22 師記取同古被圍的教訓，採取不固守一地，而利用斯瓦河沿線的地形，設定縱深陣地，各團交替掩護，在斯瓦河一帶牽制了日軍半個多月，掩護第 5 軍主力完成平滿納會戰準備的任務。[35] 然而，正在這個關鍵時刻，東、西兩翼的戰況卻急劇惡化，打破了中英聯軍抱以厚望的平滿納會戰的規劃。

平滿納西翼是英緬軍第 1 師，這支軍團是仰光失守後，英緬軍在距仰光約 240 公里的普羅美（Prome），把英軍各部合編為緬甸軍第 1 師。遠征軍主力第 5 軍積極準備平滿納會戰時，負責西線防務的英軍自 4 月 1 日棄守普羅美之後，士氣低落，一路被日軍第 33 師團追著打，英軍沿伊洛瓦底江一路敗退，不到半個月陸續丟失西線戰略要地阿藍廟、馬格威。4 月 16 日，油田重地的仁安羌被日軍占領，英緬軍第 1 師在仁安羌以北被日軍包圍，使得駐守平滿納的遠征軍西翼洞開，完全處於日軍包圍圈內。不僅如此，守在平滿納東翼的遠征軍暫 55 師在與日軍作戰中失利，節節後退，18 日，日軍已進占至壘固附近，對平滿納防線構成直接威脅。

東西兩翼皆告失守，日軍對平滿納形成合圍之勢，還分兵包抄遠征軍後方，企圖切斷遠征軍後路。這樣情況下，18 日，史迪威、羅卓英不得不下令放棄平滿納會戰，退守密鐵拉、瓢背一線，準備曼德勒會戰。經過周密準備的平滿勒會戰，還沒展開就放棄了。此後中英聯軍陷入步步挨打的被動局面，再也沒有扭轉戰局的機會了。

35　田玄，《鐵血遠征：中國遠征軍印緬抗戰》，頁 86-90。

仁安羌解圍戰

　　攻占仁安羌是日軍第33師團的核心任務，仁安羌在緬甸語意為「油河」，是當時中南半島最大的油田，也是中英聯軍油料的主要供應地。日軍如奪取仁安羌油田，將大幅改善太平洋戰場和中國戰場上日軍的石油供應，對日軍戰略物資補給的重要性不言可喻。

　　因此，日軍第33師團在4月7日攻占阿藍廟後，便兵分三路迅速突破英軍防線北上。12日攻破英軍科固瓦、薩特丹陣地及新榜衛防線；14日，日軍擊潰了賓河（亦稱拼牆河）南岸的英印守軍。同日，英軍總司令亞歷山大向英軍中方代表侯騰求援，請求中國遠征軍迅速增援。對此，蔣介石在第一時間電令參謀團團長林蔚，指示新38師迅速以兩個團增援英軍，解救仁安羌之圍。[36]

　　雖說是派兩個團馳援英軍，實際只有一個團。當時第5軍正處於西翼空虛的狀態，羅卓英為顧及聯盟關係不得不派出兩個團，但只有第113團到了仁安羌前線，並接受英緬軍第1軍軍長斯利姆（William Joseph Slim）中將的指揮。第112團雖被派往英軍作戰地區內的納特曼克，但仍由第5軍指揮以掩護第5軍側背安全。新38師的另一團（第114團）還守在曼德勒。[37]

　　新38師是中國遠征軍總預備隊第66軍主力部隊，前身是財政部稅警總團，參加過八一三淞滬會戰，1938年在長沙重新組建，總團長孫立人、副總團長齊學啟均畢業於清華大學和美國維吉尼亞軍校。1940年11月，稅警總團改編為新編第38師，孫立人任師長，齊學啟任副師長兼政治部主任，全師列入第66軍建制。1942年3月下旬，新38師由昆明開赴緬甸，4月5日到達臘戌。蔣介石入緬視察後，決定

36　周美華編，《蔣中正總統檔案：事略稿本》，第49冊，頁117。

37　孫立人講述，沈敬庸編輯，《中國軍魂：孫立人將軍鳳山練軍實錄》（台北：台灣學生書局，2013），頁546。

派新 38 師駐守曼德勒，師長孫立人擔任曼德勒衛戍司令。

　　4 月 16 日，劉放吾團長率領 113 團抵達英緬軍第 1 軍基地皎勃東（Kyaukpadaung，也稱喬克巴唐），當天白天英軍斯利姆（William J. Slim）將軍把第 1 軍指揮所向北撤至賓河北岸的歸約（Gwegyo，距仁安羌 25 英里，40 公里），所以，第二天（17 日）清晨，斯利姆聽聞遠征軍到了，精神一振，立刻跳上吉普車去見團長劉放吾，令其率部替英軍解圍。[38]

　　此時，日軍已從南北兩面切斷了仁安羌公路，把英緬第 1 師及第 7 裝甲旅緊緊圍在仁安羌。被圍的英軍有 7 千多人，有大量坦克、大砲和汽車，實力還遠勝過來攻的日軍。但是，一路敗退下來的英軍驚魂未定，日軍則來勢洶洶，師長斯科特（James B. Scott）急電斯利姆求援。

　　17 日中午，斯利姆交給劉團長手令：「致 113 團團長劉上校：茲派貴官率領貴團全部，乘汽車至賓河地區，在該處，你將與安提斯准將（Brigadier Anstice〔John H. Anstice, 1897-1970〕）會合，他將以所有戰車支援你的部隊。你的任務是攻擊並消滅賓河北岸約兩英里公路兩側之敵。」[39] 17 日下午，113 團到達賓河北岸，進入集結地區即做攻擊準備。

　　18 日清晨，在英軍戰車及砲兵的協力下，劉放吾率 113 團向賓河方向發起攻擊。戰鬥至 12 時許，壓制住當面的日軍，但攻擊到達賓河北岸河濱時，攻勢被對岸（南岸）的日軍擋下了。南岸的地勢比北岸高，日軍居高臨下，嚴陣以待。北岸地勢低，一片空曠，沒有可供隱蔽掩蔽之處，如強行渡河，113 團勢將暴露在日軍戰機及砲火的打擊網內，必遭重大傷害。[40]

....

38　Field-Marshal Viscount William Slim，*Defeat Into Victory: Battling Japan in Burma and India, 1942-1945* (Cooper Square Press, 2000), pp. 66-67.

39　劉偉民，《劉放吾將軍與緬甸仁安羌大捷》（香港：今日出版社，2007），頁 22。

40　張鑄勳對仁安羌之役的作戰準備、指揮體系、部隊配置、武器裝備，以及實戰細

　　劉放吾認為，白天繼續攻擊，傷亡必大，決定暫停攻勢。孫立人在 18 日上午趕到前線，他支持劉放吾的決定，主張先把當面敵情及地形偵察清楚，利用夜晚調整部署，第二天拂曉再發起攻擊。

　　第 1 師師長斯科特頻頻告急，請求繼續進攻，救援心切的斯利姆再三催促 113 團立即渡過賓河，解救被圍的英軍。孫立人耐心說明利害關係，請其告知斯科特務必再堅守一天，中國軍隊一定負責在明天下午 6 點以前，解救被圍英軍。[41]

　　19 日拂曉，劉放吾率領第 113 團向賓河以南日軍發起猛烈攻擊，在突破日軍第一線陣地後，繼續向據守高地的日軍發起攻擊。遭到突然攻擊的日軍經調整部署後，立即向 113 團反撲，使已奪取的陣地，前後三次易手。為不使日軍摸清第 113 團僅為一團兵力，團長劉放吾使用了多種疑兵戰術，不斷以小部隊突襲當面日軍，主力則由正面向日軍發起猛攻。戰鬥中，第 3 營營長張琦陣亡，第 3 營官兵前仆後繼、拚死向前，經過一晝夜的血戰，終於將日軍主力擊潰，奪下日軍占據的 501 高地。

　　此役，收復了仁安羌油田，殲滅日軍 1 千 2 百餘人，113 團戰鬥兵員也傷亡過半，解救了 7 千餘名英緬軍隊，還救出被日軍俘虜的英軍、美國傳教士及新聞記者 5 百餘人，另外還奪回 1 百多輛汽車和 1 千餘匹軍馬，這些輜重全數交還英軍。

續 ....

　　節等，做了翔實的研究，請見張鑄勳，〈再探中國遠征軍「仁安羌戰鬥詳報」的考證：兼論國軍第 113 團替英軍解圍〉，「寄命千里　奉節域外：中國遠征軍與第二次世界大戰研究計畫成果發表會」，政治大學人文中心主辦，2021 年 7 月 31 日。

41　「第一次仁安羌戰鬥詳報」，〈新編第三十八師緬甸戰役戰鬥詳報〉，《國防部史政局和戰史編纂委員會》，中國第二歷史檔案館藏，檔號：787-11655，頁 27-28；國防部史政編譯局編，《抗日戰史（68）・滇緬路之作戰》（台北：國防部史政編譯局，1982），頁 68。引自張鑄勳，〈再探中國遠征軍「仁安羌戰鬥詳報」的考證：兼論國軍第 113 團替英軍解圍〉，「寄命千里　奉節域外：中國遠征軍與第二次世界大戰研究計畫成果發表會」，政治大學人文中心主辦，2021 年 7 月 31 日。

　　仁安羌援救英軍大捷，新 38 師 113 團以少勝多，打出了一場漂亮
的勝仗，在第一次緬甸作戰中，中國遠征軍在同古、斯瓦河一帶組織
過多次防禦作戰，仁安羌之役是整個緬甸作戰中，唯一的、也是最成
功的一次攻堅作戰。正值日軍在東南亞戰場所向披靡的時候，中國遠
征軍竟以一千餘人的兵力，擊敗了實力數倍的日軍，不但讓英、美盟
邦刮目相看，也開啟了中國軍隊揚威異域的新頁。

　　英緬軍總司令亞歷山大向孫立人當面致謝，並向中國軍隊表示敬
意。日軍戰史以及媒體也記載了 113 團的勇猛：「19 日晨，位於北
方賓河之敵（即國軍第 113 團）似乎再增強兵力，聯隊長不得已再增
援一個中隊至該方面。……但作戰部隊主力依然南北受敵，陷於苦戰
中。」[42]「皇軍仁安羌被襲，英印聯合軍唯一依賴的是重慶軍。」[43]

　　仁安羌大捷也轟動了英倫三島，1943 年 1 月 2 日，為答謝中國遠
征軍仁安羌救援英軍的壯舉，英王喬治六世特派代表在中國駐印軍駐
地舉行英皇授勛儀式，孫立人獲頒「帝國司令勛章」，他是獲此殊榮
的第一位外國將領；副師長齊學啟、團長劉放吾和各營營長，也分別
獲中、英政府的嘉獎。孫立人和劉放吾各獲頒中華民國雲麾勛章，彰
顯兩人在仁安羌督導與指揮之功。

東線的崩潰

　　自中國遠征軍入緬作戰以來，東線始終是遠征軍最薄弱的一道防
線，然而，位在東線的臘戌是遠征軍長官部及參謀團的駐守之地，存

42　日本防衛廳防衛研修所戰史室編，曾清貴譯，《日軍對華作戰紀要（44）緬甸攻略
　　作戰》，頁 511、513。

43　《東京朝日新聞》，1942 年 5 月 5 日，2 版。引自張鑄勳，〈再探中國遠征軍「仁安
　　羌戰鬥詳報」的考證：兼論國軍第 113 團替英軍解圍〉，「寄命千里　奉節域外：中
　　國遠征軍與第二次世界大戰研究計畫成果發表會」，政治大學人文中心主辦，2021
　　年 7 月 31 日。

放大量的後勤戰備物資，不但是遠征軍入緬的必經之地，倘若戰局逆轉，也是遠征軍返回中國的最重要退路。

　　然而，這一帶的防衛卻很弱。從一開始，英方就把遠征軍分別派往緬甸各處（例如：東南的景東、東邊的猛畔、羅衣考等地），把第6軍布置於東邊的東枝，軍直屬部隊置於緬中的雷列姆，兵力分散，防衛薄弱。更糟的是，英方把第6軍主力三個師變成守備部隊，機動性受到嚴重限制。

　　同古保衛戰結束後，遠征軍立刻集結主力部署平滿納會戰，研討過程中，無論是史迪威、羅卓英，或是杜聿明，因為東線都是山地，日軍不易前進，竟沒有人嚴肅面對東線防務虛弱的問題。同古失守後，同古至毛奇的公路已門戶洞開，日軍可以輕易地向遠征軍後方、特別是臘戌基地突進。整個4月，東線只有第6軍暫55師以營、連為單位，分散配置在毛奇、南帕、羅衣考、東枝、黑河等地，兵力分散，每個點的防衛都極為薄弱，整個東線可說不堪一擊。

　　日軍卻早已仔細研究中緬英軍的部署，擬定了詳盡的作戰計畫。日軍清楚，英緬軍不堪一擊，真正有戰力的是中國遠征軍，所以，必須盡快奪取臘戌，截斷遠征軍的退路。日軍在3月底從馬來半島增調第56師團投入緬戰，拿下同古後，第55師團繼續北上，第56師團則快速沿同古至毛奇公路急行軍突進，4月6日先頭部隊攻占了毛奇。遠征軍大驚失色，第6軍軍長甘麗初急令暫55師第1、2、3團立即到羅衣考及東枝抵擋。可是，暫55師各團散在各處，與日軍一經接觸，即紛紛潰散。

　　暫55師師長陳勉吾為穩定軍心，於12日把師部向東推進至保拉克，隨後第6軍指揮所也推進至羅衣考。15、16日，日軍56師團分兩路向暫55師陣地兩翼攻擊，至18日，日軍已推進到羅衣考以南高地一線，暫55師由於各部隊分散投入戰鬥，被56師團各個擊破，在各處陣地均未能阻擋日軍，部隊陷於混亂，軍部、師部及各部隊失去聯

絡。4 月 20 日，日軍攻占羅衣考，中國遠征軍在東線防務的脆弱與不堪一擊，已暴露無遺。

同一時間，中路日軍（第 55 師團）進攻太快，逼得中英聯軍不得不放棄平滿納會戰，轉而準備曼德勒會戰。問題是，如果平滿納會戰是因為東、西兩翼的防線失守而不得不放棄，那麼，曼德勒會戰是否能逃過日軍三面夾攻的危局？

史迪威和羅卓英把第 5 軍及第 66 軍主力分散在平滿納至曼德勒間長達 3 百餘公里的公路線上，既不能集中兵力進攻，又無法建立堅固的防線，分散兵力容易被敵人各個擊破。杜聿明直言，曼德勒會戰已無意義，他提出兩個方案：照原計畫，繼續執行平滿納會戰；或集中兵力保全臘戍的兩大門戶東枝和梅苗，而不宜再進行已無意義的曼德勒會戰。[44]

史迪威、羅卓英仍堅持進行曼德勒會戰，但戰局變化快速，等到史迪威、羅卓英意識到東線防務薄弱時，才發現日軍真正的意圖是攻占臘戍，但已來不及了。日軍正企圖繞過遠征軍後方，堵住了遠征軍的退路，整個局勢已經難以挽回。

4 月 21 至 23 日，第 6 軍各部由於兵力分散，日軍乘勢長驅直入，一鼓作氣再奪下了攻往臘戍的門戶──東枝，東枝之後 70 公里的東線重鎮雷列姆也在危急之中。史迪威得悉後曾急電遠征軍第 6 軍 49、93 師立即增援雷列姆。24 日拂曉，日軍 56 團突破孟邦及第 6 軍陣地，又持續進攻雷列姆，與剛到達接替守衛的 49 師發生激戰，並迅速占領了雷列姆，遠征軍 49 及 93 師抵擋不住，向塔可等地後撤。日軍攻占雷列姆後，立即以坦克 10 餘輛為先導部隊，由 400 多輛汽車組成的快速部隊，分兩路向北急攻，一路迅速奪占了萊卡，另一路經南桑東進孟

<hr>

44　杜聿明，〈中國遠征軍入緬對日作戰述略〉，《遠征印緬作戰：原國民黨將領抗日戰爭親歷記》，頁 27-29。

囊，快速向遠征軍的大本營臘戌迂迴前進。

此時，東線戰局崩潰已在眼前，4 月 24 日，蔣介石電告史迪威、羅卓英、林蔚三人：「一、國軍今後在緬甸之作戰指導，應以不離開緬境，而不與敵主力決戰為原則，依此原則，以機動作戰，極力阻止並遲滯敵之發展，尤以對東枝、雷列姆北進之敵，須極力拒止其繼續前進。二、新 28 師主力可速運臘戌與雷列姆方面，當先以保守臘戌為主，並盡可能求該方面之敵而擊滅之。三、第 5 軍在平滿納方面，應以逐次遲滯敵之前進為目的，施行持久抵抗，但亦不可過久膠著於一地戰鬥，致招過甚之損失。四、為應將來狀況之演進，第 6 軍應準備以景東方面、第 5 及 66 軍兩軍主力，以密支那與八莫方面，為後方補給聯絡線。」[45]

從蔣介石這個訓令可以看出，他雖然指示各部於前線逐次抵抗，但也表明，在戰局不利情況下的最壞打算，即第 6 軍以緬東的景東、第 5 及 66 軍兩軍以緬北的密支那與八莫為最後據點退回國境。

根據蔣介石日記，他已想到臘戌很可能不保，但即便如此，只要守住密支那，遠征軍仍能從密支那撤退回國。問題是，來勢洶洶的日軍，既拿下臘戌，怎麼放過密支那？

果不其然，26 日，日軍 56 師團再次集結北進，迅即攻陷臘戌前方最後的一道防線——西保、南馬等地，剛趕到該地的第 66 軍 28、29 師倉促布防，沒怎麼打，很快就被日軍擊潰，日軍已經兵臨臘戌城下。

29 日，日軍在坦克和飛機的掩護下，向臘戌發起猛攻，當天下午臘戌失陷，滇緬公路被日軍徹底截斷，在此屯積的大批軍需物資也全部落入日軍之手。日軍長途奔襲，在沒有付出太多代價下，輕取臘戌，不但繳獲了大量物資，更重要的是切斷了中國遠征軍回國的退路，使

45　〈蔣委員長致臘戌參謀團團長林蔚等訓令電〉（1942 年 4 月 24 日），收於秦孝儀主編，《中華民國重要史料初編：對日抗戰時期》，第二編「作戰經過」第 3 冊，頁 299。

遠征軍各部在臘戌以南毫無立足之地，斷了他們撤退回國的路。臘戌的失陷，是遠征軍入緬作戰以來，戰略上最大的失利，更造成無可挽回的嚴重後果。

艱困的撤退：魂斷野人山

臘戌失守，史迪威、羅卓英終於意識到戰局潰敗，已難挽回。4月30日，給仍駐守在曼德勒附近的第5軍下達向緬北撤退的命令。杜聿明遂令新22師、96師及新38師輪流掩護，西渡伊洛瓦底江，向北轉移。

5月4日，各師抵達甘布魯、車岡一帶，準備沿曼德勒至密支那鐵路繼續北上。但臨時發生鐵路撞車意外，運輸中止，遠征軍司令長官部擔憂日軍占領畹町後封鎖緬北，並趕在遠征軍撤退前，搶先占領密支那及八莫，故於6日電令第5軍放棄向緬北轉移的計畫，改為往西就近向印度境內撤退。於是，遠征軍司令長官部開始西行，史迪威親率中美官兵1百餘人徒步半月，於5月20日到達印度的英帕爾，羅卓英率司令長官部其他人員也於數日後抵達。

然而，當遠征軍司令長官部決定改撤退至印度時，杜聿明卻認為「我軍戰敗入印，將為印人所不齒」。因此堅決主張按遠征軍原先的規劃，向北退至密支那，然後轉進雲南，如此，將可與攻擊密支那的日軍決一死戰，勝可保存緬北一隅，敗則退守騰衝。[46] 5月7日，蔣介石電令杜聿明：「希即親率我緬北各部，速向密支那、片馬轉進。」[47]於是杜聿明決定率部經密支那向雲南境內片馬、騰衝方向撤退，並指示96師占領孟拱，在右翼掩護主力下，全軍迅速轉向國境撤退。

46　杜聿明，〈中國遠征軍入緬對日作戰述略〉，《遠征印緬作戰：原國民黨將領抗日戰爭親歷記》，頁35。

47　「蔣委員長致臘戌參謀團團長林蔚等訓令電」（1942年4月24日），收於秦孝儀主編，《中華民國重要史料初編：對日抗戰時期》，第二編「作戰經過」第3冊，頁315。

　　屋漏偏逢連夜雨，5月9日，第5軍在北進途中獲悉，密支那已在一天前被日軍攻陷，遠征軍回國的最後一道大門也關閉了。次日，新38師第113團在卡薩與日軍發生激戰，仍未能阻擋日軍渡過伊洛瓦底江，日軍後續部隊已陸陸續續抵達密支那，在這樣的情況下，杜聿明只得放棄原先循密支那、片馬歸國的計畫，在11日命令部隊「全軍以迅速脫離敵人之目的，即改沿曼（德勒）密（支那）鐵路以西地區，逕向孟關、大洛之線轉進。」但是，孟關、大洛這條線均是毫無人煙、近乎蠻荒的原始森林，道路艱險、補給困難，杜聿明在入山之前，特別指示各部隊必須自行攜帶至少三天份的糧秣。[48]

　　事實上，這條路線的艱險遠遠超過杜聿明的想像，誰也沒有想到，橫在前面的竟是這些國軍精銳的生死劫。

　　5月12日開始，第5軍各部分頭轉移，一路都是深山密林，又適逢雨季，幾乎都是在杳無人煙的原始叢林中，與惡劣的環境搏鬥，病死、餓死、毒死、……撤退過程中慘死的兵員竟比戰鬥中的損傷還多！

　　杜聿明率第5軍軍部及新22師徒步穿越毫無人煙的原始森林，向北前進。由於行進困難，不得不將重武器及一般輜重全部破壞丟棄。21日，蔣介石來電指示，令第5軍在未接到來自重慶的命令前不得入印。31日，杜聿明歷經19天艱險，到達緬甸西部的清加林。又接到蔣介石來電：「既到清加林，應即西向印度或雷多（Ledo，又稱列多）轉進，暫時休息，不必直赴葡萄，以免中途被困為要。」[49] 他們遂改道由新平洋向雷多前進。6月緬北進入雨季，暴雨引發山洪，道路淹沒，更加上森林中螞蟥、蚊蟲肆虐，行軍更為艱難。6月6日至14日，部隊被洪水阻於大洛以南河邊，杜聿明回電蔣介石：「沿途杳無人煙，

48　國防部史政編譯局編，《抗日戰史（9）・西南與滇緬作戰》，頁297。

49　中國第二歷史檔案館編，《抗日戰爭正面戰場》（南京：江蘇古籍出版社，1987年），下冊，頁1436-1437。

官兵絕糧八日，草根羅掘俱空，饑病交加，死亡甚重。」[50] 杜聿明也因病昏迷兩日。16 日，終於中美空軍尋獲第 5 軍蹤跡，空投糧食，官兵得以薄粥餬口。7 月 25 日，第 5 軍軍部與新 22 師終於到達印度雷多，這次撤退歷時兩個半月，行程超過 480 公里，途中失蹤及死亡人數計約 4 千人之眾。

第 96 師於 5 月 10 日抵達孟拱，原計畫是要攻占密支那，但日軍已搶先攻下密支那，當天接到杜聿明指示，放棄原計畫改向孟關轉進。18 日，第 96 師抵達孟關，隨後向葡萄前進。進軍途中輾轉於人跡罕至的野人山中，補給全斷，毒蛇、螞蟥侵襲，又遇連日大雨，兵員損失慘重。6 月下旬，部隊獲空投支援；30 日，副師長胡義賓率部經葡萄以南的埋通時，遭遇日軍伏擊，在督戰時陣亡。8 月初，第 96 師翻越高黎貢山進入雲南境內，然後渡過怒江、瀾滄江。如此一路艱險，歷經 3 個多月，才在 8 月下旬抵達雲南西部的劍川。這支傑出的部隊離開中國時全師 9 千人，在緬甸作戰死傷 2 千 2 百人，而撤退時竟有 3 千 8 百人在野人山失去性命。

在緬甸作戰中表現優異的第 200 師也難逃悲慘的命運。他們在 4 月 26 日放棄陣地向雷列姆進擊，30 日接杜聿明指示經摩谷向卡薩附近集結，但因密支那被日軍占領，第 5 軍各部分頭向緬北撤退。師長戴安瀾決定由雷列姆以北山地向東北方向急進。5 月上旬已過梅苗，準備渡過南渡河，經八莫、南坎間回國。第 200 師在向北突圍過程中，為避日軍襲擊，只能避開交通幹線，鑽進森林，不但要克服缺乏補給及水源的難關，更要隨時準備與已經占據密支那等要地的日軍戰鬥。5 月 18 日穿越西保至摩谷間公路時，遭遇日軍伏擊，戴安瀾率部與日軍激戰，不幸中彈負傷，第 599 團長柳樹人、第 600 團副團長劉杰英勇犧牲。

50　「杜聿明報告該軍由康地出發到達太洛情形電」（1942 年 6 月 15 日），秦孝儀主編，《中華民國重要史料初編：對日抗戰時期》，第二編「作戰經過」第 3 冊，頁 329。

26日，戴安瀾因傷重不治。200師在副師長高吉人率領下繼續北進，直到6月17日才抵達雲南騰衝縣境，25日，全師抵達保山縣，撤退過程死傷3千2百人。

　　第5軍唯一順利退出緬甸的是孫立人率領的新38師。杜聿明命令他們向曼密鐵路以西地區轉進，但孫立人認為從緬北迂迴返回國境，路途太遠，且幾乎都是原始森林，一旦受困，隨時有被日軍圍殲的可能，故決定脫離第5軍，轉向西進，退入印度。5月中旬，新38師迅速擺脫日軍後，向西轉入山林地區，趕在雨季到來前，於5月24日抵達印度英帕爾。沿途雖歷經艱辛，但因路途較短，未遇山洪，抵達時仍維持完全編制，是所有遠征軍各部隊中，唯一未遇重大損失的。

　　第6軍的命運比第5軍好，他們是從雷列姆東撤的，在4月30日臘戌失守後，即接獲遠征軍司令長官命令全軍向景東轉移。5月上旬，第6軍各部向景東附近轉進，並沿緬泰邊境與日軍發生激戰。5月15日，軍事委員會電令第6軍除暫55師撤回雲南思茅、寧洱外，主力繼續留守景東地區。第6軍軍長甘麗初認為第6軍目前三面受敵，且景東地區地勢平坦，不易防守，在電蔣介石請求「放棄固守景東，退回滇南，以鞏固國境」。[51]於是第6軍緩緩撤回雲南境內。

　　至於遠征軍司令總部及參謀團，分為兩路撤退。參謀團一直駐紮在臘戌，臘戌失守前夕匆忙沿滇緬公路撤退，5月5日到達邊境保山，6月13日又遷往昆明。遠征軍司令部則在史迪威率領下，1百餘人徒步西行，於5月20日到達印度的英帕爾。24日，史迪威乘飛機抵達印度首府新德里。史迪威在記者招待會上直言：「我們從緬甸逃出來，這是個奇恥大辱。我認為我們應該找出原因，然後打回去，收復緬甸！」[52]

....

51　國防部史政編譯局編，《抗日戰史（9）‧西南與滇緬作戰》，頁282。

52　塔奇曼著，汪溪譯，《逆風沙：史迪威與美國在華經驗，1911-1945》（重慶：重慶出版社，1994），頁390-391。

第一次緬甸作戰，中國遠征軍雖在同古、仁安羌等地的個別作戰中展現無畏的勇氣與戰力，也獲得一定的戰果，但從大局來看，無疑是慘敗，不但緬甸全境落入日軍之手，且遠征軍損失太大，尤其是長途跋涉穿越緬北原始森林的第 5 軍各部，兵員損失甚至超過了對日直接作戰的傷亡人員。

第 5 軍的傷亡情形據當時回報資料的初步統計如下：

表 2　第五軍傷亡統計 [53]

番號	動員人數	戰鬥死傷人數	撤退死傷人數	最後撤退人數
第五軍直屬部隊	15,000	1,300	3,700	10,000
200 師	9,000	1,800	3,200	4,000
新 22 師	9,000	2,000	4,000	3,000
96 師	9,000	2,200	3,800	3,000
合計	42,000	7,300	14,700	20,000

至於第 6 軍的傷亡情形，據軍長甘麗初在 9 月底的回報稱，轄下 3 個師，93 師損失三分之一的兵源，49 軍情況尚不明朗，但至少有兩個團已完全被打散。暫 55 師全師只剩下 2 千餘人。[54]

緬甸全境陷於日軍之手，對盟國及中國都有重大的影響。日軍占領緬甸，打開了進攻印度的門戶，英印危在旦夕。緬甸失陷也加重了美國在太平洋上的軍事壓力和駝峰航線的空運負擔。而滇緬路被截斷，

---

53 〈陸軍第五軍緬甸戰役戰鬥詳報〉，中國第二歷史檔案館編，《抗日戰爭正面戰場》下冊，頁 1435-1438。上表另參考自徐康明，《中國遠征軍戰史》，頁 142-144。時廣東、冀伯祥，《中國遠征軍史》（重慶：重慶出版社，1994），頁 78。

54 〈緬甸作戰經過及失敗原因與各部優劣評判報告書〉，中國第二歷史檔案館編，《抗日戰爭正面戰場》下冊，頁 1433。

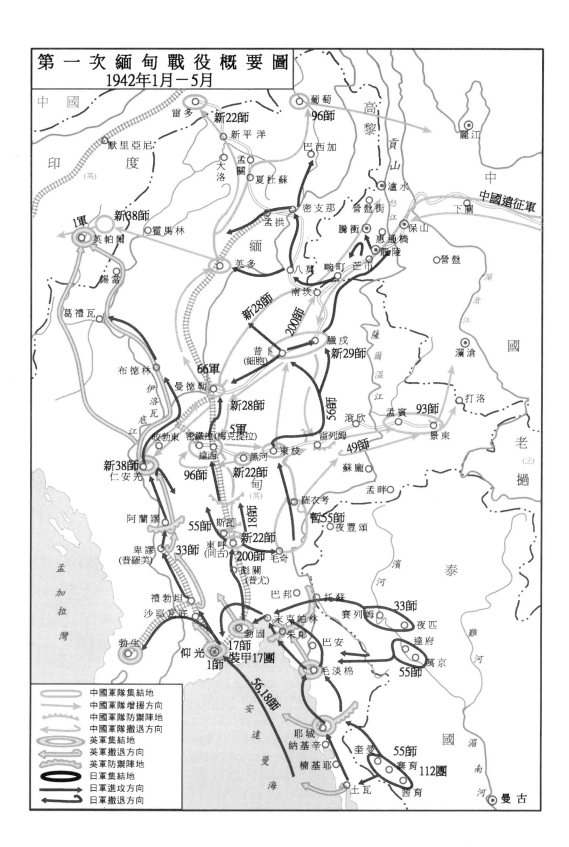

第一次緬甸戰役概要圖
1942年1月－5月

中國

印　度（英）

默里亞尼

雷多

新22師

新平洋

孟關

大洛

夏杜蘇

葡萄

96師

巴西加

高黎貢山

瀘水

麗江

中

營盤街

中國遠征軍

密支那

騰衝

保山

下關

怒江

惠通橋

龍陵

營盤

國

1軍

新38師

英帕爾

霍馬林

錫當

孟拱

緬

英多

八莫

南坎

畹町芒市

葛禮瓦

甸

新28師

200師

臘戌

新29師

薩爾溫江

瀾滄

瀾滄江

布德林

伊洛瓦底江

66軍

曼德勒

新28師

昔卜(細胞)

56師

滾欣

孟賓

打洛

93師

新38師
仁安羌

皎勃東

密鐵拉(梅克提拉)

達西

5軍

96師

黑河

東枝

壘列姆

景東

49師

蘇隆

阿蘭謬

卑謬(普羅美)

55師

斯瓦

東呼(同古)

新22師

新22師
甸(英)

羅衣考

18師

暫55師

夜豐頌

孟畔

33師

濱河

泰

禮勃坦

沙耶瓦底

勃生

仰光

1師

17師
裝甲17團

末克帕林

勃固

朱鄰

巴安

毛淡棉

托蘇

賽列姆

33師

夜匹

達府

萬京

55師

老(法)撾

國(法)

湄南河

曼古

孟加拉灣

56,18師

安達曼海

耶城

納基辛

楠基耶

土瓦

奎曼

賽育

西育

55師

112團

國

中國軍隊集結地
中國軍隊增援方向
中國軍隊防禦陣地
中國軍隊撤退方向
英軍集結地
英軍撤退方向
英軍防禦陣地
日軍集結地
日軍進攻方向
日軍撤退方向

使艱苦抗戰近 6 年的中國失去了取得盟國軍援的唯一陸上通道。雖然有駝峰航線，但空運數量畢竟有限，而且十分危險。因此，盟國必須考慮盡快反攻緬甸的戰略計畫。

三、中國駐印軍的成立：史迪威訓練營

中國遠征軍在第一次入緬作戰失敗，孫立人率領的第 66 軍新 38 師奉命掩護英緬軍撤退後，在 1942 年 5 月底到達印度英帕爾；第 5 軍軍部及新 22 師在歷經血戰及原始森林肆虐後，最後倖存下來的 2 千餘官兵也在 7 月底到達印度境內。

史迪威視這個失敗為奇恥大辱，急於雪恥，以證明自己的軍事領導能力。但他手上真正能掌握的只有美軍先進的武器裝備與新敗後的中國軍隊，其實，早在第一次緬甸作戰仍在進行之時，1942 年 4 月 16 日，史迪威就派出助手格魯伯（William R. Gruber）准將到重慶提交《在印組織訓練中國軍隊計畫書》，向蔣介石提出收復緬甸的作戰計畫，同時建議依照美軍的標準改組中國駐印軍隊，作為日後收復緬甸的主力。[55]

根據這個計畫，史迪威將精選中國軍官及士兵 10 萬人到印度訓練，撥用租借法案給予中國的物資裝備，由美國軍官指導訓練，在印度境內組建兩個中國野戰軍，各轄 3 個師，另建 3 個砲兵團和戰車、工兵、通信、汽車、空降等部隊。史迪威計畫以 4 至 6 個月完成部隊改造及訓練，他還設想，初期由中國軍官擔任團長以下的職務，而較高級的指揮官及主要參謀人員則由美國軍官出任，直到中國軍官能夠勝任為止。[56]

----

55 「格魯伯呈蔣中正在印組織訓練中國軍隊計畫書」，〈革命文獻—抗戰方略：整軍〉，《蔣中正總統文物》，國史館藏，典藏號：002-020300-00007-081。

56 時廣東、冀伯祥，《中國遠征軍史》，頁125。

　　史迪威的訓練計畫得到蔣介石的同意，但因印度是英國殖民地，這個方案還需獲得英方的首肯。英印殖民當局最初非常不願意讓中國軍隊進入印度，他們擔心國民政府會支持以甘地為首的反英民族獨立運動；但作為盟國，又不便公然拒絕。由於美國的戰略考量是不派遣任何地面部隊到中緬印戰區作戰，美方因而力主實施史迪威的計畫。

　　史迪威與英國駐印軍司令官魏維爾（Archibald P. Wavell）多次談判，又經美國陸軍參謀總長馬歇爾（George C. Marshall）居中協調，終於達成協議，英方勉強同意把加爾各答以西約 320 公里、比哈爾省（Bihar）的藍姆伽（Ramgarh），作為訓練基地。藍伽這個不為世人所知的小鎮，原是義大利戰俘集中營，改為中國遠征軍訓練基地後，由英方負責水電、膳食、醫藥、運輸等後勤支援所需，美國提供裝備並負責軍事教練，日常生活管理及紀律維護則由中國軍官負責。[57]

　　1942 年 8 月 26 日，藍姆伽訓練中心舉行正式開訓典禮，步行萬里至印度的第一次緬戰倖存的新 38 師及新 22 師，總共 9 千餘人，成為第一批完整接受美式訓練的部隊。藍姆伽地勢開闊，適合野戰與實彈射擊的演練；營區內建了 20 餘座大營房，有 3 萬餘張床位及游泳池、電影院等設施，並建造了遼闊的訓練場與射擊場。與此同時，軍事委員會下令撤銷「中國遠征軍第一路司令長官部」，改成立「中國駐印軍總指揮部」（General Command of the Chinese Army in India），簡稱「駐印軍」，史迪威為總指揮，羅卓英為副總指揮，柏特諾任參謀長，溫鳴劍為副參謀長。

　　雄心勃勃的史迪威一心要讓中國駐印軍脫胎換骨，好盡快奪回緬甸。除了最初的 9 千餘人外，史迪威還每天從中國境內空運士兵到印度。在他的強力督促下，1942 年 9 月開始，每天有 16 架運輸機飛越駝峰航線，每架運輸機都擠進 35-40 名士兵，到 12 月底時，「中國駐印軍」

57　梁敬錞，《史迪威事件》（台北：台灣商務印書館，1982），頁 94-95。

已經有 3 萬 2 千名中國士兵在藍姆伽受訓。

這支在印度的部隊代號為「X 部隊」，另外在雲南還有陳誠（不久由衛立煌接替）負責的 16 個師，他們在雲南接受訓練，代號為「Y 部隊」。

史迪威將美軍訓練模式移植過來，他經常穿著短褲和短袖上衣，戴著一戰時期的硬邊帽，在訓練的中國士兵中來回走動，他常常耐心地臥倒在士兵身旁，親自示範各種戰技。他還把砲兵與步兵的比例從 9 比 1 提高到 3 比 1，他希望中國陸軍能具有與駐紮緬甸日軍同等的火力，加上美國空軍的優勢，就可以壓過日軍。士兵基本訓練為六週，以訓練步兵及砲兵戰技為主，期滿後由中國軍官按照美軍要求的標準繼續訓練，美軍軍官擔任督導。中國軍官主要接受戰術與作戰技術的訓練，士兵則學習使用步槍、機槍、追擊砲、火箭筒、反坦克砲和用於特種訓練的其他武器裝備，還接受了叢林作戰訓練。[58]

新 22 師及新 38 師在經過這一段時間的休整及訓練後，逐漸從緬北撤退後的疲憊虛弱中恢復，同時獲得國內空運兵員的補充，各師又達到 1 萬 2 千人的編組。不久，國民政府在駐印軍指揮部下設新編第一軍建制，下轄新 38 師、新 22 師。鄭洞國任軍長，孫立人為副軍長兼新 38 師師長，廖耀湘為新 22 師師長。

中國駐印軍將原先由國內帶來的陳舊裝備全部收繳，重新按美軍編制配發新式武器裝備。以新 38 師為例，師一級有 75 小砲 2 個營（每營 12 門）、105 榴彈砲 1 個營（12 門）；團一級有 42 迫擊砲 1 個連（16 門）、戰防砲 1 個連（12 門）；營一級有 60 迫擊砲 1 個排（6 門）。此外有火焰噴射器 6 具，軍官配有 45 手槍，士兵每人配有 30 步槍及卡賓槍、衝鋒槍等。[59] 因此，駐印軍 1 個師的火力，較之國內任何 1

58　田玄，《鐵血遠征：中國遠征軍印緬抗戰》，頁202-205。時廣東、冀伯祥，《中國遠征軍史》，頁51-52。

59　徐康明，《中國遠征軍戰史》，頁211-220。

個軍的火力都還要強大，也是當時中國武器裝備及作戰訓練最為精良的一支精英部隊。

　　駐印軍在訓練、裝備、組編大致完成後，中國駐印軍磨刀霍霍，就等著反攻緬甸。然而，反攻緬甸之戰，在中、美、英三方彼此均有各自的戰略目標及現實考量下，蔣介石鑒於第一次緬甸作戰的慘敗教訓，堅持英國海軍必須要從海上進攻緬甸南部，與陸路進攻的遠征軍南北夾擊，才有勝算；英國則始終沒有完全鬆口同意動用其海軍艦艇進攻緬南海岸線。於是，第二次緬甸作戰就在中、美、英各自有各自的盤算下，一波三折，一再延宕。

四、第二次滇緬作戰：中美英聯軍反攻緬甸

　　史迪威在 1942 年 7 月 19 日向蔣介石提交《反攻緬甸計畫》，主張「南北緬水陸同時夾擊」，建議：（1）中、英、美三國聯合出兵，自印度攻入緬甸；與此同時，另一路中國軍隊則自雲南進攻。兩路會師曼德勒，會攻仰光。（2）在盟軍從陸路進攻的同時，英國海軍則控制孟加拉灣，從仰光登陸，南北夾擊。計畫在 1943 年 3 月 1 日前後發動攻勢。[60]

　　在此之前，6 月 29 日，蔣介石曾約見史迪威，向他提出了維持中國戰區的三項最低要求：（1）3 個美國師應於 8、9 月間到達印度，與中國軍隊合作，恢復通過緬甸的交通線。（2）從 8 月開始，中國戰區

---

[60] Stilwell's "Plan for re-taking Burma", July 10,1942, in Stilwell Personal Papers, Box 6, Folder 21. 另有關此一作戰計畫之中方紀錄，參見「蔣中正與史迪威等談話紀錄：緬甸防衛戰計畫與中英聯合作戰行動」及「魏菲爾呈蔣中正曾與史迪威商討作戰計畫大綱」（1942 年 9 月 29 日），〈革命文獻—同盟國聯合作戰：遠征軍入緬（一）〉，《蔣中正總統文物》，國史館藏，典藏號：002-020300-00019-043、002-020300-00026-003。

的空軍應有 5 百架飛機連續在前線作戰，並應有必要的補充來維持其實力，不得中斷。（3）從 8 月開始，空中運輸每月應為 5 千噸。[61] 史迪威立刻將此要求轉告華盛頓。

這個計畫隨後被稱為「安納吉姆」（Anakim）計畫，並取得駐印英軍統帥魏維爾的支持。11 月 3 日，史迪威飛到重慶，當面向蔣介石匯報他和魏維爾商量的細節，蔣介石極為贊同，表示中國可由雲南方面出動 15 師，1943 年 2 月 15 日就可以投入戰場。蔣介石強調，勝利關鍵在於英方是否能調撥足夠的海空力量，掌握制海權和制空權。他說：「倘海空實力不充足，中國實不願派一卒參加此役。反攻開始以前，余必須知英國用於緬甸海空軍之實力，方能下令前進。」「此次不反攻則已，一旦反攻，非勝不可，絕不能再受第二次之失敗。」[62]

蔣介石劍及履及，11 月 10 日，他命令軍令部次長林蔚、劉斐評估泰國、越南、馬來亞，以及緬甸的日本海陸空軍力量，並就中英美聯合反攻的目標和史迪威進行會商。結果一致同意，對泰越取守勢，對緬甸取攻勢。林蔚、劉斐並和史迪威議定了中國方面擬使用的兵力及準備選用的部隊、補給、交通、衛生等等。[63]

12 月 28 日，國民政府軍令部頒布「部署聯合英美反攻緬甸作戰計畫」訓令，決定國軍參與反攻緬甸的各項事務及規劃。

可是，究竟何時展開反攻緬甸的作戰計畫，盟軍中有不同的意見。蔣介石是最急著要收復緬甸的，史迪威也希望盡快率領中國軍隊反攻緬甸，一雪在他手上失掉緬甸的恥辱，但反攻計畫卻一再推遲。

....

61　〈航空委員會副主任毛邦初自重慶呈蔣介石報告先後向美訂購飛機數目及擬仍按保持第一線飛機五百架之計畫〉，秦孝儀主編，《中華民國重要史料初編：對日抗戰時期》，第三編「戰時外交」第 1 冊，頁 498-500。

62　秦孝儀主編，《中華民國重要史料初編：對日抗戰時期》，第二編「作戰經過」第 3 冊，頁 356-357。

63　中國政協文史資料研究委員會編，《文史資料選輯》第八輯（北京：中華書局，1960），頁 57。

　　主要原因是中美英三國對收復緬甸的迫切度及戰略目標各不相同。中國熱切期望盡快重啟緬甸戰場，打通滇緬公路，恢復中國對外交通。美國從一開始就不太熱衷，其原因不難想見，緬甸在美國全球性兩洋宏觀戰略格局的視角下所占位置甚低，除了史迪威外，美軍高層很少有人關心緬甸戰場的重啟問題，更何況美國當時在亞洲的作戰重心是太平洋戰線，所以，馬歇爾早在 1942 年 9 月就對史迪威明白表示，鑒於當前海運的形勢，美國對於緬甸戰場所能提供的只有空軍而已，至於陸軍部隊則不可能。[64] 緬甸是英國殖民地，但英國當時全力在歐洲及北非作戰，難有餘力顧及緬甸。

盟軍反攻緬甸計畫一波三折

　　1942 年 12 月，美英成立聯合參謀總部，但沒有中國的位置，許多決議中國總是「被告知」，幸好當時宋子文以蔣介石私人代表身分駐在華府，與白宮及國務院方面皆有聯繫管道，得以從旁催促展開反攻緬甸計畫。[65]

　　1943 年 1 月，羅斯福、邱吉爾在北非的卡薩布蘭卡會面（Casablanca Conference），決定實施「安納吉姆」計畫，並在 2 月初派美國陸軍航空軍司令阿諾德（Henry H. Arnold）、空軍補給司令薩默維爾（Brehon B. Somervell）、英國聯合參謀代表團英方首席代表迪爾（John G. Dill）一同到重慶，向蔣介石匯報詳情。

　　2 月 7 日，史迪威偕阿諾德等會見蔣介石，蔣介石同意英美方案，但要求英美方面增加空運與空軍，切實支持中國，必須空運物資每月 1

64　齊錫生，《劍拔弩張的盟友：太平洋戰爭期間的中美軍事合作關係，1941-1945》，頁 261。

65　宋子文在 1940 年 6 月赴美，擔任蔣介石私人代表。1941 年 12 月出任外交部長，但常駐美國，仍兼蔣私人代表。

萬噸，飛機 5 百架。蔣強調，必須達到這一標準，中國方能負責。[66]

史迪威認為蔣介石的要求不合理，當面質問蔣：「若不能辦到，即不對日抗戰？」蔣介石對史迪威的質問不滿，史迪威是他的參謀長，如此態度，「可惡不敬已極」。但是，他忍下不悅，告訴史迪威：「中國抗戰已六年，即使太平洋戰爭不起，英美不來援助，中國亦可獨立抗戰。」史迪威再問：所謂標準「是否為條件？」蔣答稱：「此非條件，乃是余負責作戰者最低限度之要求也！」蔣並請阿諾德轉告羅斯福與邱吉爾：「余當盡其所能，不惜犧牲一切，以期不辜負友邦之期望。」[67]

9 日，中、英、美三方，在印度舉行的加爾各答會議（Kolkata Conference），一致同意實施「安納吉姆」計畫，並訂 1943 年 11 月至 1945 年 5 月為入緬作戰期。

然而，美英兩國領袖承諾的行動卻遲遲未履行，主要是原本允諾參與反攻緬甸的英國改變了態度，變得消極，甚至是反對。因為 1943 年 2 月蘇聯在史達林格勒戰役打敗了德軍後，歐洲戰場情勢發生變化。不僅蘇聯在東境開始反攻，英美軍在北非更有斬獲，25 萬德軍在北非投降，同時，英美海軍在大西洋上也開始打擊德國海軍。歐戰情勢翻轉，邱吉爾更加認為歐洲戰場應優先於緬甸戰場，英國必須集中資源用於歐戰，緬甸的事可以暫時擱置。[68]

反攻緬甸之事被拖延，蔣介石很憂心，數度督促在華府的宋子文。[69] 孰料，一波未平一波又起，5 月初，史迪威與飛虎隊的陳納德在對日「空中攻擊」問題上發生爭執。陳納德向蔣介石提出由美方提供 5 百架飛機，中美空軍對日實施空中攻擊，目的是摧毀日軍補給並協助遠征軍反攻緬甸。蔣介石極力支持這個構想，史迪威卻大潑冷水。

66　蔣介石日記，1943 年 2 月 7 日。

67　同上。

68　T. V. Soong Archives, Box 59, Soong's telegram to the Generalissimo, May, 1943.

69　同上。

5月5日，美國海陸空三方會議，邀請史迪威、陳納德、宋子文參加。宋子文力陳陳納德的建議，主張在中緬戰場增強空軍力量。史迪威認為，中國地面部隊「目前實不堪一戰」，將無法保護機場措施，反而招致日軍來攻擊美軍在中國西南的機場，影響美國對日空中攻擊的規劃。[70]

同時，蔣介石和史迪威對於反攻緬甸的策略也出現分歧。史迪威為求速效，把原先反攻緬甸的計畫縮小為僅占領緬北，並要求蔣介石盡快開始反攻緬北。蔣認為史迪威的計畫不妥，而美、英已承諾的支援遲未履行，倘若勉強出兵，恐怕不能達到收復滇緬線的目的，反而徒然犧牲中國軍隊。蔣介石堅持，克復緬甸之舉，必須海陸聯合進行，否則太過冒險。蔣進一步表示，中國急欲克復緬甸，但如果盟軍不能充分支持，他寧可「暫時延擱」。[71]

5月初的聯合參謀長會議中，宋子文傳達蔣介石的立場，堅決反對放棄攻緬，也反對史迪威僅反攻緬北的計畫，「我如不占領緬南，斷其後路，必歸失敗，徒作無謂之犧牲」。[72] 會中，史迪威公開批評蔣介石：「諸事猶豫，於戰略無一定見解。」[73]

原本支持蔣介石看法的羅斯福轉而採納邱吉爾的主張，歐洲戰場優先，反攻緬甸不妨暫時擱置，或者縮小範圍，僅反攻緬北。5月5日，羅斯福告知正在華府訪問的蔣夫人宋美齡，美國將支持反攻緬北的計畫。

宋美齡認為，即使僅限於緬北，中國也不應放棄，她建議蔣介石，應向美方表明參加緬北作戰的意願。但宋子文則維護蔣介石的戰略思

70　T. V. Soong Archives, Box 59, Soong's telegram to the Generalissimo, May, 1943.

71　T. V. Soong Archives, Box 61, Chiang's letter to President Roosevelt, January 9, 1943.

72　吳景平、郭岱君編，《宋子文駐美時期電報選，1940-1943》（上海：復旦大學出版社，2008），頁186。

73　同上，頁187。

維，力主不必過早言明，以便中國爭取美軍在緬甸戰場上最大的支援。[74]

可想而知，蔣介石得知英美有放棄攻緬計畫的可能後，大為惱怒，致電宋子文稱，如此，「則我軍民對聯合國從前所有各種宣言與決議之信約，不僅完全喪失信用而已」。他覺得又上了史迪威的當。電告宋子文：「史迪威始則強催我軍集中攻緬，今乃因抽調部隊，而使重慶門戶大受威脅，而結果則謂可以取消打通仰光與滇緬路計畫，則我軍上下對美國用意與作為，豈啻視為兒戲，直認為有意陷中國於滅亡之境，不啻協助日本完成其大東亞之新秩序，豈不令人惶慄不已！」[75]

蔣介石同時致電在紐約的宋美齡，說明重啟緬戰不宜縮小範圍，必須克復全緬甸。他請宋美齡向美方表達中方的嚴正立場：「反攻緬甸事，在軍事上非先占領仰光，否則絕無克復臘戍與曼德勒之可能。如去年徒然犧牲我軍，不僅無益，而且真有滅亡之危險，此事關係太大，切不可讓。故英美如無意攻仰光，則我軍絕不能攻臘戍與緬北，此應堅決聲明，不可留有迴旋餘地。」[76] 可見蔣介石對於再次發動緬戰的立場十分明確，就是為了避免重蹈第一次緬甸作戰的覆轍，一定要英美從海上進攻仰光，他才會讓遠征軍從陸路進攻緬北。

5 月 21 日，在太平洋軍事會議上，宋子文再次要求，應堅決執行卡薩布蘭卡會議及加爾各答會議的攻緬決議。邱吉爾辯稱，當時「只有計畫，並無決議」。[77] 宋子文拿出證據證明反攻緬甸是羅斯福和邱吉爾做成的決議，事後並聯名電知蔣委員長，又派美英軍事首長到重慶面

74　T. V. Soong Archives, Box 59, Soong to Chiang, May, 1943.

75　高素蘭編，《蔣中正總統檔案：事略稿本》，第 53 冊（台北：國史館，2011），頁 386-387。

76　同上，頁 421。

77　Tai-chun Kuo & Wu Jingping, ed., *T.V. Soong: Selected Minutes of Meetings with Foreign Leaders, 1940-1949* (Fudan University Press, 2008), p. 342

見委員長，怎說沒有決議？邱吉爾急了，脫口說出：「緬甸那個地方瘧疾叢生」，暗示不適合白人作戰。宋子文立刻駁斥邱吉爾：「日軍一樣會染瘧疾。」宋子文毫不客氣地說：「這不是白種人和黃種人的差異問題，這是惰性和決心的差異！」（"It is not a difference between yellows and whites; it is the difference between inertia and determination."）[78]

　　反攻緬甸的戰略部署計畫雖然爭議未決，但蔣介石積極部署反攻緬甸的腳步未曾稍停。1943 年春，他把原來部署在長江兩岸的第六戰區主力抽調到雲南、貴州，戰區司令長官陳誠也出任中國遠征軍司令長官，隨著部隊到雲南。他沒料到的是，因為這個調動，造成鄂西空虛，日軍乘機在湖北宜昌附近集結大軍，進攻三峽地區，威脅重慶。幸好陳誠緊急飛回第六戰區長官部恩施，親自督戰石牌保衛戰，終於度過危機。（關於「石牌保衛戰」請看本書第二卷第六章）。

　　宋子文在華府抓緊機會與美方高層繼續溝通。他在 5 月 21 日謁見羅斯福，重申史迪威所提進攻北緬計畫，「徒耗軍力，蔣委員長絕不能接受」。[79] 5 月底，宋子文在華府的遊說工作發生了作用。美國軍方對於蔣介石的反攻緬甸構想，總算有了正面的回應；此外，美國也同意增加對華空軍支援。[80]

　　羅斯福終於也接納了蔣介石的意見，他告訴宋子文：「攻復仰光，確有困難，但可先向西南岸進攻，以從後面襲擊仰光」，將來擬派新銳部隊赴緬。羅斯福要宋子文轉告蔣介石：「攻緬計畫，余有決心進行。」[81]

　　羅斯福支持攻緬計畫並極力說服邱吉爾，6 月下旬終於獲得邱吉爾

....

78　Tai-chun Kuo & Wu Jingping, ed., *T.V. Soong: Selected Minutes of Meetings with Foreign Leaders, 1940-1949*, p 342.

79　吳景平、郭岱君編，《宋子文駐美時期電報選，1940-1943》，頁 190。

80　同上，頁 190-191。

81　同上，頁 191。

點頭。英美參謀團會議隨即制訂新的攻緬計畫，於 1943 年 8 月在魁北克會議（Quebec Conferences）提出，盟軍將優先考慮在緬甸北部發動進攻，打通滇緬公路。[82] 一波三折的反攻緬甸戰事，終於回到正軌，英美中三國將領開始積極規劃第二次滇緬會戰的相關事宜。

　　1943 年 11 月 22 日至 26 日，中英美三國在開羅會商，並簽訂《開羅宣言》，確認聯合對日作戰，直到日本無條件投降。1943 年 10 月，為配合中國戰場及太平洋地區的戰爭形勢，重新打開中印交通線，中美聯合發動緬北滇西反攻作戰。

中、美、英聯軍反攻緬甸

　　史迪威在撤退到印度後，即開始積極展開反攻緬甸的作戰作業。他在 1942 年夏制定的反攻緬甸計畫，將以印度東部重鎮英帕爾為前進基地，中美英三國投入反攻緬甸作戰的兵力頗為懸殊，史迪威指揮的中國駐印軍共有新 38、新 22，及第 30 三個師，總共 3 萬 6 千人。美國則始終沒有派出大規模的陸上部隊至緬甸戰場，提供的主要是武器裝備及空中支援。

　　此外，英美兩國針對緬甸特殊的叢林地形，分別組建反攻緬甸的特種部隊。英國在 1943 年初組成一支遠程突擊作戰部隊──緬甸遠征軍「欽迪特」（Chindit），由英軍溫格特（Orde C. Wingate）上校指揮，任務是長程突襲、深入敵後、叢林作戰。[83] 1943 年 2 月初，該部 3 千餘人被空投到緬北日軍後方，分成若干縱隊進行游擊戰和襲擾戰。他

82　這是第一次魁北克會議，在加拿大魁北克舉行，加拿大總理麥肯齊・金（William Lyon Mackenzie King）作東，主要參加的有邱吉爾、羅斯福、宋子文代表中國政府與會。

83　這是由溫格特訓練的兩支特種部隊混編而成，成員為第 77 印度步兵旅（印度士兵）、緬甸步槍團第 2 營（士兵多為緬甸克欽族人），以及少數英國士兵，長於叢林作戰，補給和裝備主要依賴盟軍空投。

們參與了伊洛瓦底江之役及緬北若干作戰。

美國則是由麥瑞爾（Frank D. Merrill）准將統領的特種部隊——麥瑞爾突擊隊（Merrill's Marauders），代號加拉哈德（Galahad），實際番號是 5307 特遣隊，3 個營的編制，總人數約 3 千人。[84]

日軍方面，1943 年 3 月，日本把入侵緬甸、泰國的部隊，整編為「緬甸方面軍」，以便統一指揮。首任司令官為河邊正三，下轄 3 個軍 10 個師團，約 30 萬人。因為日軍在太平洋戰場失利，大本營決心向印度發起一次大規模攻勢，以挽救戰略頹勢。日軍在 1944 年 3 月發動英帕爾會戰，企圖占領英國在印度的重要軍事訓練及後勤站的英帕爾和科希馬等地，進而控制整個東印度地區。但英印軍在美國武器及空中支援下，守住英帕爾。

日軍前期攻勢順利，幾乎要拿下英帕爾，可是後勢卻欲振乏力，主因後勤不足，加上 6 月雨季到臨，3 萬多士兵染上瘧疾、痢疾、霍亂、傷寒等疾病，日軍缺乏藥品和醫療器械，只好心不甘情不願地在 6 月 25 日撤回緬甸。

所以，1943 年 10 月史迪威率駐印軍反攻緬甸時，日軍在緬甸有 9 個師團，駐守在緬北的是第 18 師團和第 56 師團。其中尤為著名的是第 18 師團，曾在新加坡作戰和第一次緬甸作戰中立下顯赫戰功，是日軍的王牌部隊。[85]

由於印緬邊境地形險峻、氣候惡劣，因此，史迪威與英國駐印軍總司令魏維爾數度磋商從哪裡打起。最後決定的作戰方案是：中國駐印

84　麥瑞爾突擊隊（Merrill's Marauders）是美軍一個絕密的作戰部隊，特別針對中緬印戰區叢林作戰而組編的特種部隊。指揮官是麥瑞爾准將（Frank Merrill），部隊正式番號是 5307 特遣隊（5307th Composite Unit），代號「加拉哈德團」（Unit Galahad），人數相當於一個團，約有 3 千人。

85　日本防衛廳防衛研修所戰史室編，曾清貴譯，《日軍對華作戰紀要（44）緬甸攻略作戰》，頁 833-835。

軍從雷多前進基地出發，經野人山區進入胡康河谷和孟拱河谷，奪取緬北重鎮孟拱、密支那要地，然後向南，經八莫向曼德勒推進。另一支英軍則從英帕爾入緬，經卡孟、孟密，到皎脈（Kyaukme），與從北南下的中國駐印軍會合，將日軍逐漸壓迫至曼德勒附近地區包圍殲滅。第一期攻擊目標為孟拱、密支那之線，第二期攻擊目標為八莫、南坎、臘戌之線，第三期攻擊目標為曼德勒。[86]

胡康河谷及野人山之役

這個作戰路線，首先要克服的就是令人毛骨悚然的胡康河谷（Hukawng Valley）。此地並無胡康河，而是幾條河流合成的一片窪地，位於緬甸最北境的新平洋、孟關之間，地形險峻，是瘧疾橫行的極惡之地，克欽語中，稱此地為「死亡溪谷」。

不過，中國軍隊早有準備，早在 1942 年秋天，中國駐印軍新 38 師即派出一個美式團配屬砲兵 1 營進入雷多（Ledo）地區進行試探，藉以檢驗他們的作戰能力。

1943 年 3 月初，中國駐印軍兩個師全部整訓集結完畢，進駐雷多，先行掩護中美部隊修築印度雷多到野人山區的中印公路。據守胡康河谷的日軍第 18 師團察覺到駐印軍的行動，迅即派出多支小分隊扼守野人山幾個山頭，並頻繁突擊駐守印度邊境的英軍，英軍無法抵擋日軍的攻勢，急忙請求駐印軍盡快前往接防。

3 月 20 日，新 38 師第 114 團團長李鴻在師長孫立人的命令下急赴卡拉卡、塔家鋪救援被日軍多路襲擊的英軍近 1 千人，日軍第 18 師團由於遭到駐印軍的有力反擊，接連放棄已占領的幾個山頭，退往野人山深處；新 38 師還擊退了攻擊野人山入印門戶塔家鋪的日軍，日軍就此放棄進窺印度東境阿薩姆地區的企圖。

86　鄭洞國，《我的戎馬生涯：鄭洞國回憶錄》（北京：團結出版社，1992），頁312。

　　3月下旬，新38師及新22師正式進駐雷多，接替了英軍原先在該區域的防禦任務。由於每年的4至9月是緬甸的雨季，不利作戰，等到10月雨季終於結束，有利於作戰的旱季來臨，史迪威開始行動了。

　　1943年10月24日，史迪威指揮新38師、新22師從雷多出發，5天後到達鬼門關的新平洋（Shingbwiyang）。新38師奉命擔任反攻緬甸的前鋒部隊，派出112團分三路向胡康河谷挺進。

　　慘烈的胡康河谷之役從1943年11月1日到1944年3月底止，歷時5個月，先後經歷寧便、于邦、太柏卡、大洛、孟關、瓦魯班、杰布山隘、沙杜渣等數十次大小戰鬥，中國駐印軍勇往直前，在胡康河谷作戰取得勝利，收復了900多平方公里土地，戰線推進一百公里，殲滅日軍4千餘人，傷亡日軍1萬2千人，繳獲大砲15門、各類槍械780餘枝、裝甲車兩輛，其他彈藥物資無數。[87]駐印軍第1軍部隊在胡康河谷之役也付出了極大代價，但胡康河谷的勝利，證明了中國軍隊如有現代化武器裝備、良好的後勤補給及適當的指揮，就能以同等兵力擊敗日軍第一流的部隊。

孟拱河谷之役

　　新1軍拿下胡康河谷後，接下來是更加艱難的孟拱河谷之役。孟拱河谷為沿孟拱河兩岸谷地的總稱，地形狹長，這裡有三個要地：卡盟（Kamaing, 或稱卡邁）、孟拱（Mogaung）、密支那（Myitkyina），三城互為犄角，向為兵家必爭之地。

　　中國駐印軍新1軍新22師、新38師、第50師一部以及戰車第1營共約2萬5千人參加了奪取孟拱河谷的戰鬥；等待他們的是重新整補後的日軍第18師團，準備依靠山川、湖沼、森林交錯的複雜地形，

87　國防部史政編譯局編，《抗日戰史（72）・緬北及滇西作戰（一）》（台北：國防部史政編譯局，1981），頁65-76。

逐次抵抗，阻滯駐印軍前進。

　　新22師及新38師經過一個多月苦戰，陸續攻克孟關、瓦魯班等地，日軍則退守卡盟一帶。在孟拱河谷作戰中，最重要的一役為卡盟之戰。卡盟位處孟拱河谷南端的重要隘口，山勢起伏、地形複雜，易守難攻，是日軍第18師團的軍需物資供應集散地，並利用庫芒山天險，構築了大量防禦工事。因此，駐印軍必先拿下卡盟，卡盟一旦攻破，孟拱日軍將無險可守，駐印軍就可以直攻密支那重鎮了。

　　自1944年5月起，駐印軍先後攻占卡盟周圍城鎮及山地，對卡盟形成包圍之勢，給予日軍第18師團殘部嚴重的威懾。6月7日至9日，駐印軍各部分別向日軍發起猛攻，新22師第64團與日軍激戰一晝夜後，奪取日軍重砲陣地，日軍在緬甸最精銳的第18師團主力56聯隊、114聯隊等部，基本上均被殲滅。[88]

　　在原本的作戰計畫裡，擔任正面奪取卡盟任務的是新22師，但新22師試圖迂迴穿過卡盟的日軍時，遭到日軍第18師團第4聯隊阻礙，遲滯前進。新38師攻勢較順利，第112團、113團花了14天徒步穿越卡盟西方的庫芒山脈，在5月25日攻占孟拱和卡盟中間的城市西通（Seton）。6月初，新38師正面部隊已經比新22師突出20英里，形勢極為有利。為了不給日軍增援固守的時間，新38師決定以第112團佯從正面牽制卡盟日軍，主力祕密迂迴南下，偷渡孟拱河，切斷日軍孟拱至卡盟唯一的補給線，奪取卡盟地區日軍軍用物資總庫，然後向北合擊卡盟日軍。

　　第114團則從芒平附近杳無人煙的原始森林中，於6月1日急行軍突然出現在瓦鹿山，大出日軍意料之外，一舉攻占拉芒卡道；6日攻占大高、卡高兩地；10日攻占大利、馬塘；卡盟城西、北、南三方都被新1軍合圍，東方則是113團準備強渡攻擊。15日，114團與112團相

88　國防部史政編譯局編，《抗日戰史（72）‧緬北及滇西作戰（一）》，頁77-86。

互呼應，切斷了孟拱至卡盟、孟拱至密支那的公路與鐵路聯繫，使日軍無法增援密支那，對於反攻緬北整體作戰，取得了決定性的有利態勢。

6 月 16 日，新 1 軍各部下達對卡盟的總攻擊令，113 團在砲火和煙幕掩護下，以橡皮艇實行強渡，渡河成功後，一舉攻占卡盟東側高地，卡盟頓失屏障。此時 65 團第 3 營經反覆衝殺，終於在下午 1 點攻入卡盟東北地區，新 22 師與新 38 師會合，完全占領卡盟。

新 38 師第 112 團協同英印軍第 36 師擔任奇襲孟拱的任務；第 114 團則全速前進在孟拱以東渡河，將在中英聯軍奇襲的同時一舉攻占孟拱；112 團及 113 團將互相配合，對孟拱約 7 千人的日軍，形成了三面包圍。

6 月 23 日，第 38 師對孟拱的總攻開始。新 38 師集中大量砲火首先摧毀孟拱城外日軍工事障礙，經 6 小時的激戰，相繼攻入市區，與日軍展開白刃格鬥巷戰；至 24 日，新 38 師已攻占孟拱火車站和部分城區，25 日，日軍傷亡過半，殘部遭到新 38 師合圍全殲，當日下午，孟拱城完全被新 38 師攻占。孟拱之戰，日軍失掉卡盟、孟拱兩大重鎮，下一個目標就是密支那了。

密支那之役

密支那是緬甸北部政治、經濟與交通中心，是中印「駝峰」空運線必經之地，也是打通中印公路，修築雷多至昆明輸油管的必經之路，戰略位置極為重要，中印公路修至密支那地區後，最後一段工程就等著密支那作戰的最後勝利而完成，中緬印之間的國際交通線將重新打通。取得密支那後，可以藉由密支那機場，從印度飛越駝峰的中美空軍就有了安全的航線，更重要的戰略意義在於輸油管線將可延伸至此，使中美空軍隨時能夠得到燃料補充，既可增加駝峰空運量，增強中國軍隊的戰鬥力，在中國戰場繼續牽制大量日軍，支持英美在亞洲其他

戰場的作戰，還可以進一步促成以成都為基地的美國第 20 航空隊及第 14 航空隊等加緊對日戰略轟炸。

密支那如此重要，日軍占領緬甸後，就以此為緬北根據地，經過兩年的經營，建構了嚴密的防禦設施。日軍在胡康河谷之役失敗後，意識到緬北盟軍的進逼，將動搖日本在緬甸的戰略地位，於是集中重兵於密支那，企圖在此阻攔盟軍。不過，此時日軍已是強弩之末，在密支那的主力除 114 聯隊外，還增援了第 56 師團第 148 聯隊一個加強中隊、第 18 師團工兵第 12 聯隊、第 15 機場守備大隊密支那分遣隊、氣象分遣隊、憲兵分遣隊及少數緬甸附日軍隊，總兵力約 3 千人。[89] 人數不多，但都抱著決死之志。

日軍判斷駐印軍不會在雨季裡進行大規模軍事行動，史迪威卻趁著這個機會，積極部署密支那戰鬥。1944 年 4 月初，他在孟拱河谷展開攻勢的同時，著手組建由中國駐印軍和美國特種部隊共同組成的中美聯合部隊。4 月 21 日，史迪威做出了一個大膽的戰略決策，他以快速奇襲的方式，兵分三路，以廖耀湘的新 22 師進攻南陽卡（Nyangga），再以孫立人的新 38 師迂迴襲占孟拱，最後再由中美聯合突擊兵團奇襲密支那，三路同時並進。這支中美聯合突擊兵團由美國准將麥瑞爾（Frank Merrill）擔任先遣隊隊長，以麥瑞爾突擊隊（又稱加拉哈德團或 5307 特遣隊）分為兩個縱隊，第一縱隊為新 30 師第 88 團及新 22 師山砲第 2 連，加上美軍突擊 1 個營，簡稱為 K 縱隊。第二縱隊為第 50 師 150 團，加上美軍 1 個營和山砲 1 個排組成的 H 縱隊。[90]

密支那外圍的作戰（孟拱河谷之役）早在 1944 年 4 月 24 日就開始了，中國駐印軍新 22 師及新 38 師來勢勇猛，5 月下旬，孟拱河谷的重

89　〈駐印軍新編第一軍軍長鄭洞國呈駐印軍六月份狀況要報〉（1944 年 6 月 30 日），收於秦孝儀主編，《中華民國重要史料初編：對日抗戰時期》，第二編「作戰經過」第 3 冊，頁 454。

90　國防部史政編譯局編，《抗日戰史（72）‧緬北及滇西作戰（一）》，頁 88-90。

要城市卡盟已有被包圍的態勢，孟拱也岌岌可危，而孟拱距密支那僅有 40 英里（65 公里）。孟拱河谷戰局危殆，原本駐守密支那的第 18 師團第 114 聯隊一部分與第 56 師團 146 聯隊緊急投入卡盟突圍，密支那的守備戰力因此更加弱化，這個狀況，正適合史迪威的奇襲戰。

在此之前，4 月下旬，美軍麥瑞爾突擊隊與中國遠征軍混編的突擊縱隊已悄悄在緬北的太克里（Taikri）集結，並分成三個縱隊對密支那作長程突襲。因路途艱苦凶險，史迪威特別派了醫療團隊隨行支援。根據作戰計畫，第 1、第 2 縱隊要在 5 月 12 日前抵達密支那，但第 1 縱隊中途遇到日軍 114 聯隊的一個大隊，激戰擊退日軍，但行程因此延遲。第 2 縱隊並未被日軍發現，5 月 16 日晚順利潛入密支那西方的南圭村（Namkwi），距密支那西機場不到 2 英里。

5 月 17 日凌晨，美軍第 10 航空隊轟炸密支那機場，第 2 縱隊隨即發起突擊。守備機場的日軍仍在睡夢之中，沒料到盟軍會來突襲，倉促起來抵抗，一片慌亂，很快被中美突擊隊擊潰，機場停留的 8 架日機被炸毀，倖存日軍則退入密支那城內。

突擊隊控制機場後，立即清理跑道；突擊隊同時控制南邊渡口及伊洛瓦底江水運，並截斷緬甸鐵路及通往孟拱的公路，阻斷日軍任何可能的支援。一切就緒，當天下午，美軍第 10 及第 14 航空隊，就把已在印度馬魯及喬哈特兩個空軍基地整裝待發的新 30 師第 89 團、第 14 團及砲兵、工兵等部隊，空運到密支那。

從 5 月 23 日到 7 月 17 日止，中國駐印軍與駐守在密支那城內及外圍的日軍展開了將近 2 個月的拉鋸式膠著血戰。日軍憑藉伊洛瓦底江沿岸錯綜複雜的叢林地帶為屏障，以市區為防禦中心，數千個大小工事構成網狀堡壘群體，由於是叢林地帶，日軍陣地十分隱蔽，中國駐印軍與日軍雖然相距咫尺，卻難以發現目標，故造成攻擊部隊傷亡嚴重，駐印軍不得不每天以 30 至 50 公尺的微小進度，一點一點地向密

支那城方向推進，而每前進一步都要付出沉重的代價。[91]

　　5月底，美軍突擊隊指揮麥瑞爾因健康原因離開 5307 指揮官職務，史迪威同時解散中美混合突擊隊編制。6月下旬，史迪威再度調整指揮系統，突擊隊第三縱隊隊長魏賽爾（Theodore F. Weasels）准將負責作戰策劃，前線實際指揮則由新 1 軍軍長鄭洞國負責。

　　7月1日，新 38 師攻占孟拱，開通了鐵路交通線的新 1 軍開始增援密支那。7 月 12 日，魏賽爾下令發動總攻，第 10 航空隊在同日出動了 39 架 B-25 轟炸機協助攻勢，第 88 戰鬥機中隊則提供了有效的近接空中火力支援。7 月 18 日，國軍新 30 師第 90 團一部分以空運方式轉移到密支那增援作戰。

　　鄭洞國深感叢林作戰正面狹小，大部隊難以開展，必須改用新的戰術。他下令部隊採取壕溝戰，以戰壕的方式逐步壓縮日軍防禦圈。駐印軍向日軍防衛陣地方向挖掘三條平行的蛇行塹壕，一面挖、一面作戰，這些塹壕，既可以藏兵，又便於相互掩護，每當塹壕逼近日軍碉堡工事時，士兵便用長竹竿前端綁上彈藥包，當作手雷引爆。塹壕戰扭轉了密支那戰事的僵局，終於逐步奪取密支那日軍郊外陣地。[92]

　　7月 24 日，駐印軍指揮部下令全力攻占密支那城區，26 日，美軍 5307 部隊占領密支那北機場，中國駐印軍也分別攻進城區，激戰到 27 日，密支那城已大部分被盟軍攻下，日軍只能死守在市中心的幾處地方。日本守軍被完全孤立。7 月 31 日晚，駐印軍第 14 師第 42 團夜渡伊洛瓦底江，切斷了日軍後勤補給線和退路，同時，駐印軍第 50 師師長潘裕昆組成百人敢死隊，偷襲日軍指揮部，將日軍的通信設備完全切斷。

　　8月1日，日軍防線全線崩潰，僅剩不到 1 千 2 百名殘兵，彈盡援絕，

91　國防部史政編譯局編，《抗日戰史（72）‧緬北及滇西作戰（一）》，頁 89-91。
92　鄭洞國，《我的戎馬生涯：鄭洞國回憶錄》，頁 337-339。

補給無望。從 5 月 18 日開始就帶領日軍死守密支那的第 56 師團水上源藏少將，眼看大勢已去，頃刻之間盟軍就將完全占領密支那。這一天，8 月 1 日，他下令殘存的日軍突圍撤退，他本人則在部下撤離後，舉槍自盡。

1944 年 8 月 2 日，盟軍占領密支那；3 日，密支那附近區域亦落入中美聯軍之手，艱苦的密支那攻堅戰至此勝利結束。

盟軍緬北會戰的第一期任務順利達成。從此，中印經駝峰航線空運的飛機能在更南邊的航線上飛行，而不必擔心日軍戰鬥機的干擾，從而縮短了駝峰航線的航程，這對正處於艱苦作戰中的中國，是個重大的利多。

從戰略的角度來看密支那作戰，此役較為成功之處為駐印軍緬北遠途作戰，以大兵團行遠距離的奇襲，行動迅速隱蔽，粉碎了日軍外圍師團對密支那的增援與阻截，打通了中美修築的中印公路。

從戰術的角度來看，此役使用了奇襲戰術，突襲日軍緬北各據守要點，出其不意地打亂了緬北日軍指揮體系及其兵力部署。此外，駐印軍採用由地面及空中同時奇襲密支那飛機場並獲得成功，空中與地面作戰的結合，在國軍戰史上都是前所未有的。此役殲滅了 1 萬多精銳的日軍，日軍在緬北失去最重要的空軍基地，為第二次緬甸作戰的下一個階段，進取八莫，打通中印公路，與中國滇西遠征軍的會合，恢復中國的陸上國際交通，奠下了堅實的基礎。[93]

中國遠征軍反攻滇西緬北

按照史迪威的計畫，反攻緬甸時，中國駐印軍 X 部隊從印度反攻；在雲南的 Y 部隊則分左右兩翼渡過怒江，占領松山、騰衝、龍陵，目

93　時廣東、冀伯祥，《中國遠征軍史》，頁 131-170。徐康明，《中國遠征軍戰史》，頁304-369。

標是驅逐日軍、打通滇緬公路。

　　1943 年 4 月，蔣介石在雲南楚雄把第一次緬戰後退到滇緬邊界的部隊，以及後來增加的部隊，重新整編設立「中國遠征軍司令長官部」，由第六戰區司令長官陳誠出任中國遠征軍司令長官。1943 年冬，陳誠因胃病舊疾復發，返回重慶療養，其職務由衛立煌接任。

遠征軍強渡怒江

　　自從第一次緬戰失敗後，中國遠征軍就在怒江東岸與日軍第 56 師團隔江對峙。兩年來，日軍在沿江高地修建了牢固的防禦工事，綿密的碉堡中布置了大批山砲、機槍。不過，怒江渡口多，高黎貢山脈彎曲狹長，不易防守；而且，56 師團有三分之一兵力被調到緬北支援第 18 師團，因此，實際人數僅有 1 萬 1 千人。遠征軍有 7 萬多人（後續又補充了約 3 萬人）。所以，遠征軍渡過怒江問題不大，難的是渡江後，先頭部隊必須盡快消滅怒江對岸日軍碉堡，否則，大軍無法安全渡江。

　　1944 年 5 月 10 日，中國遠征軍司令部正式下達反攻滇西緬北的命令，在總司令衛立煌指揮下，霍揆彰的第 20 集團軍為右翼，負責攻占騰衝；宋希濂的第 11 集團軍為左翼，占領松山、龍陵。[94]

　　5 月 11 日，宋希濂帶領第 11 集團軍率先於惠通橋、三江口等渡口強渡怒江。日軍第 56 師團師團長松田山祐緊急調動部隊堵截第 11 集團軍。另外，擔任主攻任務的第 20 集團軍的右翼第 54 軍（軍長闕漢騫）第 198 師，由雙虹橋、馬面關等處成功渡河。[95]

　　果不其然，渡過怒江，霍揆彰、宋希濂部隊就一直與日軍激戰於怒江西岸，日軍憑藉堅固工事死守陣地，遠征軍傷亡甚大，戰局漸呈膠著態勢。6 月底，蔣介石命令駐昆明的杜聿明、何紹周率機械化精銳

94　榮維木等，《中國抗日戰爭史》（北京：社會科學文獻出版社，2019），第二卷「戰時軍事」，頁 468-469。

95　田玄，《鐵血遠征：中國遠征軍印緬抗戰》，頁 362-373。

部隊馳援滇西戰場，霍揆彰部終於攻抵騰衝城郊，在騰衝外圍的據點與日軍逐一爭奪，把日軍壓迫到騰衝城內。日軍 148 聯隊憑藉堅固碉堡死守，雙方展開一個多月的激烈攻城作戰，直到 9 月上旬衛立煌調派重砲團加入攻擊，加上美軍飛機輪番轟炸，最後在 9 月 14 日殲滅日方守軍，攻克騰衝。

松山日軍坑道式防禦工事

　　左翼方面，宋希濂第 11 集團軍，渡橋後就立即面臨松山日軍的阻攔。松山前鄰深谷，背連大坡是個高地，周圍丘陵起伏，山路狹而險要，日軍只要在松山頂上，用最小口徑的六零迫擊砲就可封鎖住山下的滇緬公路出口。

　　一開始，宋希濂派出一個師為前鋒，看見松山山頂的堡壘陣地，以為日軍頂多 6 百多人，可是，不論遠征軍用山砲轟，或是美國陸軍第 14 航空隊空中轟炸，奇怪的是，無論怎麼炸，日軍堡壘陣地好像毫髮未傷，被炸過的陣地，日軍守備兵仍然活著，兩個半月下來，中國部隊陣亡幾達 2 千人，受傷的也將近 2 千人，所有的指揮官，包括美軍顧問都束手無策。[96]

　　衛立煌召開軍事會議，商量對策。獨立工兵部隊指揮官傅克軍判斷這是一個多層坑道陣地，猶如一個地下螞蟻窩。日軍在松山這個坑道墊建在 15 米深的地下，先用 0.4 米左右粗的樹幹橫架在坑洞上方，然後鋪上稻草、泥土，其上再鋪蓋一層鋼板，鋼板上方再鋪上兩三層樹幹及泥土，泥土上再種上綠樹，偽裝得非常好，從空中根本偵查不出位置，砲彈也很難損壞它。[97]

　　日軍以為這個地下坑道工事牢不可破，萬萬沒料到國軍中竟有位

96　傅中，《傅克軍獨立工兵團與遠征軍的故事》（台北：金剛出版社，2017），頁144-145。

97　同上，頁144-145。

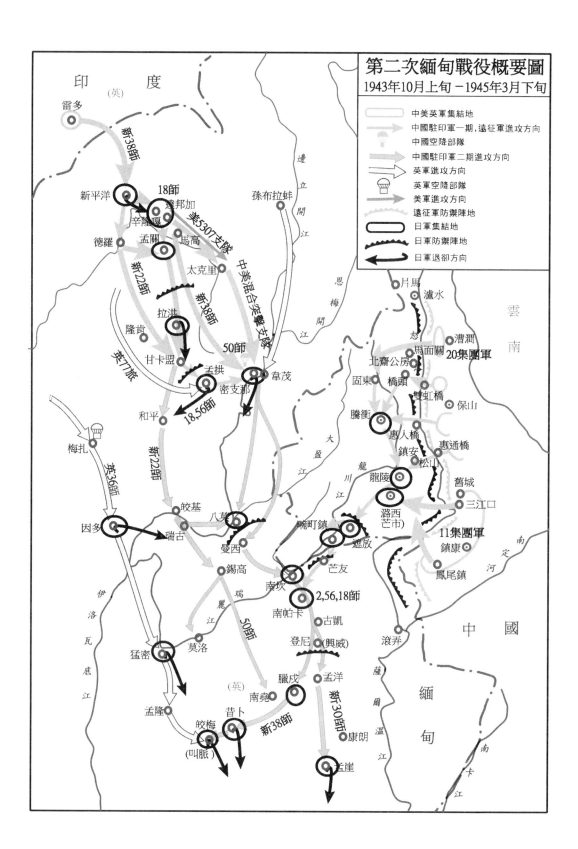

第二次緬甸戰役概要圖
1943年10月上旬－1945年3月下旬

日本工兵專家。傅克軍是國軍中極少數留學日本的土木工程專家，他提出的解決之道，是在日軍的地下坑道的下面再挖一層坑道，從最底層用炸藥向上炸。[98]

美軍顧問迅即調集 30 噸 TNT 炸藥，同時自保山增調獨立工兵第 15 團一個連的兵力增援，共計工兵人數達 6 百至 7 百人，立刻展開 24 小時作業，在日軍坑道下面挖出第三層坑道，布置了 50-60 個小空間，埋下炸藥。[99]

8 月 20 日上午 9 時，轟隆一聲，濃煙突起，直沖雲霄，松山高地幾乎被炸翻了，坑道內 1 千名日軍全部死亡，只有 1 名士兵及 4 名慰安婦倖存。[100]

松山日軍全部殲滅，中國部隊士氣大振，繼續進攻，在 11 月 3 日攻克龍陵，11 月 20 日攻克芒市。此時 11 月 27 日，中國遠征軍與中國駐印軍形勢大好，正式在芒友會師，至此，滇緬公路通車，中印交通線也完全打通。[101]

盟軍全線反攻

中國駐印軍攻克密支那後，短暫整補，1944 年 10 月初，立即開始第二階段作戰。

此時，史迪威因與蔣介石矛盾激化，被召回國，魏德邁（Albert C. Wedemeyer）繼任中國戰區參謀長。索爾登（Daniel Sultan）擔任中國駐印軍總指揮，鄭洞國任駐印軍副總指揮。中國駐印軍（X 部隊）也奉命改編為新編第 1 軍及第 6 軍，孫立人升任新編第 1 軍軍長（轄新編第 30 師、新編第 38 師），廖耀湘任新編第 6 軍軍長（轄第 14 師、

98　傅中，《傅克軍獨立工兵團與遠征軍的故事》，頁 144-145。

99　同上，頁 152-153。

100　同上，頁 154。

101　榮維木等，《中國抗日戰爭史》，第二卷「戰時軍事」，頁 474-482。

第 50 師、新編 22 師）。

1944 年 10 月 16 日，駐印軍新 1 軍與新 6 軍開始向八莫進攻，12 月 15 日攻克八莫。與此同時，從雲南過怒江的中國遠征軍（Y 部隊）繼續向西前進。1945 年 1 月 27 日，X、Y 部隊在芒友會師，中國西南國際補給線中印公路完全打通。

緬北作戰結束後，滇西遠征軍回國。駐印軍的新 1 軍與第 50 師繼續南下。新 1 軍先後拿下了新維、臘戌；第 50 師攻克了南渡、西保、南燕、皎麥等市鎮。3 月 30 日，中國遠征軍攻克皎脈（Kyaukme，又譯皎梅、喬梅，位於臘戌西南），與英軍勝利會師。隨後中國駐印軍凱旋回國，中國駐印軍與中國遠征軍反攻緬北的任務順利完成。

中國軍隊負責範圍是緬北，英軍主要負責緬甸中部和南部的反攻。1945 年 1 月，英軍統帥斯利姆率領英軍第 14 集團軍、還有空軍和後勤準備，從印度英帕爾、阿恰布等地向緬甸中部展開反攻。經過慘烈的作戰，1945 年 3 月奪回緬甸中部大城曼德勒，繼續南下進攻，至 5 月 2 日收復仰光，光復緬甸全境。[102] 中國遠征軍和英軍合作，完成了對緬戰略大反攻的全面勝利。

五、觀察與檢討

兩次緬甸作戰牽涉中、美、英三國，在中國八年抗戰中頗受西方關注。西方或許不知道武漢會戰、長沙會戰、冬季攻勢，但對盟軍在緬甸的事蹟略有所知。然而，70 多年來，關於中國遠征軍入緬作戰的種種，由於中、美、英等參戰方各執一詞，真相撲朔迷離。

英美戰史學者傾向輕視第一次緬甸作戰中國軍隊的表現（仁安羌

102 Basil Henry Liddell Hart, *History of the Second World War* (New York: Konecky & Konecky, c1970), pp. 631-638.

除外），而中方對英美方面的疏失，也滿腹抱怨。第二次滇緬作戰（反攻緬甸）表面上是中美英三國聯合作戰，實際上緬北作戰絕大部分是國軍獨立完成，最後順利收復失地，國軍（中國駐印軍及遠征軍）死傷亦頗重。兩次滇緬戰都牽涉到複雜的國際情勢與同盟國的合作關係，我們試從下面幾個方向重新探究。

英國是否一再阻擋中國遠征軍入緬而貽誤戰機？

如前文所述，早在珍珠港事變前一年，國民政府就一再向英方提出共同防禦緬甸的建議；緬戰爆發，又積極部署準備出兵緬甸。過去中方的說法，都認為中國積極配合盟軍保衛緬甸，而英國則出於維護其亞洲殖民利益的考慮下，屢屢拒絕中國的提議，直到戰局惡化到難以挽回時，才請求中國軍隊入緬，以致喪失了寶貴的作戰時機。[103] 然而，英國方面的檔案卻有不同的說法，事實真相究竟如何？

緬戰初期，英印軍總司令魏維爾的確堅拒中國遠征軍進入緬甸，他這個態度，連英國首相邱吉爾都深感不解。[104] 但是，魏維爾是英國傑出的將領，他到印度之前，曾在北非戰場以 5 萬英軍大破義大利 30 萬軍隊，俘虜了 13 萬人，1943 年升任陸軍元帥。那麼，他為何做出那樣的決定？

魏維爾因沒有讓國軍及早入緬而受到中國和美國的責難，他在給英國陸軍大臣的報告中曾說明他當時的考量：（1）英國軍隊本來就應該自己防守自己的國家，而不是靠外國。（2）中國軍隊駐地分散在雲

---

103 「林蔚呈緬甸戰役作戰經過及失敗原因與各部優劣評判報告書」（1942 年 9 月 30 日），〈緬役得失評判〉，《國民政府檔案》，國史館藏，典藏號：001-072620-00001-000。

104 邱吉爾在回憶錄中提及，他曾致電魏維爾，表示：「我必須把美國人的看法告訴你，在許多人的心目中，中國顯得同美國一樣重要。……我對你拒絕中國幫助防守緬甸和滇緬公路的理由，依然困惑不解。」溫斯頓・邱吉爾(Winston S. Churchill)，《第二次世界大戰回憶錄》（台北：左岸文化，2002），第 4 冊，頁 190-192。

南各地，集結需要很多時間，馬上接受國軍進入緬甸沒有必要，因為
國軍不可能馬上進來，徒然造成運輸的混亂。（3）日軍動向很不明確，
不見得會進攻緬甸，國軍留駐雲南的話，可以防範日軍從印度支那向
北的攻擊。（4）當時情勢並非迫在眉睫，國軍沒有自帶後勤資源，吃、
住、運輸各方面都需要英方安排，而緬甸的交通、通訊、後勤工作都
很困難，尤其緬甸是殖民地，事情比較複雜。（5）中國軍隊的「軍」
只相當於英國的「師」，而且裝備非常低落，戰力讓人懷疑。[105]

　　魏維爾顯然有所偏誤，例如，他認為國軍裝備差、戰力低，就與
事實有差距。而且，丟失緬甸的事實也證明他的判斷和處置有待商榷。
不過，魏維爾不認為自己判斷有誤，即使第一次緬甸作戰失敗後，他
仍堅持己見。他認為，從後來戰事發展來看，就算同意國軍第一時間
入緬，整個戰局也不會有不同的結果。[106]

　　作為英印軍指揮官，魏維爾當然要對緬戰的失敗負責，但細究他
的辯解，亦非全無道理。英方必須負責國軍大部分後勤資源，以當時
緬甸落後、民情複雜的情況來說，的確需要相當時間準備。後來魏維
爾讓國軍入緬救援，果真在運輸上遇到很大的困難，遠征軍第5、第6、
及第66軍，都是花了相當時間集結，很晚才進入緬甸戰場。也因為運
輸困難，各部隊只能分批陸續抵達預定地點，無法在第一時間集結主
力與日軍對抗。荒唐的是，作戰都快結束了，第66軍部隊才開始進入

105　"The following Despatch was submitted to the Secretary of State for War on the 14th
　　　July, 1942, by General Sir Archibald P. Wavell, G. C. B., C. M. G., M. C., A. D. C.,
　　　Commander-in-Chief, India, on Operations in Burma from 5th March, 1942, to 20th
　　　May, 1942," *The London Gazette*, 11 March 1948, pp. 1669-1670. 正文之分項為作者
　　　整理歸納。

106　魏維爾原句是："I do not, however, think that it would have made any difference in the
　　　end to the defence of Burma.""The following Despatch was submitted to the Secretary
　　　of State for War on the 14th July, 1942, by General Sir Archibald P. Wavell, G. C. B., C.
　　　M. G., M. C., A. D. C., Commander-in-Chief, India, on Operations in Burma from 5th
　　　March, 1942, to 20th May, 1942," *The London Gazette*, 11 March 1948, p. 1670.

緬甸。此外，緬甸人民受英國殖民影響，對英軍和國軍都不友善，不但不配合，反而會暗中搞破壞，這些都加劇了後勤的困擾，也都印證了魏維爾的顧慮。

平情而論，魏維爾阻撓國軍第一時間入緬可能不是影響戰局的關鍵所在，關鍵是戰局變化太快。沒有人會想到日本在珍珠港事變後，連戰連勝，快速擴張到東南亞各地，並延伸到西側的緬甸，造成英軍防守緬甸措手不及。

英軍防守緬甸態度是否消極？

數十年來，中方還有另一個抱怨，指控英方態度消極，不但不和中國遠征軍積極合作，反而擺出上位者的姿態，指揮中國軍隊。更有甚者，仰光失守後，英方把遠征軍推到第一線，目的是在掩護英軍盡快撤退到印度，而且在不知會中方的情況下獨自後撤，屢屢陷遠征軍於腹背受敵的危境之中。[107]

事實上，英國並非不想保衛自己在遠東的殖民地，但其在亞洲的殖民地眾多，在兵力有限的情況下，其戰略部署自然有輕重緩急之分，英國將最主要的兵力分為兩支：一支放在新加坡及馬來西亞，另一支放在印度。

但看當時英軍在緬甸的軍力，緬甸作戰開戰前後，英國在緬甸有英緬軍第 1 師、英印軍第 7 師、裝甲第 7 旅，還有砲兵、空軍等部隊；不久，為了有效統率各軍，英軍在英印軍總司令之下增編英緬第 1 軍，統率各師旅，總兵力不到 5 萬。這些部隊都受英印軍總司令魏維爾的節制。[108]

107　梁敬錞，《史迪威事件》，頁 38-54。

108　Alan Warren, *Burma, 1942: The Road from Rangoon to Mandalay* (London; New York: Continuum, 2011), pp. 35, 37, 49-53, 77, 148, 152, 164.

英緬軍總司令一開始是麥克萊（Kenneth McLeod），後來換上胡敦（Thomas J. Hutton），胡敦表現不好，英軍又換上亞歷山大（Harold Alexander），胡敦成為亞歷山大的參謀長，這讓他非常難堪。亞歷山大將軍在歐戰爆發時，指揮第一波英軍登陸歐洲對抗德軍，後來又指揮敦克爾克大撤退立下大功，是具有實戰經驗的將領，此時被派到緬甸指揮作戰，可見英軍並未全然忽視緬甸戰場。[109]

後來增編的英緬軍的第 1 軍，第一任司令是斯利姆（William J. Slim），斯利姆曾參與一戰，歐戰爆發後在東非、中東指揮作戰，屢獲殊榮。

亞歷山大、斯利姆都不是泛泛之輩，他們後來轉戰各地，都榮任英國陸軍元帥。亞歷山大在歐戰出任第 15 集團軍群總司令，指揮上百萬英美聯軍，戰後當上英國國防大臣；斯利姆在英帕爾作戰大勝日軍，戰後出任大英帝國參謀總長。從換將與調整編制來看，英方在迫在眉睫之際，相當重視緬甸戰場，並不是從頭到尾就只想把國軍推上火線，掩護自己撤退到印度。

對於防守方英國來說，緬甸最大的優勢是那長又猛烈的雨季，任何作戰行動都不得不停止。英軍也希望在緬甸逐次抵抗，撐到雨季，讓日軍不得不停止進攻。邱吉爾還一直催促澳洲派兵增援緬甸，但澳洲自顧不暇，沒有同意。

英軍在兵力、戰力與戰術與日軍顯有落差，招架不住日軍攻勢，形成不斷撤退的局面，也讓國軍誤會英軍沒有戰鬥意志，只想以國軍來擋子彈。[110] 其實，英軍的傷亡並不比國軍輕多少。據統計，不到 5 萬人的英軍有高達 3 萬人的傷亡。是故，所謂指責英軍防守態度消極，

---

109 Robert Lyman, *Slim, Master of War: Burma and the Birth of Modern Warfare* (London: Constable, 2004), p. 11.

110 Graham Dunlop, *Military Economics, Culture and Logistics in the Burma Campaign, 1942-1945* (London: Pickering & Chatto, 2009), pp. 17-30.

或需再作思量。問題的根源或許不是英軍有沒有好好防守，而是英國原先的戰略布局。在第二次世界大戰爆發前，英國在亞洲一大假想敵是蘇聯，兵力配置重點在西印度，東印度面向日軍的防備相對輕忽。大戰爆發後不得不西抽東調部隊，形成處處薄弱，只能節節敗退。[111]

滇緬戰激化蔣介石與史迪威的衝突

史迪威與蔣介石不睦，兩人的衝突加深了戰時中美軍事與外交關係的矛盾，是抗戰時期中美外交上的憾事。

究其原因，史迪威和蔣介石個性不同，在溝通理解上產生誤解；但史迪威身兼多重身分，當是最主要的原因。兩人見解、考量雖不一致，起初仍能互相忍讓，但滇緬戰激化了衝突，最後到了無可挽回的局面。（關於史迪威與蔣介石的衝突，請見本書第三卷。）

史迪威擔任蔣介石參謀長近三年期間，絕大多數時間都在印度及緬甸，待在重慶的時間非常零碎，而他所關注重心也在滇緬戰場。如此，就中國戰區參謀長而言，無疑是不稱職的；但就印緬戰區美軍司令官而言，他又事必躬親，無役不與。

從戰時蔣介石與宋子文來往電報顯示，史迪威到中國不久，蔣介石就對他失去信任。1942 年春夏之交，蔣介石就和宋子文討論是否應繼續與史迪威合作；蔣、宋以中國抗戰大局為重，最後決定暫時接受史迪威。[112]

雖然如此，為了反攻緬甸的事，蔣介石與史迪威衝突不斷，對遠征軍的訓練和期待、對反攻緬甸的戰略與戰術，雙方歧見甚多，彼此的衝突與厭惡不斷被激化，最後到了無可轉圜的程度。1944 年 8 月，羅

111　Alan Warren, *Burma, 1942: The Road from Rangoon to Mandalay*, p. 241.

112　T. V. Soong Archives, Hoover Institution Archives, Box 51；吳景平、郭岱君編，《蔣介石宋子文戰事往來電報選》，頁170、172、174。

斯福要求蔣介石把中國戰區軍事統帥權交給史迪威，蔣介石不能接受，反要求羅斯福撤換史迪威，最後，羅斯福妥協，召回（recall）史迪威，但中美關係也因此瀕臨冰點。

戰略分歧造成「劍拔弩張的盟友」[113]

在緬甸作戰中，中、美、英三國的付出與代價各有不同，而且反差甚大，說到底，這是因為各國大戰略的分歧。

就英軍而言，緬甸是英國殖民地，英國理應展現最高的防衛意志。然而，當時英國正遭受納粹德國的攻擊，本土生死存亡之際，把歐洲視為主戰場，合情合理；在亞洲的廣大殖民地只能盡量抵抗。珍珠港事變前，英國才經歷納粹的大轟炸，4 萬多人死亡，上百萬人受傷。不幸的是，英國在亞洲防衛失利，在香港損失 1 萬多兵力，在馬來亞喪失 14 萬人，在緬甸面臨幾乎無兵可用的窘況。所以，當時英軍戰略以防衛印度為先，緬甸只能次之，因為緬甸戰略價值不能跟印度相提並論。其後，英軍在北非等作戰消耗非常多戰力，這些因素都排擠掉曾經允諾中國投入緬甸的資源。

美國方面，雖然羅斯福再三對蔣介石保證，將出動美軍並會說服英軍反攻緬甸，但是，美國與英國一樣「重歐輕亞」，放在亞洲的資源較少，而且這些資源主要放在太平洋戰場上，而非南亞大陸。美國陸軍參謀長馬歇爾（George C. Marshall）對全球局勢看得很清楚，結束第二次世界大戰的捷徑，就是先打垮戰力最強的德國，德國瓦解後，再騰出手來對付日本。所以，即便美國對日本偷襲珍珠港有深仇大恨，仍不得不隱忍，將國家資源先集中在歐洲戰場。

113　借用齊錫生研究戰時中美關係的書名。齊錫生，《劍拔弩張的盟友：太平洋戰爭期間的中美軍事合作關係（1941-1945）》（台北：聯經出版公司，2011）

　　在這樣的格局下，緬甸戰場在英美全球戰略考量上，被排在後面，也是可以理解的。不過，為了反攻緬甸，美國特別組建叢林作戰的5307特遣隊（麥瑞爾突擊隊），英國也組織了特種部隊「欽迪特」，兩個都是長距離滲透敵後作戰的特殊部隊，通常採空降敵後，以靈活游擊方式騷擾敵人後方，他們在收復緬北作戰中立功不小。另外，美國空軍的空中打擊、武器彈藥和運輸的支援，也是緬北反攻戰成功的重要助力。

　　此外，當歐戰勝負已見端倪之際，英軍便開始調整戰略，逐漸騰出手來支援緬甸戰場。1945年，英軍大量動員印度在內的大英國協軍事力量，斯利姆統率的第14集團軍集結了75萬人的部隊，並配置充分的空軍和後勤支援。[114]緬甸最後全境光復，緬北固然靠國軍的力量，而緬中、緬南就是憑藉英軍龐大的軍事資源光復的作戰。

　　所以，緬北反攻戰役，國軍無庸置疑是最主要的作戰部隊，大多數戰鬥由國軍獨立完成，但就整個緬甸戰場來說無論如何，不能否認中美英聯合作戰的事實。

　　當然，蔣介石深感受到美英欺凌壓迫或種族歧視，要求美英正視中國抗戰多年浴血奮鬥的貢獻，這都是實實在在的辛酸血淚。但這就是國際政治的現實，蔣介石也深有體會，曾自記：「政治全在實際為基礎，而不可專憑理想，⋯⋯。吾觀於英國之政治全重現實，而有感也。所謂現實者，即時與力也，凡無實力或有力，而不能與對方相較之時，則其決不多言，亦不倔強，惟有暫時忍痛，放棄退出，即使一時屈服，亦所不屑。⋯⋯英國政治手段之毒辣與自私，令人痛憤，然亦不能不仰佩其老練與實際之行動也，應自勉之。」[115]

114　Robert Lyman, *Slim, Master of War: Burma and the Birth of Modern Warfare*, pp. 138-139.

115　《蔣中正日記》，1943年8月30日。

英帕爾戰役對反攻緬甸的關鍵意義

有個現象值得注意。1943 年底，國軍開始反攻緬北時，防守緬北的日軍只有 2 個師團（18 師團、56 師團），但當時在緬日軍有 9 個師團，為何面對盟軍反攻，他們卻沒有北上增援，有些匪夷所思。

那麼，當時日軍在緬當局的戰略考量究竟為何？何以眼看著緬北失守而不派兵增援？這裡就不得不提 1944 年的「英帕爾戰役」。

英帕爾戰役是日軍在 1944 年 3 月向東印度英帕爾進攻的一場戰役，被視為第二次世界大戰緬甸戰局的轉捩點，日軍視之為「史上最惡的作戰」，「英帕爾」成為日語「無謀作戰」的代名詞。[116]

1942 年中，東京大本營在第一次緬甸作戰告一段落後，就有進攻東印度的想法，當時曾與南方軍共同擬定進攻計畫。然而，預定作為主力的第 18 師團師團長牟田口廉也卻提出反對。他的理由是：緬甸雨季時雨勢太大無法出兵，而乾季時通往印度的阿拉干山疊嶂層巒、河川阻礙，難以克服；當地又人煙稀薄，補給困難，不宜出兵，建議採取守勢。第一線將領反對，大本營又正忙著太平洋上瓜達康納爾之戰，所以沒有堅持這個計畫，僅要求在緬部隊繼續研究。[117]

1943 年 3 月，日軍為加強緬甸的防衛，在南方軍之下創建緬甸方面軍，以河邊正三為司令官，牟田口廉也晉升為第 15 軍司令官。時隔一年，進攻東印度的討論再起，而牟田口的態度改變了。這是因為 1943 年開始，軸心國喪失了戰場主動權，德國希望日軍在印度發動攻勢，打亂盟軍部署，獲得重新扭轉戰局的機會。同時，因為英軍兵力不斷增加，有大舉反攻的跡象，而日軍兵力不足，防禦正面太廣，很

---

116 日本防衛廳防衛研修所戰史室編，黃朝茂譯，《日軍對華作戰紀要（45）伊洛瓦底會戰》（台北：國防部史政編譯局，1997），頁 3-15。

117 戶部良一等，《失敗の本質 —— 日本軍の組織論的研究》（東京：中央公論新社，1991），頁 142-143。

難守禦，牟田口因而放棄原來主張的單純守勢，改以攻勢防禦，主動進攻印度東部，封阻盟軍的反攻，並誘發印度反抗英國殖民政府的力量。

牟田口擬定向東印度進攻的計畫，目標是阿薩姆省的英帕爾。面對很多補給困難的質疑，牟田口卻堅持這些都不是問題，都能克服。看到牟田口如此堅持，河邊正三表示尊重，其他人更不好說甚麼，發動這場戰役就這麼決定下來。[118]

但是，如此衝動無謀的計畫，在正式發動之前，還是有不少軍方人士嘗試阻止。牟田口自己的參謀長小畑信良就極力反對，結果被牟田口撤換；南方軍總參謀副長稻田正純也反對甚力，卻離奇的被調離現職。[119] 戰敗氛圍日濃的日本陸軍高層忽視這場戰役的危險性，反被牟田口這樣孤注一擲、試圖打開一條生路的意志所打動。

1944 年 3 月，牟田口率第 15 軍三個師團發動攻擊，共計 4 萬 9 千 6 百人，留在緬甸的還有 6 個師團，日本駐緬軍抽調給牟田口的人數高達 3 萬 6 千人。作戰過程中，後方陸續增援，投入戰場總兵力達 9 萬人（日軍在緬總兵力約 15 萬人）。不僅超過一半部隊被調去攻印，還不惜挪用大部分日軍在緬資源，牟田口徵用了軍馬 1 萬 2 千匹、牛 3 萬頭、大象 1,030 頭，他鐵了心必定要打下英帕爾。[120]

進軍不久，後勤問題馬上出現。牟田口的如意算盤是利用大量牲畜負載物資，並且在前進過程陸續宰殺食用，藉此解決後勤問題。但是進入山岳及河川縱橫地帶，多數牲畜無法前進，不是被水淹死，就是無法通過山岳而餓死。同時，人與 3 萬頭牲畜一起前進，反而造成行軍速度減慢，消耗物資更多，並且形成盟軍空軍的活標靶，牟田口

118　防衛庁防衛研修所戰史室編，《インパール作戰 ビルマの防衛》（東京：朝雲新聞社，1968），頁 106-111。

119　同上，頁 135-139。

120　同上，頁 209-212。

的軍隊在路上就遭遇慘重損失。

　　禍不單行，又遭到英軍持久戰的消耗。英軍統帥是第一次緬甸作戰曾經對壘的第 14 集團軍總司令史林姆（William J. Slim），他汲取過去教訓，不急著進攻，而是看準日軍後勤的缺陷，利用英國優勢的戰車、後勤及空軍拖死日軍。[121]

　　費盡千辛萬苦，日軍終於穿過山岳森林，第 31 師團占領英帕爾北方的要衝科希馬。斯利姆則投入大量援軍與空中力量，繼續持久消耗，他的目標是拖到雨季，該地極端的傾盆大雨，將使日軍不得不自行撤退。經歷過第一次緬甸作戰的牟田口（當時為第 18 師團長），輕視英軍的戰力，以為撐到最後一刻英軍必定崩潰。但是在前線的三位師團長不這樣認為，他們眼見自己的弟兄死的死、傷的傷、病的病，後勤物資又毫無著落，絕望之下陸續抗命。第 33 師團長柳田元三建議停止作戰，牟田口將他免職；第 15 師團長因為身體不適後送退出戰場；第 31 師團長佐藤幸德索性不理牟田口的命令，直接撤退。戰役結束後，所有師團長都被撤換，這是日本戰史上絕無僅有的。[122]

　　就在這個時候，中國駐印軍在史迪威指揮下從緬甸北面重啟進攻開始，在雲南的中國遠征軍也在美國催促下，司令長官衛立煌發動總攻，日軍腹背受敵。牟田口與他的上級河邊正三心中都知道戰役應該結束了，但面子拉不下來，戰敗的責任也不是他們能承擔的，於是選擇繼續撐下去；直到前線日軍彈盡援絕，餓死人數激增，才於 7 月 3 日下令作戰中止。這個時候雨季已經來臨，撤退途中官兵遭受盟軍空軍攻擊，又遇惡劣環境，大量罹患疫病，死屍在大雨中迅速腐敗成為白骨，多不勝數，撤退沿線遂被稱為「白骨街道」。9 萬人的部隊，傷亡高達

121　Williamson Murray, Allan Millett, *A War To Be Won* (Cambridge: Harvard, 2000), p. 350.

122　NHK取材班編，《ドキュメント太平洋戦争 4 責任なき戦場》（東京：角川書店，1993），頁207。

6萬5千人，多數不是戰鬥傷亡，而是因為飢餓與疾病。[123]不僅如此，日軍武器裝備大部分丟失，第15軍全軍火砲帶去217門，僅帶回46門；貨車3千輛僅剩850輛；其中第15師團90%的槍枝在撤退過程中丟了。[124]

　　日軍在英帕爾大敗，在緬兵力大幅減少，運送後勤物資的牲畜更是嚴重缺乏，嚴重動搖在緬甸的統治力量，這也是國軍X、Y部隊反攻得以相對順利的原因之一。英帕爾熱戰的時候，史迪威的X部隊正進攻緬北重鎮密支那，經過3個月艱苦戰鬥，奪回了這座城市，打開緬北交通。衛立煌的Y部隊，也在松山之役有所斬獲，打破滇西僵局，為之後光復騰衝、龍陵打下基礎。

　　英軍在英帕爾浴血奮戰，大量消耗日軍，不過自身損失也不小，英軍陣亡1萬5千人，傷2萬5千人。[125]兩年前第一次緬甸作戰國軍掩護英軍撤退，造成慘重犧牲，這一次英軍在英帕爾大量消耗日軍，反過來掩護國軍在滇西緬北的攻勢，英帕爾戰役無疑為第二次緬甸作戰國軍反攻不能忽略的重要背景。

　　綜上所述，「滇緬作戰」是同盟國成立後，中美英三國間真正付諸實際行動的軍事合作，對中國來說，這是自19世紀甲午戰爭以來首次跨出國境作戰。

　　但必須承認，中國和西方（美英）對滇緬作戰（尤其是第二次反攻作戰）認知差異甚大。從中國角度來看，第二次緬甸作戰的主軸，是史迪威指揮駐印軍（X部隊）在緬北的激戰，以及衛立煌指揮的遠

123　桑田悦、前原透編著，《日本の戦争：図解とデータ》（東京：原書房，1982），頁50；〈戦争証言アーカイブス──ビルマの戦い～インパール作戦「白骨街道」と名付けられた撤退の道〉，《NHK》，https://www.nhk.or.jp/archives/shogenarchives/special/vol6.html，連結時間：2021年6月19日。

124　井本熊男，《大東亜戦争作戦日誌》（東京：芙蓉書房，1998），頁552。

125　桑田悦、前原透編著，《日本の戦争：図解とデータ》，頁50。

征軍（Y部隊）在滇西的反攻，最後兩個部隊成功會師。但如放大格局來看，國軍作戰行動僅限於緬北，而另一支規模龐大的英軍（包括英印軍）成功收復了緬甸中部及南部。不知何故，大部分中文書籍有意或無意的不提英軍和美軍在反攻緬甸上的貢獻。

美英史觀或有疏忽中方的貢獻，但中方的態度也多少助長了這種認知差異。

遺憾的是，西方的戰史也忽視國軍的犧牲與貢獻。兩次滇緬作戰，國軍犧牲極大，尤其是第一次緬甸作戰，盟軍慘敗，10萬中國遠征軍入緬，最後只有4萬餘人生還，這是抗戰史上極悲慘的一頁。相互忽視之下，滇緬戰史的論述各有所偏，模糊至今。

更不幸的是，中國在滇緬戰的同時，東線戰場正遭逢日軍傾全國之力來攻的大陸打通作戰（「一號作戰」）。早已捉襟見肘的國民政府無力兩面作戰，腹背受敵，東線幾乎是一路敗退，中共趁機接管了大片土地，國共實力此消彼長，不僅直接影響了戰後國共鬥爭的成敗，也使得本已充滿爭議的中美關係更加惡化，最終美國在內戰中拋棄蔣介石的國民政府。

第六章

太平洋戰爭爆發後的中國戰場

傅應川（前中華民國國防部史政編譯局局長）

黃　勇（四川廣播電視大學教師）

蘇聖雄（中央研究院近代史研究所助研究員）

　　太平洋戰爭爆發前後，日本陸軍大部分兵力分散在中國戰場。1941年底的時候，日軍共有 51 個師團，其中 22 個師團在中國關內，占全軍 43%；有 10 個師團用來發動太平洋戰爭，占 19.6%；還有 13 個師團放在中國東北，用來防備蘇聯，這部分占 25.5%。[1]

　　太平洋戰爭爆發之後，日軍將中國戰場的資源漸漸轉移到太平洋、東南亞方面，在中國關內的部隊逐年減少。1942 年降為 39.7%，1943年底為 32.9%，1944 年底占 25.2%，到了 1945 年 8 月日本投降的時候，僅占 15.5%。[2] 這些數據可以看到，日軍的注意力已轉移到太平洋戰場，中國戰場的日軍明顯減少。

　　因此，抗戰後期（1943 年開始直到戰爭結束），除了 1944 年的「一號作戰」（中國稱為「豫湘桂戰役」）動員了 50 萬人，日軍並未在中國戰場發動大規模作戰。而且，這段期間的幾場戰事，都與太平洋、東南亞戰事相關。重要的會戰有第三次長沙會戰（1941 年 12 月至

1　　另有 6 個師團在日本本土及朝鮮。劉庭華，《中國抗日戰爭與第二次世界大戰統計》（北京：解放軍出版社，2012），頁 176。

2　　劉庭華，《中國抗日戰爭與第二次世界大戰統計》，頁 176。

1942 年 1 月）、浙贛會戰（1942 年 5-7 月）、鄂西會戰（1943 年 5 月），以及常德會戰（1943 年 11 月）。至於一號作戰，本書將在第八章探討。

這幾個規模不大的會戰起因各不相同，但都可視為太平洋戰爭的延伸。第三次長沙會戰的起因，是日軍要進攻英國殖民地的香港，為避免國軍增援香港，於是命令中國派遣軍向長沙進攻，以牽制國軍。浙贛會戰是因為日軍要摧毀中國東南沿海的飛機場，以防止太平洋美軍利用這些機場直接轟炸日本本土。鄂西會戰則是因為日軍在太平洋戰事吃緊，船舶缺乏，為了讓停泊於長江中游的大批運輸艦艇不被困在宜昌，因此發動作戰打擊國軍，使船舶可以順利往下游行駛。常德會戰一方面是要粉碎國軍續戰能力，一方面要牽制國軍，阻撓國軍轉用部隊到滇緬戰場。

可見，這幾場作戰，日軍的主要考量還是太平洋戰爭，中國戰場已不是日軍作戰的重點。

一、第三次長沙會戰：名副其實的大捷

1941 年第二次長沙會戰結束僅僅兩個多月，第三次長沙會戰緊接著就在 12 月展開。在同一地區、如此短暫的「會戰間隔」內連續發動會戰，在軍事史上是極少見的。[3]

發動作戰的仍是日本第 11 軍，它的參謀長木下勇少將自承：這是臨時起意的，一小時就做了作戰的決定。他說：湘贛會戰（即第二次長沙會戰）是「經過再三縝密研擬的作戰，雙方決戰意志均甚高昂，收穫良多」。而「本次作戰（即第三次長沙會戰）決定迅速，約一小時即下定決心」。[4] 而且，這次決策的關鍵不在會戰的決勝，而在因

3　「會戰間隔」是指兩次會戰間的休戰狀態。

4　日本防衛廳防衛研修所戰史室編，黃朝茂譯，《日軍對華作戰紀要（4）香港長沙

應國軍第 4 軍南下，對日「第 23 軍作戰（攻略香港）的影響如何？」[5]

可見，日軍發動這次會戰的決策過程草率，作戰計畫對國軍狀況的研判也失算，而選擇作戰目標時又意見分歧。[6] 如此種種，終為此戰付出代價。

日軍配合南進政策，倉促發動作戰

日軍匆促發動此次會戰是因為「南進」政策的決行。日美兩國自 1941 年 4 月開始的外交交涉，此時已走入死胡同。東京一直希望與美國達成諒解（亦即所謂的「美日諒解方案」），再由美國出面調解中日戰爭，和平結束對華作戰。[7] 針對日本方案，美國務卿赫爾提出「赫爾四原則」（保持領土完整、不干涉原則、機會均等、維持現狀），要求日本撤出中國戰場，停止南下南洋。

東京不願吐出已在嘴裡的肉，對赫爾的要求沒有具體回應，使得美方極為不滿。不僅如此，日軍在 1941 年 7 月 23 日強行占領越南南部及西貢，英、美、法、荷均認為不能繼續對日姑息，華盛頓態度轉硬，7 月 26 日宣布凍結日本在美資產，繼而在 8 月 1 日實施對日全面石油禁運。

日美關係迅速惡化，談判陷入僵局。10 月 3 日，美國政府照會日本政府，明確要求日本遵守「赫爾四原則」，近衛內閣及海陸軍都不願接受。11 月 26 日，赫爾提出最後通牒，堅持日本必須從中國及越南撤軍、放棄在華特權、放棄三國同盟。東京對美絕望，12 月 1 日，日本御前會議決定對美開戰。（日本「南進」政策及發動太平洋戰爭的

續 ....
　　作戰》（台北：國防部史政編譯局，1987），頁 740-741。
5　　同上，頁 741。
6　　同上，頁 743-746。
7　　日本防衛廳防衛研修所戰史室編，廖運潘譯，《日軍對華作戰紀要（3）歐戰爆發前後之對華和戰》（台北：國防部史政編譯局，1987），頁 526-257。

決策請見本書第二卷第四章）

1941 年 12 月 8 日（夏威夷時間為 7 日），日軍偷襲美軍珍珠港，掀起太平洋戰爭。與此同時，日本華南方面軍第 23 軍奉命進攻香港。為防備中國軍隊支援駐香港的英軍，大本營要求第 11 軍牽制中國第九戰區的兵力，以利 23 軍的香港作戰。[8] 因此，第 11 軍在 12 月 15 日匆匆擬定「安」號作戰（第三次長沙作戰計畫的代號）方案，明定作戰目的：「進攻汨水一線，擊潰當面之敵，以策應第 23 軍進攻香港及南方軍之作戰。」[9]

然而，本是一場牽制性、有限作戰，並沒有攻略長沙的意圖，沒想到卻發展成一場進攻長沙且對盟軍有重大意義的會戰。

中國派遣軍兵力調整

日軍在偷襲珍珠港的同一天，1941 年 12 月 8 日，日軍南方軍主力 11 個師團共 40 萬人、兩個飛行集團、海軍第二、三艦隊、南遣艦隊及第 11 航空艦隊，同時對泰國、馬來亞、菲律賓、關島、威克島、吉爾伯特群島及香港發動進攻。

根據事先的規劃，進攻香港時，在中國的第 11 軍必須適時發起牽制作戰。第 11 軍本是日軍在中國唯一的「作戰軍」，突然要轉變成「支作戰軍」，在作戰方針及兵力運用上，必須作大幅調整，一方面要抽調部分兵力參加南方作戰，同時還得迅速整補第二次長沙會戰的損失，以滿足第三次長沙作戰的兵力需求。

大本營從中國派遣軍抽調出來的部隊數量相當大，包括第 5、第 18、第 21、第 33、第 38 師團、航空部隊等，足以影響在華作戰的任務。[10]

---

8 日本防衛廳防衛研修所戰史室編，廖運潘譯，《日軍對華作戰紀要（3）歐戰爆發前後之對華和戰》，頁 530-531。

9 日本防衛廳防衛研修所戰史室編，黃朝茂譯，《日軍對華作戰紀要（4）香港長沙作戰》，頁 743。

10 同上，頁 724。

此時第 11 軍司令官是阿南惟幾，在大幅兵力調整後，欲發動第三次長沙作戰及轄內地區作戰的兵力已有困難，阿南不得不縮小占領地，調整襄西地區岳陽、南昌的兵力，並集結若干預備兵力，以確保武漢周圍要地。[11] 這意味著，攻勢已不足，只有採取守勢。

縱然如此，第 11 軍的兵力仍不符實際需要，阿南因而實施戰列部隊的編制修訂，把原編有四聯隊的師團縮編成三聯隊。改編的部隊，包括第 3、第 4、第 6 師團、第 33 師團一部及獨立第 20 旅團，下轄計 28 個作戰大隊。而最後留置在武漢地區的部隊總計 5 個師團（第 3、13、34、39、40 師團）及兩個獨立旅團（第 14Bs、第 18Bs），規模頓時減少了約三分之一。[12]

「安」號作戰計畫方案

調整後的第 11 軍的基本任務從「摧毀敵人之抗戰意圖」，減輕為「努力摧毀敵人之抗戰力量」。[13] 戰略上，意在減輕大戰略（全般戰爭）的負擔，專注對國軍的軍事有生力量的打擊。根據「安」號作戰計畫方案，將在 12 月 22 日前後發起對第九戰區國軍作戰，為時二週；使用兵力包括第 3、第 6、第 40 師團及混成第 14 旅團；另有獨立混成第 9、第 18 旅團，及第 34 師團所屬編成的野口支隊，為其後繼的支援部隊。原本的作戰計畫是渡過汨羅江，殲滅國軍第 37 軍就返回駐地。[14]

12 月 8 日，日軍第 23 軍向香港發動攻擊，果然如日軍所料，國軍第 2 軍（軍長李延年）、第 4 軍（軍長歐震）奉命離開長沙南下支援英軍。於是，24 日傍晚，第 11 軍依計畫，開始發動對長沙的牽制攻勢。

11　日本防衛廳防衛研修所戰史室編，黃朝茂譯，《日軍對華作戰紀要（4）香港長沙作戰》，頁 726-728 及 730。
12　同上，頁 726-727。
13　同上，頁 737。
14　同上，頁 743、746-751。

當晚氣溫驟降，第6、第40師團，冒著大雪南下夜襲，渡過新牆河。

防守這裡的國軍是湘軍第37軍（軍長陳沛）及中央軍第99軍（軍長傅仲芳），兩軍汲取了上次（第二次）會戰中平行設置防線，一點擊穿即全線潰敗的教訓，這次改為逐次抵抗，且戰且走，一面向後轉移，同時在主陣地後面構築了可以互相支援的縱深陣地。[15]

沒想到，日軍在17天內就拿下了香港；第11軍這邊才開動了一天，25日傍晚，香港英軍就向日軍投降了。此時已無牽制香港作戰的必要，阿南司令官打算第二天搭機返回漢口。[16]

然而，26日清晨，風雨交加，飛機無法起飛，阿南留了下來。阿南眼看前往香港馳援的國軍尚未回到長沙，情況有利於日軍，於是，他和參謀研商，是否仍要進攻長沙。[17]

阿南決定繼續作戰，因為「香港雖已攻陷，但數日內敵（國）軍有向廣州方面發動攻勢的可能，並且更加危險」。何況，第九戰區國軍部分主力已被抽調南下，即使香港已淪陷，但國軍回防速度緩慢（國軍行軍大多數靠徒步），不如趁第九戰區防務減弱之時，進攻長沙，當為一舉兩得。[18]阿南在日記寫道：「（日軍）維持雄厚戰力於湘境，以攻勢姿態，發揮威脅地區及重慶的戰略效果，俾利其長期任務之遂行；且不失牽制國軍攻擊廣州、香港的企圖，並使其『終歸畫餅』。」[19]

阿南當天就向中國派遣軍提出報告，請求核可。但總司令部28日

15 國防部史政編譯局，《抗日戰史（2）‧全面抗戰經過總論》（台北：國防部史政編譯局，1992)，頁341。

16 日本防衛廳防衛研修所戰史室編，黃朝茂譯，《日軍對華作戰紀要（4）香港長沙作戰》，頁761。

17 同上，頁781-782。

18 同上，頁781。

19 用詞為29日阿南日記，且已於朝日新聞12月27日晚報刊載，宣傳為其目的。日本防衛廳防衛研修所戰史室編，黃朝茂譯，《日軍對華作戰紀要（4）香港長沙作戰》，頁787。

的回電是「關於進攻長沙，需要東京核可」。阿南非常失望，為爭取時機，決定先斬後奏，不等東京命令，立即向長沙攻擊。[20] 於是，大膽的阿南就在兵力不足的情況下，進擊長沙。

薛岳完善天爐戰法

3 個多月前，第九戰區司令長官薛岳在第二次長沙會戰受挫，戰後軍事委員會召開第三次南嶽會議，檢討會戰得失，蔣介石把第九戰區的高級將領痛罵一頓。之後，第九戰區又自行召開檢討會，薛岳告誡與會人員：「爾後各部隊作戰，不論大小戰役、不論任何部隊，不能存有打三天、五天、七天、八天就算了事之惡劣觀念，必須立下必死之決心、必勝之信念，不勝則死，不勝則亡；前進則生，後退則死，絕無有敗生退存之理。」[21]

薛岳判斷日軍還可能第三次進犯，1941 年 11 月 3 日，他向軍事委員會提出，日軍有可能全面進犯，意圖打通粵漢及湘贛鐵路，並將動用約 10 個師團、2 個旅團及 12 個騎兵聯隊，進攻長沙。[22] 根據這個假設，薛岳在 11 月 8 日擬定〈第九戰區反擊作戰計畫〉，這個作戰計畫的範圍包括贛北、鄂南、湘西方面，在湘北的長沙方面，「則誘敵主力於瀏陽河、撈刀河間地區反攻而殲滅之」。[23]

薛岳的作戰計畫不出其「天爐戰法」，即後退包圍殲滅的基本原則。薛岳汲取前兩次長沙會戰的經驗與教訓，做了較好的規劃。也就

20　《日軍對華作戰紀要（4）香港長沙作戰》，頁787-788。
21　陳壽恆、蔣榮森等編著，《薛岳將軍與國民革命》（台北：中央研究院近代史研究所，1988），頁372。
22　此意見具申為軍委會作戰指導綱要之一部，決策過程重要的一環。國防部史政編譯局，《抗日戰史（67）‧第三次長沙會戰》（台北：國防部史政編譯局，1980），頁9。
23　國防部史政編譯局，《抗日戰史（67）‧第三次長沙會戰》，頁9。

是「破壞一切通敵要道，對中間地帶，實行空室清野」；並「廣設誘擊伏擊地帶」，形成「天爐」，「節節抵抗而鎔解之」。[24]

薛岳布置了一個以戰區為規模的「伏擊殲滅戰」，比前兩次長沙會戰規模大得多（前兩次最多是軍級部隊的伏擊戰），而且特別命第10軍（軍長李玉堂）死守長沙，固守天爐的底部，誘敵自投羅網（前兩次長沙城都唱了「空城計」）。同時，在長沙外圍，部署7個軍以上的重兵，於汨水左岸到瀏陽河、撈刀河間地區，嚴陣以待。

12月20日，日軍在新牆河右岸的戰略集中，概已完成。國軍得知相關情報後，判斷日軍即將發動攻勢。薛岳當即發布電令，部署作戰。[25]第九戰區在第二次長沙會戰中損失頗重，經二月餘的整補，戰力業已逐漸恢復。實有兵力為5個軍（23個師），加上暫編第2軍，共有25個師；惟裝備較完整者，僅第37軍。[26]

阿南惟幾急進埋下敗因

24日傍晚，阿南惟幾指揮日軍渡過新牆河，繼續前進。27日，日軍挾其優勢的砲空火力，準備強渡汨羅江，兵力集中在歸義附近。27、28兩日，風雨交加，大雨使得汨羅江江水暴漲，日軍攻勢略有延誤。第11軍下令，於29日黎明發起統一攻擊，目標是汨水左岸的國軍第37軍。[27]但是，第3師團長豐嶋房太郎竟違背命令，不顧汨水（汨羅江的南支）水位高漲，在27日下午即提早強渡汨水，擊破守在這裡

---

24 國防部史政編譯局，《抗日戰史（7）‧湘贛地區作戰（上）》，頁383。

25 國防部史政編譯局，《抗日戰史（67）‧第三次長沙會戰》，頁11。

26 同上，頁9。

27 日本防衛廳防衛研修所戰史室編，黃朝茂譯，《日軍對華作戰紀要（4）香港長沙作戰》，頁763。

的國軍，進入汨水左岸、湘江東岸。[28] 隨即沿粵漢鐵路線南進，與國軍發生激戰。[29]

依第 11 軍原計畫，此時應全力合圍第 37 軍，將其擊潰後，盡快結束這次匆忙的作戰，撤回原駐地。然而，阿南惟幾卻認為，一路進擊還算順利，已到了汨羅江南岸，長沙就在眼前，何妨直取長沙。於是，12 月 29 日傍晚，阿南改變作戰目標，放棄殲滅國軍於汨羅江南岸的計畫，命令第 3、第 6 師團繼續向南，會攻長沙。[30]

日軍大舉南下，31 日，開始強攻長沙。守城的國軍第 10 軍嚴陣以待，軍長李玉堂早已布下嚴密的陣勢；嶽麓山上的砲兵旅也布下俯瞰全城的砲兵陣地。

李玉堂的第 10 軍是支打防守戰著名的精銳之師，三次長沙會戰都擔任防守長沙的重任。日軍猛烈攻城，第 10 軍奮勇抵抗，兩軍在市區東南高地爆發激烈的巷戰。這時，嶽麓山上的重砲發揮了作用。國軍拚命抵抗，再加上重砲的猛轟，日軍攻勢受阻，傷亡嚴重。[31]

中日兩軍在長沙激戰的前一天，30 日，蔣介石已下令國軍 4 個軍兼程回防第九戰區，由薛岳指揮，布置在長沙外線，「使敵先攻長沙，乘其攻擊頓挫，再集中全力，一舉向敵圍攻」。[32]

各路國軍迅即向指定的陣地急行，準備在長沙城外布置兩條攻擊線，首先切斷日軍補給線，然後壓縮包圍，待日軍撤退時再圍起來痛擊。[33]

....

28　《日軍對華作戰紀要（4）香港長沙作戰》，頁 770，772。

29　國防部史政編譯局，《抗日戰史（2）·全面抗戰經過總論》，頁 341。

30　《日軍對華作戰紀要（4）香港長沙作戰》，頁 770，787-788。

31　國防部史政編譯局，《抗日戰史（2）·全面抗戰經過總論》，頁 341。

32　國防部史政編譯局，《抗日戰史（7）·湘贛地區作戰（上）》，頁 395。

33　「攻擊到達線」，為統制各攻勢兵團齊一行動的管制手段，俾發揮統合力量。國防部史政編譯局，《抗日戰史（7）·湘贛地區作戰（上）》，頁 395。

　　1942 年 1 月 1 日，薛岳下令各部國軍即起反擊。此時，部分日軍已殺到了薛岳布置的「天爐」爐底。日軍原以為可以迅速攻占長沙城，沒料到第 10 軍奮勇抵抗，日軍陷在巷戰及肉搏戰之中，不但進展有限，而且傷亡慘重。當然，國軍也付出極大代價，第 10 軍第 29 團第 1 營，幾乎死傷殆盡。

　　日軍攜帶的補給品不多，補給線已被城外的國軍切斷，攻勢一旦陷入纏鬥，對日軍不利，彈藥瀕臨告罄，攻擊乏力，陷入進退維谷之境。[34] 同時，到達汨水河畔的第一線日軍盛傳「本次作戰為牽制香港而發，（既已攻下香港，）似乎將在 31 日停止作戰，實施轉進」。[35] 士兵無心戀戰，等著命令撤回原駐地。

　　此時，第 11 軍司令部破譯了薛岳給各集團軍的電報，得知國軍好幾個軍都已趕到長沙附近，形成包圍態勢。參謀長木下勇判定日軍處境危險，在 1 月 3 日下午向司令官阿南惟幾建議，「應即中止戰鬥，4 日夜開始轉進」。但阿南拒絕了。阿南還是想拿下長沙，他想冒個險，命第 3 師團加緊攻擊，企圖在國軍形成包圍之前攻占長沙。

　　阿南沒有等到第 3 師團的戰果到來，第 3 師團已陷在國軍的肉搏及砲火猛攻之中，情勢愈來愈糟。1 月 4 日下午，阿南不得不下令放棄攻城，迅速退卻。[36]

．．

34　日本防衛廳防衛研修所戰史室編，黃朝茂譯，《日軍對華作戰紀要（4）香港長沙作戰》，頁 802-812。

35　同上，頁 780。

36　同上，頁 826。

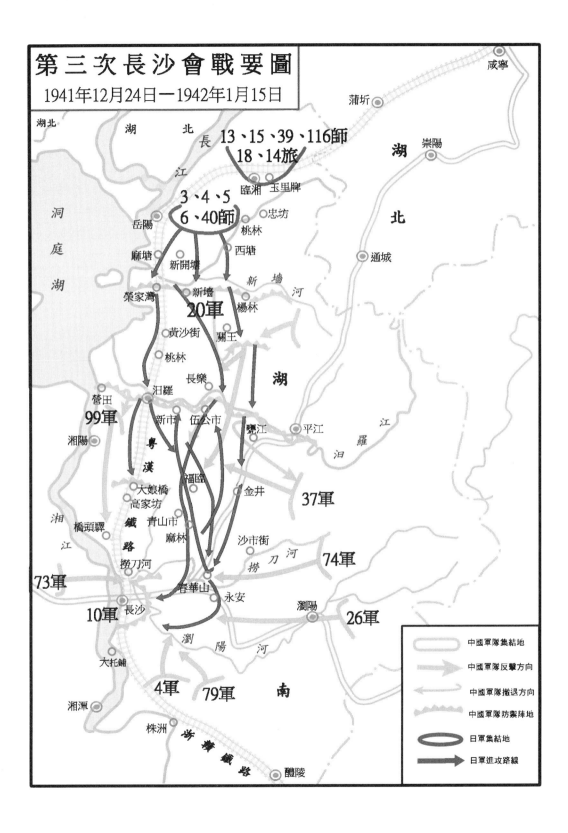

第三次長沙會戰要圖
1941年12月24日－1942年1月15日

湖北　　　湖　　北
咸寧
蒲圻
崇陽
湖
北
通城
長江
洞
庭
湖
13、15、39、116師
18、14旅
臨湘　玉里牌
忠坊
3、4、5
6、40師
岳陽
桃林
麻塘
新開塘
西塘
榮家灣
新墙
20軍
楊林
黃沙街　關王
桃林
長樂
湖
新　墙　河
平江
汨羅　　甕江
營田
99軍
新市　伍公市
湘陽
粵漢
大娘橋
高家坊
福臨
金井
37軍
橋頭驛
鐵路
青山市
麻林
沙市街
撈　刀　河
74軍
撈刀河
73軍
春華山
永安
瀏陽
26軍
10軍
長沙
瀏　陽　河
大托鋪
4軍　79軍　南
湘潭
株洲　浙贛鐵路
醴陵
江羅汨

中國軍隊集結地
中國軍隊反擊方向
中國軍隊撤退方向
中國軍隊防禦陣地
日軍集結地
日軍進攻路線

名副其實的長沙大捷

此時，國軍已布置了總共 29 個師的包圍圈，各路兵團在 1 月 3 日均抵達第一攻擊線，就等日軍撤退。[37]

4 日夜晚，日軍倉皇向東北突圍，以撈刀河北岸為轉進的目標。撤退中途遭到國軍分段截擊。國軍已形成好幾個大小包圍圈，分別從日軍尾部、側面攻擊，日軍陷入重圍，邊退邊打，來時意氣風發的第 3、第 6、第 40 師團，撤退時被國軍分路攔截，撤退路線可以說是柔腸寸斷，日軍死傷慘重。[38]

日軍遭受了連續 3 天的追擊，到了 1 月 7 日，日軍陣形已亂，逾半殘破，又因為補給線早被國軍截斷，彈藥糧食都不夠，只能依賴少數的空投補給，情勢更形惡化。[39]

國軍一路追著日軍痛擊，1 月 13 日後，大部分日軍終於渡過汨羅江，國軍追擊仍不放鬆，直到 15 日晚上，渡過新墻河，才又恢復到會戰前的態勢。[40]

從長沙城到新墻河，不到 1 百公里，敗退的日軍在國軍不斷的追擊下，足足走了 9 天才得以脫困，這是太平洋戰爭爆發以來，盟軍第一場大勝仗。

第三次長沙會戰，國軍打了一場典型的後退包圍殲滅戰，真正將天爐戰法的精義發揮出來。依國軍統計，日軍發動攻勢，跨過新墻河南犯之時，糾集兵力共約 7 萬餘人，除了最初幾天進行順利外，之後都遇到國軍頑強的抵抗，31 日進攻長沙城後，更是慘烈的肉搏及巷戰。1 月 4 日開始的撤退，又遭到國軍百里追擊，傷亡慘重，最後退返新墻

....

37　日本防衛廳防衛研修所戰史室編，黃朝茂譯，《日軍對華作戰紀要（4）香港長沙作戰》，頁 830。

38　國防部史政編譯局，《抗日戰史（7）‧湘贛地區作戰（上）》，頁 408-410。

39　同上，頁 412。

40　國防部史政編譯局，《抗日戰史（2）‧全面抗戰經過總論》，頁 342。

河北岸的，不到 3 萬人，損失過半。[41] 此役無疑是國軍不折不扣的「大捷」。

二、浙贛會戰：日本防制美軍空襲

浙贛會戰的發生，也與第三次長沙會戰一樣，與太平洋戰爭連動的。此役的緣由要從美軍對珍珠港事變的報復行動說起。

美軍空襲東京

珍珠港事變後，美軍就開始策劃報復行動。美軍決定以其人之道還治其人之身——空襲日本。

但有個困難必須克服。美國西岸到東京最短的直線距離是 10,350 公里，這麼長的距離，無論是美國陸軍的航空軍或是海軍的艦載轟炸機都無法勝任，而航空母艦又不能太靠近日本近海。經過多方測試，發現 B-25 米契爾式（Mitchell）轟炸機可以從航空母艦起飛，飛到東京上空投擲炸彈後，飛越東海，然後在中國東南沿海降落。於是，海軍命令杜立德（Jimmy Doolittle）中校負責執行此次史上最大的遠距離轟炸任務。

經過縝密規劃，杜立德用了一個月時間，訓練飛行員；同時也對 B-25 進行改裝，例如：拆除不必要的設備減輕重量，並加裝副油箱，使載油量增加一倍。

1942 年 4 月 2 日，黃蜂號（Hornet）航空母艦艦隊自舊金山啟程，悄悄駛向日本。美軍的原定計畫是在 4 月 19 日距日本 450 海里的海域讓 16 架轟炸機起飛。沒想到 4 月 18 日清晨被日本巡邏艇發現了，因

41　國防部史政編譯局，《抗日戰史（2）‧全面抗戰經過總論》，頁 343。

恐發生意外，杜立德決定所有轟炸機立刻起飛，在杜立德指揮下，成功空襲了東京、大阪、名古屋等城市。

原計畫是這些轟炸機完成任務後，降落在中國東南沿海尚被國軍控制的衢州機場，但因提早起飛，距離拉長，等他們飛到中國海岸線附近時已燃料殆盡，再加上黑夜降臨，通訊不暢，計畫中的地面指引沒有及時到位，杜立德中校下令全體棄機跳傘，分別降落在浙江、江蘇、江西、湖南。[42]

這些地區大部分是日軍占領地，所幸當地居民掩護救助，全部 80 名飛行員，3 人喪生，69 人獲救，另有 8 人被日軍俘虜；領頭的杜立德跳傘落在浙江臨安縣水田中，被農民救起。生還美軍一行在浙江省主席黃紹竑的國民抗敵自衛隊及戴笠的忠義救國軍掩護下，輾轉抵達重慶，接受蔣介石夫婦表揚，之後經桂林回到美國。[43]

這次轟炸，被稱為「杜立德空襲」（Doolittle Raid），這是日本本土首度遭受盟軍空襲，軍民心理大受影響。空襲對日本造成直接的軍事作用不大，但具有戰略意義。它不僅振奮了美國人的士氣，也證明盟軍有能力對日本本土進行空中攻擊，更重要的是，這次空襲改變了日軍的作戰及戰略目標。[44]

防美軍空襲，日軍發動浙贛作戰

東京被炸，大本營為之震動，顯然大本營未預料美國竟會出此「從航空母艦起飛、在中國降落之奇策」，[45] 為防止美軍故技重施，大本

---

42 Basil H. Liddell Hart, *History of the Second World War* (London: Cassell, 1970), pp. 344-345. 又見傅中，《杜立德B-25轟炸東京的故事》（台北：知兵堂，2014）。

43 傅中，《杜立德B-25轟炸東京的故事》，頁56-59、222。

44 蔣介石日記，1942年4月14、15、18、25日。

45 〈服部卓四郎大佐之戰後回憶〉，收於日本防衛廳防衛研修所戰史室編，吳文星譯，《日軍對華作戰紀要（5）派遣軍作戰（一）華中方面軍作戰》（台北：國防部史政

營決定發動浙贛作戰，盡快摧毀中國浙江的衢州、玉山、麗水等機場，甚至不惜屠村，阻絕對日本本土的空中威脅。

為了發動這次作戰，日軍調動駐上海的第 13 軍，這個軍下轄 4 個師團（第 15、第 22、第 70、第 116 師團），另外還有第 11 軍、華北方面軍的增援。[46]

浙贛區域屬於中國第三、第九兩個戰區的守備範圍。第三戰區司令長官顧祝同，下轄第 10 集團軍王敬久部隊、第 32 集團軍上官雲相部隊、第 23 集團軍唐式遵部隊，以及第 74 軍王耀武等直轄軍；第九戰區司令長官薛岳，以第 19 集團軍等部隊參戰。兩個戰區參戰部隊的人數，超過 30 萬人。[47]

日軍發動攻勢前，國軍已掌握它的動態。5 月初，蔣介石電告顧祝同，日軍將進攻第三戰區，希望切實準備。[48] 之後，蔣密切指示前線部署，要求前方限期徹底破壞道路橋梁，各部隊應在敵軍進攻路線沿途設伏，節節截擊；陣地內守備部隊不必太多，但應增強據點外的策應部隊，並找機會攻擊敵人的側背。[49]

5 月 15 日，日軍發動攻擊。第 13 軍由浙東分路西進，主力沿浙贛鐵路附近進攻，另有一部沿富春江以西地區進攻。國軍依預定計畫，

續 ....
　　編譯局，1987），頁 175。

46　防衛庁防衛研修所戰史室，《昭和十七、八年の支那派遣軍》（東京：朝雲新聞社，1971），頁 97-110。

47　國防部史政編譯局，《抗日戰史・浙贛會戰》（台北：國防部史政編譯局，1980），頁 5-6，第四篇第二十七章第一節插表第二、三，第四篇第十七章第四節插表第十六。

48　「蔣中正致顧祝同手令」（1942 年 5 月 2 日），〈革命文獻—第二期第三階段作戰經過〉，《蔣中正總統文物》，國史館藏，典藏號：002-020300-00014-010。

49　「蔣中正致顧祝同手令」（1942 年 5 月 16、17 日），〈革命文獻—第二期第三階段作戰經過〉，《蔣中正總統文物》，國史館藏，典藏號：002-020300-00014-015、002-020300-00014-016、002-020300-00014-017、002-020300-00014-018、002-020300-00014-019、002-020300-00014-020。

給予日軍相當打擊之後，逐次向後轉移，東陽、義烏、浦江因此先後被日軍攻占。沿富春江以西前進的日軍，進展也很順利，在態勢上形成對國軍合擊之勢。

接著，日軍進攻金華、蘭谿，遭到國軍強力阻遏，攻勢頓挫。日軍不甘受阻，施用毒氣，29 日，先後攻占金華、蘭谿。不過，在蘭谿的戰鬥中，第 15 師團長酒井直次中將乘馬觸及地雷遭炸，最後重傷不治，這是中日戰爭期間日軍首次有師團長於前線陣亡。

占領金華、蘭谿後，日軍積極增援，準備下一波的攻勢。6 月 3 日，攻勢再度展開，分路猛攻衢州。5 日，迫近衢州東南、東北附近區域，企圖包圍該城，截斷國軍退路。

蔣介石在會戰之初就計畫要在衢州城決戰，因此積極部署，嚴令城防部隊與衢州城共存亡，[50]「非有命令，不得擅離」。[51] 蔣的想法是，國軍堅守城池，待日軍攻城不下的時候，隱蔽在附近的精銳部隊第 74 軍王耀武部，再出其不意地攻擊日軍。[52]

然而，日軍發動攻擊後，蔣介石看到日軍兵力雄厚，覺得決戰沒有勝算，臨時改變決策，用飛機空投手諭到前線，要王耀武放棄衢州城防。[53] 最高統帥臨時的決心變更，勢必對前線造成相當大的影響，因為作戰部署，不是一句話說變就變，撤退路線、兵力重新配置、後勤調整等，都要詳細規劃，並且需要時間。

---

50 「蔣中正致顧祝同手令」（1942 年 5 月 16 日、18 日），〈革命文獻—第二期第三階段作戰經過〉，《蔣中正總統文物》，國史館藏，典藏號：002-020300-00014-024。

51 「蔣中正手令」（1942 年 5 月 29 日），〈革命文獻—第二期第三階段作戰經過〉，《蔣中正總統文物》，國史館藏，典藏號：002-020300-00014-044。

52 「蔣中正致顧祝同手令」（1942 年 5 月 25 日）、「蔣中正致顧祝同王耀武手令」（1942 年 5 月 25 日），〈革命文獻—第二期第三階段作戰經過〉，《蔣中正總統文物》，國史館藏，典藏號：002-020300-00014-035、002-020300-00014-038。

53 「蔣中正手令」（1942 年 6 月 7 日），〈革命文獻—第二期第三階段作戰經過〉，《蔣中正總統文物》，國史館藏，典藏號：002-020300-00014-051。

日軍已經衝到衢州城外，守城部隊與砲兵不易撤退，不巧當時又發生洪水，守軍被水圍困，最後不得不冒死突圍，衢州就此失陷，撤退過程國軍遭到非常大的損失。[54]日軍仍不放過國軍，繼續沿常山港、江山港附近，兩路西進，輕易攻陷常山、江山、玉山各處，14日，攻占廣豐。

這是日軍第13軍由浙江東部向西進攻的概況。於此同時，第11軍為策應浙東的作戰，並且預防國軍轉用其他地方的兵力去防阻浙東日軍，因此在5月下旬，調兵到南昌方面。就在浙東第13軍發動攻擊的同時，第11軍主力沿浙贛鐵路東進，再以另一部南進。6月2日，占領進賢。

日軍第11軍這方面的攻擊雖然猛烈，但國軍未與日軍硬碰硬，逐次抵抗後撤退。[55]

日軍第13、第11兩軍發動浙贛作戰的初始目的，是要擊破國軍、攻占機場。在攻陷廣豐等地之後，作戰目的竟然轉變了，還要加強掠奪和破壞國軍的軍事設施及軍需資源。於是，隨著作戰目的擴大，日軍決定打通浙贛鐵路，並進攻麗水、溫州、松陽等要地。

日軍繼續進攻。6月14日，攻陷廣豐的日軍，藉飛機數十架的掩護，分路猛攻上饒城，15日，中日兩軍展開激烈巷戰；入晚，日軍援兵湧至，國軍不得不撤出該城。16日，日軍攻陷貴溪。7月1日，日軍第11軍與第13軍在橫峰會師，打通了浙贛鐵路全線。

7月28日，日軍認為作戰目的已經達到，決定結束戰事，下令撤退。因為金華附近富含戰爭所需的鋁及其他礦物，日軍決定確保該地，其他地區則撤守並加以破壞。8月中旬，日軍開始撤退，國軍收復失地，

54　蔣介石日記，1942年7月16日。

55　「劉膺古呈蔣中正贛北敵作戰區域區分情形」（1942年6月4日），〈革命文獻—第二期第三階段作戰經過〉，《蔣中正總統文物》，國史館藏，典藏號：002-020300-00014-046。

8 月底，浙贛境內恢復戰前態勢。[56]

　　這次會戰，日軍摧毀國軍衢州等機場，並且破壞交通網、拆除鐵路、奪取軍事物資，達成其戰爭目的，此外，還占領了礦產豐富的金華。日本官兵陣亡 1,620 人，負傷 3,716 人。[57]

　　國軍失城喪地，人員方面損傷亦重，陣亡 2 萬 4 千餘人，受傷約 2 萬 5 千人，生死不明約 1 萬 8 千人，[58]好幾個部隊損耗超過一半。[59]

　　日軍雖然作戰成功，不過就整體局勢來說，這場作戰的意義有限；戰後日軍檢討，以地面作戰企圖摧毀遠距的中國機場，成效是個疑問。此外，此次突發性的作戰，影響了中國派遣軍正積極準備的「四川作戰」；而且，這場作戰之後，伴隨著占領區的擴大，日軍清鄉工作加重，對其整體戰力，也有負面影響。[60]（「四川作戰」又稱「五號作戰」，請參閱本書第二卷第七章：〈日軍為何始終未攻進重慶？〉）

　　值得注意的是，浙贛會戰之後，日本在政略及戰略方面，都有所轉變。政略上，1942 年 12 月 21 日，御前會議決定同意汪精衛的南京政權向美、英兩國宣戰。

　　戰略方面，日軍在太平洋及東南亞戰局轉趨艱困，陸續將兵力從中國派遣軍、關東軍，及駐蒙軍抽調到南方，不得不叫停中國派遣軍全力準備的「五號作戰」，暫時放棄以武力進攻重慶的方策。

56　浙贛會戰經過，參閱何應欽，《日軍侵華八年抗戰史》（台北：黎明文化，1982），頁 221-223；顧祝同，〈第三戰區抗戰回憶〉，《國軍檔案》，檔案管理局藏，檔號：B5018230601/0028/540.4/8822/1；防衛庁防衛研修所戰史室，《昭和十七、八年の支那派遣軍》，頁 110-264。

57　此數據加總日本第 11 軍、第 13 軍之傷亡。防衛庁防衛研修所戰史室，《昭和十七、八年の支那派遣軍》，頁 264、295。

58　國防部史政編譯局，《抗日戰史・浙贛會戰》，第四篇第十七章第四節插表第十六。

59　此據第三戰區的數據。「第三戰區此次作戰各部隊損耗及現有實力概況表」（1942 年 7 月 8 日），〈革命文獻—第二期第三階段作戰經過〉，《蔣中正總統文物》，國史館藏，典藏號：002-020300-00014-059。

60　防衛庁防衛研修所戰史室，《昭和十七、八年の支那派遣軍》，頁 541。

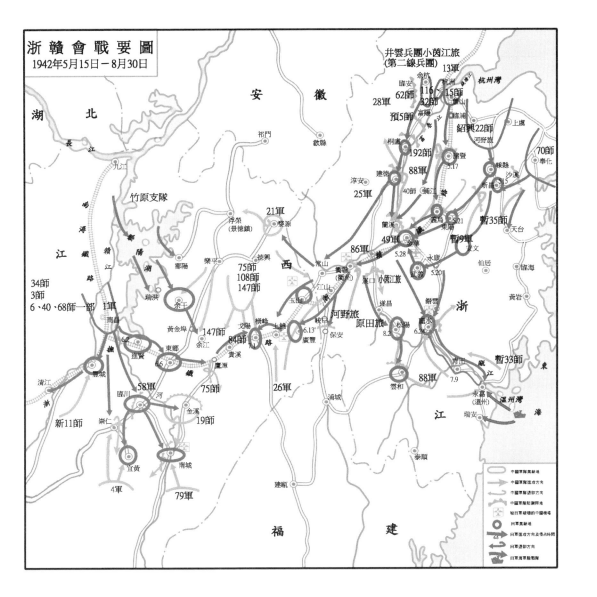

浙贛會戰要圖
1942年5月15日－8月30日

　　而派遣軍的任務也做了調整，新的任務是「負責粉碎敵人之續戰能力，並致力於阻遏在華敵空軍之活動」。強化航空作戰成為今後重要的任務。

三、鄂西會戰：石牌保衛戰

　　浙贛會戰結束後，中國本土沒有重大戰事，直到一年之後，1943年5月，才又展開一場惡戰：鄂西會戰，因此戰地域在湖北境內、長江之南，所以日軍稱為「江南殲滅作戰」或「湖北作戰」。

　　日軍之所以將近一年都沒有對中國發動大規模作戰，是因大本營不斷把在中國的軍隊轉到太平洋戰場。1943年初，日軍在太平洋、東南亞戰場已增兵至48萬人。在中國戰場還有兵力66萬人，由中國派遣軍總司令官畑俊六大將率領，轄有24個師團（含1個戰車師團），16個獨立混成旅團，航空中隊13個，占日軍總兵力240萬人的27.5%。[61]（表3）這個規模看似相當多，其實不僅是兵力的比率已逐年下降，其中很多是警衛師團，戰力與開戰之初的常設師團根本不能比。[62]

---

[61]　防衛庁防衛研修所戦史室，《昭和十七、八年の支那派遣軍》，頁72-96、299-301；防衛庁防衛研修所戦史室，《大本営陸軍部（6）昭和十八年六月まで》（東京：朝雲新聞社，1973），頁10。

[62]　劉庭華，《中國抗日戰爭與第二次世界大戰統計》，頁176。

表 3　1943 年初日本師團部署軍力概況

	關東軍	中國派遣軍	太平洋、東南亞戰場			日本朝鮮台灣	合計
			南方軍	第 14 軍	第 8 方面軍		
師團數	14+2	23+1	7	1	7	6	58+3
兵力（萬）	70	66	30	3	15	56	240

說明：
一、加號為戰車師團數。
二、兵力為概數。
三、本表依據防衛庁防衛研修所戰史室，《大本營陸軍部〈6〉昭和十八年六月まで》，頁 10、128、附表一製成。

日軍欲強化長江運輸力

　　日軍發動江南（鄂西）作戰的動機有個背景。1940 年 5 月，日軍第 11 軍占領了宜昌，但行動上卻受到國軍的牽制，日本船隻幾乎沒法順著長江往下游航行。這是因為，宜昌到岳陽這一段的長江為中國軍隊控制，長江南岸亦多在中國軍隊掌控下，中國軍隊經常攻擊日軍據點，還破壞長江的交通；以致日軍攻占宜昌後所掠奪的大量船舶（總量約 1 萬 6 千噸）一直被困在宜昌附近，無法使用。

　　到了 1943 年春，日軍在太平洋戰況愈來愈不利，盟軍的潛水艇攻擊導致日軍船艦損失嚴重。隨著太平洋方面戰況日益激烈，日軍運輸兵員、軍需物資的需要量大增，船舶嚴重不足。在中國戰場，內河航運船舶也愈來愈少，日軍捉襟見肘，因此想到困在宜昌的這些船舶。

　　因為這些緣故，日軍擬定作戰目標是：強化長江流域的運輸力，同時擊滅洞庭湖至宜昌對岸的長江南岸的國軍。[63]

　　執行這次作戰的仍是第 11 軍，司令官已換成橫山勇中將，轄下有第 3 師團、第 13 師團、第 39 師團等部隊。橫山勇把作戰分為 4 期，第

---

[63]　日本防衛廳防衛研修所戰史室編，吳文星譯，《日軍對華作戰紀要（5）派遣軍作戰（一）華中方面軍作戰》，頁 564。

1 期為擊滅安鄉、南縣的國軍；第 2 期在南北夾擊枝江、公安間及附近的國軍；第 3 期為擊滅宜昌西方的國軍；第 4 期為反轉作戰。[64]

　　防守這片地域的國軍屬於第六戰區，司令長官陳誠（他同時兼任遠征軍司令長官），轄區包括鄂西、鄂南、川東、湘西，下轄兵力共 9 個軍，包括 3 個軍的精銳部隊。[65] 陳誠的防禦重點為長江的防衛，他在這個戰區的正面排出兩道防線：右翼自湖南南縣起，沿湖沿江經石牌要塞至江北的遠安縣，左翼則為襄河西岸一帶。其中，以石牌要塞為中心的江防，是防備的核心。

　　這樣的兵力配備，一開始在國軍內部是有爭議的。鄂西會戰爆發前，軍事委員會內部不少人認為鄂西山地崎嶇，人馬難行，三峽天險中又有石牌、廟河兩要塞的堅壘，日軍溯江西進的成功率微乎其微。所以，日軍若進攻陪都重慶，必定是由兩翼，或者北進襄樊、老河口，轉趨巴東、興山；或者南由松滋、枝江渡河，直撲石門、澧縣、常德。因此主張戰區兵力部署應將重點置於兩翼，而不應置於日軍進攻較困難的江防方面。

　　陳誠認為上述看法風險太高，他堅持拱衛陪都應特別謹慎，何況，中途島海戰後，戰局對日軍日益不利，軸心國已經漸漸窮途末路，日軍想要死中求生，很可能鋌而走險。重慶是中國的戰時首都，是指揮全國抗戰的神經樞紐，日軍既然已據有宜昌，不是不可能孤注一擲，溯長江西進重慶。[66]

　　根據這個設定，陳誠主張兵力配置的重點，應放在以石牌要塞為中心的江防，而不是襄樊或常德兩翼。因為，如此部署，即使日軍進犯兩翼，國軍失利，還有補救的餘地，至少不致動搖國本。如果江防

64　防衛庁防衛研修所戰史室，《昭和十七、八年の支那派遣軍》，頁369-378。

65　何智霖編，《陳誠先生回憶錄：抗日戰爭》（台北：國史館，2004），上冊，頁177。

66　同上，頁177-178。

空虛，萬一日軍由此路長驅直入四川，那麼後果將不堪設想。[67]

蔣介石同意陳誠的意見，批示「第六戰區按此部署」。[68] 所以，為防止日軍由長江三峽西侵和拱衛陪都，除了陳誠部隊駐守外，中國海軍亦在石牌設置砲台，並配置漂雷隊、煙幕隊等。

但是，日軍遲遲沒有向第六戰區進攻，反而是第六戰區的兵力陸續被抽調出去增援其他戰區，到 1943 年春，已有 7 個軍被陸續抽離，戰區的防禦愈來愈薄弱了。[69]

就在這個時候，日軍發動了「江南殲滅作戰」（鄂西會戰）。1943 年 5 月 5 日，橫山勇率領部隊發動攻擊，3 個師團（第 3、第 13 及第 39 師團）同時出發，攻勢順利，很快攻下南縣、安鄉。很快的，日軍於 5 月中旬進入第 2 期作戰，進展同樣順利，攻下公安、枝江，國軍被迫逐漸西撤。日軍即將展開第 3 期作戰：進攻宜昌西面。

然而，國軍還拿不準日軍的動向，研判有三種可能：1、西進石牌；2、南犯常德；3、沿江竄擾。因無法確定日軍企圖，國軍應戰方略頗難決定。[70]

就在國軍對部署猶疑難定之時，5 月 21 日，橫山勇出擊了。他命第 3、第 13 及第 39 師團全力向西推進，企圖捕捉殲滅國軍於宜昌西方地區。國軍遭受衝擊，奮力抵抗，仍節節後撤。這次作戰，汪精衛南京偽政權的湖北省政府主席楊揆一[71]率領汪政權漢口地區的偽軍，擔

67　何智霖編，《陳誠先生回憶錄：抗日戰爭》，頁 177-178。

68　同上。

69　陳誠著，林秋敏等編輯，《陳誠先生日記》（台北：國史館，2015），1943 年 5 月 10 日。

70　何智霖編，《陳誠先生回憶錄：抗日戰爭》，上冊，頁 178；防衛庁防衛研修所戰史室，《昭和十七、八年の支那派遣軍》，頁 382-406。

71　楊揆一曾是國民政府軍事委員會常委，抗戰初期投靠日本，汪政權成立後，任參謀本部部長，並兼任清鄉委員會委員，1942 年又任湖北省政府主席、武漢綏靖公署主任、湖北省保安司令官。

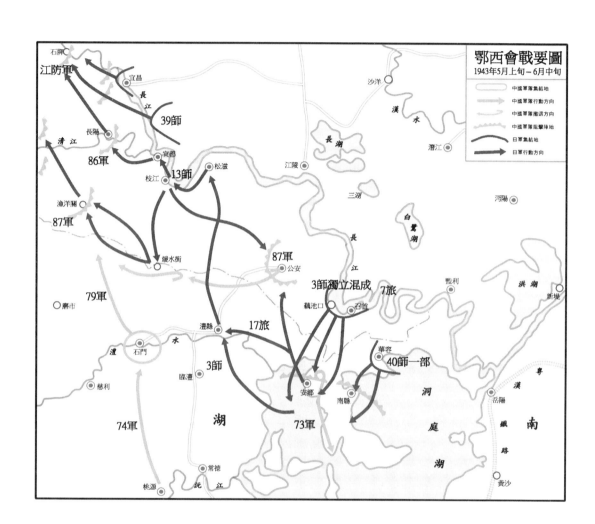

鄂西會戰要圖
1943年5月上旬－6月中旬

任日軍占領地區的警備工作，日軍在宜昌一帶作戰結束後，楊部負責參與對國軍的掃蕩。

23、24日，日軍攻下漁洋關、長陽；25日，渡過清河逼近石牌要塞。日軍繼續向石牌方向前進，企圖在宜昌西方山地捕捉殲滅國軍。石牌是陳誠保衛四川軍事部署的重中之重，絕不能失，石牌保衛戰即將展開。

石牌保衛戰

石牌是宜昌縣三斗坪鎮下的一個小村，位於長江三峽西陵峽南岸，長江在這裡突然右拐110度，石牌正位在這個急彎的尖上。正因為這個彎和兩岸險峻的石壁，自古以來，石牌就是據守長江的天塹，為歷代兵家所必爭。第六戰區陳誠的前進指揮部、江防軍總部等就設在三斗坪。

石牌保衛戰是鄂西會戰的關鍵所在，蔣介石對石牌要塞的安危極為關注，他不止一次電報六戰區司令長官陳誠和江防軍總司令吳奇偉，叮囑他們務必確保石牌要塞。5月22日，蔣介石再對陳誠發下嚴令：「石牌要塞須獨力固守十天，希望成為我國之史達林格勒，如無命令撤退，即實行連坐法。」[72] 史達林格勒之役是德蘇間的關鍵戰役，可以說是德蘇戰爭的轉捩點，而這場戰役就在1943年初結束，距離此時的鄂西會戰時間不到半年。蔣介石期望石牌要塞的國軍，有如蘇軍在史達林格勒的堅守，創造抗日戰爭的轉捩點。

陳誠把守備石牌的重責大任交給第10集團軍第18軍，軍長方天，下轄第11師及第18師。方天命第18師（師長羅廣文）在石牌要塞側翼牽牛嶺部署，而最核心的陣地石牌要塞，則由第11師（師長胡璉）負責。同時，江防軍總司令吳奇偉也以石牌為軸，固守三斗坪、石牌

---

72 何智霖編，《陳誠先生回憶錄：抗日戰爭》，上冊，頁181。

之線；長江正面則有第 10 集團軍各部嚴加守備。此外，軍事委員會還緊急從第五戰區及第九戰區調來 3 個軍增援。[73]

陳誠的計畫是，胡璉部隊在石牌要塞堅守，拚死不退，以吸引日軍主力過來；待國軍的援軍到達，再合力反攻，聚殲日軍。他預定決戰的時間，是 5 月底至 6 月初。[74]

5 月 21 日開始，日軍第 3 師團 68、231 兩個聯隊及山砲部隊發動攻擊，方天的第 18 軍在石牌外圍頑強抵抗，激戰到 25 日，日軍突破 18 軍陣地，攻擊石牌要塞。26 日，在牽牛嶺與羅廣文的第 18 師爆發激烈的手榴彈戰鬥，中美空軍也出動轟炸，日軍被壓迫在山谷間，不得動彈，日軍一位大隊長陣亡，另一位大隊長重傷。28 日，日軍援兵趕到，這才繼續向石牌要塞正面推進。

胡璉堅守石牌要塞

第 11 師師長胡璉，黃埔 4 期，善於山地作戰，他利用石牌周圍山巒疊嶂、千溝萬壑的地形，構築堅固工事，並在山隘要道層層設置鐵刺、地雷等障礙物，憑險據守。

5 月 28 日，日軍第 3、第 39 師團開始向石牌推進。第 3 師團進入宜昌縣境，與國軍第 11 師 31 團 3 營第 7、8、9 三個連在第一道防線南林坡陣地展開激戰。日軍發動 5 次衝鋒，國軍始終堅守陣地，戰到黃昏，右翼第 9 連陣地被日軍攻占，左翼第 8 連陣地不久也被突破，連長陣亡。但配有重機槍排和迫擊砲排的第 7 連陣地始終以猛烈的砲火向日軍射擊，堅守不退，自己也傷亡極重。

29 日晨，日軍再向第 7 連發動攻擊，仍被國軍擊退。日軍正面攻

73　何智霖編，《陳誠先生回憶錄：抗日戰爭》，上冊，頁 179、181；防衛厅防衛研修所戰史室，《昭和十七、八年の支那派遣軍》，頁 406-419。

74　何智霖編，《陳誠先生回憶錄：抗日戰爭》，上冊，頁 181。

擊無法得手，決定出動飛機大砲對第 7 連陣地猛轟。第 7 連迫擊砲砲手全部陣亡，官兵倖存無幾，但第 7 連就是死守不退。打到 31 日，第 7 連陣地的掩體和工事幾乎全被破壞了，這才奉命撤退，全連官兵傷亡達四分之三以上。

另一股日軍，第 39 師團主力，在 5 月 29 日經余家壋到了曹家畈，分兵兩路攻向牛場坡、朱家坪。這是第 11 師守衛的核心陣地，胡璉帶領官兵憑險應戰。中日兩軍在牛場坡激戰，從早到晚，日軍在飛機支援下，發起數次衝鋒。第 11 師終難以寡擊眾，30 日撤離牛場坡，接著朱家坪也被日軍占領。

與此同時，日軍第 3 師團另一部在天台觀一線國軍第 18 軍暫編第 34 師陣地進犯。天台觀是這一帶的制高點，日軍多次企圖奪取天台觀，都被國軍阻擊，斃傷日軍 3 百多人。日軍久攻不下，調來飛機助戰。日軍一寸一寸推進，和守衛天台觀的 34 師一個排展開肉搏戰，最後整排戰士全部犧牲，天台觀失守。

日軍攻下天台觀後，在飛機掩護下強行通過窄溪，向第 11 師的核心陣地石牌要塞突進。29 日，日軍攻勢猛烈，國軍誓死抵抗，石牌要塞前面，到處都是屍體。江防軍總司令吳奇偉亦率部竭力固守陣地。石牌保衛戰達到最危急時刻，29 日晚，陳誠與胡璉通電話，告訴胡璉蔣介石的死守命令，胡璉回答：「請放心，我誓與要塞共存亡，以保持 18 軍榮譽。」[75]

中日兩軍激戰之時，位在宜昌的日本大小船隻 53 艘，趁機航向漢口。5 月 31 日，日軍仍未攻下石牌，決定放棄，以船隻下航及擊滅國軍目的已經達到，開始撤退。[76]

陳誠原本已部署反攻，沒想到日軍主動撤退了，立刻命令各部展

75　何智霖編，《陳誠先生回憶錄：抗日戰爭》，上冊，頁181。
76　防衛庁防衛研修所戰史室，《昭和十七、八年の支那派遣軍》，頁422、425。

開追擊，進展迅速，頗有斬獲。到了 6 月 3 日，江防軍已完全恢復會戰前的態勢。6 月中旬，除藕池口一地外，長江南面已恢復原態勢，鄂西會戰至此結束。[77] 胡璉率第 11 師在石牌英勇作戰，成功阻止日軍占據石牌要塞。[78]

這次會戰（鄂西會戰）日軍的損失不小，官兵陣亡 771 人，負傷 2,746 人。國軍方面損傷更大，陣亡約 14,319 人，負傷約 12,338 人，失蹤約 10,431 人。[79]

日軍對此役頗為滿意，雖未攻下石牌要塞，但船舶已下航到漢口，又使國軍受到重大傷亡，日軍自稱戰術巧妙，「堪與坦能堡之役（Battle of Tannenberg）或馬滋爾湖之役（Battle of Masurian Lake）相媲美」。[80]

巧的是，國軍也把這場戰役視為勝利，原因是日軍沒有攻下石牌要塞就撤走了。蔣介石在日記寫道：「此次石牌戰役得以轉危為安，實為抗戰六年中最重要之關鍵，上帝保佑中華之靈驗，實與西安事變出險之恩德相同也，應特記之。」[81]

四、常德會戰：傑出的守城之戰

常德會戰發生於 1943 年 11 月，是繼同年 5、6 月間鄂西會戰之後，又一次重要會戰。這場會戰，也是和整個東亞戰局連動的。

77　何智霖編，《陳誠先生回憶錄：抗日戰爭》，上冊，頁181-182。
78　國防部史政編譯局，《抗日戰史・鄂西會戰》（台北：國防部史政編譯局，1980），第四篇第二十八章第七節插表第二十六。
79　數據係依雙方各自的統計。防衛庁防衛研修所戰史室，《昭和十七、八年の支那派遣軍》，頁436。「第六戰區鄂西會戰各部隊官兵傷亡失蹤數目統計表」（1943 年 7 月 14 日），〈第六戰區司令長官任內資料〉，《陳誠副總統文物》，國史館藏，典藏號：008-010701-00045-016。
80　坦能堡之役及馬滋爾湖之役都是第一次世界大戰時德軍打的著名勝仗。
81　蔣介石日記，1943 年 6 月 6 日，「上星期反省錄」。

此時，國際形勢對日本愈來愈不利：蘇德戰場上蘇軍正在全線發起反攻；美英聯軍在突尼斯擊敗德義聯軍，墨索里尼下台，義大利投降。太平洋戰場這邊，美軍自中途島海戰後，逐次反攻，日軍不僅節節敗退，其海軍及航空兵也遭到毀滅性的打擊。同時，中美英也正策劃聯合反攻緬甸。常德會戰就是在這些背景下爆發的。

日軍中國派遣軍總司令畑俊六思考整個戰局及國際情勢，侵華戰爭爆發已歷 6 年，日軍雖占有中國主要土地，但迄未殲滅中國軍隊的主力；而太平洋戰爭爆發後，蔣介石與美英陣營結合，對日本更加不利。因此，畑俊六認為，眼前如欲突破困境，必須採取更冒險的決策，對重慶國民政府採取攻勢，「打開一條血路，先迅速解決中日戰爭」，才是「最緊要的方策」。[82]

但大本營基於南方戰況及日本國力的考慮，未採納畑俊六的意見，仍希望派遣軍把作戰重點放在粉碎在華美國空軍基地、促進占領地區的安定上面。

1943 年 8 月 28 日，派遣軍擬定「昭和十八年度（1943）秋季以降支那派遣軍作戰指導大綱」，作戰方針為：在秋季摧毀華北共軍的根據地，同時以第 13 軍實施廣德作戰、第 11 軍實施常德作戰。[83] 也就是說，日軍將在華北、華東、華中三個地區同時發動作戰，不僅要確保占領區的安定，還要策應南方作戰，摧毀國軍第六戰區根據地，擊滅中央軍，粉碎國軍續戰能力，阻遏國軍把兵力轉用於緬甸戰場。

首先是在長江三角洲西部的廣德作戰。日軍的目的是要摧毀國軍忠義救國軍根據地，以加強南京、上海、杭州三角地帶的治安。9 月底，日軍動員了第 13 軍，司令官下村定率第 61 師團、第 64 師團、第 70 師團等部隊，發動廣德作戰。下村定指揮進展順利，10 月 2 日，他的部

82　日本防衛廳防衛研修所戰史室編，吳文星譯，《日軍對華作戰紀要（5）派遣軍作戰（一）華中方面軍作戰》，頁 677。

83　防衛庁防衛研修所戦史室，《昭和十七、八年の支那派遣軍》，頁 449-456。

隊占領廣德，忠義救國軍未做強烈抵抗而撤退，日軍在周圍持續掃蕩。
15 日，作戰結束。[84]

　　廣德作戰結束後，日軍接著出兵常德，是為「常德殲滅作戰」，
國軍稱為「常德會戰」。

常德的戰略地位與兩軍部署

　　常德是湖南西部軍事、政治及經濟中心，也是國軍補給線上的命
脈，具有重要戰略意義。日軍進攻常德的目的，是「追索敵中央軍予
以痛擊，以促使敵之繼續抗戰企圖逐步衰亡；同時牽制敵向緬甸方面
調動兵力，以策應南方軍作戰」。[85]

　　日軍第 11 軍司令官橫山勇明白，常德作戰將是場硬戰，他傾盡所
有，率領 5 個師團（第 11 軍自己的第 3、第 13、第 39、第 68 師團，
還有從駐防華東的第 13 軍借調來第 116 師團），甚至破紀錄地調動了
4 個偽軍師；再加上第 3 飛行師團 130 多架飛機，總共約 12 萬人。[86]

　　由於戰區主要道路大多被中國軍民破壞，日軍重砲、坦克等無法
施展，砲兵部隊只能全部換裝較輕的山砲。此外，記取三次長沙會戰
慘痛的經驗，日軍這次特別加強築路隊的力量。

　　重慶軍事委員會很快得知日軍企圖，並判定首要目標是常德，首
當其衝的是第六戰區。軍委會在 10 月上旬擬定作戰計畫，由第六戰區
代理司令長官孫連仲統一指揮（司令長官陳誠養病中）。[87]

　　孫連仲是台兒莊大捷的英雄，用兵沉穩，他率領長江上游江防軍

84　防衛庁防衛研修所戰史室，《昭和十七、八年の支那派遣軍》，頁 456-458。

85　同上，頁 465。

86　同上，頁 459-473。國防部史政編譯局，《抗日戰史・常德會戰》（台北：國防部史
　　政編譯局，1981），第四篇第三十章第一節插表第一。

87　第六戰區司令長官原是陳誠，陳誠在鄂西會戰前出任遠征軍司令，由副司令長官
　　孫連仲代理。

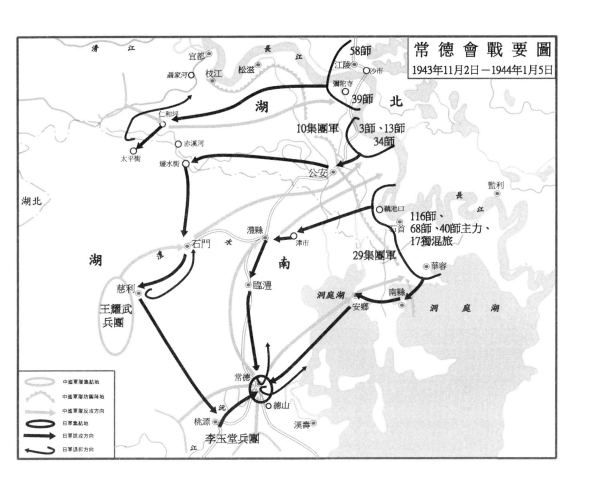

常 德 會 戰 要 圖
1943年11月2日－1944年1月5日

（總司令吳奇偉）、第 10 集團軍（總司令王敬久）、第 26 集團軍（總司令周嵒）、第 29 集團軍（總司令王纘緒）、第 33 集團軍（總司令馮治安），以及第 74 軍（軍長王耀武）等部隊，兵力超過 19 萬人。另外，還獲得第五、九戰區發動的策應攻擊。[88]

孫連仲的部署分為三道防線：第一線以第 10 集團軍利用松滋、公安、安鄉、南縣一線阻撓日軍；29 集團軍緊守第二線防線，準備在澧水一帶抗擊日軍；國軍精銳王耀武的 74 軍則是第三線主力部隊，固守常德，轄下的第 57 師（師長余程萬）把守城內。[89]另外，第九戰區第 4 軍（軍長歐震）及第 8 軍（軍長李玉堂）正從衡陽趕過來，要與日軍決戰。

這一戰對橫山勇來說，並不艱困，因為常德易攻難守，而且離日軍控制區不過 1 百多公里，日軍可進可退，機動性強。但對中國軍隊來說，就難了。常德北面一帶都是低矮的丘陵，不適合防禦，幾乎無險可守。外圍的澧水，寬度僅幾百米，又是冬季枯水期，日軍可輕易渡河，中國軍隊很難全面設防，攔阻日軍不容易。

第六戰區初戰不利

1943 年 11 月 2 日黃昏，橫山勇率 5 個師團發動攻擊，常德會戰爆發。日軍兵分三路，第 39 師團、第 13 師團為左翼，直取國軍第 10 集團軍的主力陣地；第 3 師團為右翼，在 29 集團軍正面渡江，捕捉王纘緒的主力；第 116 師團負責主攻常德，盡量避戰，爭取時間渡過洞庭湖，在澧縣一帶登陸，包抄第 29 集團軍轄下的第 44 軍（軍長王澤浚），並兼程直取常德。

88　國防部史政編譯局，《抗日戰史・常德會戰》（台北：國防部史政編譯局，1980），頁 1、7-9，第四篇第三十章第四節插表第十五。

89　「王耀武致蔣中正電」（1942 年 11 月 16 日），〈革命文獻―第二期第三階段作戰經過〉，《蔣中正總統文物》，國史館藏，典藏號：002-020300-00014-073。

　　日軍來勢洶洶，很快突破國軍第一線，4 天內攻陷南縣、公安、松滋，旋即渡過松滋河分頭西進。其主力則由公安南下，8 日進抵暖水街、王家廠附近。退守在這裡的第 79 軍（軍長王甲本）憑藉築建工事，和日軍激戰。

　　這一仗，第 79 軍暫 6 師打得特別好，這個部隊是湘西著名的苗族部隊，師長龍雲飛是「青帕苗王」，所屬官兵多為苗人，作戰極為強悍。日軍久攻不克，雙方都有較重的傷亡。直到 10 日，因為其他陣線被日軍突破，兩翼友軍都已撤退，為避免被日軍合圍，王敬久下令暫 6 師放棄暖水街一帶，往後撤退。

　　孫連仲認為日軍主力很明顯指向常德，緊急命令王耀武的第 74 軍開往桃源，作為第 10 集團軍的後衛，同時命令已在常德附近構築工事的第 57 師立即進入常德城內布置陣地。江防軍總司令吳奇偉也派出第 13 師向津洋口集結，待命策應第 10 集團軍，國軍英雄部隊第 18 軍也在江防陣地中向前推進，待命馳援。

王耀武率部阻擊

　　國軍第一線防衛均已後撤，11 月 13 日，日軍仍分三路繼續南下。日軍左右兩翼三個師團直接攻向濱湖地區（29 集團軍 44 軍防地）及石門，戰況激烈。

　　44 軍前身是川軍，是王纘緒的嫡系，兵力並不強。日軍迅速在湖濱各地點突破，44 軍多面受敵，陣線很快被打亂。王纘緒認為 44 軍久戰疲累，已無法再堅持，當天就帶著第 44 軍從澧水撤退。

　　13 日晚，日軍開始猛攻新安、石門一線。負責守備部隊是第 73 軍。73 軍前身是湘軍，幾個月前才參加了鄂西會戰，戰鬥力尚未恢復。日軍對石門志在必得，打開石門，日軍才能南下常德，所以橫山勇除了以強勢兵力正面攻擊外，還以一部兵力越過澧水，抄第 73 軍隊後路。面對日軍優勢兵力的兩面夾攻，73 軍和 44 軍一樣，很快就陷入混亂，

唯有暫 5 師（師長彭士量）勉強堅守陣地。14 日中午，第 73 軍奉命撤退，在突圍過程中不斷遭日軍截擊，損失慘重，暫 5 師師長彭士量為掩護部隊撤退，被機槍掃中，堅持不退，為國捐軀。到 15 日晚，第 73 軍殘部才突出重圍，大部分都犧牲了，所餘官兵僅剩 1 千多人。

日軍拿下石門、澧縣，立即轉向慈利、桃源，企圖從西面直撲常德。孫連仲原希望第 44 軍、73 軍後撤後，與 74 軍共同防衛常德西邊這一片，沒想到這兩支部隊崩潰得這麼快，從衡陽趕來的第 100 軍尚未抵達，這樣就只有靠 74 軍去抵擋強悍的日軍了。更糟的是，日軍拿下石門、澧縣，硬生生把第 10 集團軍和王耀武第 74 軍的聯絡截斷了，以致兩軍無法發揮統合互助的作用。

第 74 軍素有「抗日鐵軍」之名，軍長王耀武，是黃埔系最傑出的將領之一，轄下三個師都赫赫有名：第 51 師（師長周志道）、第 57 師（師長余程萬），以及第 58 師（師長張靈甫）。第 57 師奉命留在常德守備，王耀武自己率領 51 師、58 師在常德外圍慈利嚴陣以待。

16 日，日軍第 13 師團所屬步兵第 65 聯隊前鋒第 1 大隊渡過澧水，直撲慈利，在貓兒峪與第 74 軍所屬第 58 師前哨部隊遭遇，展開激戰。次日，58 師主力及第 51 師一部也投入戰鬥。第 74 軍不愧「鐵軍」之名，僅以兩個師的兵力與日軍精銳部隊在慈利一帶鏖戰 5 天之久，日軍寸步難進，非常「苦惱和焦慮」，步兵第 65 聯隊長伊藤彥大佐受傷。[90]

11 月 18 日，第 74 軍與日軍仍在慈利附近相持。這一天，蔣介石啟程參加美、英、中三國領袖在埃及開羅召開的開羅會議，這是百年來中國領導人首次參加國際外交盛會，蔣介石對此十分重視。臨行之前，蔣介石與第六戰區參謀長郭懺通電話，得知中日兩軍在慈利激戰，蔣對戰事甚為憂慮。[91] 他命令第六戰區、第九戰區各部隊軍協力在太

90　日本防衛廳防衛研修所戰史室編，吳文星譯，《日軍對華作戰紀要（5）派遣軍作戰（一）華中方面軍作戰》，頁 736-738。

91　蔣介石日記，1943 年 11 月 18 日。

浮山、慈利一帶與日軍決戰，「將敵擊破，期收決戰之勝利」。[92]

此時，在洞庭湖濱保留實力、待命達半個月之久的攻城「奇兵」第116師團，在日軍打開石門缺口後，立即渡過洞庭湖，然後由澧縣渡過澧水，直奔常德。日軍另外還有一支部隊第68師團不從地面進攻，直接從安鄉南邊的魚口上船，從水運直取漢壽，直接在常德的側翼登陸。

18日，日軍第13師團攻占慈利，立刻馬不停蹄向南急馳。日軍的5個師團，有4個正向常德急進，常德岌岌可危。

此時，從第九戰區趕過來的援軍陸續抵達。孫連仲立刻命王耀武的第74軍及剛從衡陽趕來的第100軍往常德移動，務必把日軍圍在常德周圍殲滅掉。第99軍已在漢壽，與日軍第68師團對峙。之前在暖水街作戰失利的第10集團軍主力和第73軍殘部稍微整頓後，也奉命開始向日軍右側後方攻擊。

日軍要求快，僵持的戰局對其不利，因此，日軍第3師團於19日清晨向沅江附近前進，向第74軍右側翼迂迴，當進到漆家河附近時，遭到剛趕過來的第100軍先頭部隊第19師第55團的頑強阻擊。雙方激戰一整天，直到黃昏時，第55團寡不敵眾，被迫向南轉移。日軍第3師團趁機分兵兩路，步兵第68聯隊直撲桃源，步兵第34聯隊則向黃石市以南突進，攻擊第74軍右翼。桃源距離常德不到40公里，常德告急。

此時，19日，蔣介石在前往開羅途中，仍心繫常德，電令孫連仲、王纘緒、王耀武等將領，務必阻日軍於常德城外，齊心協力「保衛常德，而與之共存亡」。並特別強調：「功過賞罰，絕不姑息。」[93]

20日，第六戰區頓覺常德守備單薄，緊急把第100軍53師第188

92　中國第二歷史檔案館編，《抗日戰爭正面戰場》，中冊（南京：鳳凰出版社，2005），頁1221。

93　「蔣介石1943年11月19日致孫連仲等電」，中國第二歷史檔案館，《抗日戰爭湖南戰場史料集》，第4冊，頁317

團派到常德南面的德山，歸余程萬指揮。德山是常德的南大門，其孤峰嶺是沅江南岸唯一的制高點，是常德的軍事屏障，也是重要軍事據點。然而，只增加一個團根本無濟於事。20 日夜，戶田支隊主力渡過沅江，進攻德山。守德山南北兩岸陣地的第 188 團和第 169 團第 3 營奮起阻擊，激戰兩晝夜，到 22 日晚，傷亡甚重，被迫放棄德山。

桃源也面臨日軍的猛攻。守軍是第 44 軍第 150 師，師長許國璋率部力抗日軍砲火，傷亡慘重，就是不退。打了一晝夜，21 日，橫山勇使用降落傘部隊襲占桃源，150 師幾乎覆滅，師長許國璋殉國，桃源失守。第 74 軍右翼也不樂觀，被日軍分割包圍，王耀武不得不急令部隊向漆家河西南地區撤退。

日軍第 3 師團拿下桃源，第 13 師團從慈利過來、第 68 師團、第 116 師團已在 22 日攻陷漢壽，主攻的 4 個師團已把常德包圍住。然而，日軍並不打算在常德城外與國軍決戰，而是直指常德城，前鋒部隊與防守常德的余程萬第 57 師迅即開始交鋒。

余程萬死守常德

余程萬是黃埔一期，畢業後先任黨務工作，1934 年才轉入作戰部隊，以致他的官階不低，但在作戰部隊的職位卻比較落後。他的同學俞濟時 1937 年就擔任 74 軍軍長，一年前升任軍事委員會委員長侍衛長，而此時 74 軍軍長是黃埔 3 期的學弟王耀武，余程萬則是王耀武麾下的 57 師師長。不過，余程萬統兵作戰頗有天分，驍勇善戰，特別是防衛戰的能手，曾參加淞滬會戰、徐州會戰、武漢會戰，戰功彪炳，在上高戰役中，他指揮 57 師與日軍第 34 師團浴血奮戰，為 57 師贏得了「虎賁」的稱號。

余程萬進駐常德後，立即搶修工事，除了在城郊築建堅實的野戰工事、加強城牆的第二道防衛圈外，在城內各重要交通要衝也築有大大小小的水泥碉堡，還打通民房，以備巷戰之用。余程萬把常德城築

成為一個堅強的防禦陣地。

　　但是，再怎麼嚴防，以一個師 8 千多人守常德，兵力肯定不夠。無奈前線敗得太快，日軍又全速向常德推進，打亂了軍事委員會想在湖南西北與日軍決戰的規劃，以致第九戰區過來的援軍尚未抵達，常德守衛戰已開打。

　　24 日，3 萬多日軍在飛機配合下，對常德展開主攻。第 57 師奮勇抵抗，與日軍在常德城垣反覆衝殺數十次，日軍組織大量敢死隊，終於從東、北兩門突入城內。

　　此時，國軍各路大軍先後克復慈利、桃源等地，對日軍形成反包圍態勢。但他們與常德還有一段距離，攻擊常德的日軍並未放鬆對常德的壓力，仍集中火力，繼續進擊。

　　常德城內戰況慘烈，日軍施放大量毒氣，砲火愈猛，空炸激烈，常德城一片火海。余程萬率第 57 師官兵與日軍糾纏，從 11 月 25 日開始，雙方展開肉搏巷戰。

　　蔣介石督促各部盡快包圍夾擊在常德的日軍，並且嚴令中美空軍全部出擊增援。蔣介石給余程萬的命令是「與常城共存亡」，叮囑余程萬，「不讓蘇聯的史達林格勒戰績專美於前」。[94] 孫連仲派方先覺的第 10 軍前往救援，三位師長（第 190 師師長朱嶽，第 3 師師長周慶祥，預 10 師師長孫明瑾）立即展開空前快速的急行軍，奔向常德。日軍調派善戰的第 3 師團及 68 師團阻擋他們前進，戰事猛烈，雙方都嚴重傷亡，第 10 軍尤重，預 10 師師長孫明瑾陣亡，全師潰敗。第 10 軍硬是無法繼續向常德推進。

　　余程萬苦等援軍，但援軍遲遲未到。12 月 1 日，終於等到消息。孫連仲電告余程萬，第 10 軍已到常德東南，可速與聯絡。余程萬立刻

94　「蔣中正致余程萬等手令」（1942 年 12 月 2 日），〈革命文獻—第二期第三階段作戰經過〉，《蔣中正總統文物》，國史館藏，典藏號：002-020300-00014-074。

派副師長陳噓雲前往聯絡，但撲了個空。馳援的第 10 軍硬是被日軍兩個師團阻擋在常德城外。

余程萬帶領 57 師 8 千多官兵和 3 萬日軍在常德城內血戰整整 9 晝夜，到 12 月 2 日晚，彈盡糧絕，城內房舍俱成焦土，95% 的建築物及碉堡都毀了，最後堅持在寬不到 300 公尺彈丸大小的師部指揮所，士兵只剩 3 百多人。[95]

等不到援軍，余程萬絕望了。2 日當晚，他向孫連仲發出最後一份電報：「彈盡，援絕，人無，城已破。職率副師長、指揮官、師附、政治部主任、參謀主任等，固守中央銀行，各團長劃分區域，扼守一屋，作最後抵抗，誓死為止，並祝勝利。七十四軍萬歲，委員長萬歲，中華民國萬歲！」[96]余程萬欲舉槍自盡，被部下奪下槍來。

12 月 3 日凌晨，余程萬決定率部突圍。他命第 169 團團長柴意新帶 1 百多位殘兵死守陣地，等待援軍；自己率另外不到 2 百人向德山突圍，尋找第 10 軍。柴意新決心一死殉國，彈藥已用盡，4 日清晨，他和 1 百餘位官兵舉著刀矛棍石向日軍衝鋒，與日軍反覆肉搏十餘次，他壯烈犧牲了，其他人亦傷亡殆盡，常德城失守。率部突圍的余程萬逃出城外，最後倖存僅 83 人。[97]

是否占領常德？日軍內部意見分歧

日軍攻下常德之後，依原作戰指令，第 11 軍一經摧毀國軍在常德附近的軍事設施後，即行撤回原駐地。[98]但是，計畫趕不上變化，為

---

95 「陸軍第七十四軍第五十七師關於戰前敵我態勢及作戰經過報告」（1943 年 12 月），收入中國第二歷史檔案館編，《中華民國史檔案資料匯編》，第 5 輯第 2 編：軍事（四）（南京：鳳凰出版社，1998），頁 26。

96 中國第二歷史檔案館，《抗日戰爭正面戰場》，中冊，頁 1233。

97 張憲文，《中國抗日戰爭史（1931-1945）》（南京：南京大學出版社，2001），頁 981。

98 防衛庁防衛研修所戰史室，《昭和十七、八年の支那派遣軍》，頁 526。

了要不要占領常德，大本營、派遣軍總司令部、第 11 軍三方，意見不同，甚至衍生出派遣軍的統帥紀律問題。

事情是這樣的，11 月 25 日，日本殖民地台灣的新竹空軍基地遭到駐華美軍空襲，大本營深受刺激。為阻絕美國利用在華空軍基地轟炸日本屬地或本土，大本營開始研究摧毀這些基地，同時考慮打通大陸縱貫鐵路的作戰。

12 月 3 日，大本營和派遣軍總司令部聯繫，要派遣軍就摧毀中國西南空軍基地及打通粵漢鐵路，提出作戰計畫。畑俊六十分興奮，迅即指示總司令部研擬作戰計畫。

這一天（12 月 3 日），正是第 11 軍占領常德的日子。上午 11 點，派遣軍總司令部接到第 11 軍電報，告知「已完全占領常德城」，將依計畫反轉撤回。總司令畑俊六想到正在研擬的打通作戰，如從常德發動，將更為順利，因此必須確保常德，於是電報指示「應暫待由常德反轉之時機」。[99]

可是，第 11 軍已開始準備撤出常德，司令官橫山勇考量，大部分部隊必須撤回原駐地，即便把第 3、第 13 師團留在常德（這兩個師團預定不久將轉至南方作戰），也是兵力有限，恐守不住常德。因此，橫山勇反對駐留常德，建議「部隊暫且返回原駐地，之後再待機出動」。[100]

橫山勇態度堅定，畑俊六只好同意放棄常德。6 日，總司令部致電第 11 軍：「前電作廢，應適時由常德開始反轉。」[101]

7 日，總司令部把打通作戰的計畫電呈大本營，並特別說明：「為實施湘桂、粵漢打通作戰，原希望確保常德，但經研究，因兵力及其他因素，故放棄此一構想，仍依預定計畫恢復原態勢，待決定實施打

99　日本防衛廳防衛研修所戰史室編，吳文星譯，《日軍對華作戰紀要（5）派遣軍作戰（一）華中方面軍作戰》，頁 788。

100　同上，頁 788。

101　同上，頁 789。

通作戰時，再由現占領地出發。」[102] 當天，大本營參謀次長就這個作戰計畫回電，表示正在研究中，並謂「本作戰對全軍作戰有極大影響，故不得輕率決定，而且，如此重大作戰企圖不可用電報聯絡」。[103]

這樣的語氣明顯有斥責之意。不過，畑俊六並未動氣，9日電覆參謀本部，表示對上述電文「謹悉」。[104]

事情還沒完。12日下午，總司令部電報大本營「第11軍已於昨夜由常德附近開始反轉」。但當天晚上卻接到大本營電報，指示：「經研究，認為將來實施本（打通）作戰時，……以確保常德附近較為有利。本作戰目前正在研究中，關於第3、第13師團之暫緩轉用亦在考慮中，故希望盡可能暫時確保常德附近，茲依命令通知如文。」[105]

這個電報雖然有點奇怪，但畑俊六也是希望確保常德的，他判斷第11軍雖然開始反轉（撤退），但這兩個師團可能仍在常德附近，於是當晚把大本營指示轉給第11軍，並命橫山勇「火速報告」目前態勢及未來之企圖」。[106]

已在轉移途中的第11軍各部，接獲命令，並未表示異議，而是立即停止移動，主力暫停在澧水南岸。於是，13日上午，總司令部下令第11軍「應再攻常德，並暫時加以確保」。

橫山勇雖依指示暫停轉移，但心中不安；因為大部分兵站業已撤除，而且，各兵團在此次作戰的損失及疲憊都需要時間修復，何況，再發動攻勢，需要時間擬定相關計畫。因此，他建議總司令部再予考

---

102 日本防衛廳防衛研修所戰史室編，吳文星譯，《日軍對華作戰紀要（5）派遣軍作戰（一）華中方面軍作戰》，頁789。

103 同上，頁790。

104 同上。

105 同上，頁791。

106 同上。

慮，「暫且終止本次作戰，待明春再發起確保常德附近之作戰」。[107]

總司令部未接受橫山勇的建議，反而去電指示「第11軍司令官應暫時確保澧水附近以北要地」。[108]

這下子，橫山勇火大了。14日，他以第11軍司令官名義發電派遣軍總司令部（副本呈大本營參謀次長）：「（本）軍若由現在之態勢繼續發起攻勢，則需變更作戰目的，以軍之作戰準備、軍隊疲憊之實情，及警備正面確保之局限，亦非得當。……迅速終止本作戰，於明春更充實準備後開始新作戰，方為適當。……若為了打通作戰而確保常德，可能會使相當大的兵力陷於膠著。又，本軍若長久停留於現在之線，對爾後作戰彈性調撥力之保持而言，並不適當。」[109]

第11軍公然質疑總司令部的命令，而且，橫山勇這封電報似有反抗總司令部統帥權的意思，不但畑俊六感到尷尬，參謀本部對此僵局也頗擔憂。

此事可大可小，大本營決定大事化小，14日當天立刻派作戰部長真田穰一郎緊急趕到南京總司令部，婉言處理。參謀本部表示：先前不清楚第11軍之實情，以致「轉達企圖之時機不當」。最後，參謀總長上奏天皇嘉許第11軍奮勇作戰，同時，總司令部下令「第11軍撤出澧水附近之戰線，恢復原態勢」。[110] 一場爭端總算及時化解。

第11軍各部遂繼續反轉撤回原駐地。在常德外圍的國軍各部隊看到日軍撤退，趕緊向常德附近的日軍進擊，隨著日軍撤退克復了好幾個要地。[111]

107　《日軍對華作戰紀要（5）派遣軍作戰（一）華中方面軍作戰》，頁797。

108　同上，頁798。

109　同上，頁798-799。

110　同上，頁799-805。

111　防衛庁防衛研修所戰史室，《昭和十七、八年の支那派遣軍》，頁473-540。何應欽，《日軍侵華八年抗戰史》，頁231-232。

蔣介石嚴懲余程萬

　　常德會戰落下帷幕，但餘波未了。余程萬以 8 千多人對抗 3 萬的日軍精銳，死守常德 10 晝夜，全師幾乎打光，這是個傑出的守城之戰，余程萬本當記功嘉獎，但蔣介石的反應卻出人意外。12 月 2 日，蔣介石得知常德城雖已破，但仍在巷戰，他「私心欣慰無已」，還去電勉勵余程萬及 57 師官兵。[112] 但第二天聽說余程萬帶人突圍，蔣介石立刻大怒，認為余程萬「偷逃」，57 師全體官兵都因此而「反榮為辱」。[113] 蔣介石下令把余程萬押解到重慶審批，「應即宣布其死刑，以正紀綱」。[114]

　　蔣介石為何那麼生氣？蔣自認已用盡心力調度軍隊，保衛常德，而日軍已是強弩之末，只要再堅守幾天，就能夠裡應外合打退日軍。[115] 然而，余程萬最後卻棄城突圍，是「決心不徹底，精神不堅定，以致功虧一簣，名城淪陷」，這是「莫大的恥辱」與「千古不能湔雪的汙點」。[116] 盛怒的蔣，即下手令要將余程萬和同時出逃的副師長、參謀長等人，一併解送重慶嚴辦。[117] 最後，由於俞濟時、王耀武等高級將領為余求情，常德縣長戴九峰和百姓也聯名上書求情，才得幸免，但余程萬還是坐了四個多月的牢。[118]

....

112　蔣介石日記，1943 年 12 月 3 日。

113　同上。

114　高素蘭編，《蔣中正總統檔案：事略稿本》，第 55 冊（台北：國史館，2011），頁 544。

115　蔣介石日記，1943 年 12 月 3 日。

116　蔣介石，〈我軍常德戰役之教訓與最後決勝之要道〉（1943 年 12 月），載秦孝儀編，《先總統蔣公思想言論總集》卷 20（演講）（台北：中國國民黨中央委員會黨史委員會，1984），頁 280-285。

117　「蔣中正致薛岳電」（1943 年 12 月 7 日），〈革命文獻—第二期第三階段作戰經過〉，《蔣中正總統文物》，國史館藏，典藏號：002-020300-00014-078。

118　曠文清，〈我的老長官──「虎賁」將軍余程萬和常德會戰〉，《黃埔》，2013 年第

　　常德會戰期間，特別值得一提的是，中美空軍聯合作戰。中美空軍在恩施、芷江、衡陽、白市驛、梁山等基地，集中各種轟炸機及驅逐機約 200 架，先後出動 261 次，轟炸及掃射常德、藕池口、石首、華容等處日軍部隊、船隻及其他軍事設備，使日軍蒙受不小的損失。在空戰中，還擊中數架日機。[119]

　　常德會戰前後 50 天，日軍自己公布的損傷是陣亡 1,274 人，負傷 2,977 人。[120] 但日軍素有以多報少的習慣，這個數字太保守，不可靠。國軍方面，常德附近的軍事設施遭到摧毀，三位師長陣亡（許國璋、彭士量、孫明瑾），第 57 師幾遭全殲，第 10、第 73 軍損失也非常嚴重。總計官兵陣亡超過 2 萬 3 千人，負傷超過 1 萬 7 千人，生死未明 3 千餘人。[121]

五、觀察與檢討

　　本章所述的第三次長沙會戰、浙贛會戰、鄂西會戰，以及常德會戰，日軍作戰目標都是局部的，雖然日軍盡量避免消耗人力物力，但這樣的攻勢是不可能解決中日戰爭的。那麼，這幾場作戰，究竟有何意義？得失如何？

實至名歸的第三次長沙大捷

　　本書第二章探討了第一次及第二次長沙會戰，顯而易見，這兩次

續
6期，頁18。曠文清時為余程萬的上尉副官。
119　何應欽，《日軍侵華八年抗戰史》，頁232。
120　防衛庁防衛研修所戦史室，《昭和十七、八年の支那派遣軍》，頁540。
121　國防部史政編譯局，《抗日戰史‧常德會戰》，第四篇第三十章第四節插表第十五；何應欽，《日軍侵華八年抗戰史》，頁232。

會戰並不如國民政府宣傳的那樣「大捷」，是有些誇大。但是，第三次長沙會戰確實是個實打實的勝利，國軍的表現可圈可點。

陳誠曾說：「長沙三捷，是抗戰中的奇蹟。」[122] 這個奇蹟背後有幾個因素支撐：

第一，軍事委員會事前的戰略謀劃正確，後退決戰，逐步吸引日軍進入國軍布防的打擊線內。因為兩軍戰力相差很大，國軍於第一線死守只會遭到更慘重的傷亡。節節布防，誘日軍輕進，拉長戰線，日軍後勤跟不上，國軍再集中主力決戰，才能收到較好的效果。

第二，國軍對道路破壞得徹底，創造對國軍有利的環境。[123] 國軍在前兩次也破壞了道路，但第三次做得更徹底。湖南 20 多萬民眾把新墙河到長沙一線所有的橋梁都拆掉，所有道路都挖成一個個大坑；道路兩邊的田地灌滿了水，田埂也不見了，成了一片汪洋，有些地段還埋了地雷。日軍高車大馬到來，找不到路，必須靠工兵不斷修復，又碰到天候惡劣，簡直是寸步難行。日軍不得不丟掉重武器，自行背負大約兩週的糧食及彈藥前進，造成後來戰鬥難以為繼。

第三，蔣介石及薛岳的決心與決策果斷，也是致勝原因之一。第九戰區當時全部編配的兵力約 25 個師，但後來國軍在長沙內外張羅的圍殲網共動用了約 30 個師的兵力，[124] 可見國軍竭盡所能地把鄰近戰區能調動的部隊都用上了。各軍同心協力，拚命阻截日軍，雖未能成功援救常德，但和日軍在常德城外激戰，使得橫山勇不敢滯留常德，後來又趁日軍反轉之際，收復若干失地。

第四，陳誠所謂的「奇蹟」，還需日軍的配合。日軍第 11 軍一開始就倉促作戰，輕敵冒進。日軍自己檢討，承認低估了國軍的戰力，「對

122　何智霖編，《陳誠先生回憶錄：抗日戰爭（上）》，頁129。

123　同上。

124　日本防衛廳防衛研修所戰史室編，黃朝茂譯，《日軍對華作戰紀要（4）香港長沙作戰》，頁830。

敵我戰力評估錯誤」。[125] 但造成如此重大損失，最主要的原因還是司令官阿南惟幾的專橫獨斷。中國派遣軍總司令官畑俊六早就對其不滿，他卻不自知，明知部隊所攜糧食彈藥有限，卻不肯見好就收，硬是把大軍投入國軍預設的決戰地區，造成慘重的損傷。[126] 其間參謀長木下勇幾次建議撤回部隊，但都由於阿南的剛愎而錯過機會。阿南之失，正是國軍勝利的關鍵。

第三次長沙會戰的「奇蹟」，在抗戰形勢上開啟了新頁。此役之後，日軍以武漢為中心的戰力逐漸消滅，戰區地域也縮小了，鄂、湘、贛的情勢因此而相對穩定。

浙贛會戰反映國軍戰力不濟、社會關係薄弱

1942 年的浙贛會戰，可說是抗戰中期（珍珠港事變至 1944 年日軍發動「一號作戰」）中日兩國作戰區域最廣、戰役時間最長、雙方出動兵力最多的一場會戰，然而此役一直未受到研究者的重視，尤其是忽略了實際肩負會戰成敗之責的「第三戰區」的角色。

以往研究形成兩個對立觀點：中國大陸方面研究多批評蔣介石一再變更戰略、臨時放棄決戰，認為其只想避戰以保存實力。台灣方面則多肯定第三戰區在蔣介石避免決戰、保存戰力、襲擾日軍的指示下，改採隱蔽出擊的戰法，順利達成浙贛會戰所預設的避敵鋒芒、伺機反擊的作戰目標。[127] 實情究竟如何呢？

---

125 《日軍對華作戰紀要（4）香港長沙作戰》，頁888。

126 參看「中國軍長沙圍攻部署要圖」及相關說明。日本防衛廳防衛研修所戰史室編，黃朝茂譯，《日軍對華作戰紀要（4）香港長沙作戰》，頁812-813及插圖48。

127 樓子芳、袁成毅，〈浙贛會戰：中國為盟軍承受的一次巨大報復〉，《浙江社會科學》，1994年第6期（1994年12月），頁55；劉善慶，〈抗戰中期一次典型的消極避戰之役——浙贛會戰述評〉，《安徽史學》，2001年第4期（2001年7月），頁78-79；郭汝瑰、黃玉章主編，《中國抗日戰爭正面戰場作戰記》，下卷（南京：江蘇人民出版社，2015），頁1008。

　　先說這場會戰的主角：第三戰區。第三戰區是抗戰爆發時就建立的，浙贛會戰前主管中國東南半部的江蘇南部、安徽南部、浙江、福建，與日本占領區交錯。司令長官顧祝同，保定軍校第六期步科畢業，黃埔軍校教官，歷經東征、北伐、剿共諸役，是蔣介石的嫡系大將。淞滬會戰爆發後，擔任第三戰區副司令長官，後來扶正，一直擔任這個職務到戰爭結束。

　　與第五、第九戰區不同，這兩個戰區在中日交界三陽一線上，從1939年開始就戰火不斷；而第三戰區從淞滬會戰後，至少有3年多時間未發生大規模的戰事。三年安逸，致使轄下軍隊不但戰力不佳、軍紀亦不堪聞問。蔣介石了解第三戰區的情況，他知道，面對日軍的強力進攻，雙方兵力懸殊，第三戰區的戰力堪憂。因此，他指示第三戰區避免硬碰硬的正面迎戰，應採取隱蔽出擊、伏擊襲擾的作戰方式，將主力部隊藏匿在日軍進軍路線外的兩側山區，伺機偷襲、騷擾、破壞日軍後防與補給，使日軍首尾不能相顧。

　　蔣介石的戰術有其道理，但是，第三戰區的部隊受限於訓練、組織與體質緣故，對「隱蔽出擊戰術」一知半解；從作戰過程來看，顯然是隱蔽有餘、出擊不足，以致面對日軍強大的攻擊，無力招架。因此，日軍發動浙贛會戰的三個目標（擊潰第三戰區國軍有生力量、摧毀浙江省內的空軍基地、奪取鐵軌及螢石等重要戰略物資）都在沒有遇到太大阻礙下達成。第三戰區不但吃了敗仗，還落個消極避戰的負面形象。

　　此役，由於日軍很快地撤回原陣地，國軍對外宣稱收復所有失土，帳面上看來損失不大，其實是掩飾了浙贛會戰作戰不力的窘況。

　　事實上，根據日軍紀錄，參與浙贛會戰的日軍多認為，此役遭遇的最大敵人不是國軍，而是梅雨季的暴雨侵襲與浙江境內多山的地形。[128]

128　日本防衛廳防衛研修所戰史室編，吳文星譯，《日軍對華作戰紀要（5）派遣軍作戰（一）華中方面軍作戰》，頁147、295、297。

浙贛會戰期間適逢浙江省 60 年一遇的大洪災，嚴重阻礙了部隊的行進，潮濕給日本士兵帶來惱人的疱疹與瘧疾，還有浙東崎嶇不平的道路，都讓日軍吃足了苦頭。

　　浙贛會戰還有一個常被忽略的轉折。在此役前後的戰利天平上，除了日軍收穫不菲外，中國共產黨也是這場會戰的獲利者。日軍攻城掠地，幾乎占領了浙東全境及浙贛鐵路沿線所有重鎮。中共地下黨充分掌握了國軍退出防地、權力真空的機會，率先於 1942 年 6 月在浙東建立會稽山游擊根據地，並成立一支南進支隊，轉戰並擴大至諸暨、義烏、東陽、浦江、嵊縣等地，鞏固了抗戰時期中共 19 個抗日根據地之一的浙東抗日根據地。這可謂螳螂捕蟬、黃雀在後；中共就是這隻黃雀。兩年後的「一號作戰」，中共同樣向國軍撤退地區大肆擴展，甚至越過隴海路及長江，向兩湖、浙江及廣東進軍，一舉扭轉國共之間原本的形勢。[129]

　　此外，蔣介石指示國軍採取避敵主力、隱蔽出擊、伏擊襲擾的作戰方式，這種作戰方式需要各部隊之間良好的協同聯繫，但此役完全暴露了國軍的缺點：通訊聯絡落後、各軍自以為是，根本缺乏協同作戰的能力。

　　而且，各戰區國軍高層長期疏於和地方組織聯繫溝通，幾乎是上下隔膜、不通聲息。浙贛會戰時，國軍為阻撓日軍進軍，採取焦土作戰策略，破壞機場設施，甚至全面性地破壞公路，這或許有不得已的苦衷，但從浙贛會戰的過程來看，第三戰區似有過度破壞、過度役使平民百姓之嫌。戰前浙江省修建的 3,717 公里公路，到了戰爭後期只剩 759 公里；平民百姓不但要逃難，還要擔負破壞建設的勞役，對國軍難免有怨。[130]

....

129　浙江省黨史資料徵集研究委員會、浙江省檔案館編，《浙東抗日根據地》（北京：中共黨史資料出版社，1987），頁 6-11。

130　黃紹竑，《五十回憶》，中冊（台北：龍文出版社，1989），頁 475。

鄂西大捷再探

關於 1943 年 5 月的石牌之役，現有國軍戰史都說是「大捷」，是陳誠部隊打退日軍，守住重慶門戶石牌，大後方因此安定下來。《陳誠回憶錄》也盛讚石牌之戰，強調其部隊死守石牌，同時派伏兵側擊日軍，使日軍受到重大打擊，戰線動搖，國軍乃趁機全線出擊，成功擊退敵人。[131]

但是，日本戰後公布的作戰計畫及相關史料顯示，日軍發動鄂西會戰的主要目的是加強長江流域的運輸，把困在宜昌的船舶轉移到漢口，同時打擊該地的國軍；並沒有要從長江三峽溯江而上，長驅入川的計畫。日軍發布的作戰計畫，一開始就規劃 5 月底將撤回原駐地，根本沒有要攻占石牌要塞。[132]

其實，當時統籌國軍作戰的軍令部得到的訊息，比較接近事實。軍令部長徐永昌獲知前線情況，日軍因為受到山地地形阻礙，進展並不大，而國軍大部分軍隊，幾無戰力。5 月 29 日晚間的軍事高層會報，軍令部次長劉斐報告鄂西戰局，指出前方部隊作戰力太弱，軍、師長對部隊皆失掌握等等。參謀總長何應欽以為這是軍事教育太差所致，副參謀總長兼軍訓部長白崇禧只能沉默以對。蔣介石在會上，對將領的無能，還十分憤怒，久久不能平息。[133]

不止統帥部得知第六戰區鄂西戰況不佳，四川民眾也得到訊息，深恐日軍將攻入四川，民心因此動搖，成都甚至出現打倒四川省政府主席張羣的標語，而遂寧這個城市還鬧起驅逐中央機關及下江人（從長江中下游逃難至四川的外省人）的風潮。面對這樣的動盪，蔣介石已

131 「陳誠致蔣中正報告」（1943 年 6 月 18 日），〈石叟叢書－文電甲類（下冊）〉，《陳誠副總統文物》，國史館藏，典藏號：008-010101-00002-045。

132 防衛廳防衛研修所戰史室，《昭和十七、八年の支那派遣軍》，頁 377-378。

133 《徐永昌日記》，1943 年 5 月 29 日。

準備調第九戰區的第 10 軍緊急開赴重慶，還想著繼續調第 8、第 93、第 97 軍共同守護陪都重慶。[134]

　　就在這千鈞一髮的時刻，5 月 31 日，徐永昌獲得截自日本空軍的電報，指明攻入第六戰區的日軍，「似於前日已開始撤退」。[135] 這個情報是正確的，因為 29 日國軍收復漁洋關時，該處只有少數的日軍輜重和兵員，[136] 可見日軍的確是主動撤退的。

　　不論戰鬥實況為何，陳誠堅持他的部隊打了一場勝仗，還大力宣傳他們的功績。湖北省各界於 6 月 7 日舉辦慶祝大會，中外記者也到前線採訪。陳誠致詞，說明鄂西勝利的原因，勗勉國人聞勝勿驕。[137] 外國記者原本開始懷疑國軍的戰鬥力，這次宣傳顯然使他們改觀，他們開始相信，即便國軍設備簡陋，裝備低劣，但精神旺盛，仍能勇猛作戰。[138] 外國媒體十分重視這次的鄂西之捷，評論、報導連篇累牘，這些都可能影響了日後國軍戰史對鄂西會戰的評價。[139]

　　不過，陳誠推論日軍想攻入四川，也有一定道理。日軍不是不想攻入四川，一舉解決中日之戰，他們多次規劃「五號作戰」就是明證。但是，日軍一直苦於兵力不足、資源匱乏，幾次準備發動入川的軍事行動，但都因為兵力和裝備不足而放棄。非不為也，是不能也。（關於日軍為何始終未攻入四川，請見本書第二卷第七章。）

　　持平而論，國軍在鄂西會戰的表現，不在擊退日軍，而是奮勇作

134 《徐永昌日記》，1943 年 5 月 29、30 日。

135 《徐永昌日記》，1943 年 5 月 31 日。

136 《徐永昌日記》，1943 年 5 月 30 日。

137 「鄂西會戰應有的認識——在鄂垣各界祝捷勞軍大會講」（1943 年 6 月 7 日），〈石叟叢書－言論第十九集（民國三十二年至三十五年）〉，《陳誠副總統文物》，國史館藏，典藏號：008-010102-00019-009。《徐永昌日記》，1943 年 6 月 8 日。

138 「董顯光致蔣中正電」（1943 年 6 月 28 日），〈革命文獻—第二期第三階段作戰經過〉，《蔣中正總統文物》，國史館藏，典藏號：002-020300-00014-070。

139 何智霖編，《陳誠先生回憶錄：抗日戰爭》，上冊，頁 185。

戰，死守石牌等要地，堅守到日軍自動撤退。

常德會戰國軍表現傑出

常德會戰前後一個多月，日軍達到了大部分的作戰目標，中國付出極大的代價；但國軍的表現亦不俗，成功保住了常德及洞庭湖西岸的糧倉。不過，此役仍有若干值得檢討之處。

第一，軍事委員會以及第六戰區、第九戰區在戰役指揮及配合上表現不錯，孫連仲調兵遣將確有獨到之處。孫連仲以第 10、第 29 集團軍為第一線，戰役初期不利，日軍很快突破這個防線，第二防線王耀武的第 74 軍不得不緊急投入戰鬥，以兩個師正面迎擊日軍兩個半師團的優勢兵力，雙方戰力懸殊，74 軍陷於苦戰，一度瀕臨險境。就在這個危急時刻，第三道防線，守常德的第 57 師，發揮了作用。余程萬率領的 57 師堅守常德，以致日軍攻城的主力第 116 師團意外失手，橫山勇不得不從第 74 軍正面抽調兵力增援常德，使得陷於苦戰的第 74 軍壓力頓時減輕，脫離險境。

與此同時，軍委會命令第九戰區先頭部隊第 10 軍孤軍突進，進占常德南邊的德山。第 10 軍在軍長方先覺領導下，晝夜行軍，及時搶占德山，雖然第 10 軍損失慘重，但也造成日軍極大威脅，迫使橫山勇不得不把第 3 師團主力調到常德以南地域。這樣一來，日軍的全部兵力就被分割成三塊：常德西北（對付第六戰區部隊）、東南（對付第九戰區的援軍），以及城垣與城內（負責攻城的日軍）。日軍兵力分散，結果在這三個戰區都無法維持壓倒性優勢。

余程萬第 57 師以 8 千多人堅守常德，日軍久攻不下；即使在城破後，與日軍巷戰，又再撐了 9 天。雖然常德最後還是淪陷了，但此時第九戰區援軍已到，常德外圍的中國軍隊逐漸就位，整個局面這才反轉。

第二，蔣介石嚴懲余程萬，不合情理，但又有其特殊的考量。劉

大禹、賀海鵬指出，蔣介石其實有他難以言喻的考量。

（1）蔣介石欲藉嚴懲余程萬來敲打其他軍隊領導。整個抗戰，蔣介石對自己嫡系部隊經常要求他們「死守」，懲處也特別嚴格；對於地方部隊，卻輕輕放過。常德會戰表現最差的當屬 29 集團軍總司令王纘緒，但 29 集團軍主要是川軍，蔣不便嚴格懲處，只能點到為止。因此，蔣不得不對有大功而小過的余程萬，以「死刑」威懾，期待那些戰功不如余的將領有所警覺。

（2）當時正值開羅會議，為了避免影響國際形象，蔣介石對常德會戰的得失特別敏感。[140]

總之，此役國軍傷亡 4 萬多人，代價太大，而國軍的恢復力遠不及日軍，結果，半年後日軍發動「一號作戰」（「豫湘桂戰役」），第六、第九戰區仍未完成整補，以致兵力短缺，吃了極大的虧。

中國抗戰與國際情勢的連動

本章的四場會戰，就日軍來說，除了第三次長沙會戰受挫外，其他三個會戰都達到了作戰目的。這幾場會戰，雖發生在中國，但從作戰目的、過程、影響來看，它們與國際情勢息息相關。日軍發動作戰是受到在太平洋及南亞戰爭的牽動；而國軍對每一場會戰的考量，也加入了國際因素。

例如，1942 年 1 月 1 日，中日兩軍在長沙城激戰之時，外交部長宋子文代表中國與美、英、蘇等 26 國在華盛頓簽署《聯合國家共同宣言》（Declaration by United Nations），共同抵抗德、義、日法西斯侵略，直到侵略國無條件投降為止。國際反法西斯聯盟正式形成，並推舉蔣介石為盟軍中國戰區的最高統帥。中華民國作為與美、英、蘇共同領

---

140 劉大禹、賀海鵬，〈蔣介石與 1943 年常德會戰——兼論問責余程萬〉，《團結報》，2017 年 8 月 31 日，頁 7。

銜簽字的四大國之一，開創了中國外交史的全新局面。

第三次長沙會戰恰好是日軍發動太平洋戰爭不久，日本南方軍在南洋勢如破竹，英、美、法、荷殖民地紛紛陷落，歐美正陷於一片低迷之際，1月15日中國長沙傳來捷報，舉世歡騰。倫敦《泰晤士報》（The Times）社論指出：「蔣委員長甫出任同盟軍中國戰區最高統帥，即獲長沙捷報，實為未來佳運之朕兆。」[141]

的確，第三次長沙會戰結束後兩個半月，美國政府通過租借法案，撥給中國5億美元信用貸款，隨後英國政府也貸款5千萬英鎊給中國，作為法幣的平準基金，幫助國民政府解決財政的問題。第三次長沙會戰的勝利，不僅提振了低迷的盟軍士氣，也使得中國獨力艱苦抗戰5年後，終於得到國際上的肯定與支持，也確立了中國軍隊在世界反法西斯聯盟作戰上的地位。

此外，邱吉爾不滿羅斯福把中國列為四強之一，這使得蔣介石壓力更大，更加要證明中國軍隊的無畏犧牲精神，他要國軍在常德打一場漂亮的仗給西方人看，縱使城破，也要與常德共存亡。[142] 這或許多少能解釋，為何蔣介石不能原諒余程萬未與常德共存亡的心理狀態。

總之，太平洋戰爭爆發後，中國抗戰成為世界大戰的一部分，會戰的時機既與國際情勢變化密切相關，戰況的進展也受到國際矚目，而國軍的表現也牽連到盟軍的士氣。

第八章將探討「豫湘桂大會戰」（日方稱「一號作戰」），它的成敗正牽連著中美關係、日軍在亞洲的軍事進展，以及國共情勢的消長，影響重大。

---

141 何智霖編，《陳誠先生回憶錄：抗日戰爭（上）》，頁126。
142 蔣介石日記，1943年12月1、2日。

【第七編】

阻止日軍最後攻勢

第七章

日軍為何始終未攻進重慶？

郭岱君（史丹佛大學胡佛研究院研究員）
岩谷將（北海道大學公共政策大學院副院長）

　　抗戰期間，日軍占領了中國半壁以上的江山，北平、上海、南京、廣州、武漢、長沙、衡陽等重要都市，一一落入日軍之手，但日軍卻始終沒能進攻國民政府的抗日中樞重慶。

　　事實上，日軍曾經數度接近重慶。1940 年日軍占領宜昌，宜昌扼三峽水路咽喉，是長江西進重慶的門戶，當時震驚了整個重慶，日軍如再繼續進攻，國民政府就危險了！結果是，日軍雖占領了宜昌，其主力部隊卻自動撤回原駐地。1943 年 5 月，日軍再度來到宜昌，在石牌要塞與國軍展開激烈戰鬥，幾度猛攻，都沒能拿下石牌，最後決定撤退。最後一次是 1944 年日軍發動「一號作戰」時，日軍第一師團曾接近潼關對面的風陵渡，胡宗南兵出關中，在靈寶與日軍激戰，截退日軍。

　　為了攻進重慶，日軍曾多次制定「西安作戰」及「四川作戰」，發布作戰準備令，翔實規劃、認真準備，還做了演習。計畫的內容雖有變化，但不外乎兩條路徑：

(1) 從山西西部過黃河，控制西安，然後南下占領重慶。或是
(2) 從宜昌沿長江三峽西進，攻占重慶。

　　兩條路徑的最終目的都是要拿下重慶，重擊國民政府，使其崩潰或屈服。這些作戰計畫最後因為種種因素，都未能實現；但從日軍動念、規劃，到最後不得不放棄的過程中，顯示東京的戰略意圖和政策動向，亦反映出太平洋戰場與中國戰場的密切關係。

　　抗戰前期，日軍信心滿滿，戰略是速戰速決，不把戰線拉得太長，所以並無攻占重慶的計畫。武漢會戰後，日軍資源更加吃緊，對華戰略調整為「政略」、「戰略」並進，實際上是以「政略」為主，手段包括誘降、和議、扶植親日政權等等；戰略方面則進入中日兩軍相持的階段。此外，四川周圍都是崇山峻嶺，攻入四川太困難；而且，大部隊向西作戰，後面龐大的占領區必出問題，所以，日軍也沒有把注意力放在重慶上面。

一、南方作戰亟需解決中國戰事

　　直到 1941 年日軍準備南進，南方作戰需要龐大的兵力及戰備資源，而數十萬日軍被拖在中國，蔣介石的國民政府又堅不妥協，如何打破僵局，把在中國的兵力及資源轉用到太平洋及南亞戰場，成為日軍的重要任務。於是，東京大本營及中國派遣軍總司令部開始籌謀盡快解決中國戰事。

　　限於資源，1941 年 11 月 5 日天皇裁決的「帝國陸軍作戰計畫」中規定，南方作戰發動後，對華作戰方針將調整為「與帝國海軍配合，對中國保持目前之態勢，同時，消滅在華的英美等敵對勢力，政略、謀略相結合。對敵施加壓力，以期迫使蔣政權屈服」。[1] 當時陸軍省及參謀本部專注南方作戰，無暇顧及中國，只能要求中國派遣軍加緊政

1　日本防衛廳防衛研修所戰史室編，吳文星譯，《日軍對華作戰紀要（5）派遣軍作戰（一）華中方面軍作戰》（台北：國防部史政編譯局，1987），頁 12。

略工作（和議誘降），並期待以南方作戰的勝利來迫使蔣介石屈服。

中國派遣軍總司令官畑俊六大將對這個消極的做法表示不滿，認為應採取積極做法，考慮攻入四川、直接壓迫蔣介石屈服。參謀本部第一部（作戰）部長田中新一中將，曾對派遣軍表示，南方作戰告一段落後，可增兵中國，「以遂行對華積極作戰」。[2]

1941 年 12 月，太平洋戰爭爆發，初期，「南方軍」勢如破竹，三個月內幾乎拿下了整個東南亞，日軍士氣大振。為配合戰局發展，大本營逐漸將戰爭資源轉移到南方戰場；在中國的幾次作戰，也大多與太平洋、東南亞戰局有關。日本迫切希望藉國際局勢的變化來加重對重慶的誘降，盡快結束中日戰爭。[3]

然而，日軍在東南亞的勝利並沒有影響蔣介石抗日的決心，對重慶的和平工作也始終沒有成果。相反的，太平洋戰爭爆發後，中國得到英美的支持，蔣介石抗日的決心和力量變得更堅強。

此時，陸軍高層已有不少將領主張，欲解決中日戰爭，唯有使用武力，否則將無法使重慶國民政府屈服。釜底抽薪的辦法是，集中所有戰力，直接攻進四川。參謀總長杉山元、參謀次長田邊盛武、作戰部長田中新一、還有派遣軍總司令官畑俊六、華北方面軍司令官岡村寧次、第 11 軍司令官阿南惟幾等，都支持發動一個大規模作戰，直接攻進四川，占領重慶，一舉解決掉蔣介石的國民政府。[4]

然而，攻進四川並不容易，除了要克服懸崖陡峭及洶湧澎湃的天險之外，還得突破蔣介石在四川周邊的嚴密防衛。

....

2　日本防衛廳防衛研修所戰史室編，吳文星譯，《日軍對華作戰紀要（5）派遣軍作戰（一）華中方面軍作戰》，頁16。

3　波多野澄雄著，戶張敬介譯，〈日本陸軍內部的戰略決定（1937~1945）〉，收入楊天石、臧運祜編，《戰略與歷次戰役》（北京：社會科學文獻出版社，2009），頁122。

4　日本防衛廳防衛研修所戰史室編，吳文星譯，《日軍對華作戰紀要（5）派遣軍作戰（一）華中方面軍作戰》，頁19。

二、蔣介石對四川的防衛部署

四川是個盆地，四周都是海拔高、陡峭險峻的山地，自古就有「蜀道難，難於上青天」的說法，稍不小心，就會墜入萬丈懸崖。抗戰時，沒有公路入川，日軍若想入川，只有兩條路：溯黃河或長江而上，也就是必須經過潼關、三峽兩處隘口。

蔣介石把四川防衛得固若金湯，在潼關及三峽都布有重兵，負責守備這兩個地區的，是蔣介石最信任的中央軍將領：胡宗南、陳誠。

胡宗南守關中

軍事委員會在關中等廣大西北地區設置第八戰區，部署了中央軍精銳胡宗南部隊。胡宗南，黃埔一期，是蔣介石最重視的軍事將領之一，抗戰初期率領精銳第一師投入淞滬會戰，後來又參加蘭封會戰等重要會戰，之後派赴陝西，駐守西安地區，負責陝東一帶的河防。

初入陝西的時候，胡宗南率領的是第 17 軍團，後來擴編為第 34 集團軍（總司令胡宗南），下轄 3 個軍：第 1 軍（軍長丁德隆）、第 16 軍（軍長董釗）、第 90 軍（軍長李文）。經過不斷擴張，1942 年從 1 個集團軍擴大到 3 個集團軍，包括第 34 集團軍（總司令胡宗南）、第 37 集團軍（總司令陶峙岳）、第 38 集團軍（總司令范漢傑），胡宗南出任第八戰區副司令長官（司令長官為朱紹良，常駐甘肅，陝西軍務由胡宗南全權處理），總管這 3 個集團軍。這一大批部隊可說是胡宗南的嫡系子弟，幹部多出自胡宗南在陝西籌辦的中央軍官學校第七分校，兵員主要是陝西農民。

蔣介石派胡宗南入陝，首要任務是防止日軍渡過黃河。日軍自 1938 年之後就占領了大部分的山西及河南，胡宗南以中央軍精銳部隊負責河防的重任，與日軍隔黃河對峙，其中潼關與對岸的風陵渡相距僅 3.5 公里，雙方經常隔河相互砲擊。

　　過去不少論者以為，蔣介石命胡宗南大軍固守關中，主要目的不是抗日，而是防堵陝北共軍。胡宗南也因此備受批評，謂 40 萬大軍不去與日軍打仗，徒然浪費在陝北。[5]

　　其實不然。胡宗南以最精銳的部隊駐守黃河，建立各種河防、城防工事，並多次隔黃河與日軍互相砲擊。胡部強大的部署，對日軍有恫嚇作用，日軍研擬進攻西安計畫時，都不敢忽略胡宗南的大軍。[6]

　　除了守備關中之外，日軍數次進犯山西、河南，胡宗南都派軍出關中作戰，防止日軍渡河。例如，1940 年，山西龍門渡口一度失陷，情況危急；胡宗南整飭河防工事，嚴陣以待，終使日軍放棄渡黃河。1941 年，晉南中條山之役，為防日軍南下，胡宗南派第 76 軍到第一戰區的河南支援作戰，成功阻擋日軍攻勢。1944 年，日軍發動「一號作戰」，其中一個支隊曾試圖向潼關前進，四川為之震動。胡宗南率部出關阻遏，與日軍在靈寶激戰（就是著名的「靈寶之役」），成功阻止日軍對關中的威脅。不僅如此，「一號作戰」期間，胡宗南還空運第 36 軍、第 57 軍到重慶、桂林支援後方作戰。此外，雲南遠征軍組成時，胡宗南也空運兩批共 5 萬名士兵赴雲南。[7]抗戰晚期，1945 年 3 月到 5 月，胡宗南還指揮 31 集團軍在河南與湖北交界的西峽口與日軍作戰。[8]

　　當然，蔣介石命胡宗南守西北，除了抗日外，還包括另外三個目的：（1）防範中共；（2）牽制西北的馬家軍、盛世才，還有蒙古的德王；

5　Barbara W. Tuchman, *Stilwell and the American Experience in China, 1911-1945* (Toronto New York: Bantam Books, 1972), p. 316.

6　日本防衛廳防衛研修所戰史室編，吳文星譯，《日軍對華作戰紀要（5）派遣軍作戰（一）華中方面軍作戰》，頁 65。

7　於憑遠、羅冷梅編纂，《胡宗南上將年譜》（台北：台灣商務，2014），頁 135。

8　黃潤生，〈八年抗戰最後一役——西峽口之戰〉，《河南文史資料》，2007 年第 2 輯，頁 49-86。

（3）整訓部隊。[9]

坊間最關注、也是爭議較多的是關於防堵共軍一事。胡宗南的確負有「預防共軍竄擾後方」的任務。[10]根據軍令部 1944 年擬定的「國軍今後作戰指導計畫大綱」第一條規定，第八戰區「以一線兵團，依陝東、綏西既設陣地，拒止敵人，並監圍奸偽」。[11]這個「奸偽」指的就是在延安的共軍。

蔣介石究竟放了多少兵力監視中共？王奇生研究指出，當時國軍對付日軍與監視共軍的兵力比大概是 7:1，也就是 7 分之 1 的部隊用於監圍中共，大約是 20 個師。[12]

陳誠守三峽

三峽是另一個入川要道，蔣介石在那一帶設置第六戰區，由能征慣戰的陳誠率部把守，防止日軍從三峽入川。

陳誠畢業於保定陸軍軍官學校，是蔣介石的親信，抗戰爆發未久，蔣介石曾在日記提到「軍事能代研究者，辭修也」，[13]可見對陳誠的重視。

南京淪陷後，國民政府遷到武漢，湖北成為四川大後方的門戶。蔣介石任命陳誠為湖北省主席、武漢衛戍司令和第六戰區司令長官，

....

9　關於胡宗南在西北的任務，請參看劉緯道，〈抗戰期間胡宗南軍系的組建與發展〉，《國史館館刊》第 22 期（2009 年 12 月），頁 97-136。

10　王奇生，〈湖南會戰：中國軍隊對日軍「一號作戰」的回應〉，收入楊天石、臧運祜編，《戰略與歷次戰役》，頁 325。

11　軍令部，〈國軍今後作戰指導計劃大綱〉，收於中國第二歷史檔案館編，《中華民國史檔案資料匯編》，第五輯第二編：軍事（一）（南京：江蘇古籍出版社，1991），頁 714-718。

12　王奇生，〈湖南會戰：中國軍隊對日軍「一號作戰」的回應〉，收入楊天石、臧運祜編，《戰略與歷次戰役》，頁 326。

13　蔣介石日記，1937 年 8 月 4 日。

負責武漢防務。第六戰區一度併入第九戰區，1940 年 6 月，日軍攻占宜昌，為加強重慶外圍的防衛，軍事委員會以長江為中心，重建第六戰區，陳誠擔任司令長官，轄鄂西、鄂南、川東、湘西地區，司令長官部在湖北恩施，兵力配置：（1）江防軍（總司令吳奇偉）居中，扼守三峽門戶；（2）長江北側布防第 26 集團軍（總司令周嵒）；（3）更北側為第 33 集團軍（總司令馮治安）；（4）長江南側為第 29 集團軍（總司令王纘緒），（5）以及守常德的第 10 集團軍（總司令王敬久），向南銜接第九戰區。總兵力達 40 個師，25 萬人。[14]

最重要的三峽一線，由江防軍負責，江防軍所轄主力，就是陳誠嫡系精銳的第 18 軍（軍長方天）。在江防軍的防守範圍，第六戰區構築好幾個防禦要塞，順江而上依序有沙套子要塞、石牌要塞、廟河要塞、洩灘要塞、牛口要塞等，要塞內設置艦砲、15 公分重迫擊砲、7.62 公分游動砲等，利用三峽天險防備敵軍入侵。[15]

1943 年 2 月，陳誠轉任遠征軍司令，孫連仲代理第六戰區司令長官，孫連仲是台兒莊之役的名將，戰功彪炳，不過防衛三峽的部隊仍是陳誠的嫡系第 18 軍。本書第二卷第六章談到的 1943 年 5 月的「鄂西會戰」，日軍到了三峽最大的防禦工事石牌要塞，試圖突進三峽。情勢危急，陳誠從滇緬戰場趕回第六戰區指揮作戰，第 11 師師長胡璉守備石牌，據險堅守，日軍發動數次進攻，都無法攻下石牌，最後主動撤退。

由此看出，蔣介石派精銳部隊守四川，胡宗南在北、陳誠在東。日軍欲占領重慶，必須付出極大的代價。

14　國防部史政編譯局編，《抗日戰史‧鄂西會戰》（台北：國防部史政編譯局，1980），頁6-8。

15　同上，頁9。

三、日軍的「西安作戰」及「四川作戰」

　　因為參謀本部有言在先，一旦南方作戰告一段落，就將增兵中國戰場，徹底解決在華戰事。眼看日軍在東南亞的「南方作戰」節節勝利，中國派遣軍下轄的華北方面軍等不及了，開始研擬武力攻擊重慶的作戰方案。

　　1942 年 2 月，中國派遣軍總司令部把華北方面軍研擬的作戰構想提報陸軍中央，計畫在該年 6 月或 9 月黃河水量較少的時候，動員強大的部隊進攻關中，「攻擊西安附近，以消滅胡宗南將軍的重慶直系第八戰區軍隊，接著，毀滅延安的中共軍根據地」。[16] 攻擊西安的目的是威脅重慶，但必須先消滅延安的共軍，否則徒然讓共軍得利。作戰目標是切斷國民黨政權的西北交通線，給國民黨政權以沉重打擊，迫其崩潰或妥協。華北方面軍把這個規劃稱為「五號作戰」（僅限進攻陝西，與後來的「五號作戰」意義不同），大本營後來改稱為「50 號作戰」以區別「四川作戰」的「51 號作戰」。

　　但是，派遣軍總司令部及大本營都有異見。他們的理由是，國軍及共軍一直在第八戰區對峙，互相牽制，互相消耗，日軍何必急著去打破這個「國共相剋」的局面。何況，進攻關中，只能給重慶造成壓力，並不一定能解決重慶政權。他們認為，不如改為擊破常德、長沙一帶的第六、第九戰區，奪取穀倉地帶，一樣能對重慶造成壓力，還能獲得糧食。[17]

　　因此，派遣軍在 1942 年初另外研擬了「重慶作戰」（又稱「四川作戰」，代號「51 號作戰」），方策是：先封鎖滇緬公路，強化對國民政府的經濟壓力；然後從其他方面調用兵力，配合在華部隊，針對

16　〈島貫武治中佐之戰後回憶〉，收於日本防衛廳防衛研修所戰史室編，吳文星譯，《日軍對華作戰紀要（5）派遣軍作戰（一）華中方面軍作戰》，頁16。

17　同上，頁17、38。

第六、第九戰區發動大規模作戰，消滅蔣介石的中央軍，攻占能直接威脅重慶的戰略要點，同時配合政略工作，瓦解蔣介石的統制力。[18]

「五號作戰」

華北方面軍司令官岡村寧次仍然力推「西安作戰」，主張以 10 個師團的兵力橫渡黃河、翻越秦嶺，然後進攻四川。然而，在華中的第 11 軍司令官阿南惟幾則提出「若不進攻四川重慶，則無法解決中日戰爭」。他主張，一旦南方作戰告一段落，就宜舉全軍之力，發動四川作戰，經湖南（長沙、常德）襲擊重慶。阿南甚至誇口，如能給他 10 個師團的兵力，第 11 軍可以三路進攻，分別溯長江而上、從襄陽老河口到成都，以及從常德、黔江到重慶攻入四川。[19] 兩位將領各有看法與堅持。[20]

岡村寧次特別積極，未等大本營做出決定，就自行展開作戰準備。1942 年 6 月，他以 10 月中旬發動作戰為前提，派參謀考察潼關、河津間的黃河實況，空中偵察黃河南岸地形，參謀長安達二十三還搭乘飛機親自偵察秦嶺、巴山山脈、漢中、光源、老河口等地區，並從各師團挑選工兵及官兵在 8 月實施橫渡黃河的演習。[21]

然而，大本營始終沒有下達作戰命令。陸軍高層的看法是，單獨進行「西安作戰」或「四川（重慶）作戰」，都不能達到作戰目的；必須發動一場更大規模的作戰，把西安與四川作戰合併，分別從黃河及長江直接攻入四川，同時並進，占領重慶，才能迫使蔣介石的國民政府屈服。[22]

18　日本防衛廳防衛研修所戰史室編，吳文星譯，《日軍對華作戰紀要（5）派遣軍作戰（一）華中方面軍作戰》，頁 19-20。

19　同上，頁 53-54。

20　同上，頁 53。

21　同上，頁 56-57。

22　同上，頁 58。

　　參謀本部構想，進攻部隊除派遣軍自身兵力外，另外從駐蒙軍及日本本土調用3個陸軍師團，再從滿洲調用1個飛行師團——總共陸軍16個師團、2個混成旅，及2個飛行師團。分別從華北及華中向西進攻，以5個月的時間，消滅蔣介石的中央軍，攻占重慶，占領四川省。具體分工是：華北方面（西安作戰），以11個師團加2個混成旅的兵力，從山西向西安進攻；華中方面（四川作戰），由第11軍的5個師團從武漢進攻。[23]

　　除了進攻部隊外，參謀本部另外還留置16個師團及14個混成旅作為占領地區的守備軍。作戰部隊和守備部隊加起來，必須有高達40個師團留置在中國。

　　為了這個龐大的攻勢，兵力將增加到97萬人（當時派遣軍在中國的總兵力約61萬人），規模之大，凌駕南方作戰。如此巨大的作戰計畫，不是陸軍獨力能完成的，參謀本部估計，除了40個師團的陸軍外，還需龐大的物資，包括船舶10萬噸、鋼鐵5萬噸、汽油5萬噸等。[24]

　　孰料，日軍展開各單位協調時，困難一個接一個出現。物資方面的徵調首先碰壁。7月東京陸軍省、參謀本部，及海軍的協調會議中，陸軍省首先申明，無法解決船舶、鋼鐵，及汽油的問題，需要海軍支援。海軍正全力應付太平洋戰事，當場回絕：「鋼鐵的供應有困難，船舶調用不可能，汽油也有困難。」[25] 當場還有人注意到一個不可思議的現象：這麼龐大的作戰構想，竟然「從一開始就全然未考慮南太平洋的戰局」。[26]

....

23　日本防衛廳防衛研修所戰史室編，吳文星譯，《日軍對華作戰紀要（5）派遣軍作戰（一）華中方面軍作戰》，頁59-63。

24　同上，頁60-63。

25　同上，頁66-67。

26　〈島貫武治中佐之戰後回憶〉，收於日本防衛廳防衛研修所戰史室編，吳文星譯，《日軍對華作戰紀要（5）派遣軍作戰（一）華中方面軍作戰》，頁69。

　　事實上，一個月前，6 月 7 日，日軍在中途島遭到太平洋開戰後的首次敗績，損失頗重，不過似乎未給大本營帶來過多的憂慮。

　　此外，華北方面軍在華北有優勢，行動相當自主，但華中的情況則大不相同。在武漢的第 11 軍實際上處於中國軍隊的包圍中，北方有第五戰區，西方是第六戰區，南方是第九戰區，東南則是第三戰區，蔣介石用了大約 1 百個師把武漢層層圍起來。如果要進行四川作戰，第 11 軍首先必須突破國軍的陣營，這要花多長時間？付出多大代價？這是個嚴肅的挑戰。否則，貿然向西深入地形險惡的四川，無異腹背受敵，勢必「使自身陷於極其危險的狀態中」。[27]

　　儘管如此，陸軍還是繼續推進這個計畫。1942 年 8 月 25 日，參謀總長杉山元綜合華北的「西安作戰」（第 50 號作戰）以及華中的「四川作戰」（第 51 號作戰），研擬出一個新構想，定名為「五號作戰」，由華北及華中兩方面同時向四川進攻作戰。[28]

　　9 月 3 日，杉山元把「五號作戰」上奏天皇，天皇懷疑能否從南方抽調兵力到中國戰場，杉山元表示：確實不容易，但決心與實行是另一回事，陸軍希望先獲得批准，但如情況不適合，會再檢討實行的可能性。當天，天皇批准了這個方案。[29]

　　9 月 4 日，杉山元正式向中國派遣軍下達「五號作戰準備要綱」，指示：「為謀求中國事變迅速解決，預定實施『五號作戰』，目前在可能範圍內進行作戰準備。」[30] 預訂 1943 年春季發動攻勢，具體目標是對國軍中央部隊施予重大打擊，並使得國民政府喪失戰力補給的最

27　〈島貫武治中佐之戰後回憶〉，收於日本防衛廳防衛研修所戰史室編，吳文星譯，《日軍對華作戰紀要（5）派遣軍作戰（一）華中方面軍作戰》，頁68。

28　日本防衛廳防衛研修所戰史室編，吳文星譯，《日軍對華作戰紀要（5）派遣軍作戰（一）華中方面軍作戰》，頁70。

29　同上，頁71。

30　同上。

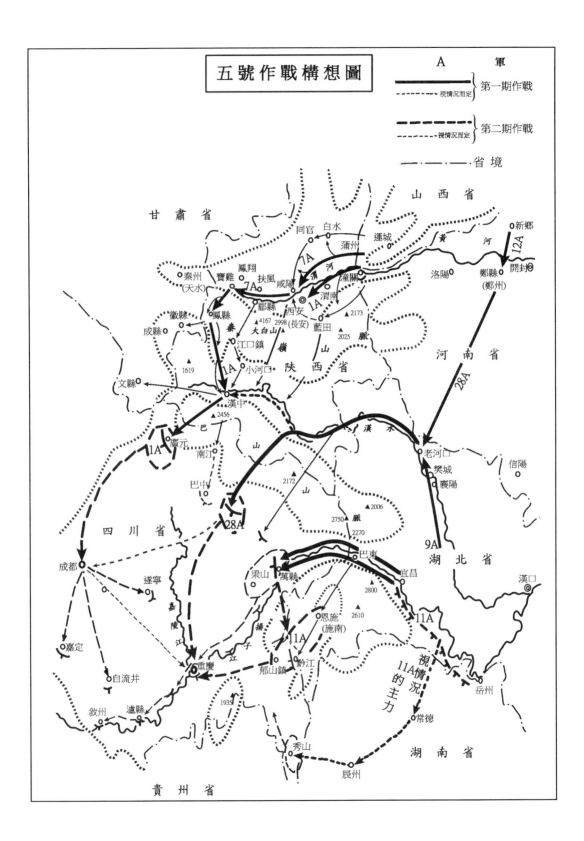

五號作戰構想圖

大根據地四川，同時要讓美英空軍無法進駐此地。[31]

　　根據這個要綱，派遣軍積極展開作戰計畫的研擬及訓練，尤其是擔任進攻兵團的華北方面軍及第 11 軍，準備工作極為認真，夜以繼日的進行作戰計畫、後勤補給、兵棋推演等，並預定在 9 月底兩軍會合，在派遣軍總司令部做最後的作戰研究。[32]

攻入四川計畫三次胎死腹中

　　然而，人算不如天算，日軍在太平洋的戰局轉趨不利，影響到這個籌劃已久的「五號作戰」。首先是 1942 年 6 月，日本在中途島海戰失利，損失 4 艘航空母艦及大批訓練有素的飛行員，此戰被視為太平洋戰爭的轉捩點。不久，美軍新型埃塞克斯級（Essex Class）航空母艦投入戰場，它的排水量更大，體積更大，航速快，續航力強，飛行甲板更大，很快成為美國太平洋戰爭的主力航艦，[33] 美日海上力量差距更大了。1942 年底，日軍在瓜達康納爾島（Guadalcanal）等太平洋戰場接連戰敗，還有歐洲及非洲的情勢發展對軸心國也非常不利。

　　為應付每下愈況的戰局，大本營積極動員兵力、船隻及作戰物資，希望盡快解決中國戰場，以便抽調兵力到太平洋戰場。但是，海軍自己被困在太平洋，沒法支援船舶，也不願把鋼鐵讓給陸軍，飛機也有困難。至於兵力，扭轉太平洋戰局，急如星火，大本營不但不可能從南方戰場調出兵力增援侵華日軍，反而要從中國戰場抽調兵力去支援南方軍。不久，在中國的 2 個師團（第 38 及第 51 師團）被抽調到東南亞，研議甚久的「五號作戰」勢必推不動了。

....

31　防衛庁防衛研修所戦史室，《昭和十七、八年の支那派遣軍》（東京：朝雲新聞社，1971），頁 9-71。

32　日本防衛廳防衛研修所戰史室編，吳文星譯，《日軍對華作戰紀要（5）派遣軍作戰（一）華中方面軍作戰》，頁 110-111。

33　Basil H. Liddell Hart, *History of the Second World War*, pp. 349-353.

　　到了這個地步，參謀總長杉山元和陸相東條英機都承認，此時要發動這麼龐大的「五號作戰」，的確不切實際，必須暫緩。12 月 10 日，杉山元向天皇上奏：「鑒於帝國目前內外情勢，尤其是德蘇戰爭的演變，南太平洋戰況船隻不足等國力情況，在昭和 18 年中對本（五號）作戰之遂行，無論就戰爭指導上或實際作戰上觀之，似已無法實現，故擬下達終止本作戰準備之指示。」[34] 於是，大本營發布終止五號作戰準備的命令。

　　中國派遣軍極為失望，仍不願就此放棄進攻四川的計畫，新任第 11 軍司令官塚田攻的反應最為強烈，他向大本營「斗膽陳情」，希望允許第 11 軍繼續執行進攻重慶的方案。他提出請求：[35]

(1) 即便必須終止五號作戰，但仍希望以「縮小的計畫」進行作戰。
(2) 把這些小規模的作戰作為未來五號作戰的準備階段。
(3) 今後派遣軍的各種施策，應以武力進攻作為根本。

　　派遣軍總司令官畑俊六了解，中止「五號作戰」的準備對派遣軍是個相當大的打擊，為免影響士氣，12 月 17 日，他特別在南京召開各軍司令官會議，華北方面軍岡村寧次、第 11 軍塚田攻、第 13 軍下村定、第 23 軍酒井隆出席，會中說明大本營的考量，並正式傳達中止五號作戰的命令。

　　12 月 18 日，會議結束，塚田攻由南京飛回漢口，不料座機在湖北蘄春上空被國軍第 21 集團軍 138 師的高射砲擊落，塚田攻命喪大別山，成為抗戰期間日軍在中國身亡官階最高的將領。派遣軍上下本就瀰漫著失望陰鬱的氣氛，塚田攻意外身故，使得「總司令部更加充滿憂色。」

34　日本防衛廳防衛研修所戰史室編，吳文星譯，《日軍對華作戰紀要（5）派遣軍作戰（一）華中方面軍作戰》，頁135。

35　同上，頁134。

畑俊六心情低落，甚至生起下台的心思。[36]

　　「五號作戰」的準備雖然叫停，但一向支持進攻四川的參謀次長田邊盛武在與派遣軍總司令部聯繫中，曾說過一個替代方案：「若五號作戰終止，則派遣軍可能考慮實施打通平漢、粵漢鐵路案。」[37] 五號作戰中止命令正式發布後，田邊盛武仍要求派遣軍「因應將來情勢演變，仍可能有必須遂行本作戰之狀況發生，故今後請不斷進行各種偵查及研究，對本計畫作必要修正，並經常保持整備狀態。」[38]

　　所以，從派遣軍的立場來看，「五號作戰」並沒有因為中止的命令而完全消滅，他們還在規劃進攻國民政府大後方的作戰。

　　這種氣氛一直延續到 1943 年夏，期間發生日軍從瓜達康納爾島撤退、德軍在史達林格勒戰役慘敗、聯合艦隊司令長官山本五十六大將座機被美軍擊落身亡、盟軍在北非取得重大勝利等等，軸心國敗相漸露，日軍更加迫切需要抽出駐華兵力增援太平洋戰場，扭轉危局。

　　於是，1943 年 5 月，畑俊六再度向參謀總長杉山元力陳，如英美提高對中國的支持，則中國事件之解決必定更加困難；因此，應以武力迫使國民政府脫離美英陣營，先解決中國，皇軍才有出路。他指出：「鑒於東亞整個戰局及國際情勢，……應對敵（中國）採取攻勢，打開一條血路，先迅速解決中日戰爭，乃是唯一要緊之方策。」[39] 畑俊六並建議在 1943 年 11 月或 1944 年 1 月進攻四川。

　　大本營經過研議，考量東南亞方面的戰況及國力的限制，已無法增加中國戰場的兵力為由，駁回派遣軍的建議。此時，參謀本部關注的重心在如何扭轉太平洋戰局，以及日本本土的安全問題。因此，大

36　日本防衛廳防衛研修所戰史室編，吳文星譯，《日軍對華作戰紀要（5）派遣軍作戰（一）華中方面軍作戰》，頁134。

37　同上，頁120。

38　同上。

39　同上，頁677。

本營指示中國派遣軍，今後 6 個月（1943 年下半年）的作戰指導重點，應放在粉碎中美空軍的作戰上。[40]

中國派遣軍再次失去四川作戰的機會，但「攻入四川」的企圖並沒有被棄置，一直是派遣軍縈繞不去的目標。

1944 年 4 月，日軍發動在中國的最後一次大規模作戰：「一號作戰」（國軍稱為「豫湘桂戰役」），但其目的不在攻占重慶，而是：「擊破敵人，占領和確保湘桂線、粵漢線及京漢路南部沿線要地，以摧毀敵空軍之主要基地，從而抑制其活動。」

「一號作戰」與「五號作戰」不同，它的目的是摧毀美軍在中國的空軍基地，遏止中美空軍對滿洲、朝鮮，以及日本本土的空襲；其次是打通日本本土到東南亞的陸上交通線。也就是說，大本營自知，已無能力攻進四川，徹底擊垮蔣介石的國民政府。（關於「一號作戰」，請見本書第二卷第八章。）

「一號作戰」即將結束時，1944 年 12 月 2 日，岡村寧次就任中國派遣軍總司令官。[41]岡村對重慶一直虎視眈眈，他擔任華北方面軍司令官時，苦心策劃的「西安作戰」未能實現，一直引以為憾。此時，他注意到「一號作戰」期間，重慶出現了嚴重的困局：[42]

(1) 蔣介石和中國戰區參謀長史迪威（Joseph W. Stilwell）因滇緬戰的作戰策略以及中國戰區指揮權的問題，爆發嚴重爭執，幾近決裂。最後是羅斯福總統讓步，免除史迪威職務，召回華盛頓，遺缺由魏德邁（Albert C. Wedemeyer）繼任。危機雖已解

40　日本防衛廳防衛研修所戰史室編，吳文星譯，《日軍對華作戰紀要（5）派遣軍作戰（一）華中方面軍作戰》，頁 678。

41　岡村寧次在 1944 年接替畑俊六擔任中國派遣軍總司令；畑俊六晉升為陸軍元帥大將，調回東京，擔任陸軍教育總監，成為日本陸軍三長官之一。

42　《日軍對華作戰紀要（5）派遣軍作戰（一）華中方面軍作戰》，頁 287-289。

除，但中美關係出現極大裂痕。

(2) 重慶除了軍事挫敗外，還面臨經濟危機，正陷於極艱困境地。

(3) 中美雙方對延安中國共產黨的態度，也有嚴重的分歧。

(4) 同時，中共趁著重慶內憂外患日趨嚴重的困境，對蔣介石政府展開軍事與政治的攻擊，帶給重慶極大的壓力。

畑俊六同意岡村寧次的觀察，他們判斷「美國對華政策將有所改變，可能是美國拒絕對中國政府提供廣泛軍事援助的前奏」。[43] 因此，岡村寧次向大本營提出「進攻四川作戰計畫大綱」，建議趁蔣介石政府最脆弱的時候，對重慶「施以最後一擊」，摧毀蔣介石政權。[44]

大本營對這個計畫意見分歧，多數判斷，美軍即將在中國東南沿海登陸，屆時，必與來自西面的中國軍互相策應，發動總反攻。中國軍隊雖在「一號作戰」中嚴重受損，但因遠征軍已調回國，又陸續獲得美式裝備，戰力已逐漸恢復並有提升之勢。此時若派遣軍大舉向西出擊，可能陷入腹背受敵、兩面作戰的困境。

因此，參謀本部沒有批准這個作戰計畫，理由是：「鑒於日本帝國全盤戰略及國力現況，為肆應主敵美國，不可能實施兩面作戰。為使中國派遣軍目前能專注對美作戰起見，希望加強中國東南沿海方面的戰備。」[45] 參謀總長梅津美治郎特別指示岡村寧次：「盡速加強中國東南沿海備戰一事，尚希望貴總司令予以徹底指導。」[46]

岡村寧次對大本營的指示不以為然，親自執筆回覆參謀總長，力陳他的看法：西向（四川）作戰可視為對美作戰的一部分，如能攻入

43　《日軍對華作戰紀要（5）派遣軍作戰（一）華中方面軍作戰》，頁288。

44　同上，頁295。

45　〈大本營機密戰爭日誌〉，收於日本防衛廳防衛研修所戰史室編，李維之譯，《日軍對華作戰紀要（6）派遣軍作戰（二）第六方面軍作戰》（台北：國防部史政編譯局，1987），頁330。

46　《日軍對華作戰紀要（6）派遣軍作戰（二）第六方面軍作戰》，頁331。

重慶，不但能促使重慶早日敗亡，而且也會使美軍登陸計畫受到挫折、甚至躊躇。[47]

　　大本營還是維持原議，攻入四川的計畫第三度胎死腹中。畑俊六對大本營的保守立場為之扼腕，他嘆息道：錯過這次機會，「重慶屈服之機會將不可能再出現！」[48]

四、觀察與檢討

「五號作戰」反映日軍過度樂觀與組織問題

　　「五號作戰」初次提出時，日軍在南方作戰頗為順利，軍方難免有些自滿，想乘勝一舉擊敗重慶的國民政府，徹底結束中國戰事。但是，發動這麼龐大的作戰，無論是參謀本部或是派遣軍，在研擬作戰計畫時，都未正視太平洋戰局和中國戰場的連動關係。日本當時國力已很困難，如何能負擔在兩個戰場大規模作戰？協調討論時，陸軍省、關東軍、甚至中國派遣軍內部都曾出現保留的意見，但杉山元、畑俊六、岡村寧次這些將領仍堅持己見。果然，三次提出，三次都因為太平洋戰局不利而擱置。

　　當「五號作戰」夭折後，中國戰場前線將領仍不願放棄攻入四川的夢想，派遣軍總司令官畑俊六與華北方面軍司令官岡村寧次始終力主以軍事力量徹底解決國民政府。問題是，作戰需要的船舶、鋼鐵、飛機，海軍都拒絕提供（海軍自顧不暇），大本營綜觀全局，明白情況不是那麼單純，在太平洋戰場逆轉後，進攻四川不僅是中國戰場的

47　《日軍對華作戰紀要（6）派遣軍作戰（二）第六方面軍作戰》，頁332。

48　〈畑日記〉，收於日本防衛廳防衛研修所戰史室編，吳文星譯，《日軍對華作戰紀要（5）派遣軍作戰（一）華中方面軍作戰》，頁678。

挑戰而已，還與其他方面的作戰分不開，畢竟日本資源匱乏，戰場廣闊，必須考慮多方面的因素。

但是，前線將領仍極力爭取，攻入四川的計畫在 1943 年、1944 年被第二次、第三次提出。但此時日軍在太平洋情勢逆轉，一路敗退，本土亦開始遭到美軍轟炸，力推四川作戰的畑俊六和岡村寧次自己都沒有把握，而是要拚盡全力，試著「打出一條血路」。[49]

這反映了前線將領與東京戰略觀的落差。前線將領帶領野戰部隊在中國打仗，職責就是維持、使用這批武裝力量，力戰求勝；但東京大本營需要考慮的層面更廣，政略、戰略各方面都須顧及，不能只看中國戰場。這也是當時日軍內部的組織問題，陸、海軍各有各的立場，前線將領與大本營觀點不同，造成戰略的分歧，連帶使得資源不斷分散，這是日軍失敗的根本原因之一。

「五號作戰」不切實際

前線指揮官畑俊六、岡村寧次等人相信，如果攻下重慶，必能摧毀重慶的國民政府，迅速結束戰爭。兩人作為第一線的方面大員，希望利用自己的力量，為日本帝國打開一條生路，他們的想法可以理解。但是，這個假設其實是不切實際。

就中國戰場來說，日軍能否克服黃河及長江天險、並殲滅部署在那裡的國軍精銳，已是一大難題。即使進入四川、拿下重慶，以中國國土廣大，國民政府萬一守不住四川，還可以繼續往西南搬遷。日軍繼續追擊，將進入崇山峻嶺。戰場如此大，戰線這麼長，日軍即便有戰志，也沒有兵力。蔣介石早已抓住日本的死穴，一個「拖」字訣，只要拖住日軍，日本勝算至微。

49　《日軍對華作戰紀要（5）派遣軍作戰（一）華中方面軍作戰》，頁677。

　　軍事上的困難之外，日本還苦於物資匱乏、經濟負擔已達極限，而國際局勢也不利日本，根本不可能支撐這麼大規模的軍事作戰。

　　就太平洋戰局來說，日軍發動五號作戰的時候，美軍很可能趁機在太平洋戰場發動攻勢，也可能從中國東南沿海登陸，日軍在進攻四川過程中，勢必難以分兵，在東西兩線投入重兵，兵力分散，實是兵家大忌。

　　因此，當日本在太平洋戰場敗象顯露之後，日軍想要在中國發動大規模進攻，在戰略上已無意義，徒然分散兵力而已。「五號作戰」這樣以武裝力量徹底消滅國民政府的大會戰，唯有日軍在太平洋戰場持續勝利才有條件，但是日本在珍珠港事變後，半年時間便遭遇中途島海戰大敗，接著每下愈況，太平洋局勢逆轉，日軍已是強弩之末，攻入四川只能是日軍將領美好的夢想。

「西安作戰」是「五號作戰」最重要的組成部分

　　五號作戰主要包括從長江三峽西入四川以及進攻關中再南下四川兩路，規劃中的兵力，將以 11 個師團進攻關中，5 個師團循長江西上，這樣的比例可以看出進攻關中的「西安作戰」是最重要的部分。對比開戰初期的幾個大會戰，例如日軍在淞滬會戰動用 9 個師團，徐州會戰動用 8 個師團，西安作戰在數量上毫不遜色。因此，西安作戰值得單獨提出來探討。

　　西安作戰最早是華北方面軍司令官岡村寧次在 1941 年底提出的，他要以 10 個師團攀越秦嶺，奪取西安，占領重慶。當時太平洋作戰剛起，大本營的兵力和物資供應都以太平洋及南亞為優先，雖然軍方不少將領與岡村有類似的想法，但大本營考慮無法兼顧中國戰場，沒有批准這個方案。

　　岡村寧次並不放棄，仍鍥而不捨地向大本營要求在 1942 年夏發動西安作戰。然而，1942 年 4 月 18 日，杜立德率美軍轟炸東京，日本震

動。這次空襲對大本營的決策有重大影響，大本營調整在華作戰決策，轉以遏止美軍對日本本土轟炸為優先，「西安作戰」雖未放棄，但往後退了。1942 年 5 月日軍發動浙贛會戰，就是要摧毀中國東南沿海的航空基地。

浙贛會戰結束不久，日軍就陷入瓜達康納爾島爭奪戰中，這場戰役長達半年，從 1942 年 8 月到 1943 年 2 月，最後以日軍失敗告終。此役，日軍不但喪失了對南太平洋的制海權，而且損失慘重，最精銳的第 2 師團在這場爭奪戰中，幾乎全軍覆滅。德蘇的史達林格勒戰役幾乎是同一個時段發生的，德軍慘敗。

這兩個戰役是二次世界大戰的轉折點，軸心國從此開始走下坡。太平洋及歐戰的變化，使得日本不得不調整其戰略。大本營預測重慶將更依賴美國物資援助，並有可能和蘇聯合作。於是，大本營要求中國派遣軍注意中美聯合反攻，以及對蘇作戰。

華北方面軍抓到這個機會，1943 年中，第二次提出西安作戰計畫。這次，除了攻占西安，占領重慶外，還增加了新任務：切斷中國西北的交通，阻斷中國和蘇聯的聯繫。

但是，之後兩年時間（1943 年、1944 年）日軍始終找不到機會實施西安作戰。美軍從 1943 年開始，在太平洋展開跳島攻勢（Island hopping），[50] 日軍防線節節退縮。10 月，中美聯軍反攻緬甸，日軍同時應付幾個戰場，疲於奔命，兵力及物資更加匱乏，不得不從中國戰場抽調兵力前往支援，「西安作戰」的機會再度幻滅。

1944 年日軍發動「一號作戰」，國軍潰敗，作戰結束後，1944 年 11 月底，岡村寧次出任派遣軍總司令官。此時，美軍已在菲律賓萊特島登陸，與日軍展開持久戰。同時，美軍 B-29 長程轟炸機開始服役，

50　跳島攻勢亦即「蛙跳戰術」（Leapfrogging），是 1943 年開始以美軍為主的同盟國軍隊為加速進逼日本本土、節省損失，策略性地奪取具有較大戰略價值的島嶼，同時繞過戰略價值較低或日軍防守較為堅固的島嶼。

這個新型轟炸機可以在 4 萬英尺的高空以時速 350 英里飛行，而且可以連續飛行 16 小時，當時軸心國的高射砲及戰鬥機都很難應付，中美空軍在湖北老河口和湘西芷江建立前進基地，並在西安、蘭州等地建立基地，頻繁轟炸日本占領區的陸上交通和長江航運，對滿洲及日本本土造成極大的威脅。

於是，攻取西安又成了重大議題，大本營通知中國派遣軍研究「西安作戰」。這是西安作戰第三度被提上議程。

岡村寧次指示華北方面軍參考原來的作戰方案，盡速提出新作戰計畫。新制定的「西安作戰指導大綱」，計畫在 1945 年春由華北方面軍實施作戰。但是，此時日本在幾個戰場受挫，本土也遭到美軍空襲，東京已是左支右絀，難以為繼了。

胡宗南鎮守關中有效嚇阻日軍

蔣介石派胡宗南守關中的決策，過去數十年，褒貶不一，眾說紛紜，大多說蔣介石志不在抗日，而在防共。事實是，從日軍擬出動龐大兵力發動「西安作戰」可知，胡宗南以雄厚兵力坐鎮關中，使得日軍必須規劃極大的兵力，才敢於發動這場作戰，而最後也是在資源不足的情況下，放棄這場作戰。胡宗南部隊確實有效嚇阻了日軍的輕進。

此外，胡宗南在整個抗戰期間，不僅把關中牢牢守住，還多次率部出關中，奔馳在各戰場抵禦日軍，他及他的部隊對抗戰的貢獻，不言而喻。靈寶之役是胡宗南出關抗戰最著名的例子。1944 年日軍發動一號作戰期間，華北方面軍司令官岡村寧次麾下第 1 軍從江西南部渡過黃河，與中國在河南布防的第一戰區部隊沿隴海線激戰。國軍不敵，日軍沿線追擊，深入河南西部的靈寶地區，企圖進攻潼關，關中震動，重慶更為緊張。這是抗戰中，日軍對西安和關中地區構成的唯一一次實質性威脅。胡宗南在此危急時刻，率部出關作戰，中日兩軍在靈寶激戰後，日軍退回山西境內，解除了這個威脅。（關於「靈寶作戰」，

請參閱本書第二卷第八章。）

　　總之，日本陸軍高層將領不甘被拖在中國戰場，草率制定「五號計畫」，但兩個主要因素不允許實施：（1）國軍把四川守得固若金湯，胡宗南、陳誠在關中、三峽兩處日軍入川必經之地嚴密防守，日軍不敢輕易進犯。（2）日軍在太平洋戰場連連失利，根本沒有發動「五號作戰」的條件，最後落得無疾而終。

　　可以這麼說，抗戰期間，日軍始終未能攻入重慶，也沒有進攻西安，不是不想，而是心有餘而力不足。不過，「五號計畫」雖然胎死腹中，但大本營仍在 1944 年，勉力集合龐大兵力，在中國挑起另一個大規模的作戰──「一號作戰」。

第八章

重探豫湘桂大會戰／一號作戰

傅應川（前中華民國國防部史政編譯局局長）
原　　剛（日本防衛廳防衛研究所圖書館調查員）

　　1944 年 4 月 17 日夜，日本陸軍在中國發動「一號作戰」，又稱「大陸打通作戰」，從 4 月到 12 月，長達九個月，這是日本陸軍史上規模最大的作戰，也是抗日戰爭中，日軍發動規模最大、時間最長的一次作戰。

　　為此，日軍投入當時中國派遣軍總兵力 62 萬人中的 80%（19 個師團和 7 個旅團），約 50 萬人，約 10 萬匹馬，汽車約 1 萬 5 千輛，火砲 1 千 5 百門，作戰範圍北起中國大陸河南省黃河附近，經湖南省，南至廣東、越南，縱貫約 1 千 5 百公里（932 英里），作戰規模之大可見一斑。

　　日軍把這個作戰分為三階段，依序為河南會戰、湖南會戰，及廣西會戰；中國則統稱「豫湘桂大會戰」，包括豫中會戰、長衡會戰、桂柳會戰，與湘粵贛邊區作戰等四部分。[1]

　　「一號作戰」對中國影響至巨，中國軍隊屢吃敗仗，嚴重削弱了國軍戰力和蔣介石國民政府的聲望，中國共產黨的勢力反而因此迅速擴大，導致美英盟國降低對蔣介石和國民政府的期待，而蘇聯因此抓到最佳時機加入遠東戰局，這些錯綜複雜因素的交織下，更左右了戰

1　國防部史政編譯局，《抗日戰史（2）·全面抗戰經過》（台北：國防部史政編譯局，1992），頁 361。

後亞洲的政治格局。

　　但是，「一號作戰」從起心動念、研擬計畫，到作戰實施，及其結果的整個過程中，在日軍內部一再引起爭議，日本及中西論者對其亦有不同評價。問題的根源，在於日軍發動一號作戰的時候，明顯已是強弩之末，太平洋戰場險象環生，為何還願耗費這麼大的資源發動這場日軍史無前例的大會戰？它們的目標是甚麼？過程為何？是否達到目的？本章試圖還原真相，找出答案。

一、日軍發動一號作戰：打通中國大陸交通線

　　1944 年，日本與中國已進行了 6 年多的戰爭，日軍用兵已達極限，雙方進入持久戰，日軍已喪失了殲滅國軍主力的先機。另方面，日軍雖然攻占了中國大半江山，但卻苦於沒有足夠兵力去控制已攻下的占領地，反而為了維持占領地的治安，部署了相當龐大的治安兵力，因而逐漸削弱野戰軍的實力，陷入戰亦難、不戰亦難的窘境。

　　日軍為何在這個尷尬時期發動「一號作戰」？這要從參謀本部一個研究計畫說起。

打通中國大陸交通線

　　事實上，日本早就想修建一條縱貫亞洲大陸的鐵道，北起朝鮮，經過中國大陸，南到法印（法屬印度支那，今日的越南）、泰國、馬來，最終到達新加坡。從 1942 年上半年起，這個計畫一直祕密地在陸軍和鐵道相關人士間醞釀，不為人所知。[2]

....

2　防衛廳防衛研究所戰史室，《一號作戰（1）河南會戰》（東京：朝雲新聞社，1967），頁12。

　　從 1942 年底，日軍從瓜達康納爾島撤退，參謀本部作戰課長真田穰一郎，深感太平洋作戰前途艱難，為防萬一，日軍需要制定一個長期戰的指導計畫，因應各種可能的發展。1943 年 1 月，他與軍令部、陸海軍兩省、陸海軍大學等單位合作，開始研究這個課題，並在 8 月彙總出一套涵蓋今後 5 年的「長期戰爭指導計畫」。[3] 他們發現，無論如何苦思，都找不出一個樂觀的方策。如果太平洋戰局繼續惡化，則日本本土和南方戰線的海上運輸將被切斷；那時，就必須確保日軍在中國大陸有穩定的生存空間，並據此與南方軍聯手進行長期作戰。為了保存日本本土與南方戰場的交通運輸暢通，需要發動一個打通大陸交通的作戰，以備海上航線被截斷之需。[4]

　　1943 年 10 月，真田晉升少將，擔任作戰部長，服部卓四郎大佐回鍋任作戰課長，他們兩位都是堅定主張打通大陸交通線的。此時太平洋戰況愈發惡化，海上已被盟軍控制，為了維持日軍在大陸的基礎，必須打通中國大陸直達東南亞的交通線。真田及服部認為，海軍被困於太平洋作戰，此項作戰必須由陸軍單獨完成。[5] 他們還期望，掌控住中國戰場，通過大陸走廊確保與南方軍的聯繫，尚有可能在 1946 年扭轉戰局，轉守為攻。

　　此時在中國大陸，美國空軍支援國軍的行動更加活躍；西太平洋上，日本本土與南方軍航線上的運輸船接連遭到擊沉；中美空軍也經常支援中國戰場國軍的對日作戰，東京對此極為擔憂。11 月初，參謀總長杉山元指示作戰課，盡速研擬攻擊中國東南部的美國空軍基地的計畫，以保證東海的交通順暢。[6]

....

3　真田穰一郎，《真田穰一郎少將日記》，防衛研究所圖書館藏。

4　防衛廳防衛研究所戰史室，《大本營陸軍部（7）》（東京：朝雲新聞社，1973），頁 548。

5　同上，頁 549。

6　防衛廳防衛研究所戰史室，《一號作戰（1）河南會戰》，頁 2-3。

11 月 25 日，美國空軍 20 架飛機從中國東南部的江西遂川基地起飛，空襲日本在台灣新竹的海軍基地，大本營為之震動。大本營判斷，這是對日本本土空襲的前奏，而美國即將問世並已大舉宣傳的 B-29 轟炸機，將可從中國西南部直接空襲日本本土。[7]

幾天後，29 日，大本營把關東軍所屬的第 12 飛行團派到中國，加強中國派遣軍的航空作戰，並向中國派遣軍發文：立即對美空軍在遂川附近的基地執行封鎖計畫。[8]中國派遣軍遵照大本營的指示，從 12 月 10 日到年底，發動多次空中攻擊，企圖摧毀遂川基地。

日軍激烈且迅速的反應，俱在中美聯合作戰高層的預料之中。中國戰區參謀長史迪威（Joseph W. Stilwell）之前就堅持把即將問世的 B-29 轟炸機主基地置於印度，而新建在四川的基地則作為前進基地。[9]此舉的戰略意義是，縱使日軍攻占美軍在中國所有的空軍基地，亦不致損傷美國的戰略轟炸能力。不過，當時中美聯合空軍的兵力已超過日軍，掌握了空中優勢，故能巧妙地避開日軍攻擊，而且還進出自如，攻擊東海的日本船舶。[10]

在這種狀況下，作戰部長真田穰一郎及作戰課長服部卓四郎堅信，打通中國大陸作戰，刻不容緩。大本營向派遣軍指示：為摧毀在華美軍基地，阻止其空襲本土，擬在明（1943）年 6 月進行大陸打通作戰，要求派遣軍進行作戰計畫。

大本營的意向是，為了阻止美軍空襲本土，必須摧毀在華美軍基地；為了達成這個目標，就需要進行大陸打通作戰。

7　日本防衛廳防衛研修所戰史室編，曾清貴譯，《日軍對華作戰紀要（8）一號作戰（一）河南會戰》（台北：國防部史政編譯局，1987），頁 1-2。

8　同上，頁 2。

9　同上，頁 44。

10　同上，頁 2。

「絕對國防圈」

　　大本營及中國派遣軍在思考今後作戰計畫時，都有一個貫穿全局的思維邏輯：「絕對國防圈」。什麼是「絕對國防圈」？為什麼有這個想法？

　　1943 年初開始，美軍在太平洋展開攻勢，尤其是所羅門群島海戰後，戰略情勢有了重大轉變，日軍攻勢已達頂點，後繼無力。大本營於 1943 年 9 月重新判斷情勢，毅然變更過去的作戰方針，重新調整部署，轉而採取守勢，避免在東南太平洋方面進行激烈的消耗戰，以保留實力。同時，為因應新的戰略情勢，盡量充實以航空兵力為中心的陸海軍戰力，以期主動對抗美英軍的反攻。因此，大本營決定沿著千島群島、小笠原群島、馬里亞納群島、加羅林群島和新幾內亞群島西部建立一圈必須絕對要確保的防線，這就是「絕對國防圈」。[11]

　　這條綿延 400 多公里的防線是以馬里亞納群島為核心，因為這個群島的位置，正扼住太平洋航道的咽喉及美亞兩洲的海上交通要衝，是美軍進攻日本本土必經之路。如果馬里亞納群島被美軍占領，日本本土與東南亞的海上生命線就會被切斷，台灣和菲律賓也將處在美軍直接打擊範圍之下，而從此地起飛的 B-29 轟炸機更可把日本本土納入其轟炸半徑。為此，大本營把中太平洋地區所有的陸軍部隊整編為第 31 軍，並以第三航空軍司令官小畑英良陸軍中將出任司令官。

　　「打通作戰」的構思就是源自「絕對國防圈」的規劃。中國派遣軍在 12 月 7 日把作戰指導大綱方案上報大本營，大本營在 12 月下旬實施「虎號兵棋推演」。這次演習長達一週，除了大本營陸軍部作戰課、海軍部必要的人員外，陸相、海相，以及陸海軍兩省的相關主管、局長、課長等均出席。[12] 如此勞師動眾的兵棋推演，在日軍統帥體制上並不

11　《日軍對華作戰紀要（8）一號作戰（一）河南會戰》，頁 4。

12　同上，頁 22。

多見，可見大本營對此次作戰極為重視。

　　演習之前，服部卓四郎向派遣軍作戰課長天野正一直言：「因為在太平洋方面受到美軍的壓迫，所以不得不考量必須確保中國大陸與南洋地區的聯絡。萬一在海洋發生事端，不能眼看南洋地區的五十萬大軍被消滅。」[13]

　　這次兵棋針對戰略、戰術、軍備資源等詳細推演，其中一個重要項目是評估及推演盟軍的空中力量。演習預測，戰局的焦點在於東南亞，那裡將有激烈的海空攻防作戰。在此情況下，由於日方的空中力量居於劣勢，「增產航空器」（增加飛機製造）將是打開致勝戰局的關鍵。若盟軍由千島群島、阿留申群島方面出發，或由中國大陸的中美空軍基地起飛，針對日本飛機製造基地實施空襲，將使全盤戰爭陷於危殆，日本實無法承受這樣的打擊。[14]

　　就在這個時候，日軍情資顯示，美軍對日本本土的攻擊，其重點已指向轟炸日本國內重要工業區，以及軍事設施等致命性目標。因此之故，參與演習人員一致認為：必須消滅中國大陸的美空軍基地，以防止空襲日本本土於未然。[15] 於是，「一號作戰」正式推上檯面。

「一號作戰」計畫的發展與波折

　　「一號作戰」交由中國派遣軍研擬及執行，派遣軍為此士氣大振。此時，派遣軍仍編配有 1 個方面軍、6 個軍、25 個師團（含 1 個戰車師團）、12 個旅團（含 1 個騎兵旅團），加上所需軍直屬部隊及 1 個飛行師團，總兵力約 62 萬人。[16]

13　日本防衛廳防衛研修所戰史室編，曾清貴譯，《日軍對華作戰紀要（8）一號作戰（一）河南會戰》，頁15。

14　同上，頁40。

15　同上，頁40-43。

16　同上，頁6。

　　然而，大本營為求鞏固「絕對國防圈」所擬出的新作戰方針中，太平洋方面所需的兵力，須由中國地區支援。事實上，自 1942 年開始，大本營從中國戰場抽調的兵力已高達 10 個師團，幾達中國派遣軍兵力的半數。這種抽調並未停止，1943 年 10 月，大本營面告派遣軍參謀長松井太久郎：「除了第 36 師團之外，另有 5 個師團（第 3、第 13、第 32、第 35 及第 22 師團）將於年底逐次轉用於東南及西南方面，另外 5 個師團（第 26、第 37、第 39、第 104 師團、戰車第 3 師團）亦將於明（1944 年）春，於當地集結為大本營的總預備部隊。」[17]

　　抽調出的兵力，幾乎是駐華野戰師團的全部，計約 14 萬 6 千 8 百人，也就是說，在中國只保留治安兵團，供派遣軍作為占領地維持治安之用。這些兵團，除了第 116 師團外，其餘均為缺乏砲兵與輜重的部隊，更遑論火力與機動力了。[18]

　　日軍最擔憂的是，日本空軍兵力與中美間實力的消長。1943 年初，日本在中國境內的作戰飛機約 300 架，[19] 中美空軍方面，該年底經常在空中活動的戰鬥及轟炸機約 230 架，其中轟炸機 70 架。這些飛機之中，部分逐漸從昆明地區東移，廣西的桂林、柳州及湖南、江西的衡陽、遂川已達 120 架，對中國東海及長江日軍船隻反覆攻擊。[20]

　　自第 3 飛行師團投入中國境內後，派遣軍就與中美空軍展開激烈的制空權爭奪戰。1943 年 12 月到 1944 年 1 月，進行了三期的空權爭奪戰。參謀本部稱：「中美方損失 124 架，日方僅損失 49 架」。[21] 這個

17　《日軍對華作戰紀要（8）一號作戰（一）河南會戰》，頁 6。

18　同上，頁 7。

19　宮崎舜市（中國派遣軍作戰課參謀），〈宮崎舜市中佐回憶錄〉，摘自日本防衛廳防衛研修所戰史室編，曾清貴譯，《日軍對華作戰紀要（8）一號作戰（一）河南會戰》，頁 40。

20　《日軍對華作戰紀要（8）一號作戰（一）河南會戰》，頁 11。

21　戰果存疑，摘自日本防衛廳防衛研修所戰史室編，曾清貴譯，《日軍對華作戰紀要（8）一號作戰（一）河南會戰》，頁 40-42。

數字可能誇大了日方的戰績，但日軍也承認，盟國空軍仍不斷的增強，制空權漸對日方不利。[22] 因此，摧毀在華美國空軍基地刻不容緩。

1944 年 11 月底，大本營對中國派遣軍通報「一號作戰」的基本概念及指導：作戰分兩階段進行，第一階段稱之謂「止號作戰」（卜号作戰），預定 1944 年 6 月以武漢地區的 8 個師團，廣東地區的 2 個師團，法屬中南半島的 2 個師團發動攻勢。從武漢指向華南地區，打通粵漢與湘桂兩鐵路之後；繼之從衡陽附近經由中國西南部，貫通法屬中南半島北部，以完成地面聯絡走廊。作戰期間概定為四個月。[23]

第二階段稱之謂「己號作戰」（コ号作戰）定於同（1944）年 11 月上旬，分別從華北、華中各調來 3 個師團，總共 6 個師團，實施平漢路南段的打通作戰。[24]

中國派遣軍在狀況瞬息萬變中，正式著手作戰計畫的草擬。問題是，作業過程中，作戰目標不斷增加，不但沒有專注，反而從原來的兩項（防止盟軍空襲日本本土、打通中國大陸鐵路交通）擴大到五項，增加了三項：封鎖盟軍東南基地的活動，確保東海交通；擊潰中國中央軍以促使國民政府敗亡；確保桂林及柳州地區，以阻止中美駐印、駐緬軍回師華南。[25]

雖然這些複雜且擴大的目的已背離了大本營的指導原則，但每一項目標無一不與「空軍封鎖作戰」或「打通作戰」相關，而且無從割捨。幾經辯論，1944 年 1 月 4 日終於確定了〈一號作戰計畫大綱〉，作戰目的簡化為三項：

---

(1) 消滅中國西南部的敵空軍基地，以打消敵人對日本本土空襲之
　　企圖；

(2) 打通大陸縱貫鐵路沿線地區，以確保與南方軍的陸上交通；

(3) 瓦解中國政府續戰企圖。[26]

很明顯，派遣軍這份作戰計畫與一個月前呈報給大本營的提案不同。之前的提案著眼在盡速攻占桂林、柳州附近空軍基地，以解除對日本本土空襲的威脅，現在卻把平漢作戰的順序置於湘桂作戰之前，顯然擴大了用兵的目標與範圍。

果然，參謀本部向陸相東條英機說明〈一號作戰計畫大綱〉時，東條指出，作戰目的太多、太複雜，必須單純而明確。參謀本部當即修改，把「消滅敵主要空軍基地」作為單一作戰目的，終獲東條批准同意。[27]

雖然簡化為「消滅敵主要空軍基地」的單一作戰目的，但其實施要領幾乎維持不變，「大陸打通作戰」的構想並未被取消。原因很明顯，兩者有無法切割的關聯性：不打通國軍層層部署的陸上防衛，如何能南下消滅盟軍的空軍基地？即使摧毀了這些基地，如不作長期占領，又如何能保證不被修復後再使用？那麼，在長達 1 千 5 百公里的戰線上，勢必需要極大的兵力占領及維護交通線。所以，打通大陸交通與確保與南方軍的陸上聯繫是「一號作戰」無法割捨的難題。

1944 年 1 月 24 日，參謀總長杉山元把〈一號作戰計畫大綱〉上奏天皇。日皇質疑：「中國地區的治安不太好，遂行這種作戰可以嗎？」[28]天皇的疑問表面上是關切中國的治安問題，其實是對發動「一號作戰」

26　日本防衛廳防衛研修所戰史室編，曾清貴譯，《日軍對華作戰紀要（8）一號作戰（一）河南會戰》，頁35。

27　同上，頁42。

28　同上，頁45。

的價值判斷。杉山答覆：「投入新戰力後，一定會顧慮治安問題。」[29]天皇當下認可這個計畫。

　　當天，天皇詔諭〈大陸命第 921 號〉以及參謀本部的〈大陸指第 1810 號〉正式傳達「一號作戰」的實施命令。[30] 特別的是，參謀本部另外還以〈大陸指第 1830 號〉[31] 頒布了一個〈祕匿企圖要領〉，而且明示此命令與「一號作戰」的主命令〈大陸命第 921 號〉同一位階。[32]

　　主命令再加個「祕匿」指示，十分弔詭。主命令規定作戰目的是「消滅敵空軍主要基地，封鎖其活動」，但在「打通作戰」上，又要求「占據湘桂、粵漢及平漢鐵路南段沿線要地」[33]，這樣，作戰目的就擴大了。而〈祕匿企圖要領〉還有更多的作戰指導，要求派遣軍與南方軍「祕匿」積極的作戰企圖，是因為要遂行兩個戰略欺敵任務：

(1) 派遣軍要「使國軍誤以為將實施重慶作戰（五號作戰）」；
(2) 派遣軍及南方軍在祕匿企圖作戰上相配合，使國軍「誤以為日軍全般作戰指導重點，置於緬甸及印度方面」。[34]

　　〈祕匿企圖要領〉中規定：祕匿企圖與欺敵作戰，「將透過政略、謀略、宣傳，及防諜等各種管道，在最高當局（指大本營）與現地軍

29　日本防衛廳防衛研修所戰史室編，曾清貴譯，《日軍對華作戰紀要（8）一號作戰（一）河南會戰》，頁45。

30　同上，頁50-55。

31　同上，頁50。

32　日軍命令的最高位階是日天皇的欽命「大陸命」（通常是上奏裁示文），其下則是大本營命令「大陸指」。

33　見〈大陸指第1810號〉，比對〈大陸命第921號〉，前者用「占據」後者用「攻克」，在戰術用語的意涵上有差異。日本防衛廳防衛研修所戰史室編，曾清貴譯，《日軍對華作戰紀要（8）一號作戰（一）河南會戰》，頁50-51。

34　《日軍對華作戰紀要（8）一號作戰（一）河南會戰》，頁59。

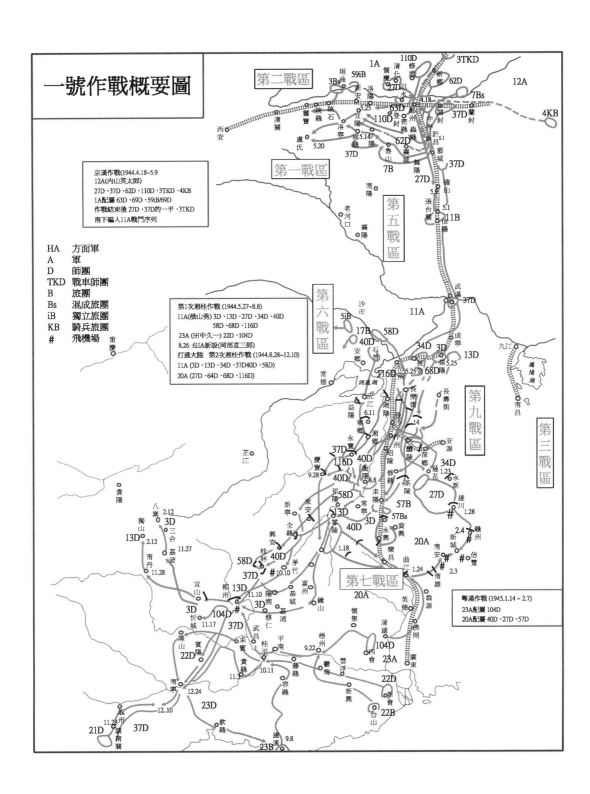

的統一規劃下實行之」。[35] 也就是說，這個欺敵作戰不僅夾帶了其他目的，而且，作業遠超過軍事範疇，並在大本營直接指揮下執行。

　　根據這個作戰計畫，岡村寧次的華北方面軍負責「河南作戰」，主要的作戰目的有二：

(1) 攻克河南最大的政治與戰略要衝洛陽；
(2) 捕殲湯恩伯的部隊。

　　「攻克洛陽」隱含積極作戰的企圖，也有攻略四川的戰略意涵，這是項重大的任務，也是司令官岡村寧次一直想做的。但是，基於與湯恩伯對戰多年的經驗，岡村堅持殲滅湯部是打通平漢沿線的先決條件，他決定以殲滅湯部為優先。[36]

　　岡村寧次把捕殲湯恩伯部隊的重任交給第 12 軍（司令官內山英太郎），另外以第 1 軍（司令官吉本貞一）負責策應，從山西垣曲過黃河，打澠池，一路向西，企圖阻止國軍第八戰區胡宗南部出關中馳援。

國軍情報不足誤判情勢

　　日軍對「一號作戰」不但妥為策劃，做了周詳的準備，還極為保密。日軍從 1944 年 2 月上旬就積極展開各項動員準備，修復黃河鐵橋、公路，擴建石家莊、安陽、新鄉等機場，準備渡河器材等；但是，國民政府高層卻毫無所覺，未能掌握日軍動向。

　　軍事委員會的情報工作一向不足，再加上日軍在太平洋戰場連番重挫，在緬甸也面臨盟軍的反攻，而大量精銳部隊都已轉調到太平洋及南洋，以致對日軍上述這些動作，國軍高層不僅未予以應有的關注，

35　日第12軍司令官內山英太郎中將的回憶。日本防衛廳防衛研修所戰史室編，曾清貴譯，《日軍對華作戰紀要（8）一號作戰（一）河南會戰》，頁59。

36　同上，頁78。

還一廂情願地以為日軍不可能在這個時候發動大規模作戰，頂多和前幾次類似，打個不超過兩三週的「短線作戰」。

2月25日，軍事委員會負責作戰的軍令部得到消息，日軍派兵搶修黃河鐵橋，宣稱即將渡過黃河，打通平漢路。[37] 3月3日，軍令部情資顯示，一連多日，汪精衛政府派出大批偽軍，在武漢、九江、蕪湖修建飛機場。[38] 4日，蔣介石也聽聞日本修復黃河鐵橋的事，徐永昌開始警覺，判斷日軍可能欲打通平漢線。蔣介石則認為日軍想完全修復黃河鐵橋，需得2、3個月的時間，他還在考慮是否要請美軍去炸橋。[39] 3月18日，蔣介石驚覺黃河鐵橋上已有車輛行走，他研判，日軍修復黃河鐵橋，確有可能要打通平漢路，但其目的可能是為武漢地區日軍準備後撤的路線。[40] 點點滴滴顯示，國軍統帥部對日軍的行動毫無警覺，完全沒有意識到日軍作戰目標不僅限於平漢線，其刀斧已對準湯恩伯部隊，而其所動員的兵力、作戰的地域將是破紀錄的龐大。

到了4月初，軍令部部長徐永昌注意到日軍在華中也頻繁調動軍隊，他這才開始懷疑，日軍可能有打通粵漢線的企圖，萬一中南半島戰敗，日軍或能利用粵漢鐵路撤到中國。但徐永昌估計，在華日軍人數尚不足以發動全面攻擊作戰，他懷疑日軍是否真有決心去打通粵漢線。[41]

4月13日，國軍情報指出，華北的日軍仍在繼續運兵，而且運輸的飛機、戰車、馬匹、重砲等，數量之大，前所未有。[42] 此時，日軍在黃河北岸，已集結了3萬人的部隊，並揚言將兵分三路進攻鄭州、

37　《徐永昌日記》，1944年2月25日。

38　《徐永昌日記》，1944年3月3日。

39　蔣介石日記，1944年3月8日。

40　蔣介石日記，1944年3月18日，「上星期反省錄」。

41　《徐永昌日記》，1944年4月12日。

42　《徐永昌日記》，1944年4月13日。

洛陽，打通平漢線。[43]

鄭州、洛陽屬於國軍第一戰區，司令長官蔣鼎文，湯恩伯是副司令長官兼前敵總指揮。第一戰區總兵力約 31 萬人，包括在豫西的蔣鼎文部隊 14 萬人，以及在豫東的湯恩伯部隊 17 萬人，戰區主力是湯恩伯兵團，擁有 15、19、28、31 等 4 個集團軍，下轄 11 個軍，26 個師又 4 個旅，及 10 個挺進縱隊。[44]

不僅軍事委員會情報失靈，湯恩伯自己的情報工作也出了問題。湯恩伯怎麼也沒想到岡村寧次是衝著他來的，他採信他自己情報單位的分析，始終以為日軍渡黃河的目的是打通平漢線，頂多出動 4 到 5 個師團。因此，湯把一小部分精銳放在黃河南岸的丘陵地帶，大部分兵力則分散到各縣城。[45] 當時，湯的嫡系第 31 集團軍總司令王仲廉曾提出異議，認為敵情不明，不應分散兵力，而應集中較多兵力於一點，再視戰況調整部署。但湯恩伯未採納王仲廉的意見。[46]

國軍情報工作原本就差，再加上日軍行動詭異，還做出一些欺敵動作，以致軍事委員會及湯恩伯本人都摸不清日軍動向，沒有意識到湯恩伯部隊才是日軍的目標。4 月 16 日晚上，國軍統帥部還在研判日軍是否有足夠兵力打通平漢線時，華北方面軍已開始向黃河南岸祕密渡河。

---

43 《徐永昌日記》，1944 年 4 月 16 日。

44 「豫中會戰前敵我一般態勢要圖」、「豫中會戰全般作戰經過概要圖」，國防部史政編譯局，《抗日戰史（6）華中地區作戰（下）》（台北：國防部史政編譯局，1992），附圖 6、7。頁 232、240-241。

45 王仲廉，《征塵回憶》（台北：自印，1978），頁 399-412。摘自陳永發，〈關鍵的一年——蔣中正與豫湘桂大潰敗〉，《中國歷史的再思考》（台北：聯經出版公司，2015），頁 357。

46 同上。

二、豫中會戰：夾擊湯恩伯、打通平漢線

　　負責打響第一砲的是華北方面軍司令官岡村寧次。擔任主作戰的第 12 軍轄第 37、62、110 師團，及戰車第 3 師團，另配屬獨立混成第 7 旅團、獨立步兵第 9 旅團、騎兵第 4 旅團，總共 14 萬 8 千人。

　　岡村寧次擔任第 11 軍司令官時，就和湯恩伯打過幾仗，都沒有占到便宜，這次鐵了心首先要殲滅湯恩伯部隊。岡村命第 12 軍負責捕殲湯恩伯的任務，第 1 軍策應，並參與奪取洛陽。第 1 軍在洛陽方面的作戰其實是戰術性欺敵行為，也就是隱匿真正作戰企圖。大本營和岡村是想誤導國軍以為日軍攻勢的重點指向洛陽，好牽制住洛陽方面的國軍，便於主攻的第 12 軍在平漢線方面的作戰。另一個目的則是要誤導國軍以為日軍在實施攻占重慶的「五號作戰」，如此，駐守在潼關、西安方面的國軍不敢移動，無法出關救援平漢路的戰事。

　　4 月 18 日晨，岡村寧次指揮第 12 軍第 37 師團以及從關東軍借調來的第 27 師團分別在黃河沿岸及平漢線黃河鐵橋兩側發動攻擊。其實這些是佯動，為的是掩護其真正的攻擊目標：湯恩伯軍團。

　　第二天，日軍主力第 12 軍（第 62、110 師團及獨立步兵第 9 旅團）陸續渡過黃河，立刻分兵攻擊平漢鐵路兩邊的國軍。此時，戰車第 3 師團和騎兵第 4 旅團也出動了，他們機動性大，一路保持快速且持續的攻擊向南突進，充分發揮日軍機動力強的特性，國軍根本招架不住。

　　第 12 軍在華北發動攻勢的同時，武漢地區第 11 軍（司令官橫山勇）也出兵了。他們從信陽附近北上，向確山攻擊，將在鄖城附近與南下的第 12 軍會合，打通平漢線南段。

　　差不多是同時，華東方面第 13 軍的兩個旅團從安徽北上，攻向阜陽附近的國軍，這也是配合華北方面軍作戰的牽制性攻擊，平漢線一

打通，就立即撤回。[47]

　　國軍接戰的部隊是湯恩伯的第 28 集團軍暫編第 15 軍及第 85 軍。幾天下來，湯恩伯的部隊因為兵力分散，疏於訓練，又缺乏反裝甲武器，可說是一路潰敗，有的幾乎全軍覆滅，大部分四散逃竄，秩序大亂。蔣介石急著要美國空軍轟炸黃河鐵橋，陳納德在 4 月 27、28 日兩次出動飛機轟炸，但日軍動作太快，來不及了。[48]

　　此時，蔣介石還以為日軍的戰略目的就是要打通平漢線，並無其他戰略目的。[49]湯恩伯也急著集結部隊（第 28 集團軍、第 31 集團軍），在平漢路西邊的許昌、禹縣、登封、臨汝一帶，準備和日軍決戰。[50]

　　孰料，日軍第 12 軍一路向南攻，在許昌、鄢城和武漢北上的第 11 軍會合後，並未繼續南下，而是掉頭做了個大轉彎，右轉向西往洛陽方面突進。日軍這個迴旋向西，居然從南面把湯恩伯集結的部隊圍起來了。如此，湯恩伯的第 28、31 集團軍被日軍從北、東、南三面圍住，落入日軍布置的陷阱中。日軍裝甲部隊和騎兵部隊咬住湯恩伯部隊，尤其是湯部的核心第 13 軍（軍長石覺），被日軍戰車緊纏不放，難以招架。湯恩伯十幾萬大軍被日軍打得七零八落，北東南三面被日軍堵住，只得往西南山區逃，沿途被日軍機動部隊追擊，十分狼狽，損失慘重。

　　豫中一戰，日軍不但打通了平漢線，還重傷了國軍第一戰區主力湯恩伯部隊，對夙負盛名的湯恩伯部隊來說，如此慘敗，真是情何以堪。更糟的是，湯恩伯部隊在撤退過程中，遭到豫西山地民眾的包圍攔截。地方民眾攔截軍隊、搶武器裝備，甚至圍攻部隊；湯部隊所到之處，

47　日本防衛廳防衛研修所戰史室編，曾清貴譯，《日軍對華作戰紀要（8）一號作戰（一）河南會戰》，頁 78-79。

48　蔣介石日記，1944 年 4 月 28 日。

49　蔣介石日記，1944 年 4 月 29、30 日。

50　國防部史政編譯局，《抗日戰史（6）華中地區作戰（下）》，頁 266-270。

保甲、鄉長逃避一空，形成空室清野；結果湯部隊所受民眾截擊的損失，比在戰場上的損失還重。[51]

湯恩伯大軍竟如此不堪一戰，實出意外。蔣介石極為失望，而戰區司令長官蔣鼎文一問三不知，把責任推給湯恩伯，蔣介石氣極，痛斥蔣鼎文「怯餒無能」、湯恩伯「勇而無謀」。[52]

5月6日，蔣介石正想著要撤蔣鼎文的職，沒想到蔣鼎文竟然未通知其部隊，擅自把司令部從洛陽撤到城西的新安車站，一副準備隨時逃走的態勢。蔣介石氣得大罵蔣鼎文「膽怯卑劣無恥」，恨不得立刻革了蔣鼎文。[53]

日軍攻勢快速，軍事委員會始料未及。在裝甲兵團的先導下，日軍陷臨汝、取伊川，眼看就要逼近洛陽。

此時，岡村寧次命駐山西的第1軍（第69師團、第59旅團、獨立混成第3旅團，以及駐蒙軍26師團）從垣曲渡黃河，攻略澠池，然後兵分兩路，一路向東挺進洛陽，參與攻略洛陽，另一路（69師團）則向西沿隴海路前進。向西的這支部隊的任務是策應第12軍作戰，防阻國軍第八戰區胡宗南的部隊離開陝西支援第一戰區。第69師團快速到了風陵渡南邊的靈寶，與潼關就是一水之隔，倘若過黃河，取潼關，西安就難保，重慶也危險了。

洛陽失陷與進逼潼關

洛陽是豫中交通要津、政治中心，潼關則是扼控入陝的門戶，兩地皆是極具戰略價值的要地，國民政府必須堅守。

洛陽告急，國軍緊急加強洛陽兩側防務。奉命固守洛陽的是第15

51　國防部史政編譯局，《國民革命建軍史第三部（二）》（台北：國防部史政編譯局，1993），頁1087。

52　蔣介石日記，1944年5月2日。

53　蔣介石日記，1944年5月7日。

軍（軍長武庭麟）及第 14 軍的 94 師。另外，劉戡兵團在洛陽西邊伊川、龍門一帶布防；主力則是湯恩伯部隊，守在臨汝、龍門一帶，準備在龍門附近夾擊日軍。[54]

日軍在裝甲兵團的先導下，機動迅速，來勢洶洶。5 月 9 日夜，第 1 軍獨立第 3 師團、步兵第 59 旅團從洛陽北邊垣曲一帶強渡黃河，並在 12 日攻陷澠池，打破湯恩伯部想在龍門夾擊日軍的計畫。不僅如此，日軍一方面南北夾擊洛陽國軍，同時在洛陽外圍堵住任何湯部可能撤退的路線，洛陽陷於孤立之中。

負責守衛洛陽的國軍第 15 軍及第 14 軍的 94 師戰力都不高，第 15 軍前身是河南土著的武裝部隊，士兵多是本地人，是個典型的地方部隊。它之前作戰的損失尚未整補，編制不全，三個師只有 6 個團，總共不到 1 萬 4 千人，加上第 94 師，總兵力約 1 萬 8 千人。戰力雖不高，但保衛家鄉，鬥志高昂。

第 15 軍軍長武庭麟利用洛陽北面的梯田斜坡、懸崖壕溝，以及街道民房，緊急築修防禦工事，並架設鐵絲網、挖防坦克壕，還在防坦克壕附近埋設地雷。他們決心憑藉這些工事與日軍浴血奮戰。

日軍來得太快，飛機、高砲、坦克齊發，洛陽守軍如何抵擋得住？在兵力如此懸殊之下，武庭麟率領 1 萬 8 千國軍還是堅守陣地，拚命抵擋了 15 天。日軍在 24 日傍晚突破工事進入洛陽城內，第 15 軍官兵與日軍展開街道戰、白刃戰，徹夜喋血。雙方血戰到 25 日夜，日軍完全占領洛陽，武庭麟只得命各部突圍出去。[55]

按日軍作戰計畫，打通了平漢線、占領了洛陽，雖未全殲湯恩伯兵團，但湯軍已嚴重損傷，可說是達成了作戰的目標。作戰至此，即應收拾戰場，進入尾聲。然而，一路打來，勢如破竹，比預期要順利得多，

54　國防部史政編譯局，《抗日戰史（2）・全面抗戰經過》，頁 348-349。

55　同上，頁 349-350。

日軍士氣大振。如今，已到了潼關東側的靈寶，關中大門近在咫尺，如不順勢推進，豈不可惜？更何況，中國駐防潼關一帶第八戰區副司令長官胡宗南，在洛陽作戰時，奉蔣介石之命，率領34集團軍東出潼關，駐在靈寶一帶。這些誘因，引發了豫中會戰的最後一幕：靈寶之役。

靈寶之役

靈寶位於函谷關附近，西邊是潼關，東邊是三門峽，地勢險要，是國軍第八戰區進出關中的要地。倘若日軍過黃河、陷潼關、攻下西安，則重慶危矣。

情勢緊急，蔣介石命胡宗南率部東出潼關，主力是第34集團軍（總司令李延年），在潼關東面的靈寶、虢略一線構築防線，抗擊日軍，雙方衝突一觸即發。

日軍判斷，湯恩伯、胡宗南的部隊有反攻陝縣等地的可能，應該積極打擊，制敵機先；成功後，迅速「反轉」，保持原先態勢，確保陝縣附近的橋頭堡。岡村寧次親率參謀赴第1軍戰鬥指揮所，聽取司令官吉本貞一的報告，隨即認可實施攻勢作戰，並下令調遣第12軍部分軍隊（含戰車部隊）配屬第1軍。[56]

就在日軍準備發動攻勢的時候，蔣介石果然命令反攻陝縣，然後繼續向前反攻洛陽。胡宗南當即照辦，親自指揮，於6月2日發動攻勢。剛巧日軍也在這一天發動攻勢，雙方立即打起來，靈寶之役爆發。

6月8、9日，戰鬥至為激烈，胡宗南令李延年固守陣地，擅退者准由總司令先行槍決。遠在重慶的蔣介石關切戰況，認為「此戰為胡宗南部榮辱成敗最大之關鍵，實亦為黨國盛衰之所繫，故憂心忡忡不已」。[57]他電話胡宗南，詳細指示前線部署，並要求虢略、靈寶陣地

56　防衛廳防衛研究所戰史室，《一號作戰（1）河南會戰》，頁552-554、556-558。

57　蔣介石日記，1944年6月9日。

決不撤退，應「死守到底」。[58]

　　國軍總反攻，來勢洶洶，吉本貞一緊急調整部署，仍不如預期，步兵第 14 大隊大隊長陣亡，代理大隊長受傷後送，軍司令部人員幾次和各部隊失去聯繫，不明狀況。戰況如此，吉本無奈對身旁參謀說：「所謂作戰，並不是每一次都能如你所願。」[59]

　　日軍目標本來是打擊國軍之後便「反轉」（撤回），所以，從第 12 軍調來增援的戰車部隊，原規劃是 6 月 10 日必須歸建，其他部隊也將陸續「反轉」。吉本貞一不以為然，兩軍正陷於激戰中，此時如調走戰車部隊，或全軍依作戰計畫「反轉」，無異於戰敗撤退，這是無論如何都無法接受的，他下令加緊攻勢，並親赴前線督戰。[60]

　　6 月 10 日上午，日軍突破了國軍虢略鎮以南的陣地，靈寶情勢十分危急。李延年看到陣地有了一個隙縫，再不撤退恐怕全線崩潰，向胡宗南請求全面撤退。胡不敢決定，請示蔣介石，蔣先是下令堅持到晚間再決定，當晚 6 時許，蔣嚴令不許撤退。胡宗南隨即轉諭前線「無論何人，不得向西撤退，應確保靈寶、虢略各要點，在陣地內與敵決戰，以保國軍榮譽」。[61]

　　蔣介石、胡宗南雖有嚴令，部分國軍還是禁不住日軍攻擊，開始自行後撤。就在這個時候，日軍有一支部隊突然穿到國軍後方，即將截斷國軍退路。10 日晚間 11 時，胡宗南再向蔣介石報告戰情嚴峻，蔣

58　胡宗南著，蔡盛琦、陳世局編輯校訂，《胡宗南先生日記》，上冊（台北：國史館，2015），頁 356-357；陳廷祺，〈第一軍參加靈寶戰役的經過〉，收入全國政協《中原抗戰》編寫組編，《中原抗戰：原國民黨將領抗日戰爭親歷記》（北京：中國文史出版社，1995），頁 409；國防部史政編譯局編，《抗日戰史（80）．豫中會戰（四）》（台北：國防部史政編譯局，1981），頁 236-237。

59　防衛廳防衛研究所戰史室，《一號作戰（1）河南會戰》，頁 576-589。

60　同上，頁 587-590。

61　國防部史政編譯局編，《抗日戰史．豫中會戰（四）》，頁 236-237。

這個時候才鬆口，讓胡全權負責，自行決定；胡宗南馬上下令撤退。[62]

然而，撤退命令下得遲了，已有不少部隊陸續撤退，胡宗南臨時下令，讓本來堅守陣地的官兵加入這波撤退的浪潮。數萬人同時經相同路線後撤，造成擁擠、踐踏，混亂不堪，許多輜重半路被拋棄。[63]

國軍的混亂創造日軍的契機，吉本貞一鬆了一口氣，立即發動追擊，攻入閿鄉，2 天後隨即「反轉」，迅速恢復原先態勢，靈寶之役結束。[64]

此役，國軍雖收復靈寶，但未能反攻陝縣、洛陽，傷亡 8,761 人。[65]日軍則認為已達到殲滅國軍主力的作戰目的，主動撤退。

過去談到靈寶之役，有一個說法，認為胡宗南出關抗戰，在靈寶經十餘日激戰，把日軍擊退，確保潼關，穩定關中，粉碎了日軍進占中國大西北的迷夢。這個說法還認為，靈寶之役關係國軍抗戰後期整個局勢，並且影響太平洋戰爭，因為當時美國在太平洋陷入苦戰，日軍若進占關中，中國抗戰力量可能趨於瓦解，日軍便可在中國戰場抽調大量部隊，轉用於太平洋方面對抗美軍，那麼，整個太平洋戰局將為之改觀，日本無條件投降，也將遙遙無期。[66]

實際上，日軍在靈寶的作戰，並沒有要打進關中。岡村寧次只是想先攻下潼關外圍，作為日後「四川作戰」的準備。日軍很清楚，蔣

62　黃劍夫，〈我所親歷的靈寶戰役〉，收入全國政協《中原抗戰》編寫組編，《中原抗戰：原國民黨將領抗日戰爭親歷記》，頁236-237；防衛廳防衛研究所戰史室，《一號作戰（1）河南會戰》，頁587-590；胡宗南著，蔡盛琦、陳世局編輯校訂，《胡宗南先生日記》，上冊，頁357。

63　郭吉謙，〈第九十七師參加靈寶戰役的回憶〉，收入全國政協《中原抗戰》編寫組編，《中原抗戰：原國民黨將領抗日戰爭親歷記》，頁427。

64　防衛廳防衛研究所戰史室，《一號作戰（1）河南會戰》，頁591-594。

65　「靈寶戰役作戰經過概要」，《國防部史政局及戰史編纂委員會》，中國第二歷史檔案館藏，檔號：七八七-10924。

66　羅澤闓，〈胡宗南先生蓋棺論定〉，收入胡故上將宗南先生紀念集編輯委員會，《胡宗南先生紀念集》（出版地、出版者不詳，1963），頁262。

介石布重兵於潼關，要突入關中，威脅四川，所需兵力極大，日軍並無致勝的把握。更何況，當時日軍正傾其所有發動「一號作戰」，不可能分兵進擊潼關。因此，胡宗南在靈寶之役的意義，並非粉碎日軍進占西北的夢想，而是「使日軍充分認知，進攻關中將消耗大規模兵力，嚇阻日軍對關中的進一步攻擊計畫」。[67]

靈寶之役結束，意味著河南會戰告一段落，但國軍並不能喘口氣，日軍立刻接著發動下一場大會戰。

三、長衡會戰：日軍快攻，長沙淪陷

日軍攻占洛陽的同一天，1944 年 5 月 25 日，中國派遣軍總司令官畑俊六把設在南京的前進指揮所推進到漢口，展開「一號作戰」的第二階段——「湘桂作戰」。

「湖南會戰」是日軍「湘桂作戰」的一環，主要是打通粵漢路及湘桂路，也就是要拿下三個重要城市：長沙、衡陽、桂林。這個企圖不小，其實，無論是中國派遣軍或是擔任實際作戰任務的第 11 軍，除了遵照大本營旨令「摧毀敵人的空軍基地」外，都懷有更大的企圖。他們認為，「為使進攻衡陽及桂林作戰容易起見，須於作戰開始後四個月內，消滅敵軍六十個師」。[68]這個想法明顯擴大了大本營的作戰方針。

第 11 軍司令官橫山勇準備大展身手，一開始就集中大量兵力，兵分三路，由洞庭湖兩側發動攻勢，直下長沙、衡陽，並殲滅國軍主力。

當時國軍沿湘江兩岸及長沙地區的守備歸屬第九戰區，戰區司令

....

67 蘇聖雄，〈胡宗南與靈寶戰役——以《胡宗南先生日記》為中心的探究〉，《國史研究通訊》，第 10 期（2016 年 6 月），頁 274。

68 日本防衛廳防衛研修所戰史室編，曾清貴譯，《日軍對華作戰紀要（9）一號作戰（二）湖南會戰》（台北：國防部史政編譯局，1987），頁 125。

長官薛岳。薛岳採取一套稱為「天爐戰法」的防衛模式，亦即「後退決戰」的戰法，之前三次長沙會戰用的就是這套戰法。

薛岳抓住日軍後勤不足的弱點，利用洞庭湖各支流的障礙，建立據點工事防線，層層截擊日軍，逐次消耗日軍戰力；以長沙為最後之關鍵據點，也就是天爐的底，並守住長沙。依此布局，把日軍誘至決戰之地，日軍已糧盡兵疲，國軍再出來反包圍，痛擊日軍。

簡單地說，自武漢會戰結束到「一號作戰」之前，日中兩軍在湖江地區的對戰形式，就是「短距截斷作戰」與後退決戰「天爐戰法」的對抗，且已成為常態。

薛岳及軍事委員會未料到，這次日軍竟然一改既往，他們決心要大量殲滅國軍主力，就必須採取新的戰法。

日軍打破湖江地區作戰慣性

「湘桂作戰」是日軍「一號作戰」的目的與重心，作戰方式與以往大不相同：

(1) 豫中會戰貫通平漢路之後，與國軍分斷戰場、相持對峙的布局已被打破。

(2) 打破過去 5 年來以豫鄂、襄西為主作戰，江南（長江以南）、長衡地區為支作戰的格局；這次主支易位，湘桂成為主戰場。

(3) 放棄無論成敗見好就收的「短距截斷作戰」做法，這次不但悖離大本營揭示的作戰目的，而且採取的是實實在在的大決戰行動，但又不是徹底解決對中國戰爭的方案。這種做法在戰略上是極大的冒險。

這個變化過程，可從半年前的常德會戰看到端倪。1943 年 11 月，日軍在策劃「一號作戰」之前，中國派遣軍已奉命即將抽調大量在華兵力，支援太平洋及南方軍作戰。與此同時，派遣軍正準備指導第 11

軍實施常德會戰。如果部隊被調去南洋，則攻取常德的兵力就會不足，因此，派遣軍總司令官畑俊六做了個大膽的決定，他要在大軍被抽調之前，先行重擊中國軍隊，創造一次殲滅戰。[69]

畑俊六沒想到，常德會戰中遭遇國軍頑強的抵抗，20多天的艱苦血戰，犧牲了兩位聯隊長、四位大隊長，才勉強攻占常德。[70]

但是，大本營在意的不是常德會戰的戰果，而是能否牽制住中國軍隊，阻止其投入反攻緬甸的戰場。正因為大本營認為占領常德尚不足以牽制國軍入緬，因此要盡速執行「一號作戰」，一方面牽制國軍，舒緩南方作戰的壓力，同時深入中國西南，摧毀機場，阻止美軍飛機轟炸日本本土。

日軍改變戰術，掌握一個「快」字

開始負責研擬「湘桂作戰」計畫的是高級參謀武居清太郎大佐。武居研擬了一個欺敵計畫：[71]

(1) 先隱藏主力部隊，把一部分兵力集結在長江北岸的監利及郝穴地區，使中國軍隊誤以為日軍的攻擊目標是常德附近的第六戰區，誘使國軍第六和第九戰區主力北上救援。

(2) 一旦國軍主力北上，日軍主力立刻轉向，過長江，沿湘江東側南下，直趨長沙，合圍並殲滅前往營救的國軍第九戰區主力。

(3) 攻克長沙後，迅即渡湘江西進，搶先擊滅從西邊來增援的國軍第六戰區的部隊。

69　日本防衛廳防衛研修所戰史室編，曾清貴譯，《日軍對華作戰紀要（8）一號作戰（一）河南會戰》，頁8-9。

70　國防部史政編譯局，《抗日戰史（8）‧湘贛地區作戰（下）》（台北：國防部史政編譯局，1992），頁190。

71　日本防衛廳防衛研修所戰史室編，曾清貴譯，《日軍對華作戰紀要（9）一號作戰（二）湖南會戰》，頁99。

　　按照這個計畫，取長沙、殲滅國軍第九戰區主力，那麼，湘桂作戰就已勝了一半，接下來的桂柳作戰就更容易了。

　　武居的計畫得到橫山勇的認可，但送達派遣軍總司令部後，卻遭到強烈的反對。總司令部認為，武居的欺敵計畫逃不出盟軍的空中偵察，數十萬部隊很難真正隱藏起來；而且，在攻勢發動前渡長江易遭到空中攻擊。而派遣軍總司令部最不能接受的是，湘江西岸的決戰必須集中日軍主力，如此則不利於續向衡陽、桂柳的攻勢行動；分兵進擊，勢必延遲行動，且無具體的計畫。[72]

　　武居堅持己見，以「兵力不足」為由，拒絕更改計畫；派遣軍總司令部乾脆換人，直接把關東軍的高級參謀島貫武治大佐調過來，接替武居。[73]

　　島貫武治到任後，立即修改了作戰計畫。問題的癥結在一個字「快」。「一號作戰」的用兵精神在於「快」，過程中不容國軍的糾纏，以免形成另一個局部性的「持久作戰」。所以，長沙、衡陽都不是最終目標，真正作戰核心在「廣西作戰」，桂柳地區的攻勢行動才是終局。

　　換句話說，武居的規劃著眼在攻占長沙，待國軍增援部隊到達、並向日軍實施側擊（天爐戰法）時，日軍即以大軍合圍國軍，採取決戰行動而予以殲滅，接著攻占衡陽。這個決戰行動有相當風險，日軍極有可能撲空或受制於國軍而陷於被動，如此則時間必受拖延。[74]

　　島貫則掌握了「快」字訣，作戰線以縱長配置，攻略長沙及衡陽的部隊在後續部隊的掩護下，直趨衡陽，其勢如「一箭穿心」，這恰是針對國軍的側擊，志在擊破「天爐戰法」。也就是說，日軍分成前後兩線部署，第一線主力快速直取長沙、衡陽，當國軍增援部隊抵達長沙附近向日軍發起側擊時，則由在後方掩護的第二線部隊負責捕殲，

72　《日軍對華作戰紀要（9）一號作戰（二）湖南會戰》，頁101-103。

73　同上，頁103-104。

74　同上，頁132。

並預期在衡陽地區進行決戰。

如何應戰？國軍意見分歧

面對日軍來勢洶洶的攻勢，重慶軍事委員會對於是否棄守長沙，內部有不同意見。

此時，蔣介石預測日軍的企圖是「集九個兵團以上兵力，必欲打通粵漢路。」[75] 所以，他和國軍將領心裡都明白，日軍動員大批部隊來攻，長沙、衡陽很難守得住；如若強行抵禦，只是徒增傷亡。

5月28日，蔣介石召開軍事會議，研商對策。薛岳認為「天爐戰法」仍然有效，可分層阻擋日軍攻勢。副參謀總長兼代第五戰區司令長官白崇禧不以為然，白崇禧主張不必無謂地消耗國軍戰力，應棄守長沙、衡陽，把主力開赴湘西的山區邊界或貴州，而防禦主力則放在廣西北部，在桂林一帶和日軍決戰。[76]

大部分國軍將領支持白崇禧的意見，放棄粵漢線的抵抗，直接退到廣西與日軍決戰，如此或有致勝機會。[77] 但軍令部長徐永昌卻不贊成，他認為，湘桂線地形易守難攻，國軍宜勉力抵抗；而且中國既與美國並肩作戰，就應防禦美國在湖南的空軍基地。何況，蔣介石與中國戰區參謀長史迪威為了滇緬戰關係緊繃，若中美關係處理不好，中國很可能會失去租借法案的物資，那麼，「抗戰前途尚堪問乎！」中國抗戰的前途將更為艱困。[78]

蔣介石最後採納徐永昌意見。5月28日，軍事委員會電令第九戰

75　蔣介石日記，1944年5月28日。

76　《徐永昌日記》，1944年5月28日。

77　同上。

78　王奇生，〈湖南會戰：中國軍隊對日軍「一號作戰」的回應〉，《抗日戰爭研究》（2004年第3期），頁9。《徐永昌日記》，1944年5月29日。

區司令長官薛岳，準備在長沙、瀏陽之間與日軍決戰。[79]

薛岳參考三次長沙會戰的經驗，把部隊放在湘江東、西兩岸，準備層層阻擊、消耗日軍；主力則部署於長沙東西兩側的瀏陽、益陽一帶山地，待誘日軍深入後，在長沙附近圍殲日軍。參與的部隊是第44軍（軍長王澤濬）的第150師、161師，以及從汨羅江過來的第37軍（軍長羅奇）的第60師、第95師、第140師。後來又增加第20軍、第72軍、第59軍。

然而，蔣介石、薛岳都低估了日軍的決心和戰力。日軍汲取了三次長沙會戰的教訓，在戰略和戰術上都做了精密的檢討和規劃，有了擊破「天爐戰法」的方策。

這次，橫山勇沒有採用孤軍深入、一路突破的戰術，而是分為東、西，及中央三路進行，置重兵於湘江兩側，湘江以西是第40師團及116師團第109聯隊（左翼軍）；湘江以東是第68、116、3、13師團，其中第68、116師團在中央（中央兵團），第3、13師團則在更東邊（右翼軍）。兩翼的部隊負責突破國軍防線，排除國軍側翼的威脅；中央兵團則沿著粵漢路南下，快速直攻長沙、衡陽。[80]此外，橫山勇另外還掌控了三個師團（第34、58、27師團）在監利、蒲圻、崇陽附近待命，準備隨後跟進，做縱深作戰。[81]

還有，日軍這次先打嶽麓山，而不是長沙城。

血戰長沙

1944年5月27日，洛陽淪陷的第二天，橫山勇率12萬日軍，三路齊發，發起全線總攻擊。

79　陳壽恆等編著，《薛岳將軍與國民革命》（台北：中央研究院近代史研究所，1988），頁422。

80　國防部史政編譯局，《抗日戰史（8）・湘贛地區作戰（下）》，頁212。

81　國防部史政編譯局，《抗日戰史（2）・全面抗戰經過》，頁357。

東路的第 3、第 13 師團攻勢強大迅速，很快突破國軍第 30 集團軍及第 72 軍陣地，在 6 月 1 日陷平江後，直趨瀏陽。

國軍防守瀏陽的是第 44 軍第 150、161 兩個師。6 日開始，日軍第 3 師團與第 44 軍在瀏陽城北正面接觸，展開激烈攻防。日軍以飛機大砲猛烈攻城，還發射燃燒彈，瀏陽城到處起火，但 44 軍軍長王澤濬率將士死守陣地，戰鬥極為慘烈，直到 10 日，雙方仍僵持於瀏陽西北。[82] 此時，日軍第 13 師團乘隙繞路到了瀏陽南邊，國軍遭到日軍南北夾擊，陷入苦戰。第 44 軍奮戰至 14 日上午，瀏陽失陷。[83]

日軍攻下瀏陽後，無意在此久戰，主力繼續南下。

與此同時，西路的日軍第 40 師團迅速南下，進逼益陽。軍事委員會見日軍攻勢強大，6 月 9 日緊急調令中央軍精銳第 24 集團軍（總司令王耀武）前往救援。6 月 10 日，日軍開始進攻益陽，守備益陽的第 73 軍第 77 師抵擋不住，撐不到援軍抵達，在 11 日夜突圍撤走，沅江、益陽相繼落入日軍之手。

同樣的，日軍第 40 師團拿下益陽後，僅留下少數兵力，主力立即南下，以兩個聯隊（第 234、236 聯隊）開始猛攻寧鄉。

另一方面，日軍中央兵團第 68、116 師團在 5 月 27 日突破新墻河國軍第 20 軍（軍長楊漢域）陣地後，急行軍直趨汨江（汨羅江）。6 月 1 日，在汨江兩岸與國軍第 37 軍（軍長羅奇）激戰一整天，黃昏時，第 37 軍撐不下去，主力且戰且走，向南轉移。日軍繼續向南，8 日進至撈刀河北岸；9 日，強渡撈刀河，並與保衛長沙的國軍第 4 軍警戒部隊發生接觸。此時，隨後跟進的日軍後衛部隊第 58 師團也在 12 日南渡撈刀河，到達長沙東邊的梽黎市，並與第 68、116 師團會合，開始部署圍攻長沙。[84]

82　國防部史政編譯局，《抗日戰史（2）‧全面抗戰經過》，頁 358。

83　國防部史政編譯局，《抗日戰史（8）‧湘贛地區作戰（下）》，頁 212-216。

84　國防部史政編譯局，《抗日戰史（2）‧全面抗戰經過》，頁 358。

　　幾乎是同一時間，沿著粵漢路下來的日軍另一支後衛部隊第 34 師團，在 6 月 10 日於白沙洲附近渡過湘江，並在西路軍（第 40 師團）的掩護下，占領了長沙西側尖山北面的高地。日軍這次不急著攻進長沙，而是先取嶽麓山。12 日，日軍第 68 師團配屬的志摩支隊（轄三個步兵大隊，一個砲兵大隊）一路向南繞經梅溪河，迂迴至長沙西南的嶽麓山南側。[85] 日軍對嶽麓山志在必得，準備以 1 個師團加 1 個旅團端掉國軍在嶽麓山的砲台及守備。

　　6 月 12 日，日軍第 58 師團渡過瀏陽河，對長沙形成合圍之勢。[86] 此時，長沙東西兩側都被日軍占領，南面的嶽麓山也被日軍控制，而日軍中央兵團（第 68、116 師團）也逐漸逼近長沙外圍。

　　日軍源源而來，到了 6 月 14 日，長沙東南西北四面都被日軍包圍了。日軍以絕對的優勢截斷了在長沙外圍集結的國軍部隊，既控制了天爐的爐底，又阻截了國軍在長沙兩側的部隊，卡死了薛岳的布局，薛岳對長沙的防衛計畫根本無法執行，而守城的部隊只有一個軍（第 4 軍），和日軍兵力懸殊，長沙危矣。

長沙失陷

　　負責保衛長沙的第 4 軍是薛岳的嫡系，軍長張德能，第 4 軍是廣東部隊，前身是第 19 路軍，也就是 1932 年一二八淞滬事變時保衛上海的勁旅。第 4 軍也是國軍精銳，從淞滬會戰開始，幾乎無役不與，可謂身經百戰。張德能自從 1938 年武漢會戰後就一直守衛長沙，帶領第 59 軍參與三次長沙會戰，戰功卓著，1942 年升任軍長。

　　第 4 軍轄有 3 個師：第 59 師（師長林賢察）、第 90 師（師長陳侃）、第 102 師（師長陳偉光），還有配屬的工兵、砲兵、通信、輜重等，

85　國防部史政編譯局，《抗日戰史（8）‧湘贛地區作戰（下）》，頁 218、257。

86　同上，頁 258。

表面上看起來很強大，實際上嚴重缺額，3 個師加起來總共只有 1 萬人多一點。[87]

張德能把第 59 師放在長沙城南半部、第 102 師部署在長沙城北半部，戰鬥力最強的第 90 師則防守嶽麓山一帶。第 90 師師長陳侃以第 268 團守嶽麓山，第 270 團守側翼的船形山，第 269 團作為預備隊；嶽麓山東側山麓還配有野砲團的 4 門大砲。[88]

在此之前，薛岳已疏散長沙的居民及物資，所以，此時的長沙城，除了軍隊和作戰相關人員外，幾乎是一座空城。

6 月 13 日，日軍第 5 航空隊開始轟炸嶽麓山及長沙城。14 日拂曉，日軍第 58 師團在砲兵和空軍密集轟炸下，發起攻擊，兵分三路，從長沙城東邊向石馬鋪、粟塘及花橋突進，威脅長沙的東南隅。15 日午後，已迫抵國軍第 59 師的主陣地。

嶽麓山這邊，日軍第 34 師團和一個旅團也在 14 日展開攻擊，與守備的第 90 師當面對戰。第 90 師面對三倍的日軍和強大的火砲，毫不退縮，兩軍激戰，陣地數度拉扯，但畢竟實力相差太多，到 16 日黃昏，虎形山、牛形山陣地被突破，嶽麓山難保。[89]

此時，迂迴南下的日軍志摩支隊，忽然向東攻擊燕子山及桃花山，再加上飛機轟炸，嶽麓山陣地的側背完全暴露在日軍火砲之下，情況十分危急。17 日黃昏，日軍突破第 90 師防線，繼續往嶽麓山主峰進攻。

嶽麓山告急，第 90 師幾乎傷亡殆盡。奉命留守長沙督戰的第九戰區參謀長趙子立及第 90 師師長陳侃頻頻以電話向薛岳告急。嶽麓山太重要了，嶽麓山倘若失守，長沙勢難固守。軍長張德能經與各師長研商後，決心調整部署，令原防守長沙城的兩個師，各以一團兵力守住

87　陳永發，〈關鍵的一年──蔣中正與豫湘桂大潰敗〉，《中國歷史的再思考》，頁 377。

88　同上，頁 377-378。

89　國防部史政編譯局，《抗日戰史（8）・湘贛地區作戰（下）》，頁258。

長沙市核心陣地，餘部則緊急增援嶽麓山。[90]

　　但是，長沙和嶽麓山隔著湘江，在敵人砲火下渡江極為危險。張德能想趁深夜渡河，他命部隊在 18 日凌晨 1 點開始渡江，但事先未做好準備，行動又被日軍掌握，結果各部隊摸黑渡河時，日軍以火砲、機槍掃射渡江部隊，還以飛機、大砲轟炸江邊國軍陣地，並投射大量毒氣彈。渡江官兵毫無掩護，又因為船隻不夠，渡江行動次序大亂，官兵被砲彈擊中、毒氣中毒，或掉落江中，傷亡慘重，單單墜江溺死的就有 1 千多人。[91]

　　18 日凌晨 2 點，第 4 軍指揮所已移到嶽麓山愛晚亭，已渡河的部隊在各師團長官率領下，立即加入牛形山、熊家沖、桃花山及仙人山方面的戰鬥；而未完成渡河的部隊被迫折返湘江東岸。[92]

　　18 日清晨，日軍發動總攻，第 58 師團及 34 師團在 80 餘架飛機、20 多門重砲支援下，同時攻擊湘江東西兩岸的長沙城、岳麓山。日軍以飛機對國軍陣地濫炸，並投擲毒氣彈，官兵中毒傷亡的甚多，日軍乘勢攻占漾灣市、嶽麓山、桃花山，湘江以西地區，情勢急轉直下，陷入一片混亂。

　　此時，張德能掌握部隊已感困難，除了第 59 師主力與日軍在桃花山、父子坡、仙人山一帶激戰外，第 90 師已傷亡殆盡，第 102 師情況不明，留在湘江以東長沙方面的部隊，也失去聯絡。[93]

　　18 日中午，嶽麓山失守，大局已難挽回。張德能命第 4 軍殘部從龍迴潭突圍，向南轉進，逐次轉移至湘鄉。長沙在下午 3 點完全陷入日軍之手。

90　國防部史政編譯局，《抗日戰史（8）‧湘贛地區作戰（下）》，頁258。
91　同上，頁259。
92　同上，頁259。
93　同上，頁260。

蔣介石怒懲張德能

長沙淪陷，猶如天爐破底，大勢已去。丟掉長沙，蔣介石震怒，他認為，張德能未接到撤退命令就擅自下令撤退，畏敵抗命，下令將其槍決。

平心而論，長沙之戰敵眾我寡，實力懸殊，本就很難守住，張德能率第4軍守長沙實已盡力。他的過失不在撤退，而是輕率渡江，處理不妥，以致部隊在渡河過程中被日軍攻擊，蒙受重大損失。

但長沙淪陷的失誤不僅在張德能，薛岳要負更大的責任。過去三次長沙會戰，日軍都是從長沙當面攻入；但這次日軍改變戰法，兵分三路快速進擊，而且東西兩路的兵力比中路兵力要多，薛岳卻未注意日軍這次的變化，仍執著於「天爐戰法」。反觀日軍，事先對此戰做了詳密的規劃，調整策略，復能利用湘江航運之便，從事運兵及補給，靈活調度第34師團兵力，轉用於湘江兩岸。中日雙方參謀作業以及執行力的高下立見。

四、衡陽保衛戰：方先覺率第 10 軍血戰衡陽

日軍掌握住「快」的精義，拿下長沙後，馬不停蹄，一路向南追擊，萍鄉、醴陵、湘鄉等地相繼失守。第九戰區兩翼的部隊極力反擊，先後收復部分失地，但日軍的目標是衡陽，留下少數部隊，其餘直奔衡陽而去。

衡陽位於湘江中游，是粵漢與湘桂鐵路交匯處，湖南省南部重要交通樞紐。衡陽地形易守難攻，東北江湖環繞，湘江、耒河水深流急，形成障礙；西南岡巒起伏，地形險要。衡陽的戰略地位尤其重要，它是進入四川、雲南、貴州、廣西四省的門戶，日軍一旦占領衡陽，就有機會攻擊中國西南抗戰最後的基地。

6 月 16 日，長沙仍在激戰中，橫山勇就下達了衡陽作戰的命令。日軍第 116、第 68 師團在兩翼掩護下，快速沿湘江兩岸向衡陽推進。橫山勇要的不止是占領衡陽，更要在衡陽地區引誘國軍決戰，殲滅來援的國軍，為下階段的桂柳作戰掃除障礙。因此，他要趁著第九戰區國軍還來不及完成衡陽地區的新防衛部署時，迅速突進，攻占衡陽，並圍殲前來增援的部隊。

國軍也決定在衡陽地區與日軍決戰。軍事委員會制定的衡陽保衛戰戰略與之前長沙作戰類似，中間防堵，兩翼夾擊。軍委會以一個軍（第 10 軍）防衛衡陽城，主力則放在湘江的東西兩邊，東邊是第 27、30 集團軍；西邊則是王耀武的第 24 集團軍，總共大約 13 個軍的兵力，準備夾擊日軍。

不過，日軍來得太快，中日兩軍在衡陽外圍打起來時，湘江東邊國軍第 27、30 集團軍還在 200 公里外的醴陵集結。原本應部署在湘江西岸的王耀武第 24 集團軍也還來不及到位，日軍就和他的第 74、100 軍打起來了。國軍雖然奮起抵抗，但防線逐段被日軍突破，部隊被打散了，而且日軍已開始猛攻衡陽城了，所謂的「夾擊」日軍，已無可能。王耀武只得命令部隊追著日軍向南，去解衡陽之圍。

方先覺率第 10 軍守衡陽

奉命保衛衡陽的是第 10 軍，是第九戰區主力，英勇善戰，以打防守戰著名。軍長方先覺，黃埔三期，其參謀長及幾位師長都是黃埔精英，曾參加第 2、第 3 次長沙會戰，不久前的常德會戰，方先覺率部北上增援，在常德南面重創日軍第 3 師團。

第 10 軍下轄 4 個師，但才經過幾次作戰，來不及整補，因此部隊編制不完整，缺額甚多，兵力單薄。第 190 師（師長容有略）在之前戰鬥已打殘，只剩一個團，已編為「後調師」，準備送到後方整補；暫編第 54 師（師長饒少偉）也不完整，只有一個團。第 54 師和 190 師

共同擔任湘江東岸的守備；第3師（師長周慶祥）原任務是據守衡山、南岳一帶，由於衡陽守軍兵力不足，除留置一個團在湘潭附近外，主力（二個團）奉調衡陽，配合預10師（師長葛先才），負責湘江西岸的防務。[94] 這樣下來，第10軍在衡陽的守備兵力明顯不足，只有七個步兵團，總共不到1萬8千人。[95]

衡陽北面、東面都是寬廣的江河，日軍渡河不易，西面則是陡峭的山坡高地。方先覺巧妙地運用地勢，在西南山地構築了四通八達的戰壕和許多暗堡，還把每個山頭陣地的斷岩主坡削成90度的陡坡絕壁，日軍除非使用雲梯，否則很難攀上去。

日軍面對的是堅固的衡陽城防陣地，東、北兩邊是寬闊的湘江和蒸水，西南邊則是絕岩峭壁，整個衡陽城，從東南角到西北角，形成一個完整的防禦體系。

日軍有備而來，衡陽之戰一觸即發。不過，橫山勇萬萬沒想到，原以為幾天就可以拿下的衡陽城，竟然打了47天。

軍事委員會部署失誤

軍委會早在5月下旬就意識到日軍攻陷長沙後下一個目標必是衡陽。6月10日，薛岳指示駐衡陽的第10軍加強衡陽防務。

6月中旬，蔣介石派後勤部長俞飛鵬飛抵衡陽，協助第10軍補給事宜，並命令鄰近各兵站的庫存，優先送到衡陽。[96] 第七戰區派來的援軍第62軍（軍長黃濤，下轄151、157、158三個師）也已到了衡陽邊上。負責督戰衡陽的第27集團軍副總司令李玉堂命62軍向衡陽旁

94　國防部史政編譯局，《抗日戰史（8）‧湘贛地區作戰（下）》，頁271-273。

95　同上，頁273。

96　鍾啟河、劉松茂，《湖南抗日戰爭日誌》（長沙：國防科技大學出版社，2005），頁236。

邊的六塘、譚子山集結，與第 10 軍互為犄角，保衛衡陽。[97]

此時，日軍陸續抵達衡陽郊外，多數部隊已逐漸加入第一線作戰。在前一階段作戰中，國軍 4 個挺進縱隊和第 99、第 162、新 13 師等部散布在湘北敵後進行游擊。同時，薛岳已命第 37、第 20、第 26、第 73、第 58 軍向日軍左翼反擊；另外，第 24 集團軍指揮第 99、第 4 軍殘部向湘江西岸的敵後攻擊。薛岳希望敵後的反攻部隊能切斷日軍的補給線，斷了橫山勇的後路。

然而，軍委會卻在此時突然變更部署，打亂了原有的防備計畫。22 日晚上，和第 10 軍聯手守備衡陽的第 62 軍軍長黃濤突然電報李玉堂，說蔣介石打電話命令該軍立即往西，到離衡陽更遠的祁陽縣集結。軍委會的想法是拉開第 10 軍和第 62 軍之間的距離，在日軍包圍衡陽後，兩軍可以內外夾擊，殲滅來犯的日軍。[98]

問題是，祁陽距衡陽 90 多公里，而第九戰區主力尚在 180 公里外的攸縣、湘鄉一線以北與日軍作戰，日軍攻擊衡陽時，很容易切斷第 10 軍與 62 軍隊聯繫。而且，日軍大舉來攻，衡陽只剩下第 10 軍 1 萬 8 千人防守，兵力單薄，如何能守？很不幸，蔣介石這個決定，間接造成了第 10 軍幾乎全軍覆沒。

血戰衡陽 47 天

6 月 22 日，長沙淪陷後 4 天，中路日軍主力第 68 師團已抵達衡陽東南的泉溪，其餘部隊正急速奔來。22 日當天，第 68 師團頂著中美聯軍飛機的轟炸，強行渡過耒河，立刻和守備衡陽湘江東岸的第 10 軍 190 師和暫 54 師前哨部隊展開激戰。驚天地、泣鬼神的衡陽保衛戰就

97　趙曾儔，《抗戰紀實》，第四冊（上海：商務印書館，1947），頁 94。

98　侯梅，〈第一五七師參加衡陽戰役紀實〉，《原國民黨將領抗日戰爭親歷記‧湖南四大會戰》（北京：中國文史出版社，1995），頁 591。

此展開序幕。

24 日，日軍以強大火力企圖突破國軍城防，暫編第 54 師和第 190 師第 570 團，在砲兵支援下，聯手抗敵，在衡陽城外困住日軍。

25 日凌晨，日軍第 116 師團各部亦相繼到達戰場；清晨，日軍向衡陽機場、五馬歸槽陣地發起猛烈的攻擊，頓時將戰況帶入高潮。這一天，日軍先後向衡陽發動了三次大規模的攻堅作戰。[99]

26 日，衡陽機場、五馬歸槽、泉溪市失守。方先覺見情勢危急，不得不縮短防線，將湘江東岸部隊撤回衡陽城內。[100]

26 日晚上，日軍第 68、116 師團渡過湘江向衡陽西南郊進攻。27 日，國軍預 10 師在停兵山、高嶺兩個據點的守軍與日軍第 68 師團一部發生激戰，一夜血戰，守軍全部陣亡，第 68 師團推進到預 10 師主陣地的前緣。[101]

與此同時，日軍第 116 師團主力也突破國軍第 3 師的陣地，抵達衡陽西面虎形山正面。

27 日，橫山勇決定停戰一天，修整部隊。28 日，橫山勇發動總攻擊，他動員所有日軍、加上飛機、火砲，陸空同時四面圍攻衡陽城。[102]

日軍先以排砲集中攻擊，然後飛機成隊俯衝轟炸。守軍在飛機大砲狂轟濫炸時，都躲了起來。日軍以為陣地已被摧毀，帶著雲梯紛紛向高地撲過來，等日軍衝到陣地前面，突然從山頭上甩出一大堆手榴彈，炸得日軍血肉橫飛。

就這樣，日軍連續發動了幾次衝鋒，都被守軍用手榴彈給炸了回去。日軍竟日的攻擊陷入困境。

面對堅固的城防體系及不畏死的守軍，第 68 師團長佐久間為人十

99　國防部史政編譯局，《抗日戰史（8）‧湘贛地區作戰（下）》，頁275-276。
100　同上，頁276。
101　同上。
102　同上，頁278。

分惱怒，為挽回頹勢、鼓勵士氣，他把指揮部推進到黃茶嶺西北高地，在最前線親自指揮部隊衝鋒。沒料想，指揮部進駐的第一天，佐久間和他的高級幕僚就被預 10 師迫擊砲連（連長白天霖）一砲擊中，佐久間身負重傷，參謀長原氏真三郎及多位參謀人員負傷，日軍士氣大受打擊。[103]

第 116 師師團長岩永旺看到佐久間師團長重傷、又困於國軍堅固的防衛工事，他緊急把 133 聯隊調到衡陽西南參戰。29 日，雙方在張家山、虎形山、軍艦高地等竟日苦戰，日軍付出極大之代價，僅突入百餘公尺。張家山一度失守，守軍後來逆襲，日軍受到重大傷亡。[104]

這樣連續 3、4 天攻防，日軍彈藥已呈不濟，遂決定 7 月 2 日晚暫停攻擊。[105]

這個階段，日軍有點輕敵，強攻不成，反而傷亡 4 千多人，彈藥消耗過半，僅占領了外圍警戒的陣地，國軍主陣地仍然不動，而且第 68 師團長還受了重傷。

第 10 軍打得好，同時第九戰區右翼部隊和第 24 集團軍在湘江兩岸發動攻勢，先後收復醴陵、益陽、湘鄉等地，並擊退了日軍對耒陽的進攻。

另方面，一直在湘江以西的日軍第 40 師團相繼南下，7 月初，與國軍第 24 集團軍第 100 軍（軍長李天霞）對上，在永豐展開激烈的爭奪戰。永豐在 7 月 3 日一度失陷，但國軍在第二天又奪回。日軍不在永豐滯留，僅留下一部兵力，主力部隊繼續南下，在 7 月 4 日趕到衡陽外圍。[106]

7 月 3 日起，日軍開始另一波猛攻。大批飛機轟炸衡陽城，並投下

103　國防部史政編譯局，《抗日戰史（8）·湘贛地區作戰（下）》，頁279。
104　同上。
105　同上，頁280。
106　國防部史政編譯局，《抗日戰史（2）·全面抗戰經過》，頁360。

大量燒夷彈，城內火光沖天，民房大部付之一炬。方先覺調整部署，令留置在衡山的第 3 師第 8 團歸建，並積極構建第二線陣地，增大防禦縱深，加強西南郊的防衛。[107]

這陣子下來，日軍傷亡頗重，尤其是軍官的傷亡，影響到作戰指揮。第 68 師團師團長、參謀長、還有幾位參謀都受傷，第 58 旅團二位大隊長一死、一傷，指揮系統幾乎癱瘓。第 116 師團也好不了多少，第 120 聯隊一位大隊長戰死，第 133 聯隊一位大隊長戰死，另一位大隊長負傷。7 月 11 日，堤三樹男接替佐久間為人擔任第 68 師團長。[108]

此時，湖南已進入盛夏，潮濕、悶熱的天氣使得致病微生物極易繁殖，不少日軍感染疫病。由於中美空軍和中國游擊隊不斷襲擊日軍補給線，以致日軍前線部隊的糧食、彈藥、藥品等供給嚴重不足，非戰鬥減員極多。

橫山勇急於打破僵持的局面，他快速整補後勤、補充人員，並把第二線的 5 個師團投入一線作戰，企圖奪回主動權。[109]

經過進 20 天的戰鬥，日軍已弄清楚衡陽防衛的主抵抗線，因此調整戰術，準備再次總攻擊。橫山勇認為，攻擊初期避免拉大戰線，而應以重兵先突破主抵抗線的一角，撕開這一個角後，再逐步往衡陽深入。第 116 師團長岩永旺中將奉命策劃一個逐次、逐地的攻擊計畫，並由 116 師團及 68 師團交替向前推進。[110]

7 月 9 日，日軍步兵第 133 聯隊突襲預 10 師在張家山的最後陣地，師長葛先才率部浴血抵抗，雙方幾乎是一寸寸距離的拉扯，預 10 師傷亡慘重，大多數陣亡，最後張家山失守，葛先才率餘部退守蕭家山、

107　國防部史政編譯局，《抗日戰史（8）‧湘贛地區作戰（下）》，頁280。

108　日本防衛廳防衛研修所戰史室編，曾清貴譯，《日軍對華作戰紀要（9）一號作戰（二）湖南會戰》，頁409-410。

109　同上，頁404-405。

110　同上，頁410-411。

市民醫院一線。

7月11日晨，日軍再度展開總攻擊。在飛機及野砲掩護下，第68師團和116師團向衡陽發動大規模衝鋒，日軍還施放毒氣。[111]

第10軍官兵憑藉既設防禦工事，以及中美戰機的支援，堅守陣地，戰鬥空前慘烈。日軍轟炸機及高砲對市區和西南兩面的山頭陣地反覆轟炸，把外圍陣地上的工事、碉堡、戰壕幾乎摧毀殆盡，也炸毀了衡陽城內所有的有線通訊線路。方先覺各部隊之間無法聯絡，雖近在咫尺，卻互不了解情況，祇能靠傳令兵聯絡。

日軍在衡陽城邊陷入苦戰，日軍不斷攻擊，守軍拚死反擊，激戰兩整天，雙方傷亡重大，218聯隊第3大隊隊長平岡卓戰死。國軍也火力漸弱，終被日軍從西邊突破一角，不得已退守市內西禪寺、蕭家山一線。[112]

14日，日軍再大舉進攻，國軍據險固守，寸土不退，雙方都損失重大。[113]到16日黃昏，戰鬥變成近身肉搏，雙方往返三次衝殺，但國軍筋疲力竭，傷亡過重，蕭家山、楓樹山、軍艦高地同時陷落。[114]

16日晚，方先覺以部隊消耗太大，兵力單薄，命令第3師和預10師放棄第一線陣地，轉守第二線陣地，衡陽保衛戰，進入另一個階段。[115]

日軍趁機向城郊西北面進擊，但由於這一帶池塘連綿，又遭到守軍火力殺傷，進展遲緩。到19日夜，日軍再度全面猛攻衡陽城，第133、第120聯隊逼近大、小西門。

111　國防部史政編譯局，《抗日戰史（8）‧湘贛地區作戰（下）》，頁281。
112　同上。
113　同上。
114　同上，頁282。
115　同上，頁283。

　　第 10 軍經苦戰多日，傷亡極重，彈藥也用盡了，無力壓制日軍猛烈的砲火。各單位勤務、雜務人員都投入一線戰鬥，形勢危急。

　　此時，衡陽城外圍的戰局有了新發展。第九戰區的援軍陸續接近衡陽，第 10 軍總算有了盼頭。之前從衡陽被調到祁陽的第 62 軍奉命馳援衡陽，7 月 18 日已抵達衡陽西南邊，在砲兵與空軍協力支援下，邊走邊戰，急著東進。20 日晚，一度擊破日軍第 68 師團正面，攻占衡陽西站，但不久就被日軍逼退。另一支從湘鄉來援的第 79 軍（軍長王甲本）也攻占了城外西北的雞窩山等地。

　　橫山勇見第 116、第 68 師團似有陷入國軍前後夾擊的態勢，當即從攻城部隊中抽調兵力阻擊外圍的中國援軍。結果，眼看就要進入衡陽城的第 62 軍一部，硬生生被日軍阻攔下來，連先前派出接頭的特務營也全營覆滅。[116]

　　因為部分日軍被派到城外攔截救援的國軍，以致攻城力量相對減弱了。而且，日軍再次出現彈藥不足，攻堅乏力，橫山勇不得不在 20 日下令暫停對衡陽的攻擊。[117]

　　日軍兩次總攻衡陽雖然未成功，但畢竟攻破了第 10 軍的第一線陣地，緊縮了包圍圈。而衡陽城內的第 10 軍已筋疲力竭，彈糧俱乏，儘管仍然頑強作戰，要想獨立打退兵力占絕對優勢的敵軍，已無可能。能否守住衡陽，只能寄希望於外圍援軍了。

　　為扭轉頹勢，日軍命志摩支隊第 57 旅團及第 109 聯隊分別歸建原屬的第 68 師團及第 116 師團，以鞏固後防，再令第 40 師團增援衡陽作戰。第 40 師團一部與趕往衡陽救援的 62 軍第 151 師的 452 團激戰，雙方激烈攻防，均傷亡慘重，日軍不得不把偽軍和勤雜兵都投入到了第一線。[118]

116　蔣介石日記，1944 年 7 月 20 日。
117　國防部史政編譯局，《抗日戰史（8）‧湘贛地區作戰（下）》，頁285。
118　同上。

最苦的是守城的第10軍，第一線陣地全毀，衡陽城內房舍大多被炸被焚，彈藥糧食均告急，官兵傷亡慘重，「官兵營養不足，晝夜不能睡眠，日夜處於風吹日晒下，以致腹瀉腹痛，轉為痢疾者日見增加，既無醫藥治療，更無部隊接換」。[119]

更糟的是日軍把衡陽城包圍起來，阻斷國軍救援。重慶軍事委員會對此密集開會，苦無良策。蔣介石對衡陽戰局「無任憂慮」，他對戰局悲觀，「默察敵情，我軍實無勝算之望」。[120] 但是，無計可施，只有禱告。蔣介石經常半夜起床禱告，有時甚至一夜三次起床禱告。[121] 萬般無奈，蔣介石對上帝承諾，衡陽如轉危為安，他將令第10軍全體官兵受洗；如能轉敗為勝，他將在南嶽頂上，建立大鐵十字架，以謝主恩。[122]

縱然對戰局悲觀，27日這一天，蔣介石親自寫下給方先覺及第10軍官兵的勉勵信，由空軍空投衡陽。手諭是這樣寫的：「守城官兵艱苦與犧牲情形，余已深知，余對督促增援部隊之急進，比弟在城中望援之心更為迫切，余必為弟及全體官兵負責，全力增援與接濟，勿念。」[123]

此時，中日雙方部隊都向衡陽集結，準備決戰。28日，國軍第62軍已南移盤古嶺，第79、第74軍主力及第100軍第19師也陸續進抵蒸水兩岸，衡陽保衛戰進入最後決戰階段。[124]

橫山勇緊急從湘江東岸和長沙地區抽調第13、第58師團加入攻城作戰。第64師團及派遣軍直轄的松井部隊也正迅速從長沙南下，彈藥及各種補給也陸續運抵衡山。日軍在衡陽周邊已聚集了5個師團之多，

119　引自方先覺8月1日致軍委會告急電報，趙曾儔，《抗戰紀實》，第四冊，頁98-99。
120　蔣介石日記，1944年7月27日。
121　蔣介石日記，1944年7月27日、7月29日、8月8日。
122　蔣介石日記，1944年7月29日，「上週反省錄」。
123　國防部史政編譯局，《抗日戰史（8）‧湘贛地區作戰（下）》，頁286。
124　同上。

最後決戰一觸即發。

為示決心，橫山勇把第 11 軍指揮所從長沙推向衡陽，設在湘江東岸飛機場的一個防空洞內，親率官兵在 8 月 2 日凌晨進駐。橫山勇進入指揮所不久，立即被國軍迫擊砲擊中，橫山勇雖得倖免，但其隨行軍官多人當場被擊斃。[125]

8 月 2 日，中國空軍再度空投蔣介石手諭：「此次衡陽得失，實為國家存亡之所繫。即此等國家存亡之大事，只許成功，不能失敗。」手諭並告知「第二次各路增援部隊今晨已如期到達二塘、賈里渡、陸家嶺、七里山預定之線，並令空軍掩護，嚴督猛進也」。[126]

3 日拂曉，國軍第 60、46、100 軍各一部，在空軍支援下，在衡陽外圍相繼發起攻擊，攻占了洪山廟、兩母山、二塘之線，國軍士氣大振。

橫山勇決定 8 月 4 日再發動總攻擊，他對衡陽是志在必得，動員了全部一線及後備兵力，一方面集中火力，支援第 40 師團等在外圍的戰鬥，以阻截國軍迫近衡陽；同時要求各總攻部隊，從東南西北全面突破，一舉拿下衡陽。[127]

8 月 4 日，天氣晴朗，日軍全線發起總攻。飛機、高砲密集轟炸衡陽城各陣地，第 116 師團撲向預 10 師及第 3 師杏花村陣地，防禦工事大多被炸毀，但守軍頂著猛烈的轟炸，一面戰鬥，一面修補工事，116 師團在國軍濃密的火網下，無功而退。[128]

另一線，第 68 師團主力志摩支隊對五桂嶺、岳屏山的攻擊雖猛，但僅推進數百公尺。日軍總攻第 1 天，進展甚少。[129]

然而，第 10 軍已筋疲力盡，山窮水盡了。砲彈用盡，已無法壓制

125　國防部史政編譯局，《抗日戰史（8）‧湘贛地區作戰（下）》，頁289。

126　同上，頁289。

127　同上，頁290。

128　同上。

129　同上。

日軍的砲火；城內外工事多數被毀，官兵傷亡極大，軍部各處勤雜兵都派出去參加戰鬥，負傷官兵，凡能行動的，都重新加入戰鬥，甚至有負傷三次而重上火線者。

5 日，日軍再發起攻擊，下午 3 點，西禪寺失守。

6 日拂曉，日軍再發動攻擊。第 58 師團突破守軍第 190 師的防線，攻進衡陽城，兩軍展開巷戰。[130] 一股日軍衝得特別快，離第 10 軍軍部所在地的中央銀行僅一、二百米遠。參謀長孫鳴玉帶領特務營和軍部科室人員，在軍部附近與日軍廝殺。

衡陽被圍 40 多天，彈藥食物早已用盡，唯有靠美軍飛機斷斷續續空投接濟。現在日軍掌握了制空權，空投極為困難。6 日下午，城內幾乎到處都是巷戰，軍部與各部隊聯繫徹底中斷，各部隊間也失去聯絡，軍部通重慶的電台時斷時續。

7 日，在入城日軍策應下，日軍節節進迫，黃昏時，多處失守，日軍源源不斷入城。[131]

此時，第 10 軍已戰死 1 萬 2 千多人，倖存的不足 5 千人，其中大部受傷，能拿起武器繼續戰鬥的只剩千餘人。[132] 方先覺實已無力回天。於是，他給蔣介石發出最後一電：「敵人今晨由北城突入以後，即在城內展開巷戰。我官兵傷亡殆盡，刻再無兵可資堵擊，職等誓以一死報黨國，勉盡軍人天職，決不負鈞座平生作育之至意。此電恐係最後一電，來生再見！職方先覺率參謀長孫鳴玉、師長周慶祥、葛先才、容有略、饒少偉同叩。」[133]

8 日拂曉，日軍攻下第 10 軍軍部，衡陽淪陷。衡陽保衛戰歷經 47

130　國防部史政編譯局，《抗日戰史（8）‧湘贛地區作戰（下）》，頁 290-291。

131　同上，頁 291。

132　〈陸軍第十軍守備衡陽戰鬥要報〉，中國第二歷史檔案館、湖南省檔案館編，《抗日戰爭湖南戰場史料集》第四冊（長沙：湖南人民出版社，2012），頁 670。

133　《徐永昌日記》，1944 年 8 月 8 日。

晝夜血戰，終於畫下句點。[134]

衡陽失守，但衡陽外圍的戰鬥並未終止。第10軍最後抵抗的時候，外圍的中國援軍也正和日軍的阻援部隊激戰，日軍拚命阻擋國軍接近衡陽，雙方都付出慘重代價，國軍最終未能突破日軍防線，雙方一直相持到8月底。

8月29日，日軍集中7個師團的兵力對集結在衡陽西南的第24集團軍進攻。由於重慶軍委會在作戰之初，把位於第一線的第46軍調回廣西，使得第24集團軍的防線出現弱點，迅速被日軍突破。到9月10日，零陵、邵陽、常寧等地相繼淪陷，第79軍軍長王甲本也壯烈殉國。

長衡會戰是抗日戰爭中後期最大的一次會戰，雙方投入兵力之多，持續時間之長，傷亡之巨，在整個抗日戰爭期間，也只有武漢會戰能與之匹敵。據何應欽所著《八年抗戰》記載，從5月27日到8月8日的兩個半月時間裡面，中國軍隊官兵傷亡9萬零5百多人，日軍傷亡亦達6萬6千餘人。[135]

湖南全線淪陷後，日軍實現打通大陸交通線的作戰目的只是時間問題了。穩定了6年的戰局再度惡化。國軍已無力在湖南境內進行大規模作戰，只能跟在日軍後面小規模騷擾，試圖削弱其作戰之持續力。9月14日，日軍越過湘桂邊界進占黃沙河鎮，長衡會戰告終。[136]

....

134 國防部史政編譯局，《抗日戰史（8）‧湘贛地區作戰（下）》，頁294。

135 何應欽，《八年抗戰》（台北：國防部史政編譯局，1982），頁214。但日方數字卻少得多，根據第11軍作戰電報，截至8月1日為止，日軍在長衡會戰死傷19,380人。日軍常有少報的習慣，但也說明日軍傷亡頗嚴重。請見〈第11軍湘桂作戰電報綴（其の1）〉，防衛庁防衛研究所史料室藏。

136 國防部史政編譯局，《抗日戰史（2）‧全面抗戰經過》，頁361。

五、桂柳會戰：國軍應戰乏力

長衡會戰後，國軍決心固守桂林、柳州地區 3 個月。這裡屬於第四戰區，自 1939 年底桂南會戰結束後，這一帶相當平靜，沒有什麼戰鬥，兵力部署一向薄弱。第 4 戰區全部兵力只有 6 萬人，包括第 16 集團軍的第 31 軍、93 軍，以及第 46 軍的兩個師和第 35 集團軍的一個師。[137]

日軍陷入是否繼續「一號作戰」的爭論

然而，此時（1944 年 9 月）日軍在太平洋戰局已面臨重大危局。7 月 7 日，日軍喪失馬里亞納群島的要衝——塞班島，「絕對國防圈」被突破；一個月後，關島亦為美軍占領。東京陷入是否繼續「一號作戰」的爭論，爭執的焦點又回到當初的原始作戰目的上。

一年前設計「一號作戰」的目的是要消滅美國空軍在華航空基地，防止美國轟炸機從中國基地起飛轟炸日本本土。那時西南太平洋上的日軍防線距日本本土仍有 3 千哩之遙，美國空軍尚無法從太平洋的基地飛到日本本土。現在，美軍進駐塞班島及關島，美機立刻能就近進襲日本本土。是故，以摧毀在華美國航空基地為目標的「一號作戰」，其戰略意義實已不大。此外，長程轟炸機 B-29 已在 1944 年 5 月問世，並在 6 月 16 日從成都起飛，轟炸日本本土的北九州地區。也就是說，當初設計「一號作戰」的情境與目標，都已不存在。[138]

整個陸軍省、大本營（參謀本部）如總長、次長等，都認為應終止或推遲湘桂作戰第二期。[139] 他們認為，縱觀大局，第二期桂柳作戰

137　國防部史政編譯局，《抗日戰史（84）‧桂柳會戰》，頁4。

138　日本防衛廳防衛研修所戰史室著，曾清貴譯，《日軍對華作戰紀要（9）一號作戰（二）湖南會戰》，頁775。

139　《畑俊六日誌Ⅶ》9月13日專案，防衛省防衛研究所藏。伊藤隆、照沼康孝解說，《陸軍：畑俊六日誌》（東京：みすず書房，1983），頁487。防衛省防衛研修所戰史室編，《一号作戰（3）広西の会戦》（東京：朝雲新聞社，1969），頁697。

補給線太長，將會重蹈「英帕爾作戰」覆轍，故應終止「一號作戰」。
（關於「英帕爾作戰」，請見本書第二卷第五章。）

還有一個原因，不久前（7 月 26 日）大本營才策定了「捷號作戰」
方案，準備在菲律賓、台灣、日本本土與美軍決戰，此戰的第一階段
即將展開，兩頭作戰，恐怕應付不過來。

但是，大本營作戰部部長真田穰一郎和課長服部卓四郎則主張繼
續作戰。這兩位是「一號作戰」的發起者，也是原始策劃者，為了強
調「繼續」的原因，他們撰寫了「御下問奏答資料」（上奏回答天皇
提問的資料），說明不應終止的理由：

(1) 衡陽會戰中，國民政府軍隊在皇軍的果敢追擊下，戰略上已完
全崩潰，皇軍完全有能力攻占桂林、柳州地區。

(2) 「捷號作戰」以航空兵力為主，而「一號作戰」則以地面兵力
為主，兩者互不干擾，完全有能力按原計畫繼續推進。[140]

服部堅信，「一號作戰」是馬里亞納失陷後，能夠支撐戰局、並
推進皇軍於菲律賓附近進行決戰的唯一依靠。為此，他親往太平洋和
緬甸視察，以決定是否繼續「一號作戰」計畫。視察後，服部認為，
日本在太平洋和緬甸戰況不利、本土與南方的聯絡將被截斷的情況下，
對於「一號作戰」前景的期待更加高漲，打通中國大陸通道，對南方
軍有重大意義。而且，與緬甸戰役相比，「一號作戰」的航空力量好、
作戰進度好、補給好、鐵道又已掌握；因此他得出結論，應該繼續進
行「一號作戰」。[141]

140　參謀本部《昭和十九年上奏關係檔綴 卷2》（防衛省研究所藏）。防衛廳防衛研究
　　　所戰史室，《一号作戦(2)湖南の会戦》（東京：朝雲新聞社，1968）頁554-555。

141　軍事史學會編，《大本營陸軍部戰爭指導班・機密戰爭日誌》（下）（東京：錦正社，
　　　1998），頁584。

但大本營陸軍部戰爭指導班反對。他們語氣相當強硬：「不論理由如何，殊難認同此觀察結果。實際情況應更為嚴重，今後作戰有必要配合『捷號一期作戰』，並進而中止中國第二期作戰。……儘管這關係到作戰課長之體面問題，此際，我們希望上司做出根本決斷。」[142] 不過，大本營認為，中止的意見不宜由大本營主動提出，因此，陸軍次官柴山兼四郎把這個顧慮轉達給中國派遣軍總司令官畑俊六：「大本營命令強行終止此作戰，頗不適宜，」希望能由派遣軍提出來，大本營再加以裁決。[143]

為妥善處理此事，大本營在9月上旬特派「一號作戰」的原始策劃人服部卓四郎大佐等一行六人，到中國派遣軍各部溝通協調。[144]

服部說明，當初大本營急於發動「一號作戰」，是著眼於萬一海上交通中斷，在南亞的數十萬日軍還有中國大陸這條通道，不致被消滅。至於摧毀美國在華航空基地的任務，因戰局發展，已變得不切實際。服部指出，菲島決戰（「捷號作戰」）即將展開，萬一失利，則日本本土與南方地區的聯絡就會被切斷。菲島決戰將以航空作戰為主，而日本空軍實力不足，正計畫從中國派遣軍抽調航空部隊去支援「捷號作戰」。那麼，日軍在華航空兵力將更為薄弱，倘若美航空兵力又乘勢進入遂川、贛州以東，情勢將更為不利。然而，服部的結論很妙，大本營是要終止「一號作戰」的第二期作戰，但服部卻不願終止，他建議繼續執行「一號作戰」，但最好在「捷號作戰」決戰之前完成。[145]

中國派遣軍也希望繼續完成「一號作戰」，他們強調，「派遣軍

142　日本防衛廳防衛研修所戰史室編，曾清貴譯，《日軍對華作戰紀要（9）一號作戰（二）湖南會戰》，頁768。

143　〈畑俊六日記〉，收於日本防衛廳防衛研修所戰史室編，曾清貴譯，《日軍對華作戰紀要（9）一號作戰（二）湖南會戰》，頁773。

144　日本防衛廳防衛研修所戰史室編，曾清貴譯，《日軍對華作戰紀要（9）一號作戰（二）湖南會戰》，頁765。

145　同上，頁765。

與第11軍均抱有必成的信念」；「已摧毀第九戰區的精銳部隊」；「敵（指國軍）之戰略態勢已因之完全崩潰」，此時情勢有利於日軍，如貿然放棄，太可惜。應利用此有利態勢，進行追擊，以貫徹「一號作戰」。[146] 至於擔憂重蹈「英帕爾作戰」的覆轍，派遣軍表示，第11軍的後勤業已改善，11月以前粵漢路將可從岳州通達衡山。倘若攻勢發起後，戰線西移，戰鬥機部隊進駐衡陽後，後方之安全將更可提高。[147] 總之，派遣軍認為一切都會往理想中發展。

派遣軍參謀長松井太久郎特地飛到東京與大本營協商，最終在10月初獲得共識：「一號作戰」大致按原計畫執行，但須加速完成。[148]

事實上，派遣軍這種樂觀的想法並不現實。國軍自衡陽陷落後，就放棄在周邊與日軍決戰的企圖，一面整備桂柳防線，主力則「廣領前方要地，以攻為守，並襲擾敵軍後方」。[149] 這種近似游擊戰的持久戰法，使日軍無從大規模的圍殲國軍。再者，服部的返京報告中亦指出，衡陽作戰的戰果未能盡如理想，日軍傷亡重大，其原因有三：兵力不足、後勤支援不上，以及制空權居於劣勢。[150] 事實上，大軍進入桂柳地區後，戰線拉得更長，補給負擔更為嚴峻，這些問題都不可能獲得改善。

大本營調整中國戰區指揮體系

9月上旬，大本營在指揮體系上作了重大的調整：

146 日本防衛廳防衛研修所戰史室編，曾清貴譯，《日軍對華作戰紀要（9）一號作戰（二）湖南會戰》，頁771。

147 同上，頁772。

148 同上，頁774。

149 國防部史政編譯局編，《抗日戰史（83）‧長衡會戰》（台北：國防部史政編譯局，1982），頁75。

150 《日軍對華作戰紀要（9）一號作戰（二）湖南會戰》，頁766。

(1) 第 11 軍已南下衡陽，即將進入廣西，武漢地區則交由第 34 軍負責。

(2) 為統籌地區指揮，大本營在 9 月 10 日新設立第 6 方面軍，統領華中地區日軍。首任司令官是岡村寧次大將（兩個月後岡村升任中國派遣軍總司令官，遺缺由岡部直三郎大將出任）。[151]

　　岡村立即著手桂柳作戰、打通粵漢鐵路的策劃。因人手不足，岡村特別商請調用在滿洲的第 20 軍司令部的人員，接替第 11 軍南下後留下的湖南省的管理事務，並負責一部分第三期（湘粵贛邊區）作戰任務。[152]

國軍應戰乏力

　　自衡陽陷落後，軍事委員會就放棄在衡陽周邊與日軍決戰的企圖，轉而積極整備桂柳防線。但是，中日戰力懸殊，副參謀總長白崇禧在 1944 年 8 月 20 日提出〈劣勢裝備對優勢裝備敵軍戰法〉，建議軍委會應組織多數支隊，採取避實擊虛的游擊戰法，截擊日軍水陸兩路交通線，並與空軍配合，使日軍因補給困難而不敢貿然深入。[153] 這種近似游擊戰的持久戰法，目的是使日軍無從大規模的圍殲國軍；國軍則固守桂林，以時待變。[154] 蔣介石把白崇禧意見做成作戰指導，於 8 月 24 日頒行全軍。[155]

　　岡村寧次急著發動作戰，10 月 26 日，他命第 3 及第 37 兩師團發

---

151 日本防衛廳防衛研修所戰史室編，李維之譯，《日軍對華作戰紀要（6）派遣軍作戰（二）第六方面軍作戰》，頁 34。

152 同上，頁 3。

153 國防部史政編譯局編，《抗日戰史（83）‧長衡會戰》，頁 75。

154 國防部史政編譯局編，《抗日戰史（84）‧桂柳會戰》，頁 11。

155 同上，頁 12-14。

起攻擊，日軍沿湘桂路兩側，強渡桂江直撲桂林。[156] 日軍突破國軍第79軍位於大溶江及靈田的陣地，日軍乘勢迫抵桂林城下，與守軍鏖戰。11月6日，日軍第13師團也到了桂林南郊，日軍後續兵團相繼到達，桂林被圍住了。國軍已形孤立，又因傷亡過重，防線遭敵突入，10日午後，桂林淪陷。[157]

岡村下一個目標是殲滅柳州附近國軍，他的計畫是以第11軍及第23軍相互配合，分別由北方及西方宜山合圍，企圖捕殲中國第四戰區主力。但是，柳州是廣西省會，重要性很高，奪取柳州是非常大的戰績，第11軍司令官橫山勇為了搶功，不理會岡村要第11軍及23軍在宜山合圍的命令，他在進攻桂林的同時，就派遣第13及第3師團各一部迳趨柳州，企圖搶在第23軍之前攻占柳州。

岡村寧次聽聞橫山勇獨斷行動相當震怒，他告訴橫山勇：「我重視宜山，甚於柳州。」[158]

此時，不僅橫山勇的部隊，日軍各部都到了柳州附近。11月9日，第23軍的第104師團開始猛攻柳州，10日突入柳州北市區。[159] 由於第23軍的第22師團行程延誤，還沒在柳州西方合圍國軍，而第四戰區司令長官張發奎判斷柳州大局已定，不宜再作無謂犧牲，剛好利用西方這個缺口，令各部破壞所有倉庫資源，轉移到柳州西側的山地，繼續抵抗。[160]

柳州棄守後，張發奎以宜山為中心，重新部署，以第27、16、35集團軍並列，建立逐次抵抗陣地帶。日軍則乘勢分途追擊，兩軍沿著

---

156 日本防衛廳防衛研修所戰史室編，左秀靈譯，《日軍對華作戰紀要（10）一號作戰（三）廣西會戰》，頁493。

157 國防部史政編譯局，《抗日戰史（2）‧全面抗戰經過》，頁338。

158 國防部史政編譯局，《抗日戰史（9）‧西南及滇緬作戰》，頁160。

159 同上，頁219。

160 同上。

黔桂路追逐戰鬥。國軍久經征戰，戰力殘破，乏力抵抗，宜山在 15 日陷落，思恩、河池等地陸續失守。23 日，日軍前鋒已迫抵金城江，貴州為之震撼。[161]

桂柳戰況緊急之際，軍委會為穩定西南戰局，曾在 10 月初下令抽調 7 個軍分別集結於貴州東部的黃平、鎮遠，以及貴陽、馬廠坪、都勻、獨山間地區，統歸黔桂湘邊區總司令湯恩伯指揮。[162]

但是，西南地區交通不便，增援部隊機動速度極慢，進度趕不上變化。[163] 而國軍第四戰區兵力本就單薄，戍守桂越國境的是廣西的地方團隊，戰力更顯不足，日軍幾乎是勢如破竹，很快就在 11 月 24 日進占南寧。[164]

日軍駐法印（越南）的第 21 師團一個支隊，在 11 月 28 日由諒山進入中國國境，兵分兩路直趨明江、龍州。12 月 2 日，拿下明江、龍江，隨即向南寧前進。而之前拿下南寧的第 22 師團則持續南下，兩軍於 12 月 10 日在綏沬會師。

期間還發生一件有驚無險的事。12 月 5 日，日軍先鋒一度攻占了貴州最南端的獨山。獨山被稱為「貴州南大門」，是黔桂公路的咽喉要地，貴州通往兩廣必經之路，也是屏障四川的重要門戶。獨山淪陷，四川震動，大後方壓力驟增。好在當時日軍並無攻進四川的規劃，因為那將消耗太多資源，而是就此打住，陸續回撤。[165] 第 23 軍調離廣西，準備「第三期（湘粵贛邊區）作戰」，主力第 104 師團轉返廣東，餘部第 22 師團負責打通桂越邊界、聯繫越南境內的日軍。

....

161　國防部史政編譯局，《抗日戰史（2）‧全面抗戰經過》，頁339。

162　國防部史政編譯局，《抗日戰史（9）‧西南及滇緬作戰》，頁173。

163　國防部史政編譯局，《抗日戰史（84）‧桂柳會戰》，頁30；國防部史政編譯局，《抗日戰史（9）‧西南及滇緬作戰》，頁175。

164　國防部史政編譯局，《抗日戰史（9）‧西南及滇緬作戰》，頁176。

165　國防部史政編譯局，《抗日戰史（2）‧全面抗戰經過》，頁339。

　　至此，日軍「一號作戰」的目標，基本完成了，只剩一個尾巴——「襲占粵漢鐵路南段，摧毀遂、贛地區美空軍基地，並確保粵漢鐵路重要工程設施」。[166] 但此時太平洋戰局已發生重大變化。日軍在菲律賓戰場失利，美軍登陸呂宋是遲早的問題；而以馬里亞納各島為基地的美軍 B-29 轟炸機群在一個月前（11 月）已開始轟炸東京，太平洋戰局出現大逆轉。[167]

　　東京告急，大本營被迫調整戰略，改以本土防禦為中心。大本營認為美軍必會在中國沿海登陸，因此要求中國派遣軍加強在中國東南沿海的戰備。明知此時再去打通粵漢路、摧毀美軍在江西的機場已無意義，但不知何故，岡村寧次還是勉力展開最後一小段湘粵贛邊區的作戰。[168]

　　1945 年 1 月 3 日，岡村寧次命日軍以郴縣為目標，三面夾攻。[169] 25 日攻占郴縣，打通粵漢路樂昌以北路段。日軍匯合後向南急進，與北進的 104 師團會攻曲江，隨即全線打通粵漢路。[170]

　　最後就剩下江西的兩個機場。1 月 28 日，日軍攻下遂川機場。[171] 接著沿公路南下，要拿下贛縣的機場。2 月 5 日，日軍抵達贛縣西北，國軍無力阻擋，只得自行破壞機場後撤出贛縣。[172] 湘粵贛邊區作戰結束，「一號作戰」畫下句點。

　　值得一提的是，「一號作戰」最後階段，1944 年 12 月 2 日，岡村寧次升任中國派遣軍總司令官。岡村一再堅持，欲打開太平洋和中國

166　日本防衛廳防衛研修所戰史室編，李維之譯，《日軍對華作戰紀要（6）派遣軍作戰（二）第六方面軍作戰湖南會戰》，頁 55。

167　同上，頁 144。

168　同上，頁 145。

169　國防部史政編譯局，《抗日戰史（2）·全面抗戰經過》，頁 362。

170　同上。

171　同上，頁 363。

172　同上。

戰場的局面，唯有孤注一擲，傾全力攻入四川。因此，他就任派遣軍總司令後，立即重提業已塵封的「四川作戰」計畫。他認為，「一號作戰」已使蔣介石政府在國際、內政、經濟各方面挫敗，軍事力量也非常薄弱，日軍應利用這個難得的擊敗中國軍隊的機會，攻入四川，顛覆重慶政府，對大局必有重大貢獻。[173] 不過，此案並未被日大本營所接受。

六、觀察與檢討

平情而論，此役日軍作戰成果豐碩，除了進攻衡陽遭受挫折外，在長達 1 千 5 百公里的戰線上，攻勢一路順暢，重創了多年據守長衡地區第九戰區的國軍精銳部隊，損毀了美軍在中國的空軍基地，還一路打到貴州最南端，逼近四川。此外，日軍翔實的作戰計畫、精妙的策略，以及強大的戰力，無不令人印象深刻。但是，就作戰的目的及勝負而言，「一號作戰」只是一場「沒有達到真正目標的悲劇性作戰」。[174]

日軍雖達目標卻是一場空

「一號作戰」的幾個目的日軍都完成了，但就戰爭全局而言，已無意義。既不能阻止盟軍轟炸日本本土，也無助於菲律賓決戰的「捷號作戰」。最後，除了戰術上的成就外，其餘皆是一場空。說明如下：

(1) 破壞美軍在華空軍基地：日軍的確把美軍在江西、湖南、廣西、

173　日本防衛廳防衛研修所戰史室編，李維之譯，《日軍對華作戰紀要（6）派遣軍作戰（二）第六方面軍作戰湖南會戰》，頁309。

174　原剛，〈一號作戰──實施前的經過和實施的成果〉，楊天石、臧運祜編，《戰略與歷次戰役》（北京：社會科學文獻出版社，2009），頁302。

廣東的空軍基地都摧毀了，但 1944 年 6 月美軍 B-29 長程轟炸機加入中國戰場，能從成都起飛轟炸日本，更何況美軍第 20 轟炸司令部進駐提尼安島及關島，可直接對日本本土進行戰略轟炸。所以，之前的努力都變成毫無意義。

(2) 打通大陸交通線：1944 年日軍已失去在太平洋及中國戰場的制空權，修復的黃河鐵橋很快被美軍航空隊炸掉，打通的平漢、粵漢線也被炸斷，白忙一場。

(3) 唯一有意義的是嚴重打擊國軍力量，美英盟國因此對蔣介石國民政府失望，轉而要求蘇聯加入遠東戰局。但日本並未從中得到好處，唯一獲利的是中共及蘇聯。

戰後，派遣軍總司令畑俊六曾檢討「一號作戰」，坦承當時犯了一個重大戰略錯誤：「大東亞戰爭爆發以來，中國方面變成次要作戰地區，已不允許從事積極性作戰。從戰爭全域觀之，雖有必要也有助益，但打通作戰，其利用價值似不太大。」[175]

其實，「一號作戰」在計畫階段就出了問題。大本營及派遣軍在研擬此計畫時，其作戰目的、目標、手段都顯得模糊不清；實施起來，目標反而變成了目的，為了達到眼前的目標，傾盡全力，最終迷失了原本的作戰目的。

深究下去，日軍「絕對國防圈」的範圍太大，本就難以維持；而且，東京特別重視盟軍對日本本土的空中攻擊，那麼，飛機製造力就成為重中之重。可是，日軍在策劃作戰時，卻是一葉障目，只想著如何保衛本土的飛機工業，卻忽略了美國強大的軍工業力量，日本實難望其項背。日本硬是傾全國之力，打一場本不該打的大戰。事實擺在眼前，

---

175 日本防衛廳防衛研修所戰史室編，曾清貴譯，《日軍對華作戰紀要（8）一號作戰（一）河南會戰》，頁49。

美國在二戰中生產各型戰鬥及轟炸機，總數超過 30 萬架；[176] 按美國陸軍航空軍司令阿諾德（Henry H. Arnold）提出的數據，美國在 1944 年前後短短 15 個月內，就製造了各型作戰飛機總數達 14 萬 5 千架；[177] 反觀日軍，每年生產 500 架戰機都很勉強。雙方實力相差懸殊，這才是致敗的關鍵。

會戰的檢討

國軍在「豫中會戰」可謂是一敗塗地，從 4 月下旬日軍渡黃河到 5 月 25 日洛陽失陷，短短 38 天就失掉了 37 個城市。雖然浴血奮戰的將士所在多有（例如，新編第 29 師守許昌，傷亡慘重，師長呂公良、副師長黃永淮，以及三個團長都陣亡了）。但總的來說，國軍傷亡慘重，尤以湯恩伯部隊為甚，雖未被日軍全數殲滅，但損失達三分之一，戰力大為削弱。[178]

犯了如此嚴重的過失，第一戰區司令長官蔣鼎文、副司令長官湯恩伯遭彈劾撤職，蔣鼎文從此未再擔任重要軍職，湯恩伯幸得蔣介石護佑，半年後改任第三方面軍司令官。

會戰結束後軍事委員會針對此役檢討，蔣鼎文、湯恩伯都做了檢討。蔣鼎文自承，國軍犯了 10 大疏失：（1）戰前調出兵力，以致會戰時兵力不足；（2）未落實河防部署，致使日軍輕渡黃河；（3）兵力部署分散，而且重南輕北；（4）未料到日軍會出動戰車師團和騎兵旅團；（5）未防止日軍修復黃河鐵橋；（6）初戰未能給予日軍致命

---

176 Norman Polmar & Thomas B. Allen, *World War II: American at War, 1941-1945*，pp, 880-881.

177 日本防衛廳防衛研修所戰史室編，曾清貴譯，《日軍對華作戰紀要（8）一號作戰（一）河南會戰》，頁41。

178 陳永發，〈關鍵的一年──蔣中正與豫湘桂大潰敗〉，《中國歷史的再思考》，頁 359-368。

打擊；（7）未能捕捉日軍主力，以國軍主力打擊之；（8）缺乏後備兵團，臨戰無法應變；（9）部隊不能貫徹命令，互相協同作戰；（10）未能確實報告實況，以致上級不能有效部署。[179]

蔣鼎文這些檢討有其道理，但問題是，作為戰區最高長官，他的責任最大，而他卻完全沒有檢討自己。湯恩伯則是一肩扛起所有責任，承認自己犯了許多錯誤，包括情報誤判、指揮失誤、軍紀敗壞、鬥志薄弱、軍民關係不佳等等。[180]

蔣鼎文、湯恩伯的檢討都說出了部分原因，但有點避重就輕，成敗關鍵還得往深處探討：

(1) 河南會戰（豫中會戰）是「一號作戰」的起點，明顯看出日軍卓越的戰爭運轉機制，上自大本營，下至各軍司令部，都不乏專業的指揮及參謀人才。他們作戰計畫中嚴謹的戰略、戰術，包括欺敵作為，在在顯示出高超的決斷力與實踐力，克服了渡河作戰的不利條件，順利圍殲湯恩伯兵團，並使裝甲兵團的戰力發揮到極致。

(2) 日軍成功之處，恰是國軍失敗之處。國軍在戰略、戰術的作為上，缺失甚多。蔣介石自己就承認：「為敵寇戰車在登封佯動所欺誘，即令西龍門與虎牢關各軍向洛陽增援，以致河南戰局轉成為敗。」他自承此舉是「無上之錯誤」。[181]

179 蔣鼎文，〈關於中原會戰潰敗原因之檢討報告〉，中國第二歷史檔案館編，《中華民國史檔案資料匯編》，第5輯2編：軍事（4）（南京：鳳凰出版社，1998），頁91-98。

180 湯恩伯，〈勇敢負責、徹底覺悟──中原會戰的檢討〉、〈認清缺點、痛切改進──中原會戰的檢討〉、〈接受教訓、創造勝利──中原會戰的檢討〉，《湯恩伯先生紀念集》（台北：自印，1964），頁丙88-105。

181 蔣介石日記，1944年5月31日，「本月反省錄」。

此外，國軍還有其他疏失：

(1) 情報能力不足：日軍準備發動「一號作戰」，動作頻仍，國軍卻陷入「日軍無力發動大規模作戰」的迷失（myth）之中，喪失在日軍初動之前即予破壞的先機。及至 5 月中旬，豫中會戰敗相盡顯，陳誠奉派取代蔣鼎文，試圖力挽戰局的頹勢，陳誠建議中央集 1、2、5、6、8、9 六個戰區之力，作全盤規劃，卻未獲允許；[182] 可見中央的心態到那時仍未調整過來。這個錯誤的觀念，也影響了對日軍「一號作戰」第二階段的應對。

(2) 指揮不當：蔣鼎文臨陣逃脫，罪無可恕。湯恩伯戰情判斷失誤，緊急時的應對亦未能對症下藥，而他把政治考量放進軍事決斷中（不願違逆蔣介石之意），影響了他的決策。

(3) 會戰具體部署不當：豫中地勢平坦，利於日軍機械化部隊和騎兵的運動，面對日軍坦克部隊和優勢兵力的攻擊時，國軍應揚長避短，運用有利地形作戰，以黃河防線滯緩日軍，同時把主力放在嵩山、伏牛山的山區。遺憾的是，國軍先是任由日軍在黃河南岸建立據點、修復黃河鐵橋，使日軍戰車及後續兵力輕易地長驅直入；開戰後又把中心放在城市和交通要點，以致兵力分散，打擊力不集中，防衛縱深不足，一路陷於被動，大部隊在平原就耗盡了戰力，等退到山區時已潰不成軍。

(4) 「主決戰方面」選擇不當：「主決戰方面」係指會戰時形成兵力重點的地區。當日軍攻占許昌後右旋，湯集團和日軍形成主力對決；可是，國軍在機動、打擊能力上本就差日軍甚多，湯集團又兵力分散，而日軍在許昌附近大量集中兵力，攻勢一經發起，迅即瓦解湯集團陣形。「決戰在即不宜分散兵力」，這

---

182 《陳誠先生回憶錄：抗日戰爭（下）》（台北：國史館，2004），頁617。

是野戰用兵的原則與規律，犯此用兵大忌，必敗無疑。然而，這些慘痛教訓，在徐州會戰後即有此經驗總結，但此次會戰仍未記取教訓，冀求側擊而阻殲敵機甲部隊，實屬不智。

(5) 湯軍團軍紀敗壞，自食惡果：此次會戰，最令人痛心的是，湯部在伏牛山遭到當地民眾圍攻、甚至繳械。個中原因固然複雜，但湯部軍紀敗壞，難辭其咎。1940 年棗宜會戰後，湯恩伯以第 31 集團軍總司令兼魯蘇豫皖邊區黨政分會主任，他不斷收編當地流民、游雜部隊，大量擴軍，但中央補給遠遠不夠，湯部只得自行解決。湯恩伯做生意養兵，經商、吃空、賭博、盜賣公物、走私等等，部屬還透過各種手段找錢，弄得紀律廢弛，民心離散。[183]

　　總之，日軍在豫中會戰的作戰計畫詳細周延，作戰準備妥當完備，再加上機械化部隊，戰力強、士氣高；而國軍則沉迷做生意，疏於訓練，士氣渙散。陳永發指出，「河南作戰」的成敗關鍵在於「商業化對抗機械化」，[184] 真是一針見血。

方先覺：英雄還是降將？

　　國軍在這幾個會戰表現不佳，諸多問題浮現，但衡陽保衛戰卻是例外。方先覺第 10 軍全體將士用命，以一個軍（1 萬 8 千人）對抗日軍 4 個師團及其他部隊（約 13 萬人），以 1 擋 7，竟能支撐 47 天之久，實在了不起，這是一場傑出的保衛戰。

　　特別值得提出的是，第 10 軍建構的陣地堪稱絕妙。他們把山頭挖成 90 度的峭壁，如同斷崖，再加上四通八達的碉堡與隧道，如此強固

---

183 《陳誠先生回憶錄：抗日戰爭（下）》，頁 628。

184 陳永發，〈關鍵的一年 —— 蔣中正與豫湘桂大潰敗〉，《中國歷史的再思考》，頁 351-375。

的工事，奠定了第 10 軍長期固守的基礎，也讓日軍吃足了苦頭。戰後日軍檢討這個「斷崖工事」，不禁讚嘆：「我軍既難以接近，也無法攀登，此種偉大之防禦工事，實為中日戰爭以來所初見，也堪稱中國國軍智慧與努力之結晶。」[185]

然而，衡陽保衛戰最後結尾留下一個疑點：方先覺究竟是被俘還是投降？

城破之日，方先覺和倖存的 2 千餘官兵被日軍所俘。對此，國民政府官方說法是方先覺試圖自殺，被副官攔下，最後被日軍「劫持」：「方軍長認為戰事已瀕絕望關頭，乃舉手槍自戕，為輜重團長李綏光、副官王洪澤奮起擊落於地。槍雖鳴，而彈虛出。敵兵已適時掩至。方軍長及幾位師長、參謀長與高級將領均被劫持，求死不得。」[186]

日方記載則不一樣。在衡陽淪陷的前一天，8 月 7 日傍晚，日軍「發現守軍陣地豎起白旗」；晚 9 點後，「守軍部隊就接連放下武器。」[187]不過，日軍戰史對此記載僅聊聊數語，雙方如何談判？是否有談判？內容如何？似乎找不到相關的記載。

戰後，預 10 師師長葛先才親撰回憶錄，見證衡陽保衛戰的真相。葛先才指出，最早是第 3 師師長周慶祥建議與日軍談判停戰之事，周的理由是：已有近 8 千名將士戰死，受傷的約 6 千人，正在奮戰的僅有 2 千人，另外還有一些非戰鬥官兵，他們不畏戰，但是，彈盡援絕，戰無可戰。城破在即，如何維護僅存官兵的生命安全，是他們做長官的重責。他建議忍辱負重，委曲求全，必要時犧牲軍長、師長的性命，來保全官兵的生命。他把這個想法報告方先覺，方的答覆是：「我給

185　摘自日本陸軍部公布〈衡陽戰後經過〉，王文變編，《中國抗日戰爭真相（上冊）》（台北：中華戰略學會，2015 年 9 月），頁 500。

186　白天霖，《抗日聖戰中的衡陽保衛戰》（台北：蒼璧出版有限公司，2015）。頁 76。

187　日本防衛廳防衛研修所戰史室編，曾清貴譯，《日軍對華作戰紀要（9）湖南會戰》，頁 543-545。

你一個範圍，斟酌去辦理。」[188]

於是，周慶祥與日軍聯繫，日軍回應了，8月8日上午10點半，日軍接受了第10軍的停戰條件，11點，全線停止攻擊，並稍微後撤，方先覺也令第10軍官兵放下武器。

然而，日軍占領衡陽後卻沒有按照協議把方先覺及第10軍官兵送往南京，還虐待第10軍被俘官兵，不少傷兵被日軍殺害或折磨致死。不過，對於方先覺，日軍還算尊敬，把方先覺及幾位層級較高的軍官關在一所小教堂內。不久，日軍把第10軍被俘官兵改編為「先和軍」，以方先覺為軍長，並在一定程度上改善了他們的伙食，並分配他們到各地做苦工。

後來陸續有官兵逃出，方先覺、參謀長孫鳴玉，以及4個師長也都先後被軍統特務及游擊隊救出，方先覺在11月下旬獲救，輾轉芷江、昆明，於12月11日抵達重慶。[189]

問題來了，當初方先覺發給重慶的「最後一電」感動大後方多少軍民，但最後方先覺卻被日軍所執，而其對日軍開出的條件之一是要「去南京」，也就是汪精衛政權，現在回到重慶，豈不尷尬？

不過，蔣介石不但沒有責罰他，反而第二天（12日）就召見慰勉。蔣介石見到方先覺時頗為感性，「不禁如隔世重逢，悲喜交集」。[190]接著重慶掀起一波讚揚致敬的宣傳活動，報章雜誌、廣播電台各種採訪報導，把方先覺視為英雄。方先覺卻很低調，表示慚愧，因為自己「既未成功，又未成仁。」[191]雖被歡迎，卻看起來「不勝其哀淒」。[192]

188　葛先才著，李祖鵬編，《長沙・常德・衡陽血戰親歷記》（北京：團結出版社，2007），頁118。

189　《抗日聖戰中的衡陽保衛戰》，頁80。

190　蔣介石日記，1944年12月12日。

191　敏之〈訪問方先覺將軍〉，《大公報》（重慶），1944年12月13日，第3版。引自鄧野，〈蔣介石對方先覺投敵案的裁決〉，《歷史研究》2006年05期，頁136-148。

192　公安部檔案館編注，《在蔣介石身邊八年：侍從室高級幕僚唐縱日記》（北京：群

　　蔣介石慰問備至，但各界質疑他投降日軍的聲音也不小，甚至責怪他「一生光榮，惟欠一死」。[193] 12月下旬，軍委會討論方先覺是否再任軍職，軍政部長陳誠建議恢復其軍長職務，但國民政府內部有不少質疑之聲，副參謀總長程潛反對尤烈，美軍方面也不以為然。[194] 最後，蔣介石獨排眾議，任命方先覺為39集團軍副總司令兼第10軍軍長。

　　這裡有些問題未解。蔣介石即使在衡陽淪陷時以為方先覺殉城，但他很快就知道方還活著，日方還有廣播及照片傳出；那麼，國民政府傳播機構為何還要大力宣傳方先覺的英勇？方先覺回到重慶後，國民政府為何大肆褒揚，把他捧為英雄？軍委會內部質疑方先覺的忠誠，蔣介石為何獨排眾議，對方先覺既頒獎章又升官？

　　鄧野研究蔣介石對方先覺案裁決過程的相關檔案，指出：蔣介石對方先覺的處置，出發點不在軍事，而是政治。[195] 蔣介石一開始就被幾個因素纏繞，不得不把衡陽保衛戰這個軍事行動政治化。

　　首先，衡陽保衛戰的同時，正是重慶與華盛頓外交關係最緊張的時候。一方面，盟國在歐洲戰區開始反攻，而中國戰區不但無起色，反而從豫中會戰開始就一路潰敗，致使羅斯福和邱吉爾看輕中國抗日戰力，並懷疑蔣介石領導能力，令蔣頗為難堪。另方面，這段期間也正是蔣介石與史迪威嚴重爭執的時候。面臨這些壓力，蔣介石特別要證明中國軍人能戰、不畏戰，縱使保不住衡陽，也要顯示中國英勇抗敵的精神。[196]

　　此外，國共關係也影響了蔣介石對方先覺一案的裁決。方先覺歸返重慶之時，國共談判正陷入僵局，中共以方先覺之事批判蔣介石，

續 ···
　　眾出版社，1991），頁478。
193　《徐永昌日記》，1945年1月7日。
194　《徐永昌日記》，1944年12月20日。
195　鄧野，〈蔣介石對方先覺投敵案的裁決〉，《歷史研究》2006年05期，頁136-148。
196　同上。

益加使得蔣介石在處置方先覺一案的態度上強硬，毫無迴旋餘地。[197]

　　陳永發倒不認為事情有那麼複雜。蔣介石明白衡陽保衛戰多麼艱難，他從未懷疑方先覺保衛衡陽的忠誠與決心。[198]

　　事實上，蔣介石一直密切關注衡陽戰情，直到城陷的前一天，還在張羅國軍前往救援。衡陽保衛戰期間他心急如焚，經常半夜起床禱告；衡陽失陷的前一夜，他還「半夜前後起床禱告三次」。[199] 而且，他聽聞方先覺投降日軍的傳聞後，連續幾天分析此事。他認為，雖然方先覺未以身殉國，但他深信「先覺絕不至乞降」。[200] 日方傳言方先覺是8日清晨搖白旗乞降；但日軍廣播又說，方先覺是9日上午在南門外防空洞被找到的。蔣介石因此判斷日方的宣傳不可信、「荒妄」。[201]

　　不過，撇開這些議題，方先覺率領第10軍，以不足1萬8千人對抗10萬日軍，竟能堅守47天，這已是中外軍事史上傑出的防守戰之一。第10軍全體將士為了保衛衡陽，與日軍死戰，全軍傷亡超過80%，他們所展現的英勇壯烈，令人肅然起敬。

　　至於最後究竟是被俘還是投降，應不是重點。在彈盡援絕、退無可退之時，他們可能對蔣介石救援的承諾失望、甚至埋怨（其實援軍被日軍阻於衡陽外圍）；無論如何，都有其不得已，其情實可憫。

國民政府盛衰的轉捩點

　　1944年，國民政府對日抗戰已歷七個年頭，各方面都出現疲弊腐敗現象。政府行政效率低落，官員貪汙、物價上漲、社會治安問題頻傳。

197　鄧野，〈蔣介石對方先覺投敵案的裁決〉，《歷史研究》2006年05期，頁136-148。
198　陳永發，〈關鍵的一年 —— 蔣中正與豫湘桂大潰敗〉，《中國歷史的再思考》，頁391-393。
199　蔣介石日記，1944年8月8日。
200　蔣介石日記，1944年8月9日。
201　蔣介石日記，1944年8月12日。

在軍隊中，即便是最精銳的遠征軍，軍紀都有問題，逃兵成風。兼任遠征軍司令長官的陳誠對這些狀況，感嘆「現非獨遠征軍如此，實不願聞，亦不忍聞」。[202]

這一年（1944年）歲次甲申，歷史劇作家郭沫若發表〈甲申三百年祭〉長文。明朝亡於崇禎17年，1644年，歲次甲申。1944年（民國33年）正好是明朝滅亡300年，又再歲次甲申，郭沫若寫的是崇禎17年的甲申，其實是隱喻1944年的甲申，暗示明朝敗亡時的現象，又一一復見於今日。[203]

此文大受矚目，報章雜誌廣為轉載，轟動一時。陳誠肯定郭沫若的文章，因為中日戰爭延續甚久，以致國民悲觀、消極，處處瀰漫怨憤氣氛。反映在生活方面，就是有能力享樂者，無不盡情享樂，「今朝有酒今朝醉」；無力享樂者，則怨天尤人，「活一天算一天」，毫無自力更生的打算。軍隊更是士氣消沉，紀律敗壞，戰志低落。為官者面對此國家最大的危機，緘口不言，偽裝太平。陳誠認為，郭沫若對時局的看法，有相當代表性，並非全出偶然。[204]

陳誠在豫中會戰後，接替蔣鼎文出任第一戰區司令長官。他四處視察，親見軍隊腐敗，鬥志低落，部隊普遍吃空，缺額極多，頗以為憂。

說起來，軍隊也有軍隊的難處。幾年抗戰打下來，國家財政困難，無法提供部隊足夠經費，到了抗戰後期，這種情況更為嚴重，不少部隊為維持生計，只得經商開源。湯恩伯的長官部在洛陽開設麵粉廠，在其他地區也辦了好幾個工廠，有菸廠、酒廠、造紙廠、紡織廠，還有煤廠，經營範圍相當大，一個軍事機關變成一家大公司。上行下效，

202　《陳誠先生日記》（台北：國史館，2015），第1冊，頁495。

203　潘光哲，〈郭沫若與甲申三百年祭〉，《中央研究院近代史研究所集刊》，第30期（1998年12月），頁285-334。

204　何智霖編，《陳誠先生回憶錄：抗日戰爭》，上冊（台北：國史館，2004），頁148-149。

各級幹部想方設法賺錢，有的腰纏累累，窮奢極欲，但基層士兵生活普遍清苦。[205]

　　更嚴重的是，軍隊做生意，與民爭利，引致民怨沸騰。湯恩伯部隊紀律敗壞，軍隊所在，可謂雞犬不留，軍民之間儼如仇敵。河南民間早就有「寧願敵軍燒殺，不願國軍駐紮」的說法，甚至把湯恩伯跟水災、旱災、蝗災並列稱作「水旱黃湯」。[206]

　　其實，湯恩伯善戰，華北守南口、淞滬、台兒莊都打得很好，後來在湖北的幾場會戰，都給日軍相當壓力。蔣介石曾讚揚他：「誠罕世之名將也。」[207] 正因為湯軍團戰力強，日軍視其為眼中釘，幾次發動作戰，目的多是為了捕捉殲滅湯軍團。蔣介石對湯恩伯不次拔擢，1942 年已升任第一戰區副司令長官兼魯蘇皖豫邊區總司令，統領數十萬大軍，與陳誠、胡宗南並稱「陳、胡、湯」，是抗戰時期中央軍成長起來的三大軍系。

　　然而，湯恩伯在豫中會戰的表現一敗塗地，聲名掃地，以致日後提到湯恩伯，首先想到的就是豫中慘敗、「水旱黃湯」，反而忘了他之前的驍勇善戰。平情而論，問題的根源，在於湯恩伯承擔了不該由他來承擔、也超出他能力的責任。

　　湯恩伯部隊防守在河南，北邊是山西共產黨，東邊是虎視眈眈的日軍，日軍還特別針對他時予打擊。他在抗戰前、中期表現都很出色，但到了抗戰末期，國民政府的財政幾乎是山窮水盡，政府撥不出經費，他不得不自己想辦法賺錢來維持龐大部隊的開銷。既要賺錢，就很難避免不與民爭利。不幸的是，他駐紮的地區正是花園口決堤黃汜區周邊，天然災害非常多，人民生活困苦，河南人民自我組成的武裝團體

205　何智霖編，《陳誠先生回憶錄：抗日戰爭》，上冊，頁 144-146。

206　郭汝瑰、黃玉章主編，《中國抗日戰爭正面戰場作戰記》，下冊（南京：江蘇人民出版社，2015），頁 1135。

207　蔣介石日記，1937 年 8 月 26 日。

又相當強悍，結果出現湯軍團跟日軍作戰之時，河南人民不但不支持，反而與湯軍團發生嚴重衝突的悲劇。

「一號作戰」的影響不止上述各端。國民政府表現不佳，不僅蔣介石國際聲望嚴重受損，美國、英國、蘇聯更因此對蔣介石失望，轉而要求蘇聯對日開戰。這一連串發展，為戰後國共內戰的成敗以及亞洲的政治格局埋下伏筆。

特別要提的是，「一號作戰」之前，中國共產黨在華北的根據地正苦於日軍的掃蕩。為了「一號作戰」，日軍不得不停止對中共根據地的清理，把大規模兵力調到豫中作戰地區。中共因此得到喘息的機會；同時，隨著戰局推進，日軍一路向西南進擊，國軍節節敗退，國民黨勢力在華北式微，在河南、湖南、廣西、貴州、桂林也出現嚴重的虛空。這大片突然空出來的地區，為中共提供了社會及軍事部署的空間。「一號作戰」期間，中共大量接收國軍和日軍空出來的勢力範圍，短短 8 個月的時間，中共戰力就增加了兩倍，從不到 50 萬人，成長到將近 1 百萬人（正規軍從 40 萬人增加到 80 多萬人），其內部開始相信，他們已具備戰後直接奪取權力的能力了。[208]

是故，「一號作戰」實是「國民政府成敗的轉振點」。[209] 此役，國共兩黨勢力因此逆轉，此消彼長，最終政權易手。

208　方德萬，《戰火中國》（台北：聯經出版公司，2020），頁12。

209　同上，頁35。

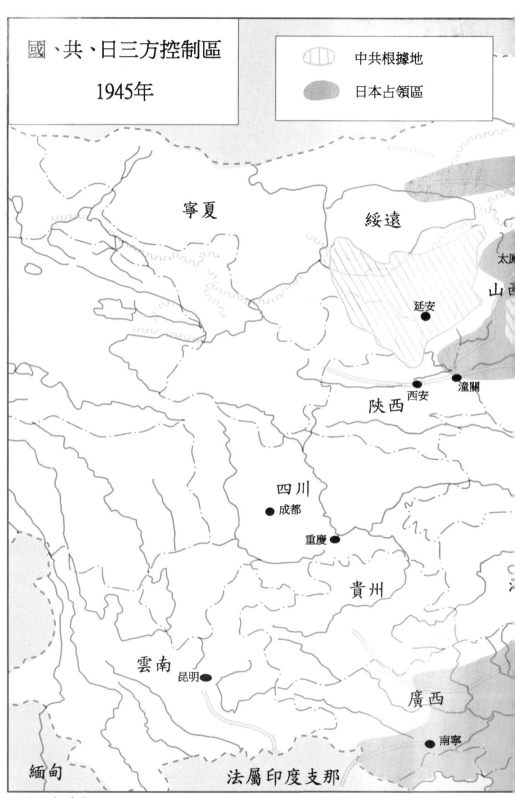

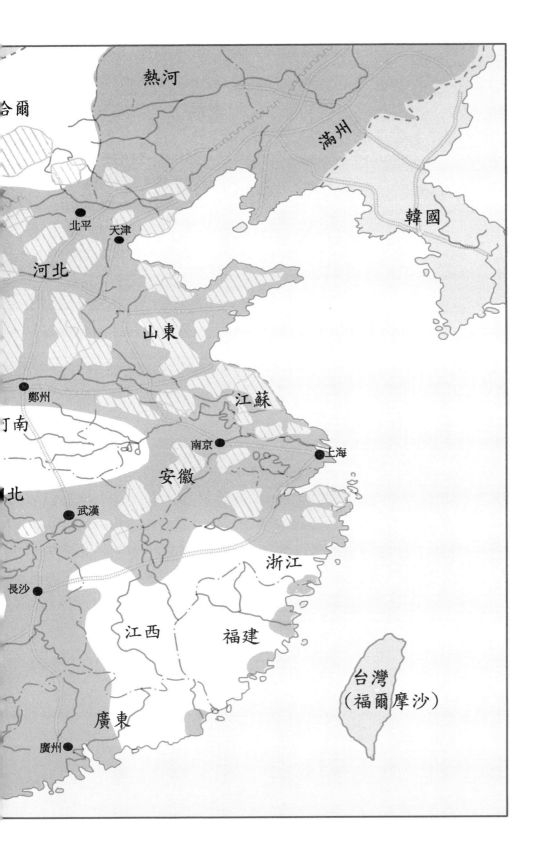

第九章

國軍最後的反攻作戰

張世瑛（中華民國國史館纂修）
蘇聖雄（中央研究院近代史研究所助研究員）

　　盟軍 1944 年 6 月在諾曼第登陸後，歐戰情勢逆轉。盟軍快速向巴黎進攻，德軍一路後退，到了年底，盟軍幾乎收復了法國全境、大部分比利時及荷蘭南部，軸心國逐個瓦解，德國後繼無力，歐戰已近尾聲。

　　太平洋戰場上，日本節節敗退，1944 年 10 月，美軍登陸菲律賓，一步步迫近日本本土，日軍戰略重心已轉為對本土的防衛，並準備在本土與盟軍決戰。

　　中國戰場方面，國軍在「一號作戰」（豫湘桂戰役）遭到重創，幾乎一蹶不振。1944 年（民國 33 年）盟軍準備反攻緬甸，因軍隊須受美軍教官訓練與操作美式裝備，蔣介石不得不號召知識青年從軍，以提高軍隊整體戰力。因此，1944 年 10 月，蔣介石提出「一寸山河一寸血，十萬青年十萬軍」的口號，號召知識青年效命戰場。全國知識青年踴躍從軍，很快就徵集了知識青年 10 萬人，編組遠征軍。[1]

1　登記應徵的青年軍共 12 萬 5 千人，經檢驗合格入營有 9 萬 5 千人。國防部史政編譯局編，《國民革命軍青年軍軍史》，上冊（台北：國防部史政編譯局，2001），頁 74。

　　與此同時，與中國戰區最高統帥蔣中正屢次衝突的中國戰區參謀長史迪威（Joseph W. Stilwell）遭到撤換，遺缺由東南亞戰區副參謀長魏德邁（Albert C. Wedemeyer）接替。魏德邁到任後，迅速建立在華美軍運作機制，與中國領導人建立互信，並協助國軍整訓，中美關係明顯改善。[2]

　　1944年初冬開始，在魏德邁的協助之下，國軍大幅改組，建立同盟國中國戰區陸軍總司令部（陸總）於昆明，統一指揮及整訓西南各戰區部隊，並且與美軍密切聯繫。魏德邁提出「阿爾發計畫」（Alpha Plan），協助中國防禦、反攻、整軍、補給、訓練等事宜。另外還有相應的「白塔」（Operation Beta）、「卡波內多計畫」（Operation Carbonado）等計畫，都是為了結束戰爭而擬定的總反攻計畫。

　　同時，美國陸軍參謀長馬歇爾（George C. Marshall）準備把幾位歐戰名將調到中國戰場指揮在華美軍，包括巴頓上將（George S. Patton）、德弗斯上將（Jacob L. Devers）、辛普森中將（William H. Simpson）或特拉斯高中將（Lucian K. Truscott）等。[3]

　　這些部署深具意義，不僅攸關國軍如何反攻，也牽涉到盟軍擊敗日本結束二戰的總體戰略，對中國、美國，或戰後世局都有影響。遺

2　魏良才，〈國民黨最後的美國諍友——魏德邁將軍與中美關係〉，《歐美研究》，第32卷第2期（2002年6月），頁346-351。齊錫生，《劍拔弩張的盟友：太平洋戰爭期間的中美軍事合作關係，1941-1945》（台北：中央研究院、聯經出版公司，2011），頁557-606。

3　*The Papers of George Catlett Marshall*, vol. 5, edited by Larry I. Bland and Sharon Ritenour Stevens (Baltimore and London: The Johns Hopkins University Press, 2003), pp. 228-229. Albert Wedemeyer, *Wedemeyer Reports!* (Henry Holt & Company, 1958) p. 331. Charles F. Romanus and Riley Sunderland, *Time Runs Out in CBI* (U. S. Government Printing Office, 2003), pp. 382-383. 魏德邁與巴頓私交甚篤，魏德邁曾於1945年5月29日寄1千美元給缺錢的巴頓，同時稱讚其在歐洲戰場的成就，並邀他至中國戰場。巴頓於7月6日回覆感謝，但表示短期內無法赴中國戰場。"Wedemeyer to Patton" (29 May 1945) and "Patton to Wedemeyer" (6 July 1945), *Albert C. Wedemeyer Papers*, Hoover Institution Archives, Box 82, Folder 34.

憾的是，這些規劃與舉措，長久以來被忽略，本章針對這些議題試作探討。

一、「阿爾發計畫」與反攻部隊整編

在日軍「一號作戰」的攻勢下，國軍潰不成軍，英美盟國因此看輕國軍實力，國內輿論亦為之沸騰，抨擊揶揄紛至沓來。國民參政會指責軍政部誤國，蔣介石亦痛斥軍政部失職，參謀總長何應欽引咎辭去軍政部長兼職，下轄的兵役署長程澤潤因兵役業務辦理失當，經軍法審判後被處決。1944 年 10 月 20 日，中國國民黨召開臨時中央常務委員會及國防最高委員會常務委員會，決議調整中央黨政軍機關人事，以加強行政效率，增進抗戰力量；第一戰區司令長官陳誠接替何應欽出任軍政部長，主持大規模整軍作業。[4]

成立同盟國中國戰區陸軍總司令部

1944 年 11 月，魏德邁已在中國戰區展開重要舉措：

(1)　創設中美聯席會議，每週舉行會報，由中、美相關人員出席，相互交換意見，共謀解決問題。[5]

4　何智霖編輯，《陳誠先生回憶錄：抗日戰爭》，上冊（台北：國史館，2004），頁 148-154。

5　國防部史政局編，《第二次世界大戰中美軍事合作紀要》（台北：國防部史政局，1962），頁 27-28。史迪威原擔任美軍中緬印戰場指揮官，1944 年 10 月被召回華盛頓時，美國即宣布將中緬印戰場一分為二——印緬戰場及中國戰場，分別由索爾登（Daniel I. Sultan）及魏德邁擔任指揮官。盟軍「中國戰區」和美軍「中國戰場」的英文皆為 "China Theater"，但二者其實不同。盟軍中國戰區是 1942 年成立，以蔣介石為最高統帥，範圍包括中國、泰國和印度支那；美軍中國戰場於 1944 年 10 月成立，魏德邁任總司令，他並以盟軍中國戰區參謀長身分，受蔣中正節制。任

(2) 提出「阿爾發（ALPHA）計畫」，建議集中國軍精銳保護昆明地區。[6]

　　當時正值「一號作戰」後期，日軍打到桂林、柳州，很可能接著進攻昆明，昆明若失，將對重慶造成極大壓力，形勢危急，阿爾發計畫重點是保衛昆明。計畫分兩階段，第一階段國軍盡量遲滯日軍進攻，美軍將提供空中支援，美國軍官亦將到國軍師級單位擔任聯繫及參謀工作。第二階段國軍集中昆明，美軍將協助把駐印軍運回在昆明地區與日軍決戰。

　　關於「阿爾發」計畫，有兩個小插曲。魏德邁認為，此計畫至為重要，需任命一中國指揮官以中國戰區陸軍總司令之名總其成；他建議由陳誠出任，但蔣介石屬意何應欽。[7] 蔣介石的考量或因陳誠已出任軍政部長，而何應欽雖卸任軍政部長職，仍具參謀總長之身分，在國軍地位僅次於蔣，資歷甚深。[8]

　　另外，即將設立的「中國戰區陸軍總司令」一職，軍令部長徐永昌以為應加「西南部」三字，稱「中國戰區西南部陸軍總司令」，因為此計畫以保昆明、貴州為主，也就是先從西南地區展開軍備整補訓練，

　（續）··

東來，〈1941-1949年美國在中國的軍事機構及其沿革〉，收入陶文釗、杜瑞清、王旭主編，《中美關係與東亞國際格局》（北京：中國社會科學出版社，2003），頁174-175。

6　Albert Wedemeyer, "Memorandum for Chiang Kai-shek" (9 December 1945), *Albert C. Wedemeyer Papers*, Hoover Institution Archives, Stanford University, Box 84, Folder 5.

7　Charles F. Romanus and Riley Sunderland, *Time Runs Out in CBI*, p. 57-63. 中央研究院近代史研究所編，《徐永昌日記》，第7冊（台北：中央研究院近代史研究所，1991），1944年11月15日，頁482。阿爾發計畫經不斷修訂，爾後國軍的整軍、補給、訓練等，皆可視為該計畫的一環。

8　林秋敏、葉惠芬、蘇聖雄編輯校訂，《陳誠先生日記》，第1冊，1944年11月16日，頁661。張發奎口述，夏蓮瑛訪談紀錄，鄭義翻譯校注，《蔣介石與我：張發奎上將回憶錄》（香港：香港文化藝術出版社，2008），頁385。

再漸次推廣到其他地區。[9]但何應欽反對加上「西南」二字，他表示，各地、各部總司令頭銜太多，難免混淆，不如趁此機會做一整理，除「中國戰區陸軍總司令」外，其餘則稱「司令」或「總指揮」。[10]但最後何應欽的職銜確定為「中國戰區陸軍總司令」，其他總司令的職稱未變。

12月9日，蔣介石決定成立陸軍總司令部於昆明，這個新單位全名是「同盟國中國戰區陸軍總司令部」，統一指揮及整訓西南各戰區的部隊，總司令由中國參謀總長何應欽兼任，下轄遠征軍衛立煌部、黔桂湘邊區湯恩伯部、滇越邊區盧漢部、第四戰區張發奎部，及第五集團軍杜聿明部。

值得留意的是，這是「同盟國中國戰區」的陸軍總司令部，不是中國自身的陸軍總司令部。當時中國沒有陸軍總司令部，軍事委員會全權管理陸軍作戰。正由於此時成立的陸軍總司令部是屬「盟軍」，所以美國堂而皇之的介入其中運作。陸軍總司令部與美軍聯絡密切，美軍派遣一位總聯絡官，綜理聯絡事宜；遠征軍、第四戰區及各邊區以下各級司令部，均由美軍派遣聯絡官，負責聯絡及訓練。[11]

12月25日，陸軍總司令部正式在昆明成立，何應欽任總司令，蕭

9　中央研究院近代史研究所編，《徐永昌日記》，第7冊，1944年11月15日，頁482。

10　中央研究院近代史研究所編，《徐永昌日記》，第7冊，1944年12月7、9日，頁505、507。

11　「蔣介石致俞飛鵬代電」（1944年12月9日），收入中國第二歷史檔案館編，《抗日戰爭正面戰場》，頁156-157。至1945年1月，美軍中國戰場指揮官魏德邁下轄中國作戰司令部指揮官麥克魯（Robert B. McClure, CG Chinese Combat Command）、中國訓練中心指揮官米德爾頓（Joseph W. Middleton, CG Chinese Training Center）、美軍供應處指揮官齊福士（G. X. Cheves, CG SOS）、第十四航空隊指揮官陳納德（Claire Lee Chennault, CG 14th Air Force）。Charles F. Romanus and Riley Sunderland, *Time Runs Out in CBI*, p. 20. Larry M. Wortzel, *Dictionary of Contemporary Chinese Military History* (Westport, Conn.: Greenwood Press, 1999), pp. 20-22. 本文將英文 Commanding General (CG) 譯作指揮官。

毅肅任參謀長，副參謀長為冷欣。[12] 其後又任龍雲、衛立煌為副總司令。當時，全國共有 11 個戰區，計有集團軍 38 個、軍 115 個、師 331個，總兵力約 350 萬人。其中，陸軍總司令部所轄集團軍 7 個、軍 27 個、師 86 個，所轄部隊超過任一戰區級的單位，就師級數量來計算，兵力占全國 25.9%。[13]

「阿爾發計畫」：整訓與反攻

　　根據「阿爾發計畫」，美軍將提供武器與作戰物資裝備國軍。但美軍無法供應全中國軍隊的必需品與裝備，因此，魏德邁建議，訓練一支較小但戰力強的部隊，由美軍協助訓練及裝備。[14] 魏德邁認為，只要有 50 個訓練及戰備良好的師即可足用，而且，他已要求華盛頓照這個數目提供裝備。[15] 不過，華盛頓還是再減掉 14 個師，最後定案是36 個師，每師 1 萬人，再加其他直屬部隊，總共 50 萬人。這支部隊經過整頓訓練，6 至 8 個月後就可發動攻勢，直取廣州，與在中國東南沿海登陸的美軍會合。[16]

12　冷欣原任陸軍總司令部軍務處處長，次年調任副參謀長。蕭慧麟，《蕭毅肅上將軼事》（台北：書香文化，2005），頁 99-100。冷欣，《從參加抗戰到目睹日軍投降》（台北：傳記文學出版社，1967），頁 108。何應欽將軍九五紀事長編編輯委員會編，《何應欽將軍九五紀事長編》，上冊（台北：黎明文化事業公司，1984），頁 704-706。

13　「國民黨陸軍兵力統計戰鬥序列附駐地表」（1945 年 1 月 1 日），收入中國第二歷史檔案館編，《中華民國史檔案資料匯編》，第 5 輯第 2 編：軍事一（南京：鳳凰出版社，1998），頁 769-771。

14　Albert Wedemeyer, *Wedemeyer Reports!* (New York: Holt, 1958), p. 297.

15　中央研究院近代史研究所編，《徐永昌日記》，第 8 冊，1945 年 1 月 10 日，頁 6。

16　中央研究院近代史研究所編，《徐永昌日記》，第 8 冊，1945 年 1 月 12、29 日，頁 7、15-16。

　　國軍接受美軍意見，1945 年 2 月 2 日，陸軍總司令何應欽及軍政部長陳誠向蔣介石報告西南整軍決議案，決定取消 6 個軍部，充實 36 個師。[17] 蔣對此頗為重視，因終獲決議而「此心為之一慰」。[18]

　　這批裝備美械的 36 個師加上駐印軍（新 1 軍）的 3 個師，總共 13 個軍 39 個師，全數由陸軍總司令部管轄，因為是配合「阿爾發計畫」而建立，又稱為「阿爾發部隊（ALPHA Forces）」或「阿爾發師」（ALPHA divisions）。[19]（表 4）

　　阿爾發部隊計畫裝配的武器比舊式國軍大為增強，步槍、機關槍、戰防砲等增厚許多，尤以砲兵為最。國軍一向缺乏砲兵，現在有了顯著的改善。1 個阿爾發軍有 3 個師，總計 3 萬人，配有 3 個 75 釐米榴彈砲營（每個師配 1 營榴彈砲營）、1 個 105 釐米榴彈砲營，最高司令部另外還配有 155 釐米榴彈砲 3 個營及 192 門 4.2 吋迫擊砲。這樣的砲兵實力，戰力與當時在華日軍已相去不遠。[20]（表 5）

....

17　「軍委會代電」（1945 年 2 月 2 日），〈整軍參考資料〉，《陳誠副總統文物》（以下簡稱《陳檔》），國史館藏，典藏號：008-010704-00011-075。「美械裝備及裁撤軍師番號表」（1945 年），〈軍政部長任內補給資料（三）〉，《陳檔》，典藏號：008-010706-00035-006。

18　蔣介石日記，1945 年 2 月 2 日。

19　Charles F. Romanus and Riley Sunderland, *Time Runs Out in CBI*, pp. 238, 372.

20　同上, pp. 232, 238-240。

表4　阿爾發部隊

軍名	師名			已發軍械（1945年4月15日）
新一軍	第三十師	第三十八師	第五十師	100%
新六軍	第十四師	新編第二十二師	第二〇七師	100%
第五軍	第四十五師	第九十六師	第二〇〇師	200D為10%，餘為80%
第二軍	第九師	預備第二師	第七十六師	10%
第八軍	榮譽第一師	第一〇三師	第一六六師	90%
第十三軍	第四師	第五十四師	第八十九師	90%
第五十四軍	第八師	第三十六師	第一九八師	8D為10%，36D為80%
第五十三軍	榮譽第二師	第一一六師	第一三〇師	榮2D為60%，餘10%
第七十三軍	第十五師	第七十七師	第一九三師	1%
第七十四軍	第五十一師	第五十七師	第五十八師	60%
第七十一軍	第八十七師	第八十八師	第九十一師	10%
第九十四軍	第五師	第四十三師	第一二一師	121D為40%，5D為80%
第十八軍	第十一師	第十八師	第一一八師	80%

本表參閱：Charles F. Romanus and Riley Sunderland, *Time Runs Out in CBI*, p. 372. 「阿爾發軍撥發軍械情況表」（1945年4月15日），〈抗戰末期美援抗戰軍事損失及接收日本賠償資料〉，《陳誠副總統文物》，典藏號：008-010701-00015-002。

表 5　新舊國軍與日軍火力的比較

火力	人數		
	阿爾發師	舊式中國師	日本師團
兵力	1 萬餘	1 萬餘	1 萬 4 千餘
步槍	6,103	2,400	9,000
輕機關槍	334	212	382
重機關槍	72	70	112
60 公厘迫擊砲	162	97	
81 公厘迫擊砲	36	22	
37 公厘迫擊砲	24	14	22
步砲	無	無	30
擲彈筒	不定	不定	350

說明：

一、戰爭初期，日本陸軍每個師團轄 4 個聯隊，是為四單位師團，兵力約 2 萬餘人。1939 年以後，部分日軍改編為 3 個聯隊組成的三單位師團，兵力較少，約 1 萬 4 千人左右，戰力遠較四單位師團弱。此時在華日軍主要為三單位師團。

二、國軍部隊兵力多未足額，舊式中國師缺額更為嚴重。

三、參閱：Charles F. Romanus and Riley Sunderland, *Time Runs Out in CBI*, p. 232. 何智霖、蘇聖雄，〈初期重要戰役〉，收入呂芳上主編，《中國抗日戰爭史新編》，第 2 冊（台北：國史館，2015 年），頁 165。

　　整訓阿爾發部隊的同時，軍委會也乘勢對全國戰區做了調整。1945年 3 月，陸軍總司令部把所轄兵力縮編為 4 個方面軍：第一方面軍在雲南，司令官盧漢；第二方面軍在廣西西北，司令官張發奎；第三方面軍在黔桂湘邊區，司令官湯恩伯；第四方面軍在湘西，司令官王耀武。[21]另外還包括昆明防守司令部司令官杜聿明，以及總部直轄部隊。[22]

　　陸軍總司令部著手編併部隊，但這個工作並不容易，一開始就引起陸軍總部所轄諸部的不滿；若干部隊懇請免於編併，有的甚至表示，如果硬行編併，恐有變患。[23] 例如，原第四戰區司令長官張發奎就對他的新職位（第二方面軍司令官）不悅，他在北伐時已升任將官，其他 3 個方面軍司令官盧漢、湯恩伯、王耀武，都曾在他麾下任職，王耀武資歷尤淺。根據新制，王耀武竟與張發奎同級，張的部屬感到憤慨，呼籲應任命張為陸軍副總司令。[24]

　　此外，遠征軍被裁併，其司令長官衛立煌將調任陸軍副總司令，也引起不小反彈。衛立煌及其部屬認為，遠征軍收復滇西全境，又與駐印軍會師緬北，打通國際交通線，如此赫赫戰功卻被裁併，對衛及其麾下將士不公平。遠征軍副司令長官黃琪翔奉衛立煌之命，當面向蔣介石報告裁編部隊的不安；衛立煌則不就職、亦不辦理移交。[25]

　　編併弄得紛紛擾擾，蔣介石頗感為難，自認帶兵以來，對優秀學生及有功部隊裁編之多，以此次為最，然而他「為國家、為革命以及優秀將領之前途計，皆不得不忍痛忍心而毅然斷行貫徹方鍼，否則為公為私只有失敗而已」，同時他也希望藉此「示以大公無我之意，惟

21　張發奎口述，夏蓮瑛訪談紀錄，鄭義翻譯校注，《蔣介石與我：張發奎上將回憶錄》，頁386。

22　何應欽編，《八年抗戰》，頁241-248。

23　中央研究院近代史研究所編，《徐永昌日記》，第8冊，1945年2月6日，頁22。

24　張發奎口述，夏蓮瑛訪談紀錄，鄭義翻譯校注，《蔣介石與我：張發奎上將回憶錄》，頁386。

25　趙榮聲，《回憶衛立煌先生》（北京：文史資料出版社，1985），頁296-297。

終能望其（地方軍）有一日之感悟也」。[26]

何應欽對衛立煌抗拒出任副總司令頗為憤怒，認為衛立煌不識大體，批評衛舊習未除、用人貪汙，因此僅令其出任副總司令，不設副總司令部。[27] 何應欽派冷欣等前赴保山與衛當面洽談，問其是否服從命令，衛立煌最終接受了新職。[28]

陸軍總司令部成立之後，在美軍協助下積極整編、裝配、訓練部隊，國軍戰力為之提升，然而，美軍計畫提供國軍裝配阿爾發部隊的物資，受限於運輸量，只能陸續運進中國，進度緩慢。[29] 到 1945 年 4 月中旬，除了新 1 軍、新 6 軍外，阿爾發部隊平均得到的軍械僅有 12%。[30]（表 4）及至日本投降，抗戰結束後，中國政府獲得的美軍裝備只有計畫中的三分之一；另有三分之一已運抵印度、緬甸或中國，但尚未移交；還有五分之一仍在運往中國途中；其餘仍在美國。[31]

以第 13 軍（軍長石覺）為例，該軍屬阿爾發部隊，優先獲得換裝美式軍械及訓練，到 6 月底換裝完畢，是國內少數美式裝備部隊之一。但是，彈藥只拿到訓練用的 3 個月份，之後就一直未獲補充，直到戰後第 13 軍運赴東北，仍未拿到美軍承諾的彈藥。[32]

26　蔣介石日記，1945 年 3 月 3 日，「上月反省錄」。

27　蔣介石日記，1945 年 3 月 3 日。

28　冷欣，《從參加抗戰到目睹日軍投降》，頁 108-110。

29　王正華，《抗戰時期外國對華軍事援助》（台北：環球書局，1987），頁 284-294。「何應欽致蔣中正電」（1945 年 4 月 11 日），〈革命文獻—抗戰方略：整軍〉，《蔣檔》，典藏號：002-020300-00007-125。

30　「阿爾發軍撥發軍械情況表」（1945 年 4 月 15 日），〈抗戰末期美援抗戰軍事損失及接收日本賠償資料〉，《陳誠副總統文物》，典藏號：008-010701-00015-002。

31　Herbert Feis, *The China Tangle: The American Effort in China from Pearl Harbor to the Marshall Mission*, p. 369.

32　陳存恭、張力訪問，張力紀錄，《石覺先生訪問紀錄》（台北：中央研究院近代史研究所，1986），頁 189-190、209。「何應欽致蔣中正電」（1945 年 5 月 21 日），〈革命文獻—抗戰方略：整軍〉，《蔣檔》，典藏號：002-020300-00007-129。

　　整體來說，由於運輸限制及部隊調動頻繁，裝備及訓練兩方面都顯著落後。即使到戰爭結束後的 1945 年底，輕兵器換裝完成了 80%、重兵器僅完成 55%。[33] 訓練方面也離目標甚遠，39 個師僅 16 個師完成一輪 13 週的訓練，其餘 23 個師的訓練才剛開始。因此，1945 年夏天，中國軍隊發動反攻的時候，其實訓練和裝備都還未完備。[34]

二、總反攻計畫的策定

中國陸軍作戰計畫

　　1943 年底開羅會議前，史迪威曾建議蔣介石在會上提出緬甸運輸暢通後，就發動收復廣州及香港地區作戰，以打通海上交通；然後請美國派遣步兵 10 個師、裝甲 3 個師至華南，中美聯軍一起向華中、華北反攻。[35]

　　「一號作戰」即將結束時，蔣介石決定積極訓練青年遠征軍與整

....

33　〈軍政部工作報告（三十四年）〉，《國防部史政編譯局》，檔號：B5018230601/0034/109.3/3750.4。到 1946 年中，國共內戰爆發，39 個師已獲美械裝備，惟械彈並未完全運交，訓練也不充分。參謀總長陳誠因此建議不再以美械裝備其他軍、師，以免將來有械無彈。1948 年 8 月，美械部隊已損失 5 個普通師、7 個整編旅，這些部隊後來改裝國械，繼續作戰。「陳誠呈蔣中正報告」（1946 年 7 月 4 日），〈革命文獻—戡亂軍事：整軍建軍（一）〉，《蔣檔》，典藏號：002-020400-00026-098。「美械部隊現況一覽表」（1948 年 8 月 11 日），〈革命文獻—戡亂軍事：整軍建軍（二）〉，《蔣檔》，典藏號：002-020400-00027-110。

34　Charles F. Romanus and Riley Sunderland, *Time Runs Out in CBI*, pp. 372-373. 1945 年 8 月 1 日，魏德邁評估到 9 月，國軍大概可裝備訓練完成 20 個師，這些部隊將有較好的伙食、軍需品和傷兵照顧，惟因時間尚不充足，戰力仍無法與原駐印軍相比。"Wedemeyer to Marshall" (1 August 1945), *Albert C. Wedemeyer Papers*, Box 82, Folder 23.

35　「史迪威致蔣中正開羅會議提案之建議」（1943 年 11 月），〈革命文獻—同盟國聯合作戰：開羅會議〉，《蔣檔》，典藏號：002-020300-00023-018。

補中央軍 50 個師，準備反攻。並擬下 1945 年的軍事計畫：[36]

(1) 完成 36 個師整補完成，6 月前反攻準備完畢；

(2) 克復華南、華中全區；

(3) 軍事目標：第一期收復南寧、柳州（6 月）；第二期收復香港、廣韶，占領廣州灣與香港海口（10 月）；第三期收復衡陽、長沙、岳陽、武漢、宜昌（12 月），並收復台灣。

1945 年 1 月 10 日，魏德邁向國軍統帥部提議，首先完成史迪威既定的計畫（打通滇印路），再擬於 6 個月後由何應欽的轄區（西南地區）向廣東海邊打出一個出海口。[37] 軍令部隨即擬定〈中國陸軍作戰計畫大綱〉，以開闢海口為目的，在盟軍於東南沿海登陸的同時，向桂湘粵轉取攻勢，攻取宜山、柳州，與盟軍在西江會師。

然而，蔣介石與魏德邁的反攻計畫卻遇到阻礙。3 月 8 日，盟軍東南亞戰區總司令蒙巴頓（Louis Mountbatten）到重慶拜訪蔣介石，召開盟軍會議，代行政院長宋子文、軍政部長陳誠等出席。

蒙巴頓簡報英軍反攻緬甸中部、南部的經過、困難與需要，他要求國軍駐印新 1 軍自緬北向南作戰，直到緬甸全境日軍消滅後，才得調回中國。蔣介石對此十分不滿，認為這個要求只顧到英方利益，卻未考量中國的需要。[38] 次日會議，陳誠首先提出，國軍因發動滇西緬北作戰抽調湘桂軍隊甚多，以致防務空虛，為日軍所乘。現在湘桂豫各省均陷日軍之手，而這些地區是中國糧食及兵員最重要的產地，若今秋不能收復，則危機甚大。且自日軍打通平漢、粵漢鐵路線後，第三、七、九各戰區均與中樞隔絕，日軍企圖解決該戰區內國軍，如此則影

36　蔣介石日記，1945 年 1 月 1 日，「民國三十四年大事年表」、「本月大事預定表」。

37　中央研究院近代史研究所編，《徐永昌日記》，第 8 冊，1945 年 1 月 10 日，頁 6。

38　蔣介石日記，1945 年 3 月 8 日。

響盟國登陸中國之作戰。因此，國軍必須迅速反攻，擬將新 1 軍調回
作為反攻主力。

　　蔣介石強調，為配合盟軍收復緬甸，國軍業已忍痛犧牲、放棄湘
桂米倉、不顧一切派新 6 軍增援緬北，現在中國本身戰況告急，計畫
新 1 軍 3 個師從 5 月 1 日開始，陸續調回。蒙巴頓要求調回日期應依戰
事進展而定，並表示他本人及英美聯合參謀部有權決定如何調動部隊。
蔣介石並未妥協，再次重申新 1 軍占領臘戌之後，即於 5 月 1 日至 6 月
1 日之間調回，作為反攻的骨幹。[39]

　　3 月 20 日，蔣介石飛昆明視察陸軍總司令部、美國空軍司令部、
雲南省政府等處，並與陸軍總司令何應欽、美國第 14 航空隊指揮官陳
納德及雲南軍事領袖龍雲、盧漢等會晤。[40] 就在蔣視察雲南期間，中
國戰區美軍總部持續與國軍合作，擬訂了「冰人作戰計畫」。

「冰人作戰計畫」

　　中美雖都有打通中國廣州海口的打算，但由於後勤補給仍然吃緊，
暫時無法發動如此大規模反攻，於是，基於日軍將逐步後撤的評估，
擬訂「冰人作戰計畫」（Operation Rashness），因日軍即將自貴州撤退，
盟軍在貴州發動反攻，予日軍壓力。[41]

　　「冰人計畫」由中國戰區美軍總部戰區設計科擬訂，經魏德邁核
定，於 3 月 23 日擬定。計畫之戰略判斷，認為中國戰區與其鄰近的太
平洋戰區、西南太平洋戰區及東南亞戰區，已發展到必須密切聯繫的
態勢。而日軍正在中國與安南方面調整部署，以有力部隊守備長沙以

39　「蔣中正召集蒙巴頓等對緬甸局勢檢討作戰計畫等會報紀錄」（1945 年 3 月 8 日），
　　〈革命文獻—同盟國聯合作戰：反攻緬甸〉，《蔣檔》。典藏號：002-020300-00026-
　　073。蔣介石日記，1945 年 3 月 8-9 日。

40　蔣介石日記，1945 年 3 月 20-25 日，24 日「上星期反省錄」。

41　Charles F. Romanus and Riley Sunderland, *Time Runs Out in CBI*, pp. 349-353.

南走廊地帶的交通網，同時加強寧波半島至海防海港（安南）之間中國沿海美軍可能登陸地點的防禦。中國戰區的盟軍應趁著日軍重新調整部署之際，實施強大的聯合攻勢，截斷日軍交通線、收復華東空軍基地，並利用此基地轟炸日軍，以利太平洋作戰。也就是說，這個作戰計畫是以整體對日戰略為考量，以太平洋戰區為主軸，為增進美軍太平洋方面軍事行動而實施，其次才是藉大規模反攻，恢復或提高中國陸軍的士氣及戰鬥力。[42]

根據這個計畫，將以國軍在 8 月 1 日裝備訓練完成的 9 個師作為主攻；兩週後，8 月 15 日再加 8 個師任助攻；另外 8 個師將於 10 月 15 日在長衡準備及整訓完畢；11 月 15 日至次年 1 月 1 日還有 11 個師裝備訓練補給完畢。也就是說，國軍將出動的部隊有 12 個軍 36 個師，約 50 萬人。陸總還有 3 個軍 10 個師則作為守備，他們是爾後計畫及準備最後使用的部隊。其他省或戰區部隊可實施牽制作戰或游擊戰者，為湖北省（第六戰區）、四川及黔北、陝晉甘及湘西各地、黃河以北、平漢線以西、華東（南），計有 85 個軍 208 個師，兵力約 170 萬人。

這些部隊數量雖多，但裝備缺乏，尤其輕兵器及彈藥不足，各部不超過 10% 至 15%，因此尚須整訓或另予補充。另外，第一、二、五、八戰區之部隊，應準備防禦工事，防止日軍由黃河西進，此種部隊僅有 10% 之裝備。空軍是該計畫重要組成部分，其作用為破壞敵後方交通線、協同陸軍作戰、基地之防禦及防空。動員的空軍為美國第 14 航空隊（包含中美混合隊）、中國航空隊及美國第 10 航空隊之前進支隊（原駐印緬）。[43]

42　「冰人作戰計畫」（1945 年 3 月 23 日），〈軍政部長任內冰人白他作戰計畫〉，《陳檔》，典藏號：008-010701-00031-001，頁 4-5。該作戰計畫原件標明頁數，為便利讀者查閱徵引之處，本文予以注出。

43　「冰人作戰計畫」（1945 年 3 月 23 日），〈軍政部長任內冰人白他作戰計畫〉，《陳檔》，典藏號：008-010701-00031-001，頁 16-27。

　　後勤與交通是作戰計畫極重要的部分，美國後勤總司令將負補給與運輸之責，遵照中國戰場美軍指揮官之策略，協助作戰計畫之實施，直接協助與指導中國後勤總司令，並與美軍中國作戰指揮部指揮官及第 14 航空隊指揮官，協同辦理各地面部隊補給之輸送與分配。[44]

　　「冰人作戰計畫」策劃之同時，另一個「白塔作戰計畫」亦在研議中。其實，「白塔計畫」的提出早於「冰人計畫」，因戰局變化快速，1945 年 3 月，日軍開始從華南逐漸撤軍，且美國占領了菲律賓，補給線延伸至中國沿海，打開廣州、海口的難度大為降低。因此，中國戰區的總反攻計畫也隨之一再調整。到 6 月初，白塔計畫吸納了冰人計畫，成為中國戰區最後的總反攻計畫，並改名為「卡波內多」（Operation Carbonado，亦稱「黑鑽計畫」）。

白塔作戰計畫／卡波內多／黑鑽計畫

　　「黑鑽計畫」的戰略判斷與假想事項和「冰人計畫」相似，但任務則改變了，由克復長沙—南昌—武昌間地區，轉變為奪取西南海岸的港口（收復廣州、海口），藉以截斷日軍在越南及其以南地區的路上交通線，這樣做還有利於下一階段的反攻。計畫目標是打開海口，使中國戰區獲得充分補給，國軍便可在對日作戰中發揮更大的貢獻。[45]

　　這個計畫規劃自 1945 年 8 月 1 日始，由昆明、貴陽地區開始發動，將與盟軍中太平洋區及西南太平洋區空軍或海軍及兩棲部隊協同，向廣州、香港地區推進，美國駐華空軍予以有效空中支援。最後目標是奪取並確保廣州、香港地區。[46]

....

44　「冰人作戰計畫」（1945 年 3 月 23 日），頁 28-34。

45　Charles F. Romanus and Riley Sunderland, *Time Runs Out in CBI*, pp. 330-336, 346, 355.「白塔計畫」（1945 年 2 月 12 日），〈軍政部長任內冰人白他作戰計畫〉，《陳檔》，典藏號：008-010701-00031-002。

46　「白塔計畫」（1945 年 2 月 12 日），〈軍政部長任內冰人白他作戰計畫〉，《陳檔》，典

計畫中參戰的國軍部隊概為經過訓練裝備的部隊，發動時有 10 師作為主攻，然後隨著戰況進展不斷增加，估計到 1946 年 1 月 15 日為止，總共需部隊 36 個師。[47]

與「冰人計畫」相似，「黑鑽計畫」亦十分強調後勤支援。魏德邁在擬訂中國戰區新配量計畫時，曾作過調查，結果顯示中國沒有一個人聽過所謂「軍隊靠肚皮」這句話。營養是戰鬥力的基礎，但國軍經費極為匱乏，部隊能吃飽就不簡單了，根本談不上營養。魏德邁因此致力改良中國軍隊的補給制度，並改善傷兵救護。「黑鑽計畫」（「白塔計畫」或「卡波內多計畫」）之後隨著戰局發展而有所修正，成為主導中國戰區的總反攻計畫。[48]

整體來看，1945 年擬訂的幾個反攻計畫，無論是冰人計畫或是白塔計畫，進攻方向與目標雖有所修正，但在整軍、補給、地形氣候調查等方面變動很少，具有延續性，國軍後來也在追擊日軍時參考實行。

三、國軍的反攻作戰

1945 年初，日軍在太平洋戰場陸續失利，海軍船艦及兵員幾乎喪失殆盡，南方軍亦陷入苦戰中。大本營鑒於全盤作戰態勢不樂觀，決定調整作戰方針。

續　⋯⋯⋯⋯⋯⋯⋯⋯⋯⋯⋯⋯⋯⋯⋯⋯⋯⋯⋯⋯⋯

　　藏號：008-010701-00031-002。

47　同上。

48　Albert Wedemeyer, *Wedemeyer Reports!*, pp. 332, 335-336.「白塔計畫」（1945 年 2 月 12 日），〈軍政部長任內冰人白他作戰計畫〉，《陳檔》，典藏號：008-010701-00031-002。

日軍最後的進攻

1945 年 1 月 20 日，大本營提出〈帝國陸海軍作戰計畫大綱〉，經天皇核定實施。〈大綱〉以「本土決戰」為根本方針，維持本土安全為首要作戰目標。為爭取本土決戰的時間，日軍將在本土外圍（西太平洋、中國大陸、千島群島等處）實施持久作戰，盡量阻止或推遲盟軍在日本本土登陸；最後則在本土與登陸的敵軍實施決戰。

根據這個新方針，中國大陸方面，大本營決定盡速強化中國派遣軍，以派遣軍擊破來自東西兩面進攻的敵軍（盟軍）。由於主要目標是確保日本本土，因此，靠近日本的中國大陸區域變得很重要，大本營特別要求中國派遣軍強化中國東南沿海的戰備。當時日本海軍已經喪失殆盡，防衛日本本土除了陸軍，就是空軍，大本營期望中國派遣軍與琉球群島及台灣方面相配合，充分發揮中國東海周邊的空軍作戰。

對於美軍，大本營估計，美軍進攻日本本土之前，將以主力從中國東南登陸，進攻日軍在中國的占領地區。為此，日軍必須強化上海及廣東方面的作戰準備。至於在中國西部的日軍，應策應上述作戰準備，擊破進攻的敵軍，尤須壓制盟國空軍的活動，以封殺美軍進抵中國東南濱海的企圖。[49]

大本營對全軍明示，主要敵人為美軍，主作戰面是太平洋及中國東海方面，同時迅速加強以本土為核心的各要地的戰備。於是，一直以來對蘇的朝鮮軍及對華的中國派遣軍，其主要任務都轉為對美作戰。[50]
1 月 22 日，大本營陸軍部指示中國派遣軍盡速強化戰備，重點應置於中國東南沿海及廣東周邊地區，並於夏初強化長江下游、特別是上海

49　防衛庁防衛研修所戰史室，《大本営陸軍部（10）昭和二十年八月まで》（東京：朝雲新聞社，1975），頁 8-13。

50　同上，頁14。

周邊地區的戰備。[51]

　　然而，中國派遣軍與大本營的想法不同。總司令官岡村寧次認為，75 萬南方軍是當前戰爭重點，而中國派遣軍有近百萬大軍，其任務卻僅是維持現狀，於心不安。如能「拚盡全力」，一舉攻入四川，必將癱瘓蔣介石政府，那時就能撥出兵力，支援陷入苦戰的南方軍。1945 年 1 月，岡村再度向大本營提出「四川作戰」計畫，但大本營判斷美軍即將於中國東南沿海進行登陸作戰，首要之務是對抗東線的美軍，進攻四川非當務之急。「四川作戰」的計畫又一次被擱置。[52]

　　派遣軍無法實施四川作戰，只得依據大本營最新指示，實施範圍有限的老河口和芷江作戰。之所以鎖定這兩個地方，是因為這兩地都是美軍前進空軍基地，美軍轟戰機從這裡起飛，轟炸日軍鐵路、長江交通，帶給日軍極大困擾。派遣軍指示華北方面軍負責進攻老河口，華中的第六方面軍則進攻芷江。[53]

老河口作戰／豫西鄂北會戰

　　3 月 22 日，日軍華北方面軍第 12 軍（司令官山英太郎）發動「老河口作戰」（國軍稱為「豫西鄂北會戰」），攻擊國軍第五戰區。為牽制國軍救援，第六方面軍同時以第 34 師團從南向北突破漢水右岸的國軍陣地。

　　第五戰區司令官劉峙（原為李宗仁，此時李已升任漢中行營主任），轄下多是地方部隊，無法與日軍形成主力戰。蔣介石正忙於整

51　「大陸指第二千三百六十三号」，收入臼井勝美、稻葉正夫編，《現代史資料》，第 38 冊（東京：みすず書房，1972），頁 156-157。

52　稻葉正夫編，天津市政協編譯委員會譯，《岡村寧次回憶錄》（北京：中華書局，1981），頁 247-250。

53　防衛庁防衛研修所戰史室，《大本営陸軍部（10）昭和二十年八月まで》，頁 65-67、134。

軍，他擔心國軍抵擋可能有困難，但還是決定顧全大局，以整軍為重，即使若干據點淪陷，也要先完成整軍及反攻的大計。[54]

華北方面軍以騎兵第 4 旅團突進，從河南南邊向南進擊，很快突破舞陽、沙河，向老河口前進。3 月 27 日就占領了老河口機場，但國軍第 45 軍第 125 師（師長汪匝鋒）仍固守老河口市街，與日軍激戰。[55]國軍有美軍空軍支援，但日軍攻勢猛烈，勢在必得，雙方鏖戰不停。4 月 6 日，蔣介石令第一、第五戰區積極反攻，但華北方面軍調集重砲強行攻擊，老河口落入日軍之手。[56]

此役，防守老河口的川軍第 45 軍，拚死奮戰，能與日軍僵持將近 10 天，很不簡單，但傷亡慘重，陣亡 1 萬 8 千人，傷 1 萬 8 千 6 百人，還有 6 千多人失蹤。[57]

芷江作戰／湘西會戰

4 月 15 日，日軍第六方面軍第 20 軍發動芷江作戰（國軍稱「湘西會戰」）。蔣介石判斷，日軍的目的是企圖「打破我反攻計畫，並為其陸續北退之計也」。[58]的確，大本營芷江作戰的目的就是在阻礙國軍的總反攻及美械化，並自南方吸引國軍兵力。[59]守備湘西的是第四方面軍（司令官王耀武），國軍人數不少，但部隊素質遜於日軍，湘西地形惡劣，交通極為不便，國軍缺乏交通工具，幾乎全靠徒步；不過，美國空軍戰力優於日軍。

何應欽全權交由陸軍總司令部參謀長蕭毅肅負責戰略規劃。蕭毅

54　蔣介石日記，1945 年 3 月 27 日。
55　蔣介石日記，1945 年 3 月 31 日。
56　防衛庁防衛研修所戰史室，《大本営陸軍部（10）昭和二十年八月まで》，頁 134。
57　國防部史政編譯局，《抗日戰爭‧豫西鄂北會戰》，第四編第 35 章插表。
58　蔣介石日記，1945 年 4 月 15 日。
59　防衛庁防衛研修所戰史室，《大本営陸軍部（10）昭和二十年八月まで》，頁 135。

蕭畢業於雲南講武學堂，以機智謀略見長，擅於參謀作業，曾任第 43
軍副軍長、參謀總長辦公室高參、遠征軍司令部參謀長。

蕭毅肅運籌帷幄，王耀武率部頑抗，加再上優勢的美國空軍支援，
日軍攻勢雖猛，但國軍拚死不退，雙方仍能相持將近 20 天。到 5 月初，
國軍已疲憊不堪，日軍亦是強弩之末，雙方都有重大損傷。5 月 8 日，
國軍各部集中，發動反攻，對日軍施行鉗形攻勢，日軍難以為繼，9 日，
日軍撤退。

芷江之戰國軍守住了陣地，蔣介石這才放下懸著的心，他誇讚王
耀武「不愧為後起之秀」。[60]

豫西鄂北、湘西之戰，是抗日戰爭最後的兩次會戰，國軍於湘西
會戰獲得紮實的勝利。這兩場作戰對整體戰局影響不大，但卻多少擾
亂了國軍的整軍及反攻的準備。不論如何，蔣介石仍排除萬難，積極
進行國軍後續反攻的籌備。[61]

國軍在黔桂的反攻

1945 年 3 月底始，為了保衛日本本土，大本營已開始研討撤退武
漢以南的兵力，將其大部轉用於滿洲及日本本土。4 月 14 日，天皇聽
取關於撤退中國兵力的上奏，天皇同意，但表示：從桂林、柳州撤離
雖屬不得已，但要注意敵人的宣傳等不利影響。[62] 4 月 18 日，大本營
發布命令，調動中國派遣軍第 11 軍的第 3 師團、第 13 師團、第 34 師
團以及第 20 軍的第 27 師團等 4 個師團，集結於華中、華北要地待機，
展開收縮軍隊的部署。[63]

....

60　蔣介石日記，1945 年 4 月 28 日。

61　蔣介石日記，1945 年 4 月 30 日，「上月反省錄」。

62　防衛庁防衛研修所戰史室，《大本営陸軍部（10）昭和二十年八月まで》，頁 128。

63　同上，頁 127-129。

　　5 月 8 日，德國投降，歐戰結束。日本頓時感受到盟軍將歐洲兵力轉用太平洋方面的壓力。5 月中旬，美軍自塞班島出動 B-29 轟炸機，集中轟炸日本各大都市，東京、名古屋、橫濱等地均遭燒毀，日本民心士氣及工業生產、運輸等受到極大損害。同時，對美沖繩島的作戰，十分不利；蘇聯又蠢蠢欲動，對蘇戰事，隨時會發生。[64] 顧慮上述困局以及本土防衛的問題，大本營在 5 月 28 日，發出收縮中國戰線的命令：為強化華中、華北戰略態勢，中國派遣軍總司令官盡速自湖南、廣西、江西省的湘桂、粵漢鐵路沿線占領地區撤離，另準備一個軍司令部得以迅速轉用於滿洲。[65]

　　中國派遣軍接受大本營命令之後，於 6 月上旬修正中國派遣軍的作戰計畫，新方針為：

(1) 派遣軍以主力控制華中、華北要地，謀求對中、蘇持久戰，並摧毀前來進攻沿海要地的美軍，使日本本土決戰遂行容易。

(2) 對美戰備重點首先指向華中三角地帶，次為山東半島，但極力事先看穿敵軍對於華中、華北的登陸企圖，適時集中派遣軍主力於該方面。

(3) 即使狀況演變至確不得已時，亦應確保南京、北平、武漢周邊各要地。[66]

　　隨著日軍自華南撤退，國軍躡蹤發動追擊，這些追擊戰，日後稱作「南戰場追擊」，雖未全部按照原先計畫實行，仍可視為「卡波內多」計畫提早兩個月的實踐，達到了該計畫的初期目標，也省去原先規劃

64　《大本営陸軍部（10）昭和二十年八月まで》，頁 202-230。

65　「大陸命第千三百三十五号」，收入臼井勝美、稻葉正夫編，《現代史資料》，第 38 冊，頁 163。

66　防衛庁防衛研修所戰史室，《大本営陸軍部（10）昭和二十年八月まで》，頁 295-296。

使用的大量物資。[67] 追擊主力為陸軍總司令部下轄的第二方面軍張發奎部，以及第三方面軍湯恩伯部。

第二方面軍方面，5 月 26 日，趁日軍撤出南寧，[68] 當晚攻入該城，於 27 日完全占領並報捷，[69] 國軍士氣獲得極大的鼓舞。30 日，攻下賓陽。[70] 6 月 1 日，日軍自遷江撤退，[71] 第二方面軍隨即攻入，當午完全克復。第二方面軍繼續於 6 日克龍州；15 日克武宣；21 日下桂平。7 月 3 日攻克憑祥；5 日拿回鎮南關。[72]

第三方面軍方面，6 月 6 日，司令官湯恩伯率部襲取柳州、策應友軍攻取桂林之作戰部署。第三方面軍第 29 軍預備第 11 師王鐵麟部在 13 日拂曉包圍了宜山西南北三面，猛烈攻擊堅守在那的日軍，在己身消耗甚大的狀況下，順利攻克宜山。28 日，第 29 軍第 169 師曹玉衍部占領柳州飛機場。29 日，預 11 師圍攻柳州城，並向雒容抄襲敵軍。7 月 2 日，預 11 師攻克柳城，並繼續向前追擊。[73]

6 月中，裝備精良並於緬甸戰場立下大功的新 1 軍完整從印度空運至南寧，加入黔桂反攻戰局。該部下轄第 38 師、第 35 師、第 13 師，

67　"Wedemeyer to Marshall" (1 August 1945), *Albert C. Wedemeyer Papers*, Box 82, Folder 23.

68　防衛庁防衛研修所戦史室，《大本営陸軍部（10）昭和二十年八月まで》，頁 233。

69　「何應欽致蔣中正電」（1945 年 5 月 27 日），〈革命文獻—第二期第三階段作戰經過〉，《蔣檔》，典藏號：002-020300-00014-160。

70　「何應欽致蔣中正電」（1945 年 5 月 31 日），〈革命文獻—第二期第三階段作戰經過〉，《蔣檔》，典藏號：002-020300-00014-161。

71　防衛庁防衛研修所戦史室，《大本営陸軍部（10）昭和二十年八月まで》，頁 233。

72　「何應欽致蔣中正電」（1945 年 6 月 3 日），〈革命文獻—第二期第三階段作戰經過〉，《蔣檔》，典藏號：002-020300-00014-162。

73　「張發奎致蔣中正電」（1945 年 7 月 6 日）、「何應欽致蔣中正電」（1945 年 6 月 17 日）、「何應欽致蔣中正電」（1945 年 6 月 28 日）、「湯恩伯致蔣中正電」（1945 年 6 月 30 日）、「何應欽致蔣中正電」（1945 年 7 月 4 日），〈革命文獻—第二期第三階段作戰經過〉，《蔣檔》，典藏號依序為：002-020300-00014-168、002-020300-00014-164、002-020300-00014-165、002-020300-00014-166、002-020300-00014-167。

軍長孫立人且將私人馴養的馬匹與大象空運過來。[74]

由於日軍迅速撤退，使得戰況超出「卡波內多」計畫的預期，提早達到先期目標。[75]陸軍總司令部在克復柳州後，為適應當前情況，擬訂最新作戰指導要領，經與美方商量，於 7 月 3 日下令實施：第一方面軍仍續行原先任務，固守滇南陣地，並準備以有力一部相機進入越南。第二方面軍準備進攻雷州半島，並限於 8 月 15 日以前占領廣州灣，美式裝備精銳的新 1 軍，亦加入這方面的作戰。第三方面軍繼續進攻桂林，限於 7 月底占領之。第四方面軍暫保原先態勢，準備攻擊寶慶、衡陽，另以突擊隊不斷襲擾敵後，妨礙敵軍交通補給，並以一部威脅全縣、東安敵軍側背，減輕第三方面軍作戰的壓力。[76]

蔣介石同意上述作戰計畫，另批示注意三項要點：

(1) 進攻雷州半島應準備一個軍的兵力，防備敵軍在側背之襲擾或突襲。

(2) 對桂林城的攻擊準備應特別周到，否則不必強攻，以免死傷太大。

(3) 已令交通部趕緊準備修築欽州灣龍門港直達柳州連接湘桂路的鐵路材料，並趕修路基，限 12 月以前修通。[77]

美軍方面負責華南作戰的是美軍中國戰區作戰司令部指揮官麥克魯（Robert B. McClure）將軍，他曾是魏德邁的參謀長，深獲魏德邁賞

---

74 張發奎口述，夏蓮瑛訪談紀錄，鄭義翻譯校注，《蔣介石與我：張發奎上將回憶錄》，頁 393。

75 Albert Wedemeyer, *Wedemeyer Reports!*, p. 337.

76 〈何應欽致蔣介石報告〉（1945 年 7 月 3 日），收入中國第二歷史檔案館編，《抗日戰爭正面戰場》，頁 171-173。

77 〈蔣介石覆何應欽密電稿〉（1945 年 7 月 8 日），收入中國第二歷史檔案館編，《抗日戰爭正面戰場》，頁 173-174。

識，蔣介石、張發奎等對其亦有良好印象。[78] 7月9日，麥克魯的參謀長柏德諾（Haydon L. Boatner）向中國陸軍總司令部參謀長蕭毅肅提議，盡快計畫攻略廣州，這樣才能在攻擊開始前，有足夠時間把計畫送到華盛頓聯合參謀部，以便美國陸軍部及海軍部對此作戰計畫展開援助的準備。

7月12日，中國陸軍總司令部及美軍作戰司令部就中國戰區總反攻計畫「黑鑽（白塔，或卡波內多）」，各自提出作戰計畫。美軍的計畫是於攻下雷州半島後，隨即利用該地補給港，以主力逕攻廣州。陸軍總部的提案則是把攻略雷州半島到收復廣州的作戰分為三階段，第一階段預定8月15日以前攻下桂林，9月15日以前攻下雷州半島；第二階段預定11月1日以前攻下衡陽、曲江，並責成第三、七、九戰區肅清贛州、南雄、翁源一帶之敵；第三階段預定1946年3月1日以前攻下廣州、香港。

陸軍總部方案與美軍方案最終目的都是要攻略廣州，但國軍主張在攻略廣州之前，需先收復湖南、江西，然後才進攻廣州。何應欽與麥克魯就兩案協商，麥克魯認為中國陸軍總部的提案在戰略上有充分的理由，遂決定此案為基礎進行研商修正。[79]

魏德邁把修正後的「卡波內多」計畫提交美國聯合參謀部商洽。[80]魏德邁特別重視後勤，包括傷兵的醫療與後送，及補充兵員的暢通等，他希望盟軍發動對廣州的最後攻擊時，攻擊部隊無論在兵員、空中火力、彈藥各方面，都能得到充分的後援。此外，他主張攻勢防禦（active

---

78　Albert Wedemeyer, *Wedemeyer Reports!* , p 331. 張發奎口述，夏蓮瑛訪談紀錄，鄭義翻譯校注，《蔣介石與我：張發奎上將回憶錄》，頁388-389。

79　〈何應欽致蔣介石報告〉（1945年7月18日），收入中國第二歷史檔案館編，《抗日戰爭正面戰場》，頁174-175。何應欽編，《八年抗戰》，頁262。

80　〈何應欽致蔣介石報告〉（1945年7月18日），收入中國第二歷史檔案館編，《抗日戰爭正面戰場》，頁174-175。Albert Wedemeyer, "Memorandum for Chiang Kai-shek" (27 July 1945), *Albert C. Wedemeyer Papers*, Box 85, Folder 4.

defense），每遇有利時機，即持續對敵施加壓力，但竭力避免額外的大規模戰鬥，尤其不容許「卡波內多」計畫的進展受到任何干擾。[81]

中美討論對廣州攻略的作戰計畫同時，前線追擊仍在進行。7月19日，湯恩伯的第三方面軍偵得桂林城內僅剩兩千多日軍作為破壞及警戒部隊，糧食裝備已運往湖南，一部分供應品及機器則投入河中，並獲悉日軍揚言退出桂林，轉守全縣以東黃沙河一帶。[82] 28 日，日軍開始撤離桂林，[83] 第三方面軍隨即突入桂林，發生巷戰，國軍順利克復桂林。[84]

收復桂林，軍心大振，中美將士都雄心勃勃，相信很快就能收復廣州、香港，恢復中國對外海運交通。不過，魏德邁、麥克魯、及美軍在華司令部成員間有個默契，即不打算犧牲過大的兵員與物資去收復廣州、香港；若日軍決定作自殺式的死守，他們不準備硬拚，而是封鎖廣州、香港，先到其他地點（汕頭、福州、溫州、湛江或廈門）建立海運補給港口。[85]

以上追擊與規劃同時進行，因日軍後撤使計畫提早實踐，並隨戰況變化不斷調整。美國組建美軍戰區聯絡團，許多美國軍官被派到國軍的軍、師級單位任聯絡官，他們跟國軍分享軍事行動的策劃、雙方配合方式，國軍也把作戰運作過程對美軍坦然以告。美軍並建議國軍參謀組織採用美式，撤銷參謀處，改設 G-I 人事、G-II 情報、G-III 作戰、G-IV 後勤等 4 個處，四處直屬參謀長。後勤支援亦由美軍協助，陸軍總部後勤要職由美國軍官擔任。

81　Albert Wedemeyer, *Wedemeyer Reports!* , pp. 332, 337.

82　「湯恩伯致蔣中正電」（1945 年 7 月 19 日），〈革命文獻—第二期第三階段作戰經過〉，《蔣檔》，典藏號：002-020300-00014-169。

83　防衛庁防衛研修所戰史室，《大本営陸軍部（10）昭和二十年八月まで》，頁233。

84　「湯恩伯致蔣中正電」（1945 年 7 月 28 日），〈革命文獻—第二期第三階段作戰經過〉，《蔣檔》，典藏號：002-020300-00014-171。

85　Albert Wedemeyer, *Wedemeyer Reports!* , pp. 337-338.

中美合作順暢，很快建立了美式後勤制度，以飛機或卡車將糧食、武器、醫藥、通訊設備等直接運送到軍級單位。撤銷原先軍、師級的兵站，簡化補給環節，減少貪汙舞弊，部隊補給較前更為迅捷確實。[86]

中美密切合作的例子不勝枚舉，例如，7月上旬，何應欽與麥克魯到前線視察，與湯恩伯商討總反攻計畫，遇到一個難題：宜山以西公路及通信必須在7月前修復，如此才能在8月以前完成總反攻準備。可是這段路工程艱鉅，而時間緊迫，幸得經英軍慨允，把它們的滇緬路工程隊及全部築路機械送到桂林協助修路，終於及時整修這段交通。[87]又如柳州克復之後，市區及機場有不少日軍埋置的地雷，掃雷甚感困難，美軍工兵立予協助。美國軍官在酷暑中工作，為國軍講解掃雷技術，甚而有一次現地講解掘出地雷時，延期信管爆炸，好幾位在場的美軍與國軍被炸傷或炸死。[88]

由於日軍主動撤退，國軍得以順利克復大片失地。湯恩伯因此獲得嘉許，並晉升上將；第三方面軍全體將士亦得到嘉獎。[89]國軍就這些「戰績」大加宣傳，但其實大多數「克復」是得自於日軍主動撤退；美方因此有些微詞，認為名不副實，文宣上應用「收復」，而非「攻克」或「克復」。[90]

7月底，負責攻占雷州半島的第二方面軍司令官張發奎下令發動攻

86　張發奎口述，夏蓮瑛訪談紀錄，鄭義翻譯校注，《蔣介石與我：張發奎上將回憶錄》，頁381、385、387-388、395、396。Charles F. Romanus and Riley Sunderland, *Time Runs Out in CBI*, p. 262-266.

87　國防部史政編譯局編，《抗日戰史・南戰場追擊》（台北：國防部史政編譯局，1982），頁1、9-10。

88　國防部史政編譯局編，《抗日戰史・南戰場追擊》，頁1、9-10。

89　「何應欽致蔣中正電」（1945年7月31日），〈革命文獻—第二期第三階段作戰經過〉，《蔣檔》，典藏號：002-020300-00014-173。

90　中央研究院近代史研究所編，《徐永昌日記》，第8冊，1945年7月16日，頁127-128。

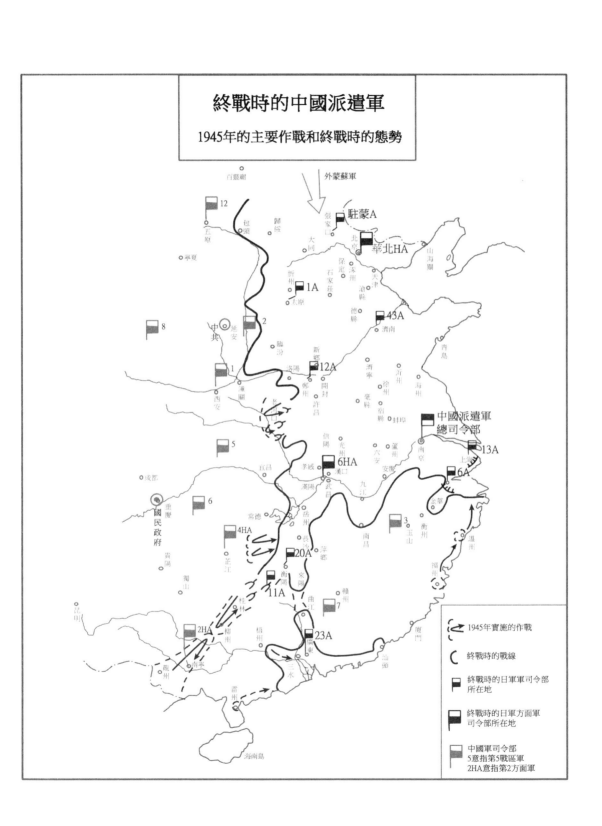

終戰時的中國派遣軍

1945年的主要作戰和終戰時的態勢

勢,限 8 月 1 日先行攻下廉江。但攻勢受挫,張發奎令新 1 軍的兩個師加入攻勢。由於後勤補給稍微延遲,為完整集結部隊及軍需品,陸軍總部原訂 8 月 15 日攻占廣州灣的攻勢因此順延。10 日,日軍接受「波茨坦宣言」無條件投降的消息已經傳出,但日軍仍負嵎頑抗。13 日,張發奎命令對雷州半島日軍發動第二次攻勢。15 日,日本正式宣布投降,停止一切軍事行動。16 日,張發奎奉上級意旨,中止戰鬥。國軍最後的反攻,在此畫下句點。[91]

四、觀察與檢討

如本章所述,1945 年初「豫湘桂大會戰」(一號作戰)結束後,國軍在美軍協助下,積極籌劃反攻,抗戰的最後階段從之前的「戰略守勢」轉為「戰略反攻」。這段期間,有不少史實值得注意及檢討。

美軍在華人事異動及其意義

1944 年開始,在中國戰區參謀長魏德邁的協助之下,國軍大幅改組,建立同盟國中國戰區陸軍總司令部(陸總)於昆明,統一指揮及整訓西南各戰區部隊,並與美軍密切聯繫。魏德邁提出「阿爾發計畫」(Alpha Plan),協助中國防禦、反攻、整軍、補給、訓練等事宜,並建議由美軍提供武器與作戰物資裝備國軍。繼「阿爾發」計畫之後,又有了相應的「白塔(黑鑽)」等計畫,這是採用希臘字母 α(「Alpha」)及 β(「Beta」)命名,都是為了結束戰爭而擬定的中國戰區總反攻計畫。中美盟軍在這些計畫的指導下,進行反攻準備,並趁著日軍收縮戰線後撤之際,發動反攻作戰。

---

91 張發奎口述,夏蓮瑛訪談紀錄,鄭義翻譯校注,《蔣介石與我:張發奎上將回憶錄》,頁 396-398。

　　1945 年 5 月，中美聯合反攻計畫積極推動中，德國投降了，歐戰結束，盟軍大量兵員及物資將轉用於對日本的全面進攻。此時，美軍在華人事有所異動，此一異動的史實與重要性，過去長期為人所忽略。

　　6 月 16 日，美國陸軍參謀長馬歇爾電告魏德邁，他考慮把幾位歐戰將領調到中國戰場指揮在華美軍，名單包括巴頓（George S. Patton）上將、德弗斯（Jacob L. Devers）上將、辛普森（William H. Simpson）中將或特拉斯高（Lucian K. Truscott）中將。[92]

　　若數第二次世界大戰期間哪位將領最為出色，美國的巴頓將軍肯定名列前茅。巴頓是美國第三集團軍（Army）總司令，在歐洲戰場建立赫赫戰功，聲譽卓著。其他幾位將領亦是當時的風雲人物，辛普森中將是第九集團軍總司令，特拉斯高中將是第五集團軍總司令，而德弗斯上將更是第六集團軍群（Army Group）總司令。美軍編制與國軍不同，其集團軍編制裝備相當龐大，人數可達 20 萬人以上，而「集團軍群」則包含數個集團軍，人數最多可達百萬。馬歇爾考慮把這些將領調到中國，顯示中國戰場的重要性已非戰爭爆發之初可相比擬。[93]

　　接獲馬歇爾的電報，魏德邁私下曾思考這幾位熟悉現代戰爭的美軍將領是否能接受中國戰場，尤其是巴頓脾氣急躁，不過他仍立即接受此一提議，認為中國戰場需要這幾位卓越且經驗豐富的指揮官，蔣

92　*The Papers of George Catlett Marshall*, vol. 5, edited by Larry I. Bland and Sharon Ritenour Stevens (Baltimore and London: The Johns Hopkins University Press, 2003), pp. 228-229. Albert Wedemeyer, *Wedemeyer Reports!* (Henry Holt & Company, 1958) p. 331. Charles F. Romanus and Riley Sunderland, *Time Runs Out in CBI* (U. S. Government Printing Office, 2003), pp. 382-383. 魏德邁與巴頓私交甚篤，魏德邁曾於 1945 年 5 月 29 日寄 1 千美元給缺錢的巴頓，同時稱讚其在歐洲戰場的成就，並邀他至中國戰場。巴頓於 7 月 6 日回覆感謝，但表示短期內無法赴中國戰場。"Wedemeyer to Patton" (29 May 1945) and "Patton to Wedemeyer" (6 July 1945), *Albert C. Wedemeyer Papers*, Hoover Institution Archives, Box 82, Folder 34.

93　蘇聖雄主編，《冰人與白塔：抗戰末期被遺忘的作戰計畫》（台北：民國歷史文化學社，2020），導言 I-III。

介石亦表同意。巴頓的軍階比身為中將的魏德邁為高，魏德邁向馬歇爾表示樂意讓位，由巴頓指揮中國戰場，並在其麾下聽候差遣，惟馬歇爾決定仍以魏德邁指揮。魏德邁乃初步籌劃把巴頓派至華北戰場，負責向東進擊以攻取北平、天津及秦皇島等重要目標；特拉斯高負責指揮中線長江流域以東戰事，攻取上海；麥克魯負責華南戰事，指揮攻取廣州、九龍等重要目標。[94]

巴頓後來因故並未到中國赴任。美軍規劃由辛普森擔任中國戰場美軍副總司令，負責監督中美兩國地面部隊的作戰行動；原在印度的空軍中將史崔特梅爾（George E. Stratemeyer）擔任中國戰區盟軍空軍總司令。[95]

辛普森與特拉斯高兩位將軍都在歐戰結束後不久到訪中國，評估參謀需求及中國戰場的複雜狀況。辛普森訪華，不但普獲駐華美軍歡迎，中國官員對其亦有極好的印象。[96]據魏德邁觀察，蔣介石對美國建議派遣傑出歐戰將領甚為感謝，對辛普森的熱情友好，則前所未見。[97]辛普森返美之後，積極羅致幹部準備赴華。[98]馬歇爾及魏德邁取得共識，辛普森將擔任魏德邁副手，特拉斯高將負責長江以北軍事，而麥克魯則負責長江以南作戰。[99]

....

94　Albert Wedemeyer, *Wedemeyer Reports!*, pp. 331-332.

95　"McClure to Wedemeyer" (4 August 1945), *Albert C. Wedemeyer Papers*, Box 82, Folder 18.

96　同上。

97　"Wedemeyer to Marshall" (1 August 1945), *Albert C. Wedemeyer Papers*, Box 82, Folder 23. 蔣中正係7月14日接見辛普森。蔣介石日記，1945年7月14日。

98　特拉斯高將軍在日本宣布投降後離華返美，未及進謁蔣中正，也未訪重慶。Albert Wedemeyer, *Wedemeyer Reports!* , p. 332.

99　"Wedemeyer to Marshall" (1 August 1945), *Albert C. Wedemeyer Papers*, Box 82, Folder 23.

　　以上這些美軍人事安排，顯示中國戰場價值的轉變。這批將領都是大部隊指揮官，他們來華，除了經驗豐富的幕僚外，勢必有大批武器與物資隨之而來；中國戰場在盟軍全球戰略考量上的分量及優先順序都將大為提升。

　　為何這段史實在二戰史或抗戰史遭到忽略或遺忘？主要是兩個原因，第一，美軍這些人事異動仍在規劃階段，辛普森與特拉斯高為此特地來華考察，但更多的軍事布置仍待實施，沒料到日本突然就投降了。另一個原因是，論者多認為史迪威事件致使美國看輕國軍的力量，原本有意借助重慶的力量反攻日軍，自史迪威事件後就此破滅，所以，對於抗戰後期國軍的反攻並不重視，有意無意之間，也忽略美國將領轉移到中國戰場的意義。

　　其實，抗戰末期美軍確實積極裝備，並且計畫將幾位歐戰名將移轉到中國，可見美軍對重慶方面的反攻是有所期待的。美軍的戰略考量均經過審慎評估與計畫，不是史迪威一個人就能影響全局的。何況，歐戰即將結束，「重歐輕亞」的戰略勢將反轉，美國援助亞洲力度加重，亦屬必然，有無史迪威無傷大局。

　　但是，中國在美軍全球戰略價值的提升，是否就表示美軍欲藉國軍之力擊敗日本？這個議題頗值推敲。美軍在抗戰末期的整體戰略究竟為何？我們試作探究。

美軍真正的戰略考量

　　事實上，當美軍戰略從「重歐輕亞」轉移到亞洲時，並不代表中國戰場將成為美方唯一或最重要的考量。戰爭末期，美軍對如何對抗日本，海、陸軍有不同看法。海軍建議登陸中國沿海，圍堵日本；陸軍擔心這樣做將消耗美軍直接登陸日本本島的資源，延後日本無條件投降的時間。這個辯論直到美軍奪得沖繩島之後，才有定論；因為美軍可以沖繩島為基地，集結大軍登陸日本本土，直接結束戰爭，不再

需要繞道中國東南沿海。[100]

　　因此，美國在戰爭最後階段協助國軍整訓、準備反攻，真正的目的不是藉國軍之力對抗日軍，而是藉中國軍力，牽制日軍。美軍的作戰核心仍在太平洋方面，這點，魏德邁會見蔣介石時明白表示：「美軍必先在日本本土登陸，占領日本心臟為唯一目的，其他皆容緩圖。」[101]

　　美軍軍方文件「1945年美軍遠東戰略計畫」明確指出，一切作戰行動，應以能否直接或間接協助占領日本九州或本州為度，中國戰場的作戰應「圍堵、轉移、摧毀最大程度的日軍軍力和資源」。所以，對美軍來說，中國首要作用在美軍登陸日本時牽制日軍。美軍還有另一個算盤，美軍登陸日本後，若日本拒不投降，仍在亞洲大陸繼續作戰，美軍將提供更多資源給蔣介石去創建中國陸軍，承擔（或部分承擔）在亞洲大陸的作戰。[102]

　　其實，藉中國軍力牽制日軍的美軍戰略，橫亙整個第二次世界大戰期間，不論是「重歐輕亞」戰略，或是抗戰末期協助國軍整軍反攻，目的都在於此。正因為中國只是「牽制」而非「主攻」的角色，美軍給予的資源都很有限；畢竟對美軍來說，錢要花在刀口上。

....

100　Charles F. Brower, *Defeating Japan: the Joint Chiefs of Staff and Strategy in the Pacific War, 1943-1945*, pp. 13, 15, 43-45, 67, 109-110, 127-128, 131-136, 139. Edward S. Miller, *War Plan Orange: the U.S. Strategy to Defeat Japan, 1897-1945* (Annapolis, MD.: Naval Institute Press, 1991), p. 361. Richard B. Frank, *Downfall: the End of the Imperial Japanese Empire* (New York: Penguin, 2001), pp. 117-122. Barbara W. Tuchman, *Sand against the Wind: Stilwell and the American Experience in China, 1911-1945* (London: Macmillan, c1970), p. 518.

101　蔣介石日記，1945年4月26日。馬歇爾著，王正己譯，《第二次世界大戰後期馬歇爾報告書》（台北：國防部史政編譯局，1986），頁16，92，103。等松春夫，〈日中戰爭と太平洋戰爭の戰略的関係〉，收入波多野澄雄、戶部良一編，《日中戰爭の軍事的展開》，頁392。

102　"Far East Strategy, 1945. Headquarters, United States Forces China Theater" (February 1945), *Albert C. Wedemeyer Papers*, Box 89, Folder 5.

衡量美國在二戰時對盟國提出的援助，其對國民政府的援助稱不上「慷慨」，在其「重歐輕亞」的戰略下，提供給中國的資源只能說是「杯水車薪」。據統計，二戰期間美軍提供盟軍的物資總計 48,395 百萬美元，大多是提供給英國及蘇聯，中國活動 1,627 百萬美元，僅占 3.36%。[103] 從這個數字可以看出，美國的戰略是多麼重歐輕亞，對中國這個盟友口惠而實不至。

作為國民政府領導人的蔣介石了解國際現實，他在中國抗戰最困難的時候仍毅然決然派出精銳部隊到緬甸，同時也不斷向美方要求援助。但華盛頓把蔣介石的請求視為吵鬧的「小孩」要糖吃，而美方身為「大人」，自有其全球戰略判斷：要打贏世界大戰，唯有先把最強的德國扳倒。蔣介石為了國家的存續，只能忍下美國對中國的輕忽與壓力，繼續要求資源。他很清楚美國看不起國軍，而國軍自己也不爭氣，所以多次在日記提醒自己，中國唯有「自主自立」，才不會被列強輕視。[104]

美軍「重歐輕亞」戰略直到歐戰結束之際才峰迴路轉。隨著日軍收縮戰線及美軍在歐洲及太平洋的順利發展，美方逐漸把資源投入中國戰場，蔣介石和國軍終於盼到一線曙光，獲得美方支持及援助，積極進行反攻的準備。

美國始終抱持實用主義的戰略考量，援助中國，條件是中國要作為美軍全球戰略的棋子，牽制日軍在中國的兵力。不得不說，美國這個戰略獲得巨大的成效，數百萬國軍與日軍鏖戰，及至日本投降時，在華日軍仍有上百萬人，可見國軍「牽制」功勞之巨。[105]

....

103 Wolfgang Schumann (et al.), *Deutschland im Zweiten Weltkrieg* (Akademie-Verlag, Berlin 1982), Bd. 3, S. 468.

104 蔣介石日記，1945年，「民國三十四年大事表」、3月10日「上星期反省錄」、4月3日、5月14日。

105 陸軍1,049,700人，海軍63,755人，計1,113,455人。服部卓四郎，《大東亜戦争全史》，頁1006。

對中國來說，作為美國牽制日軍的棋子，實有無可奈何的苦衷。畢竟中國需要美軍支援，包括後來兩顆原子彈促使戰爭提前結束，更是使重慶驚詫，憂喜夾雜。喜的是戰爭提早結束；憂的是戰爭突然結束，打壞了蔣介石的布局。蔣介石非常清楚美軍戰略與中國利益在哪裡，當時日軍敗象盡顯，國軍實無必要和日軍硬拚，消耗人力及軍事資源。蔣介石推動國軍的反攻，是期望美軍協助完成國軍整訓，並獲取軍事物資，除了贏得抗戰之外，他還有更長遠的目標，他要為戰後的國家建設奠定軍事基礎。

然而，日本突然投降，打壞了蔣介石的如意算盤。阿爾發部隊的裝備與訓練並未完成，彈藥補充尤未充分，國軍改革正開始推動，還有，美國原計畫派歐戰名將到中國，隨著他們來的幹練參謀人員，以及更多美國軍援等等，這些都因戰爭提早結束而半途終止。

台灣差點成為美日戰場

道格拉斯・麥克阿瑟將軍主張在菲律賓登陸：菲律賓也位於日本的聯繫線上，將菲律賓讓給日本對美國來說是一個丟臉的事，而且麥克阿瑟 1942 年逃離菲律賓時曾經發誓重返故地。最後羅斯福總統決定在菲律賓登陸。

一事值得注意：1944 年初夏，美軍準備從南太平洋反攻日軍占領地時，同時出現兩個作戰方案：

(1) 軍方擬定了一個代號「堤道行動」（Causeway Operation）的軍事作戰方案，目的是占領台灣。美軍太平洋戰區艦隊總司令尼米茲（Chester W. Nimitz, Sr.）主張先奪取台灣南端，同時突襲中國東南港口廈門。如此，一方面把日軍阻擋在菲律賓，切斷日本與其南亞駐軍的聯繫與補給；同時，占領廈門，可作為盟軍物資輸送到華東及華中戰區的前哨基地，以便盟軍執行從

華東及華中對日本本土的轟炸任務。

(2) 美軍西南太平洋區最高指揮官麥克阿瑟（Douglas MacArthur）則堅持先拿下菲律賓的呂宋，才能揮軍進攻日本本島。[106]

當時台灣的日本殖民政府為抵抗盟軍可能的攻台行動，已做了戰備及社會方面的動員。[107]

先拿下台灣還是菲律賓？華盛頓尚未做出最後戰略決定，中國戰區就出現重大變化，使得這個爭議冷卻下來。關鍵因素就是 1944 年的「一號作戰」（豫湘桂會戰）。

中國軍隊在「一號作戰」中節節敗退，到 1945 年 1 月，華中及華東戰區的機場已全數落入日軍之手，美軍軍機降落中國東南沿海或台灣更加困難，於是，美國海軍轉而略過台灣，北上占領沖繩，台灣因此逃過戰火的劫難。

總之，抗戰末期，雖有美軍的「白塔」或「冰人」計畫以整訓、裝備國軍，國軍也做好一切準備，無奈戰局變遷錯綜快速，日本突然投降，而美軍一切以美國戰略考量為優先，以致這些計畫戛然而止。國軍不但失掉一個大好整軍建軍的機會，還須面對共軍的坐大。中共在「一號作戰」期間快速擴大，及至日本投降之際，國軍主力遠在西南，共軍又再一次趁機大舉擴張。結果，國民政府軍隊與日軍艱苦作戰、犧牲了巨大的生命財產，戰爭中所失去的大片土地，其中 67% 竟入了中共囊中。[108]

---

106 關於美軍攻占台灣或呂宋的爭議，以及日本殖民當局在台灣的應對，參見Hsiao-ting Lin，*Accidental State: Chiang Kai-shek, the United States, and the Making of Taiwan* (Harvard University Press, 2016), pp. 26-29.

107 同上。

108 陳永發，《中國共產革命七十年》，上冊（台北：聯經出版公司，2001 年 2 版），頁 345-346。Tang Tsou, *America's Failure in China 1941-1950* (Chicago: The University of Chicago Press, c1963), p. 301.

　　這段抗戰末期國軍反攻的史實，反映了國際強權政治的現實。對國軍來說，此一未竟之業，不但影響了整軍建軍大事，對戰後國共全面對決以及整個亞洲局勢發展亦有深重的影響。

歷史大講堂

重探抗戰史（二）：抗日戰爭與世界大戰合流1938.11－1945.08

2022年5月初版　　　　　　　　　　　　　　　　　定價：新臺幣650元
2024年6月初版第六刷
有著作權・翻印必究
Printed in Taiwan.

主　　　　編	郭	岱	君
叢 書 主 編	黃	淑	真
特 約 編 輯	方	清	河
地 圖 繪 製	蔡	杏	元
校　　　對	馬	文	穎
內 文 排 版	葳 豐 企	業	日
封 面 設 計	兒		日

著者：
小谷賢、岩谷將、洪小夏、原剛、張世瑛、
郭岱君、傅應川、黃勇、蘇聖雄
中日文翻譯：Kanou Seikichi

出　版　者	聯經出版事業股份有限公司	副 總 編 輯	陳 逸 華
地　　　址	新北市汐止區大同路一段369號1樓	總 編 輯	涂 豐 恩
叢書編輯電話	（02）86925588轉5322	總 經 理	陳 芝 宇
台北聯經書房	台北市新生南路三段94號	社　　長	羅 國 俊
電　　　話	（02）23620308	發 行 人	林 載 爵
郵 政 劃 撥 帳 戶	第0100559-3號		
郵 撥 電 話	（02）23620308		
印　刷　者	世和印製企業有限公司		
總 經 銷	聯合發行股份有限公司		
發 行 所	新北市新店區寶橋路235巷6弄6號2樓		
電　　　話	（02）29178022		

行政院新聞局出版事業登記證局版臺業字第0130號

本書如有缺頁，破損，倒裝請寄回台北聯經書房更換。　ISBN　978-957-08-6347-5（軟精裝）
聯經網址：www.linkingbooks.com.tw
電子信箱：linking@udngroup.com

國家圖書館出版品預行編目資料

重探抗戰史（二）：抗日戰爭與世界大戰合流1938.11－1945.08/
郭岱君主編．小谷賢、岩谷將、洪小夏、原剛、張世瑛、郭岱君、傅應川、黃勇、
蘇聖雄著．初版．新北市．聯經．2022年5月．432面．17×23公分（歷史大講堂）
ISBN　978-957-08-6347-5（軟精裝）
[2024年6月初版第六刷]

1.CST：中日戰爭

628.5   111007068